Oskar Lafontaine
Christa Müller

Keine Angst vor der Globalisierung

Wohlstand und Arbeit für alle

Verlag J. H. W. Dietz Nachfolger

Die Deutsche Bibliothek – CIP-Einheitsaufnahme

Lafontaine, Oskar:
Keine Angst vor der Globalisierung :
Wohlstand und Arbeit für alle / Oskar Lafontaine ;
Christa Müller. - Bonn : Dietz, 1998
ISBN 3-8012-0265-8

2., durchgesehene und aktualisierte Auflage (21. bis 35. Tsd.)

Copyright © 1998 by Verlag J.H.W. Dietz Nachfolger GmbH
In der Raste 2, D-53129 Bonn
Lektorat: Dr. Heiner Lindner
Umschlaggestaltung: Groothuis + Malsy, Bremen
unter Verwendung eines Photos von R. Wells
© ZEFA/SHARPSHOOTERS
Die graphischen Darstellungen im Buch wurden von
Pellens Kommunikationsdesign GmbH, Bonn, hergestellt.
Gesamtherstellung: Ebner Ulm
Alle Rechte vorbehalten
Printed in Germany 1998

Inhalt

Der Handel ist eher interregional als international *26* – Das Kapital
ist knapp *28* – Ist das Arbeitskräftereservoir tatsächlich unerschöpf-
lich? *31* – Die Ohnmacht der Staaten *36* – Freihandel: Gefahr für
Wohlstand und soziale Gerechtigkeit? *40* – Sind wir den Auswirkungen der Globalisierung auf Gedeih und Verderb ausgeliefert? *47* –
Fazit *49*

Ein Ordnungsrahmen für fairen Wettbewerb *54* – Den internationalen Geld- und Kapitalmarkt stabilisieren *72* – Globale Wirtschaftspolitik für Wachstum und Beschäftigung *78* – Fazit *80*

Unser Standort heißt Europa *85* – Das europäische Gesellschaftsmodell *86* – Wettbewerb im Innern fördert Wettbewerb nach außen *92* –
Harmonisierung der Steuern, um staatliche Handlungsfähigkeit zu
erhalten *95* – Fortschritt ohne Risiko: die Währungsunion in das
EWS II integrieren *98* – Ein Wachstums- und Beschäftigungspakt für
Europa *100* – Soziale Mindeststandards – Zwischen Harmonisierung
und Sozialdumping *105* – Europa der Regionen *107* – Fazit *108*

Vorwort

Die Wirtschaftspolitik der letzten Jahre versucht, auf die zunehmende Globalisierung der Wirtschaft eine Antwort zu geben. Der Standortwettbewerb wurde ausgerufen. Standortpolitik wurde zum Modewort des letzten Jahrzehnts. Der deutsche Standort sei nicht mehr wettbewerbsfähig, sagten die Vertreter der Wirtschaft. Wir hätten die Entwicklung verschlafen und müßten große Anstrengungen unternehmen, um wieder Anschluß an die Weltwirtschaft zu finden. Nun sind wir es gewohnt, daß die Wirtschaft über zu geringe Gewinne klagt. Aber es ist dennoch bemerkenswert, daß es denjenigen, die die Standortdebatte über Jahre bestimmt haben, gelungen ist, den Deutschen einzureden, daß der Standort Deutschland nicht mehr wettbewerbsfähig sei. Dabei sagen die Zahlen das Gegenteil: Deutschland ist unter den großen Industrieländern pro Kopf gerechnet die exportstärkste Nation der Welt. Hohe und zuletzt wieder rasch steigende Handelsbilanzüberschüsse bereiteten unseren Partnern Schwierigkeiten. Das galt und gilt besonders für unsere europäischen Nachbarn. Die internationalen Finanzmärkte bewerten die DM immer höher. Man kann den internationalen Finanzmärkten vieles unterstellen, aber in keinem Fall, daß sie die Währung eines schlechten Standortes permanent aufwerten.

Dennoch konnte jahrelang kein Festredner einen wirtschaftspolitischen Vortrag halten, ohne die Gefahren der Globalisierung zu beschwören und ohne die mangelnde Wettbewerbsfähigkeit des Standortes Deutschland zu beklagen. Mittlerweile hat die Regierung Kohl erkannt, daß dieses Gerede, das sie lange Zeit selbst unterstützt hat, zu einem Selbsttor geworden ist. Bundesforschungsminister Rüttgers beispielsweise, man reibt sich die Augen, kommt im Januar '98 zu dem Schluß, daß Deutschland europaweit der beste Standort für Biotechnologie sei. Auch die Anhänger der Bonner Koalition in der deutschen Wirtschaft haben sich zum Ziel gesetzt, im Wahljahr '98 anders zu reden. So stellt Siemens-Chef Dr. Heinrich von Pierer ebenfalls im Januar '98 fest: »Wir sind wieder wettbewerbsfähig durch Kosteneinsparung, Innovationen und Wachstum.«

Wer über Jahrzehnte die modischen Debatten in Deutschland und in Europa zur wirtschaftlichen Entwicklung verfolgte, war vorgewarnt. In den 60er Jahren veröffentlichte Jean Jacques Servan Schreiber sein Buch »Die amerikanische Herausforderung«. In diesem Buch, das in Deutschland begeistert aufgenommen wurde, beschwor Servan Schreiber die Gefahr, die von der Wirtschaft der USA ausging. Es wurde befürchtet, daß die amerikanischen Konzerne europäische Firmen aufkauften. Heute ist es Mode, das Gegenteil zu befürchten. Jetzt sorgt man sich, daß die amerikanischen Konzerne und die Firmen anderer Länder zu wenig in Deutschland investieren. Jetzt heißt es, Länder, in denen sich viele ausländische Unternehmen ansiedeln, weisen eine hohe Standortqualität auf, Länder, aus denen Unternehmen Investitionen abziehen, eine niedrige.

Wendet man dieses Kriterium auf Japan an, kommt man zu einem für die japanische Volkswirtschaft niederschmetternden Ergebnis. Über viele Jahre haben die Japaner ungleich mehr im Ausland investiert als Ausländer in Japan. Das Erstaunliche ist aber, daß in Japan der Zufluß ausländischer Investitionen nie als positives Standortkriterium angesehen worden ist. Ausländische Investitionen werden dort eher behindert als gefördert.

Entsprechend wurde in den 80er Jahren die japanische Gefahr beschworen. Die französische Premierministerin Edith Cresson warnte vor den gelben Ameisen. Die Japan-AG war in Deutschland das Thema. Landauf, landab wurden die Verbandssprecher nicht müde, die Vorsprünge der japanischen Volkswirtschaft darzustellen. Auch diese Diskussion ist heute verstummt. Japan hat nicht zuletzt deshalb wirtschaftliche Schwierigkeiten, weil es, wie Deutschland, in den 80er Jahren zu stark auf den Export gesetzt hat. Seit der Wende zur Standortpolitik ist hier wie dort vergessen worden, daß neben den Zielen Wachstum, Beschäftigung und Preisstabilität auch ein außenwirtschaftliches Gleichgewicht wirtschaftspolitisch anzustreben ist.

10

Die Diskussion um die gelben Ameisen war noch nicht verstummt, da entdeckten unsere interessegeleiteten Standortexperten eine neue Gefahr: Jetzt waren es die asiatischen Tiger, die die entwickelten Volkswirtschaften des Westens bedrohten. In ungezählten Vorträgen und Kommentaren war zu lesen, wie beispielhaft sich die Volkswirtschaften der asiatischen Tiger entwickelten. Auch diese Diskussion ist in den letzten Monaten verstummt. Die asiatischen Tiger haben erhebliche Wettbewerbsprobleme und können die Abwertung ihrer Währungen allenfalls noch mit Hilfe der internationalen Staatengemeinschaft stoppen. Der internationale Währungsfonds und die Weltbank spielen die Feuerwehr. Dreimal dürfen wir raten, wer die Folgen dieser Fehlentwicklungen aus spekulativen Finanzgeschäften, Immobiliengeschäften und nicht vertretbaren Kreditgeschäften zu tragen hat. Sicherlich nicht diejenigen, die die Fehler gemacht und zu verantworten haben. Geradestehen für diese Fehlentscheidungen müssen die Steuerzahler, Bankkunden und Aktionäre. Für Geschäfte deutscher Firmen in den Krisenländern hat sich Bonn mit 25 Milliarden Mark verbürgt. Bei Fälligkeit würden die Forderungen auf den Bund übergehen, und die deutschen Steuerzahler müßten zahlen.

Mitte Januar 1998 hat die internationale Staatengemeinschaft mehr als 100 Milliarden Dollar aufgebracht, um eine Brandmauer zu errichten. Schon bei der Mexiko-Krise 1994, als der Internationale Währungsfonds mehr als 50 Milliarden Dollar bereitgestellt hatte, wurde die Frage aufgeworfen, ob es vertretbar sei, mit Steuergeldern das Spekulationsrisiko zu mindern. Und Bundesbankpräsident Tietmeyer sagte: »Bei den Internationalen Währungsfonds-Programmen darf nicht der Eindruck entstehen, daß man zwar hohe Zinsen verdienen kann, aber dann eine Gewährleistung hat, später von der internationalen Gemeinschaft herausgeholt zu werden.«

Wenn die Entwicklung der asiatischen Tigerstaaten etwas gezeigt hat, dann ist es folgendes: Die deutsche Wirtschaftspolitik darf sich nicht an modischem Gerede orientieren, sondern sie muß nüchterne Analysen und Fakten zur Grundlage ihrer Entscheidungen machen. Dazu will das vorliegende Buch einen Beitrag leisten. Ohne Tabellen und Zahlen kommen wir dabei nicht aus. Wir hoffen aber auf das Verständnis der Leserinnen und Leser, weil die Darstellung wirtschaftlicher Entwicklungsprozesse ohne Fakten allzu leicht für ideologische Zwecke mißbraucht wird.

Die Finanzprobleme der asiatischen Staaten und die Rolle des Internationalen Währungsfonds beweisen einmal mehr, daß das neoliberale Credo der Deregulierung kein Allheilmittel ist. Es besteht kein Zweifel, daß die Finanzmärkte globalisiert sind. Aber die Erwartungen, die viele Experten in den völlig freien Kapitalverkehr und flexible Wechselkurse gesetzt hatten, haben sich nicht erfüllt. Die internationalen Finanzmärkte brauchen nicht Deregulierung, sondern wieder mehr Regulierung. Die Bretton-Woods-Kommission unter Leitung des ehemaligen amerikanischen Notenbank-Präsidenten Paul Volcker hat dafür Vorschläge gemacht. Der international bekannte Devisenspekulant George Soros wird nicht müde, zur Eindämmung der Spekulation internationale Regulierungen der Finanzmärkte zu fordern.

Die Diskussion um die Globalisierung und den Standort Deutschland ist zu einem inhaltslosen Streit mit Schlagworten verkommen. Nicht nur Deregulierung wurde von den Neoliberalen beschworen, sondern vor allem Kostensenkung. In nicht zu überbietender Schlichtheit wurde Volkswirtschaft mit Betriebswirtschaft verwechselt und der unbestreitbare Satz vergessen, daß in einer Volkswirtschaft immer die Ausgaben des einen die Einnahmen des anderen sind. Auf die zunehmende Globalisierung der Wirtschaft, so hieß es, könnten die Volkswirtschaften nur mit einem Wettbewerb um möglichst niedrige Unternehmenssteuern, Tariflöhne, Sozialleistungen und Arbeitnehmerrechte antworten. An vorderster Stelle dieser falschen Propheten steht in Deutschland der Präsident des BDI, Hans Olaf Henkel. Er ist so sehr von der Lehre des »down-sizing« überzeugt, daß er regelrecht in einen Begeisterungstaumel verfiel, weil in Ostdeutschland viele Betriebe Tarifverträge nicht einhalten konnten. Er forderte, sich daran ein Beispiel zu nehmen, und empfahl dieses Vorgehen auch für Westdeutschland. Spätestens an diesem Punkt müßten auch die glühendsten Jünger der Irrlehre des falsch verstandenen Standortwettbewerbs stutzig werden. Eine freie Gesellschaft und die Marktwirtschaft leben davon, daß geschlossene Verträge eingehalten werden. Eine wirtschaftliche Philosophie, die beim Aufruf zum Vertragsbruch landet, widerlegt sich selbst.

Die Anhänger des Kostensenkungswettlaufs nahmen in Deutschland lange Zeit für sich in Anspruch, die »Reformer und Modernisierer« zu sein. In früheren Zeiten verstanden die Deutschen unter Reformen Entscheidungen des Gesetzgebers, die einer Mehrheit der Bevölkerung zugute kamen. Nach einer Reform ging es vielen Menschen besser als vorher. Mittlerweile halten die Deutschen verschreckt den Geldbeutel zu, wenn sie das Wort Reform hören. Die Regierung Kohl wurde nicht müde, eine ganze Reihe von Einschränkungen sozialer Leistungen und den Abbau von Arbeitnehmerrechten als »Reformen« zu bezeichnen.

»Vermögenssteuer: abgeschafft, Gewerbekapitalsteuer: abgeschafft, Solidaritätszuschlag: reduziert, Bahn, Post und Telekom: privatisiert, Lohnfortzahlung: reformiert, Ladenschluß: reformiert, Kündigungsschutz: reformiert, befristete Arbeitsverträge: reformiert, Schlechtwettergeld: reformiert, Jugendarbeitsschutz: reformiert, Arbeitslosenhilfe: reformiert, Arbeitsförderungsgesetz: reformiert, Rentenversicherung: reformiert. Ist das alles nichts?«, fragt der Reformer Norbert Blüm verzweifelt die Vertreter der deutschen Wirtschaft, die die Politik der Bundesregierung kritisieren. In einem Brief an die Koalitionsfraktionen weist er stolz darauf hin, daß er mit seinen Reformen bei Renten und Arbeitslosen jährlich rund 98 Milliarden Mark spare. Zum Dank für diese »Reformbemühungen« wurde er vom BDI-Präsidenten Henkel als »Hofnarr« beschimpft. Undank ist der Welten Lohn. Die Rentenkürzung wurde zur Rentenreform, der Abbau des Kündigungsschutzes wurde zur Reform des Kündigungsschutzes, die Kürzung der

Lohnfortzahlung im Krankheitsfall wurde zur Reform der Lohnfortzahlung, die Kürzung von Arbeitslosengeld und Arbeitslosenhilfe wurde zur Reform des Arbeitslosengeldes und der Arbeitslosenhilfe. Wenn das alles dazu beigetragen hätte, die Arbeitslosigkeit zu reduzieren, könnte man darüber reden. Ohne dieses Ergebnis aber wird der Reformbegriff in sein Gegenteil verkehrt, wird aus Reform Restauration. Die OECD hat in ihrem amtlichen Dokument »New global age« die »reichtumschaffende Energie des marktorientierten Wirtschaftssystems« des 19. Jahrhunderts beschworen. Das ist der Marsch aus der sozialen Marktwirtschaft ins Massenelend der Gründerjahre. Das wäre der Traum von einer Gesellschaft, die den Reichtum und die Freiheit weniger kennt und die in der Arbeitslosigkeit ein selbstverschuldetes Schicksal sieht. Da wundert es nicht, daß kein Arbeitgeberverband die Arbeitslosigkeit in Europa so hartnäckig auf zu hohe Sozialleistungen und Arbeitsschutzbestimmungen zurückführt wie die Ökonomen der OECD, die ihrerseits auf hochbezahlten und steuerbegünstigten Dauerarbeitsplätzen im eleganten 16. Arrondissement von Paris sitzen.

Es ist an der Zeit, daß dem Reformbegriff seine ursprüngliche Bedeutung zurückgegeben wird. Mit dem Begriff der Reformen sollen die Menschen wieder politische und gesellschaftliche Veränderungen verbinden, die ihnen größere Chancen und bessere Lebensbedingungen bringen. Die Beteiligung der Arbeitnehmer am Produktivvermögen ist zum Beispiel eine Reform, die seit Jahren überfällig ist. Die ökologische Erneuerung des Steuer- und Abgabensystems ist eine weitere Reform, die wir zur Verbesserung der Lebensbedingungen kommender Generationen brauchen. Die Entlastung der Arbeit von zu hohen Abgaben ist eine Reform, die notwendig ist, damit wieder mehr Arbeitsplätze angeboten werden. Die Erhöhung des Kindergeldes ist eine Reform, auf die viele Familien in Deutschland warten.

Nicht genug damit, daß die Anhänger der Irrlehre des Kostensenkungswettlaufs der Volkswirtschaften sich Reformer nennen, sie nennen sich auch Modernisierer.

Auch der Begriff der Moderne wird in sein Gegenteil verkehrt. In Europa ist die Idee der Moderne verbunden mit der Philosophie der Aufklärung. Im Zentrum der Philosophie der Aufklärung steht die Freiheit des einzelnen Menschen. Die Philosophie der Aufklärung war die Grundlage der französischen Revolution, war die Grundlage von Liberté, Egalité, Fraternité. Freiheit, Chancengleichheit und Solidarität sind nach dieser Philosophie Fundamente einer modernen Gesellschaft. Die Moderne soll jedem Menschen ein Höchstmaß an Freiheit, an Chancengleichheit und gesellschaftlicher Solidarität bringen.

Der Begriff der Moderne verträgt sich nicht mit dem Abbau von Arbeitnehmerrechten, der Kürzung sozialer Leistungen, dem zurückgehenden Angebot an Lehrstellen. Der Begriff der Moderne verträgt sich ebensowenig damit, daß die Ankündigung von Massenentlassungen zu einem Fest an den Börsen wird. Der Begriff der Moderne steht der Lehre des Neoliberalismus diametral entgegen. Daran ändert auch nichts, daß sich die Anhänger neoliberaler Ideen selbst Reformer und Modernisierer nennen.

Die Modernisierer und Reformer in den Reihen der Konservativen stoßen bei der Verfolgung ihrer Politikziele auf einen für sie nicht auflösbaren Widerspruch. Der Marktradikalismus, der fälschlicherweise mit dem Etikett »Reform« oder »modern« verklärt wird, führt zur Zerstörung der traditionellen Werte und Strukturen, die die Konservativen in aller Welt zur Grundlage ihrer Arbeit gemacht hatten. Die Forderung nach unbegrenzter Mobilität der Arbeitnehmer oder nach unbegrenzter Schicht- und Wochenendarbeit zerstört die Familie. Die Forderung nach totaler Kommerzialisierung des Fernsehens verändert das Leben der Menschen und der Familien und führt über den Nachahmungstrieb der Jugendlichen zu Gewalt und Kriminalität. Der radikale Sozialabbau und der Verlust des Arbeitsplatzes führen zu Verzweiflung, Drogensucht und Alkoholismus. Daß Vertreter der Koalitionsparteien mit geschwellter Brust verkünden, sie seien die eigentlichen Reformer, erklärt sich aus ihrem falschen Reformbegriff.

Weltweit hat die Debatte darüber begonnen, ob die Antworten des Neoliberalismus die richtigen Antworten auf die Globalisierung sind. In Europa sind die Regierungswechsel in Italien, Frankreich und Großbritannien eine Absage an den Neoliberalismus.

Schon die Grundannahme, die der Globalisierungsdebatte zugrundeliegt, ist falsch. Wir haben nicht eine im ganzen globalisierte Wirtschaft, wie die Tabellen und Zahlen des Buches zeigen. Wir haben globalisierte Finanzmärkte, aber überwiegend regionalisierte Warenmärkte, das heißt europäische, amerikanische oder asiatische. Wir haben trotz der Wanderungsprobleme und zunehmender Mobilität von Arbeitskräften über die Grenzen hinweg immer eher noch nationale Arbeitsmärkte. Die These, daß eine Milliarde Chinesen darauf warten, die deutschen Arbeitnehmer zu verdrängen, ist zwar auch aus professoralem Munde zu vernehmen; sie hat aber eine ähnliche intellektuelle Qualität wie die jahrzehntelang wider besseres Wissen aufrechterhaltene Parole »Der Russe steht vor der Tür«:

Die große Masse der Arbeitnehmer in allen Ländern dieser Welt möchte gute Arbeitsbedingungen in ihrer Heimat vorfinden. Dabei müssen wir durch eine Politik helfen, die den anderen eine faire Chance im Wettbewerb läßt, so daß sie sich am Ende selbst helfen können. Auch hier richtet eine Politik forcierter Kostensenkung gravierende Schäden an. Wer darauf aus ist, nicht nur andere Unternehmen, sondern ganze Nationen vom Markt zu verdrängen, zwingt die Menschen, ihr Heil in der Flucht aus der Heimat zu suchen. Das gilt auch für Europa. Wenn wir über Lohndumping ausländische Märkte erobern, dürfen wir uns nicht wundern, wenn die Arbeitnehmer aus diesen Ländern demnächst an unserer Tür klopfen. Deshalb muß sich gerade in der Währungsunion jeder nach seiner Decke strecken. Keiner darf mehr Lohn verlangen als in seinem Land zu verdienen ist, aber auf Dauer auch nicht weniger. Forcierte Kostensenkungspolitik zerstört folglich die Währungsunion, weil sie die anderen in eine deflationäre Spirale zwingt.

Globalisierung ist die meist gebrauchte Ausrede für das Versagen der deutschen Wirtschaftspolitik. Auch hier sind die Zahlen eindeutig. Wir haben einen Rekord bei der Arbeitslosigkeit, bei den Staatsschulden und bei der Belastung der Arbeitnehmerinnen und Arbeitnehmer mit Steuern und Abgaben. Es ist der Regierung Kohl gelungen, Teilen der Öffentlichkeit einzureden, dies sei eine unvermeidliche Folge der Globalisierung. Im vorliegenden Buch wird nachgewiesen, daß die deutschen Probleme in erster Linie hausgemacht und eine Folge der falschen Wirtschafts- und Finanzpolitik der Regierung Kohl sind. Die falsche Wirtschafts- und Finanzpolitik folgt dem Irrglauben, daß die Volkswirtschaften auf die Globalisierung mit einem Kostensenkungswettlauf reagieren müßten. Das aber ist der zentrale Punkt der ganzen Debatte: Auf die zunehmende europäische und in steigendem Umfang auch weltwirtschaftliche Verflechtung unserer Volkswirtschaften dürfen wir nicht mit einem Wettlauf um möglichst niedrige Löhne, möglichst niedrige Sozialleistungen, möglichst niedrige Unternehmenssteuern und möglichst niedrige Umweltstandards antworten. Das »down sizing« der Volkswirtschaften ist gerade *nicht* die Antwort einer Nation auf die Globalisierung.

Immer mehr Staatsmänner in Europa erkennen, daß dieser Kostensenkungswettlauf in die Irre führt. Alle europäischen Staaten können bei ständig sinkenden Steuereinnahmen nicht mehr die notwendige Infrastruktur bereitstellen, die sie brauchen, um Wachstum und Beschäftigung zu fördern. Selbst der deutsche Sachverständigenrat zur Begutachtung der gesamtwirtschaftlichen Entwicklung hat hier seine Haltung geändert. Anders als der Standortwettbewerb um Sachinvestitionen – so der Sachverständigenrat – sei ein Steuerwettbewerb zu beurteilen, denn dieser führe nur zur Verlagerung von Steuerbemessungsgrundlagen, vor allem von Finanzkapital und den daraus fließenden Erträgen. Hierdurch werde es möglich, in den Genuß günstiger Besteuerung in einem anderen Land zu kommen, zugleich aber alle Vorteile der Infrastruktur im eigenen Land zu nutzen. Diese Form des Steuerwettbewerbs solle durch internationale Abmachungen geregelt, das heißt vermieden werden. In das gleiche Horn stieß der Bundesverfassungsrichter Paul Kirchhof. Er sagte kürzlich: Die Staatengemeinschaft brauche ein völkerrechtliches Abkommen, das alle Industriestaaten dazu verpflichte, Kapitalerträge in etwa gleich zu besteuern. Wenn das nicht gelänge, könne der Staat nicht mehr von Steuergerechtigkeit sprechen.

Der Marktradikalismus verführt einige dazu, dem Markt die alleinige Ordnungsfunktion für die Weltgemeinschaft zuzuweisen. So als könne die Frage, wie wir leben *wollen,* nur vom Markt beantwortet werden. Dabei wußte schon die Freiburger Schule, daß ein starker Staat notwendig ist. Ein Staat, der in der Lage ist, eine Rahmenordnung für den freien Wettbewerb zu schaffen und der zugleich stark genug ist, eine Ordnungspolitik durchzusetzen, die den Wettbewerb erhält. Gründer dieser Schule war Walter Eucken. Zum Durchbruch verhalf dieser Wirtschaftslehre zu Zeiten Ludwig Erhards der Kölner Ökonomieprofessor Alfred Müller-Armack. Erstaunlicherweise ist das Gedankengut der Freiburger Schule bei der CDU/CSU und der F.D.P. weitgehend verlorengegangen. Wie sonst könnte man es verstehen, daß die Forderung nach einem internationalen Ordnungsrahmen für den freien Wettbewerb bei diesen Parteien auf soviel Unverständnis und Ablehnung stößt. So wie es nach dem Kriege für die Freiburger Ökonomen unstreitig war, daß der Marktwirtschaft ein nationaler Ordnungsrahmen zur Seite gestellt werden muß, so wäre es für die Ökonomen der Freiburger Schule selbstverständlich gewesen, bei der zunehmenden Europäisierung unserer Wirtschaft einen europäischen Ordnungsrahmen zu fordern. Ebenso wäre es für sie selbstverständlich, bei zunehmender Globalisierung einen weltweiten Ordnungsrahmen zu fordern, in dem sich der freie Wettbewerb der Unternehmen entfalten kann.

Der globale Marktradikalismus ist eine Kampfansage an die Politik. Die Forderung nach einem internationalen Ordnungsrahmen ist deshalb zu allererst die Forderung, die Politik wieder in ihr Recht einzusetzen.

Wir brauchen internationale Zusammenarbeit bei
- einer Stabilisierung der Wechselkurse,
- einer stabilitätsorientierten und zugleich wachstumsorientierten Zinspolitik,
- einer konjunkturgerechten und beschäftigungsorientierten Budgetpolitik,
- einer fairen Steuerpolitik,
- einer gemeinsamen Technologiepolitik,
- einer internationalen Sozialcharta,
- bei einem Programm gegen globale Umweltzerstörung und schließlich
- einer nachhaltigen Stärkung der Binnennachfrage.

Diese Forderung nach internationaler Zusammenarbeit ist keine Absage an den Wettbewerb, wie konservative Politiker und Kommentatoren uns entgegenhalten werden, sondern sie ist die Voraussetzung für den freien Wettbewerb der Unternehmen. Nicht gegen den Wettbewerb um höhere Produktivität durch mehr Innovationen und bessere Produkte richtet sich unsere Argumentation, sondern gegen den ökonomisch absurden Wettlauf um möglichst niedrige Löhne, Sozialleistungen, Umweltstandards und Steuern auf Kapitalerträge. Wenig daran ist substantiell neu, wenn man sich an die Abwertungswettläufe der 20er Jahre erinnert und deren Ende mit Schrecken. Sie waren die Grundlage der großen Depression im Jahre 1929 und führten zur Wirtschaftslehre von John Maynard Keynes und zum System von Bretton Woods.

Die richtige Antwort auf die Globalisierung ist ein Produktivitätswettbewerb der Unternehmen und der Staaten. Wir brauchen eine gute Ausbildung, gute Schulen, gute Universitäten, gute Forschungseinrichtungen, eine gute Infrastruktur beim Straßen- und Schienenverkehr und bei Datenautobahnen. Wir wollen die höchste Energieproduktivität, weil das Land mit einer guten Umwelttechnik große Chancen hat, Märkte der Zukunft zu bedienen. Wir müssen die besten sein bei der Entwicklung von Energieeinspartechnologien und bei der Entwicklung regenerierbarer Energien, weil die fossilen Brennstoffe endlich sind und weil zukünftige Generationen auf regenerierbare Energien angewiesen sind. Wir wollen die Brücke ins Solarzeitalter bauen.

Wenn es ein globales Thema gibt, dann ist es nicht in erster Linie der falsch verstandene Standortwettbewerb, sondern die Aufgabe der Staatengemeinschaft, kommenden Generationen eine lebenswerte Umwelt zu hinterlassen. Auch hier taugt das Credo des Neoliberalismus nicht. Die Deregulierung von Umweltstandards wäre das letzte, was diesem Ziel dienen könnte. Wir brauchen europäische Umweltstandards und – wie der Rio-Gipfel gezeigt hat – weltweite Absprachen über Umweltziele, an die sich die Weltstaatengemeinschaft tatsächlich hält. Selbst der eher konservative deutsche Sachverständigenrat schreibt in seinem jüngsten Jahresgutachten: »Wo es um die Schonung und effiziente Nutzung globaler Umweltgüter geht, bedarf es internationaler Koordination, sollen Erfolge in der Breite erreicht werden; dies schließt nicht aus, daß einzelne Länder oder Gruppen von Ländern im Rahmen ihrer Möglichkeiten eine Vorreiterrolle übernehmen.« Die entwickelten Industriestaaten werden den Ländern des Südens nicht vorschreiben können, wieviel Energie pro Kopf sie verbrauchen dürfen. Aber nur wenn es den Industriestaaten gelingt, *die* Technologie zu entwickeln und *die* Umweltstandards zu erreichen, die globalisierungsfähig sind, wird es gelingen, den globalen ökologischen Zerstörungsprozeß zu stoppen. Das marktwirtschaftliche Instrument, diese Ziele zu erreichen, ist die ökologische Reform des Steuer- und Abgabensystems. Sie wird die richtigen Preissignale setzen umd mehr Umweltschutz zur Folge haben. Sie korrigiert eine gesellschaftliche Entwicklung, die zu Massenarbeitslosigkeit geführt hat. Im Mittelpunkt vieler Bemühungen der Wirtschaft steht auch heute noch die Steigerung der Arbeitsproduktivität. Angesichts der Massenarbeitslosigkeit geht es heute nicht mehr darum, in erster Linie die Arbeitsproduktivität zu steigern. Jetzt müssen wir mit demselben Elan, mit dem wir die Arbeitsproduktivität gesteigert haben, die Energieproduktivität steigern, um kommenden Generationen eine lebenswerte Umwelt zu hinterlassen. Die Steigerung der Energieproduktivität ist eine Chance, über neue Technologien und über neue Produktionsverfahren zusätzliche Arbeitsplätze zu schaffen.

Die hoch entwickelten Industriegesellschaften verfügen schon jetzt über das notwendige technologische Wissen und über die notwendigen finanziellen Mittel, um die Umweltreformen durchzuführen. Sie stehen in erster Linie in der Verantwortung. Es ist bedauerlich, daß die Vereinigten Staaten dieser Verantwortung nicht gerecht werden. Beim Klimagipfel in Tokyo verhinderten sie die notwendigen Entscheidungen. Die Umwelt ist nur zu retten, wenn die Menschheit sparsamer mit den Ressourcen umgeht. Nachhaltigkeit des Wirtschaftens muß ganz oben auf unserer Agenda stehen. Daher haben wir ein umfassendes Plädoyer für langlebige und nachhaltige Produkte in das Buch aufgenommen. Wir wissen, daß in unserer Fast-Food-Gesellschaft der Vorschlag, die Langlebigkeit der Produkte zu steigern, auf vordergründige ökonomische Einwendungen stößt. Aber schon heute kann beobachtet werden, daß Reparatur- und Dienstleistungen im Saldo oft zu mehr Arbeitsplätzen führen als der schnelle Umsatz von Gütern, die Wegwerfartikel sind.

Mangelnde Vorsorge bei rapidem Wachstum der Weltwirtschaft zerstört das Ökosystem der Erde. Davor hat das Washingtoner Worldwatch Institute in seinem kürzlich veröffentlichten Jahresbericht über den Zustand der Erde erneut gewarnt. Die Forscher des Instituts fordern daher eine grundlegende Umstrukturierung des Weltwirtschaftssystems, um die Zerstörung der Umwelt zu verhindern. Diese Veränderungen bedeuteten jedoch keineswegs einen Verzicht auf Wachstum, erklärt Instituts-Chef Lester Brown; nur die Art des Wachstums müsse sich ändern. Die technischen Voraussetzungen für eine nachhaltige Entwicklung der Weltwirtschaft seien schon gegeben; die Politik habe es jedoch bisher versäumt, den notwendigen Umbau durch entsprechende Anreizsysteme zu fördern.

Durch Bildung und Ausbildung die Menschheit zu befähigen, die großen Herausforderungen zu bewältigen, ist eine globale Aufgabe. Sowohl Bill Clinton als auch Tony Blair führten ihre letzten Wahlkämpfe mit der Parole: »education, education, education«. Der angelsächsische Begriff der »education« ist umfassender als der deutsche Begriff der Ausbildung. Mit »education« ist nicht nur das Vermitteln von Wissen und Fähigkeiten gemeint, sondern vor allem auch die Vermittlung von Werten. Eine Gesellschaft braucht gemeinsame Werte, auf die sie sich verständigt. Immer mehr Menschen auf der Welt haben Zugang zur Bildung. Gut ausgebildete Menschen machen Erfindungen und entwickeln neue Produkte. Gut ausgebildete Staatsbürger wollen die Demokratie und die Einhaltung der Menschenrechte.

Der Neoliberalismus hat zu einem Verlust gemeinsamer Werte geführt. Wenn Günter Grass in der Paulskirche sagte, daß unser Land zum Wirtschaftsstandort verkommen sei, dann kann ihm kaum widersprochen werden. Der Zusammenhalt einer Gesellschaft kann nicht über betriebswirtschaftliche Werte vermittelt werden. Betriebswirtschaft pur oder Kapitalismus pur, wie der IG Metall-Vorsitzende Klaus Zwickel formulierte, zerstört die Grundlagen unserer Zivilgesellschaft und gefährdet die Demokratie. Eine Demokratie kann nicht zum Ziel haben, die Kapitalrendite zu steigern oder die Aktienwerte zu maximieren. Eine Demokratie hat zum Ziel, alle Menschen gleichberechtigt am gesellschaftlichen Leben teilhaben zu lassen. Diesem Ziel dient eine neue Wirtschafts- und Finanzpolitik, die die Bekämpfung der Arbeitslosigkeit in den Mittelpunkt rückt. Sie nimmt die Globalisierung nicht zum Anlaß, den Menschen Angst zu machen. Sie sieht in der Globalisierung eine Chance, die Wohlfahrt aller an der Weltwirtschaft beteiligten Menschen zu steigern.

Eine solche Politik setzt auch auf die Motivation der Beschäftigten durch Mitbestimmung und Teilhabe am Produktivvermögen. Die Neoliberalen haben zum Abbau der Motivation in den Belegschaften beigetragen. Dabei fahren diejenigen Arbeitgeber und Arbeitnehmer am besten, die zueinander Vertrauen haben und die die gemeinsame Motivation zum geschäftlichen Erfolg in den Mittelpunkt stellen. Erfolgreiche Firmen in Deutschland haben über Mitarbeiterbeteiligung hervorragende Ergebnisse erzielt. Dazu gehört selbstverständlich, daß die Arbeitnehmer am Produktivitätsfortschritt ihren angemessenen Anteil haben.

Die Forderung nach mehrjährigen Nullrunden bei den Arbeitseinkommen ist außenwirtschaftlich nicht vertretbar und hat den Arbeitnehmern vorgegaukelt, Beschäftigung entstünde dann automatisch. Eingetreten ist das aber nicht, die Folgen waren ein Nachfrageausfall und weiterer Abbau der Beschäftigung. Es ist gut, daß die deutschen Gewerkschaften von der einzelwirtschaftlich begründeten, aber schwammigen Formel einer zurückhaltenden »beschäftigungssichernden« Lohnpolitik abrücken und zur produktivitätsorientierten Lohnpolitik zurückfinden. Bei steigenden Aktienkursen und steigenden Gewinnen liefen sie sonst Gefahr, das Vertrauen der Beschäftigten zu verlieren. Es ist zu begrüßen, daß auch der Sachverständigenrat im jüngsten Jahresgutachten, wenn auch etwas zaghaft, die Produktivitätsorientierung der Lohnpolitik fordert. Sie ist auch deshalb notwendig, weil das Statistische Bundesamt festgestellt hat, daß 1997 der niedrigste Lohnzuwachs seit 1958, dem Beginn der Erfassung dieser Daten, zu verzeichnen war.

Eine produktivitätsorientierte Lohnpolitik ist auch der Stoßdämpfer, den Europa nach der Einführung des Euro dringend braucht. Darauf hat der Leiter der Konjunkturabteilung des Deutschen Instituts für Wirtschaftsforschung, Heiner Flassbeck, hingewiesen. Die Wechselkurse, die bisher diese Funktion übernommen hatten, fallen nach der Einführung des Euro weg. Die europäischen Nachbarstaaten können dann nicht mehr mit Abwertungen ihrer Währungen auf die immer schneller zunehmenden deutschen Exportüberschüsse reagieren.

Eine der Ursachen für die hohe Arbeitslosigkeit in Deutschland ist die Umverteilungspolitik der Regierung Kohl. Die Umverteilung von unten nach oben ist nicht nur eine soziale Ungerechtigkeit, sondern sie führt zu einer systematischen Schwächung der Binnennachfrage. Ohne eine stärkere Binnennachfrage wird die Konjunktur in Deutschland aber nicht in Gang kommen.

Die Frage, wie wir zusammenleben wollen, kann nicht der Markt beantworten. Die Marktwirtschaft ist kein Selbstzweck. Sie braucht eine staatliche Ordnung. Sie muß im Dienst der Bedürfnisse der Menschen stehen. Diesen Dienst, diese Aufgabe löst sie mit unvergleichlicher Effizienz. Deshalb wäre es falsch, die Wirtschaft der Kontrolle der Politik zu unterwerfen. Daran ist der Staatssozialismus gescheitert. Die Marktwirtschaft ersetzt aber nicht die Demokratie. In Europa sind wir gefordert, uns auf unsere humanistische und christliche Tradition zu besinnen und unseren Beitrag zu einer gerechten Weltwirtschaftsordnung zu leisten. Im Mittelpunkt muß eine neue Wirtschaftspolitik stehen, die auf umweltverträgliches Wachstum und auf Beschäftigung setzt und die Achtung der Menschenwürde zur ethischen Grundlage hat.

Das Parlament der Weltreligionen und der Rat der früheren Staats- und Ministerpräsidenten haben dazu zwei Maximen aufgestellt. Erstens: »Jede Person, gleich welchen Geschlechts, welcher ethnischen Herkunft, welcher Sprache, welchen Alters, welcher Nationalität oder Religion, jeder hat die Pflicht, alle Menschen menschlich zu behandeln.« Und zweitens: »Alle Menschen, begabt mit Vernunft und Gewissen, müssen im Geist der Solidarität Verantwortung übernehmen gegenüber jedem und allen, Familien und Gemeinschaften, Rassen, Nationen und Religionen: Was du nicht willst, das man dir tut, das füg' auch keinem andern zu.«

»Eine wichtige Rolle im Handel spielt
der Export. Export ist, wenn die ande-
ren kaufen sollen, was wir nicht kau-
fen können; auch ist es unpatriotisch,
fremde Waren zu kaufen, daher muß
das Ausland einheimische, also deut-
sche Waren konsumieren, weil wir
sonst nicht konkurrenzfähig sind.«
Tucholsky, 1931

I. Kapitel

Globalisierung
Wachsende Ungleichheit bei stagnierendem Wohlstand?

Noch leben wir in einem der reichsten Länder der Welt. Noch verfügen die meisten von uns über einen gutbezahlten, sicheren Arbeitsplatz. Und noch ist die soziale Sicherheit für alle, auch die weniger Privilegierten gewährleistet. Diese Errungenschaften aber scheinen gefährdet zu sein durch die zunehmende Konkurrenz aus dem Ausland, die der deutschen Wirtschaft Produktionen und Arbeitsplätze entzieht.

Hat sich der Druck auf die deutsche Wirtschaft durch die Internationalisierung der Wirtschaft tatsächlich in dem behaupteten Maße verstärkt? Hat die Globalisierung in den vergangenen Jahren wirklich dramatisch zugenommen?

Die Analyse zeigt, daß man differenzieren muß.

Der Handel ist eher interregional als international

Seit Anfang der achtziger Jahre hat der Welthandel kräftig zugenommen. Zwischen 1983 und 1995 stieg er um rund 7 Prozent pro Jahr. Diese zunächst eindrucksvolle Zahl relativiert sich, wenn man die Entwicklung des internationalen Handels historisch und den Anteil des Weltexports an der gesamten Weltwirtschaftsleistung betrachtet.

Schon im Jahre 1870 wurden 5 Prozent der Weltproduktion exportiert. Erst 1960 knüpfte die Internationalisierung des Handels wieder an das Niveau der Zeit unmittelbar vor dem ersten Weltkrieg an. Es war ein kontinuierlicher und langwieriger Prozeß, bis der Welthandel merkbar gesteigert werden konnte und das heutige Rekordniveau erreichte. Der Anteil des Weltexports an der Weltwirtschaftsleistung stieg bis 1995 auf 15 Prozent (vgl. Übersicht 1).

85 Prozent und damit der weitaus größere Teil des Weltsozialprodukts verbleiben nach wie vor auf den nationalen Märkten. Auch eine Länderbetrachtung zeigt, daß die Binnenmärkte eine weitaus größere Bedeutung für die Volkswirtschaften haben als gemeinhin angenommen.

Der Außenhandel Japans macht nicht mehr als 10 Prozent des Bruttosozialprodukts aus. Die Binnenmarktorientierung der US-Wirtschaft ist bekannt: Nur 8 Prozent ihrer Wirtschaftsleistung gehen ins Ausland. Und, so sehr es viele erstaunen mag, nicht weniger auf den eigenen Markt orientiert ist die Europäische Union. Ihr Anteil des Außenhandels am Bruttoinlandsprodukt liegt in der Größenordnung von 8 Prozent.

Auch für Deutschland relativieren sich bei näherer Betrachtung die Außenhandelszahlen. Mit einer Quote von rund 24 Prozent 1996 ist die deutsche Wirtschaft zwar relativ exportlastig. Knapp zwei Drittel des Außenhandels werden aber auf dem Europäischen Binnenmarkt abgewickelt, sind also interregional. Damit verringert sich der Anteil der Exporte in das außereuropäische Ausland auf knapp 8 Prozent des Inlandprodukts.

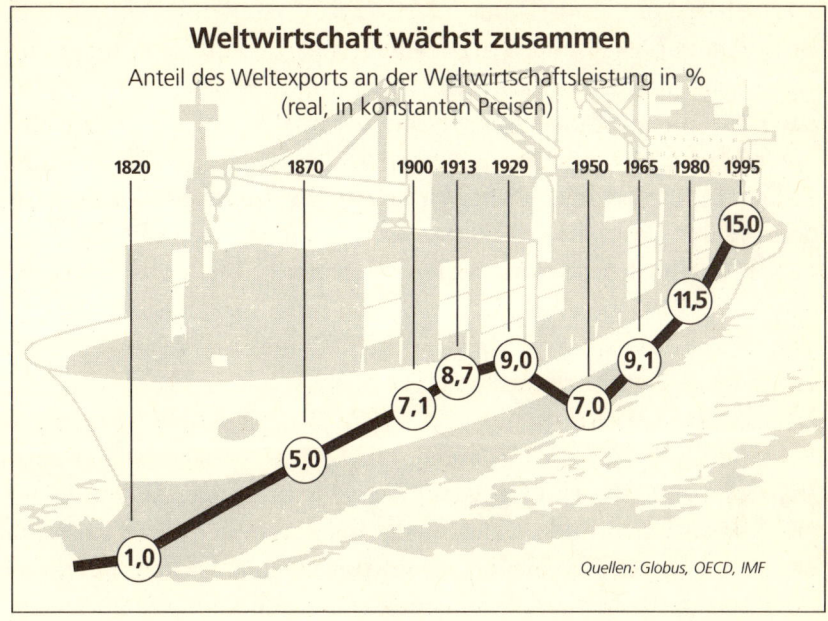

Weltwirtschaft wächst zusammen

Anteil des Weltexports an der Weltwirtschaftsleistung in %
(real, in konstanten Preisen)

| 1820 | 1870 | 1900 | 1913 | 1929 | 1950 | 1965 | 1980 | 1995 |

15,0

11,5

9,0
8,7
9,1
7,1
7,0
5,0
1,0

Quellen: Globus, OECD, IMF

In den nächsten Jahren steigt das Volumen des Welthandels weiter an. Die Vereinbarungen im Rahmen des GATT, des Allgemeinen Zoll- und Handelsabkommens, liberalisierten den Welthandel in wesentlichen Bereichen. Er wird voraussichtlich mit 6 bis 7 Prozent weitaus stärker zunehmen als das Weltsozialprodukt, das nach heutiger Einschätzung bis zum Jahr 2000 um real mindestens 3 Prozent jährlich wachsen soll.

Auch in Zukunft wird der interregionale Handel besser gedeihen als der Handelsverkehr mit Ländern außerhalb der Region. Denn in weitaus stärkerem Maße als zwischen den Blöcken wurden in den vergangenen Jahren die Märkte innerhalb der Regionen geöffnet. Auf dem Wege zum interregionalen Freihandel ist die Europäische Union am weitesten fortgeschritten. Andere bekannte Initiativen wie die nordamerikanische Freihandelszone (NAFTA) mit USA, Kanada und Mexiko, die asiatisch pazifische Wirtschaftsgemeinschaft (APEC) mit 18 asiatischen und pazifischen Ländern (einschließlich USA und China), der MERCOSUR mit Argentinien, Brasilien, Paraguay und Uruguay werden erst mittel- bis langfristig einen gemeinsamen Markt verwirklichen. Diese Prognose trifft auch für die zahlreichen weiteren regionalen Wirtschaftszusammenschlüsse zu.

Den Erfolg der deutschen Wirtschaft bestimmt in Zukunft mehr denn je der Europäische Binnenmarkt. Daß Europa der entscheidende Markt ist, wissen auch die Investoren.

Das Kapital ist knapp

In den letzten Jahren verging kaum ein Tag ohne den Hinweis, wieviel Investitionen und Arbeitsplätze ins Ausland verlagert werden müßten, weil das Niveau der Produktionskosten in Deutschland zu hoch sei. In den vergangenen Monaten war allerdings auch wieder vermehrt von Rückwanderungen die Rede.

Wenn heute von einer neuen Globalisierung gesprochen wird, ist oft die starke Zunahme der internationalen Direktinvestitionen gemeint. Sie haben in der Tat massiv zugenommen. Von Mitte der achtziger bis Mitte der neunziger Jahre stiegen die jährlich im Ausland vorgenommenen Direktinvestitionen von 56 auf 208 Mrd. US-Dollar. Dies entsprach zwar einem geringen Anteil der gesamten Bruttokapitalbildung in den OECD-Ländern, die sich 1994 auf 3.500 Mrd. US-Dollar belief; gleichwohl übersteigt die volkswirtschaftliche Bedeutung der Direktinvestitionen ihr zahlenmäßiges Gewicht, da sie sich auf strategische Industrien konzentrieren.

Der Großteil des Kapitals wandert keineswegs in Billiglohnländer. Vielmehr konzentrieren sich 70 Prozent des weltweiten Bestands an Direktinvestitionen auf Westeuropa, die USA und Japan. Sie stellen auch die Herkunftsländer des Kapitals dar: Die fünf wichtigsten Länder sind die USA, Großbritannien, Japan, Deutschland und Frankreich. So findet im wesentlichen eine gegenseitige Durchdringung der Volkswirtschaften der Triade USA, Japan und Westeuropa statt.

Die deutsche Wirtschaft macht bei diesem Monopoly keine Ausnahme. Ein geringer Teil von vier Prozent der Nettoinvestitionen fließt in Entwicklungsländer. Dort konzentrieren sie sich auf Hongkong, Indien, Türkei, Singapur und Malaysia. Die Direktinvestitionen nach Asien lagen im ersten Halbjahr 1995 bei 525 Millionen DM und sind damit vernachlässigbar. Auch der geographisch naheliegende ehemalige Ostblock profitiert kaum. Nach Öffnung der Grenzen stieg der Gesamtbestand deutscher Direktinvestitionen nach Mittel- und Osteuropa auf fünf Milliarden DM und entsprach damit mageren zwei Prozent an den gesamten deutschen Auslandsinvestitionen. Das Gros der Direktinvestitionen von 84 Prozent wird innerhalb Westeuropas getätigt und wandert hauptsächlich nach Großbritannien, Frankreich, Italien und Irland.

Seit Mitte der achtziger Jahre wächst die internationale Arbeitsteilung über die Investitionsschiene dreimal so schnell wie über den Handel. Dieses Wachstum wird von 37.000 transnationalen Unternehmen getragen, die ihre konzerninterne Arbeitsteilung in zunehmendem Maße über Kontinente hinweg kostengünstig organisieren. Deutschland hinkte bis 1992 beim Bestand an Auslandsinvestitionen mit 136 Mrd. US-Dollar hinter den weit führenden USA (487 Mrd. US-Dollar), Japan (248 Mrd. US-Dollar), Großbritannien (246 Mrd. US-Dollar) und Frankreich (138 US-Dollar) hinterher. Seither hat sich die Bundesrepublik jedoch an den Auslandsinvestitionen in wachsendem Maße beteiligt und den Rückstand aufgeholt. Über eine Gefährdung des Standorts Deutschland durch zu hohen Kapitalexport muß man sich allerdings keine Sorgen machen.

Gefährlich ist die explosionsartige Entwicklung des internationalen Finanzsektors. Die Liberalisierung des Kapitalverkehrs und der zunehmende Einsatz moderner Kommunikationstechnologien haben zu einer Aufblähung des internationalen Finanzgeschäfts geführt. 1994 war das Volumen der internationalen Finanzierung höher als das Bruttoinlandsprodukt der USA, die Auslandsguthaben der Banken haben sich zwischen 1980 und 1993 mehr als verdreifacht. Der tägliche Umsatz im weltweiten Handel mit Währungen schwoll schon 1994 auf 1.230 Mrd. US-Dollar an. Er überstieg damit mehr als das Hundertfache des Betrags, der zur Abwicklung des internationalen Handels notwendig war.

Die transnationalen Geldmärkte haben sich damit von der »realen« Wirtschaft, dem Welthandel, weitgehend gelöst. Sie verselbständigen sich und entziehen sich zunehmend der nationalen Steuerung und Kontrolle. Mehr und mehr bestimmen die Finanzmärkte Wechselkurse und Zinsniveau und setzen die reale Ökonomie damit unter Druck. Durch Spekulationen hervorgerufene Preisverzerrungen führen zu ungerechtfertigten Wechselkursschwankungen. Vor allem in kleineren Ländern verliert die nationale Geldpolitik den Handlungsspielraum, den sie für die Binnenkonjunktur benötigt.

Die internationalen Geldmärkte erfüllen immer weniger ihre eigentliche Aufgabe, dem internationalen Handel die notwendige Liquidität bereitzustellen und einen optimalen Einsatz des Kapitals zu gewährleisten. Das läßt auf einen Mangel an Regulierung schließen.

In der Tat sind die Aufblähung der Finanzmärkte und die wachsende Instabilität der Wechselkurse Ergebnis eines fehlenden Ordnungsrahmens. Nachdem das 1944 geschaffene Bretton-Woods-System zur Aufrechterhaltung stabiler Wechselkurse 1973 zusammengebrochen war, bestimmten nicht mehr die Staaten, sondern die privaten Geld- und Kreditmärkte das Geschehen. In Europa wurde Ende der siebziger Jahre das Währungsgefüge durch die Schaffung des Europäischen Währungssystems stabilisiert. Zunächst arbeitete es erfolgreich. Die wirtschaftliche Vereinigung Deutschlands aber wurde nicht durch eine gemeinsam abgestimmte Wirtschafts-, Finanz- und Geldpolitik auf europäischer Ebene flankiert. Mit ihrer Hochzinspolitik versuchte die Deutsche Bundesbank Anfang der neunziger Jahre den Einheitsboom und dadurch aufkommende Inflationsgefahren zu bremsen. Folge davon war, daß das englische Pfund, die italienische Lira, die spanische Peseta und der portugiesische Escudo aus dem Währungsverbund herausgenommen wurden, so daß auch hier vorübergehend wieder ein relativ ungeregelter Markt herrschte.

Darüber hinaus existiert keine internationale Banken-, Kredit- und Wertpapieraufsicht, die den überbordenden Handel mit Geld, Krediten, derivativen Finanzinstrumenten und Aktien regelt. Kaum eine Bank verfügt über verläßliche Informationen bezüglich Zahl und Form der derivativen Finanzinstrumente. Das Kreditgeschäft von transnationalen Banken und Allfinanzunternehmen kann nur noch schwer kontrolliert werden.

Das große Volumen und die zunehmende Schnelligkeit der Finanztransaktionen destabilisieren die internationalen Finanzmärkte. Aber es gibt auch Profiteure des Systems. Das sind nicht nur die transnationalen Banken, deren Zahl im letzten Jahrzehnt beträchtlich zugenommen hat, sondern auch die transnational agierenden Unternehmen. Sie können weltweit die günstigsten Anlage- und Kreditmöglichkeiten nutzen.

Die neue Globalisierung äußert sich hauptsächlich in Form vagabundierenden Kapitals. Seine Besitzer suchen sich weltweit die lukrativsten Anlage- und Investitionsmöglichkeiten. Dem Wettkampf um das beschränkt vorhandene Kapital unterwerfen sich Arbeitskräfte und Staaten gleichermaßen.

Ist das Arbeitskräftereservoir tatsächlich unerschöpflich?

Die Arbeitslosigkeit hat Anfang 1998 mit 10,5 Prozent in Westdeutschland und 12,6 Prozent in Gesamtdeutschland ein Rekordniveau erreicht. Mehr als vier Millionen Menschen sind offiziell arbeitslos gemeldet. Zwischen sechs und sieben Millionen Arbeitsplätze werden gesucht. Auch die japanische Wirtschaft, die lange als Vorzeigeökonomie galt, kämpft mit einer Rekordarbeitslosigkeit, die den höchsten Stand seit Beginn der Arbeitslosenstatistik im Jahre 1953 erreicht hat. Arbeitslos im weiteren Sinn oder arbeitssuchend sind nach Gewerkschaftsangaben sogar sechs Prozent. Auch im »Beschäftigungswunderland« der achtziger Jahre, den Vereinigten Staaten von Amerika, kann bei einer Arbeitslosenquote von knapp 5 Prozent nach unserem Verständnis nicht von Vollbeschäftigung gesprochen werden.

In fast allen anderen westlichen Industrieländern ist die Lage auf dem Arbeitsmarkt noch ernster. Insgesamt addiert sich die Zahl der registrierten Arbeitslosen in den Industrieländern auf mehr als 36 Millionen Menschen. Die Internationale Arbeitsorganisation schätzt die weltweite Arbeitslosigkeit auf 120 bis 130 Millionen Personen. Dazu kommen 700 Millionen Menschen, die unterbeschäftigt sind. Auch die mittel- bis langfristigen Aussichten für den Weltarbeitsmarkt sind düster. Denn das Erwerbspersonenpotential steigt in den kommenden Jahren beträchtlich an. Zum einen, weil die Weltbevölkerung weiter kräftig wächst. Zum anderen, weil die Erwerbsneigung der Arbeitsfähigen zunimmt. Die »Feminisierung der Arbeit« wird fortschreiten. Die Internationale Arbeitsorganisation schätzt, daß aus diesen Gründen jedes Jahr zusätzlich 43 Millionen Menschen zu beschäftigen sind.

Freier Handel und Kapitalverkehr, der Einsatz von Informations- und Kommunikationstechnologien sowie flexible und schlanke Produktion fördern die grenzüberschreitende Konkurrenz unter den Arbeitnehmern. Es scheint, daß »die Ware Arbeit« zunehmend zum weltweit handelbaren Gut wird, weil Produktionen von einem Land in das andere verlagert werden können. Je nach dem, wo die Kosten am günstigsten sind.

Es wäre jedoch falsch, von einem globalen Markt für alle Arbeitskräfte auszugehen. Denn weder sind Investitionen beliebig verlagerbar, noch die Arbeitskräfte weltweit mobil. Weniger betroffen vom internationalen Wettbewerb der Arbeitskräfte sind hochqualifizierte Tätigkeiten in wissensintensiven Technologien. Ihrem Know-how konnte in den Billiglohnländern bisher noch keine nennenswerte Konkurrenz entgegentreten. Zwar haben manche schon den Jobkiller Fernarbeit entdeckt, der sogar die Verlagerung hochqualifizierter Dienstleistungen befürchten läßt, gleichwohl ist die quantitative Bedeutung dieser Auslandsproduktion noch äußerst begrenzt.

Negativ von der Globalisierung betroffen sind in den Industrieländern dagegen weniger qualifizierte Arbeitskräfte. Für sie ist es unmöglich, mit Beschäftigten aus Südostasien oder Osteuropa zu konkurrieren. Selbst wer bereit ist, für ein Einkommen zu arbeiten, das dem hierzulande notwendigen Existenzminimum entspricht, kann dem Export seines Arbeitsplatzes nicht unbedingt entgehen. Das gilt allerdings nur für Produktionen, die sich problemlos verlagern lassen, weil sie geringe Transportkosten verursachen – wie zum Beispiel im Textilbereich. Oder weil sie dank moderner Kommunikationstechnologien verlagerbar sind.

Auch die Einwanderung ausländischer Arbeitskräfte erweist sich als Problem für die heimischen Arbeitsmärkte. Die meisten Länder begegnen ihm durch eine verschärfte Einwanderungspolitik, die sich an dem binnenwirtschaftlichen Arbeitskräftebedarf oder -überhang orientiert. Beispiele dafür sind die USA und Japan.

Deutschland war in den vergangenen Jahren massiv vom Zustrom deutschstämmiger und ausländischer Arbeitskräfte betroffen. Allein zwischen 1987 und 1994 kamen 1 Million erwerbsfähiger Aussiedler auf den deutschen Arbeitsmarkt. Die Einwanderungswelle der sechziger und siebziger Jahre war noch wirtschaftlich begründet. Der Mangel an Arbeitskräften drohte damals das Wirtschaftswachstum negativ zu beeinflussen. Die Immigration der achtziger und neunziger Jahre dagegen erfolgte aus politischen Gründen und belastete einen Arbeitsmarkt, der schon lange aus dem Gleichgewicht geraten war. Es waren Aussiedler aus Osteuropa, Übersiedler aus Ostdeutschland und Asylbewerber aus ärmeren Ländern, die in den wohlhabenderen Westen oder Norden strömten. Auf dem Arbeitsmarkt vergrößerten sie in erster Linie das Potential an Arbeitskräften mit geringerer Qualifikation.

Zunehmend spürbar wird auch die Konkurrenz aus den westeuropäischen Nachbarstaaten. Vor allem die hohe Arbeitslosigkeit in der Europäischen Union, aber auch die teilweise beträchtlichen Unterschiede im Lohn- und Einkommensniveau und bei der sozialen Sicherung, lassen immer mehr Europäer ihr Glück auf dem deutschen Arbeitsmarkt versuchen. Massiv davon betroffen ist seit mehreren Jahren der Bausektor, auf dem viele Briten und Portugiesen zu Löhnen und unter Bedingungen arbeiten, die weit unter den deutschen Standards liegen. Dabei handelt es sich insbesondere dann um eine mehr als ärgerliche Wettbewerbsverzerrung, wenn deutsche Baukonzerne Tochtergesellschaften im Billiglohn-Ausland eröffnen, um ihre Arbeitskräfte anschließend auf deutschen Baustellen einzusetzen. Leidtragende sind die arbeitslosen deutschen Bauarbeiter und die Bauunternehmen, die ihren Arbeitskräften den geltenden Tariflohn zahlen und sie ordentlich sozialversichern.

Die illegal zu Hungerlöhnen arbeitenden osteuropäischen Arbeitskräfte kann man durch regelmäßige Kontrollen zahlenmäßig begrenzen. Nicht vom deutschen Arbeitsmarkt auszuschließen sind die Beschäftigten aus den Mitgliedstaaten der Europäischen Union. Sie genießen vertraglich die Freizügigkeit, innerhalb der Europäischen Union zu arbeiten und zu leben, wo es ihnen gefällt. Der Sog auf die Arbeitsmärkte der reicheren Mitgliedsländer führt zum Druck auf Löhne und soziale Standards.

Die Drohung der Unternehmer mit einem weltweit unerschöpflichen Reservoir an Arbeitskräften hat global und national die Kräfteverhältnisse zwischen Arbeitnehmern und Kapitalbesitzern zugunsten des knappen Kapitals verschoben. Entsprechend wurden in vielen Ländern die Arbeitnehmervertretungen massiv geschwächt. Insbesondere transnationale Konzerne erpressen ihre Beschäftigten und deren Vertretungen am Heimatstandort mit der Drohung der Verlagerung von Arbeitsplätzen. In ihren Tochterunternehmen im

Gewinneinkommensanteil im Privatsektor			
1970–1995 in v.H.			
Land	1970–1979	1980–1991	1992–1994	1995
---	---	---	---	---
USA	32,1	33,1	33,4	32,9
EG/EU	31,5	33,3	35,7	37,1
Japan	33,7	31,2	31,6	32,8

Daten für 1995: Prognosen

Quelle: OECD Economic Outlook No. 54

Ausland setzen sie gezielt Strategien ein, um die Gewerkschaften aus den Unternehmen auszuschließen.

Besonders erfolgreich waren die Unternehmer in Deutschland und Europa. Mit der ständigen Drohung, Arbeitsplätze ins Ausland zu verlagern, wenn die Arbeitnehmer und der Staat kein Wohlverhalten zeigen, gelang es ihnen in den letzten Jahren, die Einkommen in beachtlichem Maße umzuverteilen. Die Lohnquote in Deutschland ist inzwischen wieder auf das Niveau der sechziger Jahre gefallen. Im Gegenzug stiegen die Gewinne. Interessant ist die Tatsache, daß in den USA und in Japan der Gewinneinkommensanteil in den vergangenen Jahrzehnten relativ stabil geblieben ist und sich auf etwa gleich hohem Niveau befindet, während er in der Europäischen Union stark gestiegen ist und gut 4 Punkte über den Werten der beiden Vergleichsländer liegt (vgl. Übersicht 2).

Die Umverteilung der Einkommen von den Arbeitnehmern hin zu den Unternehmen ist somit offenbar keine zwangsläufige Folge der zunehmenden Globalisierung. Es hat vielmehr den Anschein, daß die Unternehmer die scheinbare Konkurrenz deutscher Arbeitnehmerinnen und Arbeitnehmer mit ausländischen Arbeitskräften dazu benutzt haben, sich einen größeren Teil des Volkseinkommens zu erkämpfen. Dabei waren sie sehr erfolgreich. Allerdings nicht im Sinne der Gesamtwirtschaft. Denn anders als die USA und Japan haben die Mitgliedsländer der Europäischen Union, einschließlich der Bundesrepublik Deutschland, mit einer viel höheren Arbeitslosigkeit zu kämpfen als die beiden Vergleichsländer.

Die Ohnmacht der Staaten

Nicht nur nach Ansicht der Weltbank führt die Globalisierung der Wirtschaft dazu, daß »die Entscheidungsmöglichkeiten von Privatpersonen und Unternehmen zu- und die der Politiker abnehmen«.

Der vermeintliche »Sachzwang Weltmarkt« scheint die Staaten in eine unerbittliche Standortkonkurrenz zu zwingen. Verantwortlich dafür sind die Regierungen selbst. Denn sie haben die Grundlagen für die Internationalisierung gelegt: durch die Liberalisierung von Handel und Kapitalverkehr und die Förderung mächtiger Konzerne, die auch auf dem Weltmarkt bestehen können. Dabei gingen sie davon aus, daß die Stärkung nationaler Unternehmen auch der Nation zugute kommen würde. Sie hofften auf Arbeitsplätze und Steuereinnahmen.

Unternehmen investieren aber nicht aus Liebe zum Vaterland, sondern aus Liebe zum Gewinn. Das wissen wir spätestens seit der deutschen Wiedervereinigung. Da die westdeutsche Wirtschaft mit ihren Produkten den ostdeutschen Markt spielend bedienen konnte, hat sie dort bis heute nicht ausreichend investiert. So fehlen nach wie vor die dringend benötigten Arbeitsplätze in der Industrie.

Auch den transnationalen Unternehmen kann man nicht vorwerfen, wenn sie sich gewinnmaximierend verhalten. Das entspricht durchaus volkswirtschaftlicher Theorie. Wenn sich die Unternehmen entsprechend verhalten, erleichtert das die Einschätzung ihres Handelns. Das Problem besteht darin, daß diese Unternehmen im Grunde niemandem verpflichtet und kaum noch kontrollierbar sind.

Von manchem Unternehmer wird die fehlende Verbundenheit zur Nation offen formuliert. Der Präsident der »amerikanischen« NCR Corporation, Gilbert Williamson, gestand: »Als ich neulich nach der Wettbewerbsfähigkeit der Vereinigten Staaten gefragt wurde, entgegnete ich, darüber machte ich mir niemals Gedanken. Wir von NCR halten uns für ein weltweit wettbewerbsfähiges Unternehmen, das seinen Sitz zufällig in den Vereinigten Staaten hat.«

In der Regel suggerieren die Vorstände transnationaler Konzerne, im nationalen Interesse zu handeln, und appellieren »zum Wohle aller« an die Solidarität der Beschäftigten und die Unterstützung des Staates. Diese erhalten sie in vielfältiger Form.

Die »global players« brauchen den freien Handel. Er erlaubt ihnen, dort zu produzieren, wo es am billigsten ist, und dort zu verkaufen, wo die höchsten Preise zu erzielen sind. Eine liberale Handelspolitik aber öffnet auch den eigenen Markt. Dadurch entsteht Druck auf die Branchen, die im internationalen Wettbewerb nicht mithalten können. Auf internationaler Ebene muß der Staat hin- und herlavieren: zwischen der Erweiterung des Freihandels, um die Exporte zu sichern, und einem Protektionismus, der durch Importe gefährdete Industrien schützt. Auf nationaler Ebene hat er dem Sterben einzelner Industrien entgegenzuwirken und das Verschwinden der Arbeitsplätze sozial abzufedern. Diese Zwänge führen zu Subventionen, wofür die Sektoren Landwirtschaft, Kohle und Stahl, Schiffbau und Flugzeugindustrie die bekanntesten deutschen Beispiele darstellen.

Auch die Konkurrenz um Direktinvestitionen verursacht dem Staat zunächst Kosten. Um das nationale und internationale Kapital anzulocken, überbieten sich die Regierungen in Zusagen staatlicher Vorleistungen für die Wirtschaft. Sie bestehen in der kostenlosen Bereitstellung von Ansiedlungsflächen, in allgemeinen und speziellen Infrastrukturleistungen, in schnellen Genehmigungsverfahren und in geringen Auflagen.

Die Firma Siemens beispielsweise entschied sich, eine neue Chip Fabrik im englischen Newcastle statt in Dresden oder Villach/

Österreich zu bauen. Einerseits sicherte sie sich dadurch die Präsens auf dem britischen Markt, andererseits profitierte sie von erheblichen Vergünstigungen seitens der britischen Regierung. Dazu zählten die hundertprozentige Abzugsfähigkeit der Baukosten von der Körperschafts- und Gewinnsteuer, eine zehnjährige Befreiung von der Grundsteuer sowie ein Minimum an Planungs- und Betriebsauflagen.

Auch Entwicklungsländer versuchen, ihre Attraktivität für Auslandsinvestitionen zu erhöhen. Indien bietet Gastunternehmen nicht nur geringe Löhne, sondern stellt Satellitenleitungen bereit, genehmigt problemlos Produktionen, gewährt Steuererlasse über mehrere Jahre und erlaubt sogar, daß Sozialstandards unterlaufen werden. Einige südamerikanische und asiatische Länder weisen meist in Küstennähe Regionen aus, in denen geltende Lohn- und Gehaltstarife unterboten, soziale und ökologische Standards unterlaufen und großzügige Steuererlasse gewährt werden.

Mit Hinweis auf den globalen Wettbewerb versucht die Wirtschaft, bei den Regierungen die Senkung von Unternehmenssteuern durchzusetzen. Sie verlangt die kostenreduzierende Deregulierung des Arbeitsmarktes – etwa die Aufhebung des Kündigungsschutzes oder die Befristung von Arbeitsverträgen – sowie den Abbau sozialer Leistungen mit dem Ziel der Verminderung der Lohnnebenkosten.

Auch die Forschungs- und Entwicklungspolitik gerät in die Mühlen der Globalisierung. Durch die Förderung bestimmter Großtechnologien in der Energie-, Luftfahrt-, Weltraum- und Rüstungsindustrie wollen die Staaten die Wettbewerbsfähigkeit heimischer Konzerne erhalten. Technologische Alternativen bleiben dabei auf der Strecke. Im Laufe der Zeit werden die Staaten durch die Großunternehmen, die sie selbst gefördert haben, erpreßbar. Die Effizienz des freien Marktes geht verloren. Die finanziellen Lasten tragen Staat und Verbraucher.

Sogar Spitzenpolitiker instrumentalisiert die Wirtschaft für ihre Interessen. Die deutschen Ministerpräsidenten oder der Bundeskanzler unternehmen mit einer Manager-Eskorte Auslandsreisen, um Großaufträge für die deutsche Wirtschaft an Land zu ziehen. Und auch Franzosen oder Amerikaner sehen hier ein wichtiges Handlungsfeld der Außenpolitik. Den wirtschaftlichen Interessen opfert man schnell den Anspruch auf Einhaltung der Menschenrechte, wie eine Reise Bundeskanzler Kohls Anfang des Jahres 1996 nach China bewiesen hat.

Forderungen nach sozialen Mindeststandards, nach dem Verbot der Kinder- und Gefangenenarbeit oder Forderungen nach Mindeststandards im Umweltschutz werden aufgegeben, wenn wirtschaftliche Interessen im Spiel sind. Vor dem ersten Europa-Asien-Gipfel im März 1996 jedenfalls signalisierte die Europäische Kommission, daß sie gemäß dem Wunsch der Asiaten auf die Erörterung von Fragen der Menschenrechte und Demokratie verzichten würde.

In der Geld- und Währungspolitik wird der Handlungsrahmen der Staaten durch die drastische Ausweitung der internationalen Finanzmärkte beschnitten. Nationale Geldpolitik wird schwieriger. Kleinere und schwächere Volkswirtschaften sind schon heute des wirtschaftspolitischen Instrumentes der Geld- und Währungspolitik weitgehend beraubt.

Selbst wenn die Staaten sich dem Sachzwang Weltmarkt unterwerfen, können sie sich eines Erfolges in Form von Arbeitsplätzen und Steuermehreinnahmen nicht sicher sein. Zusagen für dauerhafte Arbeitsplätze werden von den Unternehmen mit Hinweis auf die Unsicherheit mittel- und langfristiger Geschäftsentwicklung nicht erteilt. Steuern auf Gewinne umgehen sie, indem sie die Gewinne in Niedrigsteuerländer oder Steueroasen verlagern. Einer der bekanntesten Steuersparer ist die Firma BMW, die im Rezessionsjahr 1993 trotz eines Unternehmensgewinns und einer unveränderten Ausschüttung von 12,50 DM pro Aktie vom deutschen Fiskus eine Rückzahlung von 32 Millionen DM erhielt. Siemens zahlte in Deutschland 1993/94 nur 94 Millionen DM Ertragsteuern und erhielt staatliche Forschungszuschüsse in Höhe von 190 Millionen DM.

Falls die Staaten den internationalen Handel weiterhin liberalisieren, ohne ihm Regeln zu geben, engen sie ihren Handlungsspielraum weiter ein. Demokratie wird mehr und mehr zur Farce. In dem Maße, in dem der internationale Markt die Entscheidungen bestimmt, ist es egal, wer regiert.

Freihandel: Gefahr für Wohlstand und soziale Gerechtigkeit?

Welthandel und internationale Arbeitsteilung haben zugenommen, gleichzeitig verstärkten sich die Unterschiede zwischen arm und reich.

Der Einkommensabstand zwischen den unteren und den oberen zwanzig Prozent der Weltbevölkerung hat sich seit 1960 von 1:30 auf 1:61 mehr als verdoppelt. Die Zahl der Armen hat seit den siebziger Jahren um mehrere hundert Millionen zugenommen. Rund 1,3 Milliarden Menschen fehlt es an sauberem Wasser, ausreichender Nahrung, gesundheitlicher Versorgung und schulischer Bildung.

Der ungeregelte Freihandel hat an dieser Misere seinen Anteil. Nach einer Untersuchung des Worldwatch-Institute vernichtet die Produktion für die reichen Länder die Lebensgrundlagen der Armen. Zum Beispiel werde seit 25 Jahren in Ägypten Viehfutter für den Export angebaut, während früher Weizen, Reis und Hirse für die Bevölkerung angepflanzt worden seien.

Auch hinsichtlich der Umsetzung der letzten GATT-Runde vermuten Entwicklungsexperten eine Verschlechterung der Nahrungsmittelversorgung der Dritten Welt. Denn nach wie vor werden verbilligte Lebensmittelüberschüsse aus den USA und der Europäischen Union in die Entwicklungsländer ausgeführt, wo sie die heimische Landwirtschaft verdrängen und so die Abhängigkeit von ausländischen Nahrungsmittellieferungen vergrößern.

Die Entwicklungsländer versuchen die negativen Folgen des Freihandels auszugleichen. Sie locken Auslandsinvestitionen durch günstige Standortbedingungen wie niedrige Arbeitskosten und geringe oder gar nicht vorhandene Sozial- und Umweltstandards. Dieser Konkurrenz begegnen die Industrieländer mit einer Senkung der Produktionskosten. Sie rationalisieren.

Beides, die Produktion in Billiglohnländern und die Vernichtung von gut bezahlten Arbeitsplätzen, führt zu Einkommensverlusten der Beschäftigten. Wenn aber weltweit die Masseneinkommen sinken, vermindert sich weltweit die Nachfrage. Die Gefahr einer Rezession oder gar Weltwirtschaftskrise wie Anfang der dreißiger Jahre ist dann nicht auszuschließen.

Ein Freihandel ohne Ordnungsrahmen birgt die Gefahr eines internationalen Kostensenkungswettlaufs und einer zerstörerischen Standortkonkurrenz. Damit wird der Massenwohlstand gefährdet, die soziale Sicherheit zerbröselt, und der Staat wird in die Verschuldung getrieben. Auf lange Sicht haben auch die Unternehmen nichts davon. Gewinne können sie nur machen, solange sie verkaufen.

Noch sind wir nicht soweit wie in den dreißiger Jahren, obwohl in der internationalen Debatte das Wort Deflation zunehmend auftaucht. Aber damals hatte es ähnlich angefangen wie heute. Anfang der zwanziger Jahre fand in einigen Industrieländern eine Diskussion statt, die in vielen Punkten an die Standortdebatte der letzten Jahre erinnert. Im Mittelpunkt stand der Vorschlag, das Problem der Arbeitslosigkeit dadurch zu lösen, daß man billiger produzierte als das Ausland und darüber die Exporte steigerte. Diese Strategie wurde von mehreren Ländern verfolgt. Wir wissen, wie das endete.

Der Weg in diese Richtung scheint eingeschlagen zu sein. In den USA sind die Realeinkommen für die Massen gesunken. Um den Lebensstandard der Familie zu sichern, müssen die amerikanischen Frauen mitarbeiten oder die Männer Zweitjobs annehmen. In Großbritannien werden vollzeitarbeitende, besser verdienende Männer durch teilzeitarbeitende, weniger verdienende Frauen ersetzt. Sie stellen inzwischen die Mehrheit der Erwerbstätigen dar.

Auch in West-Deutschland stiegen die Masseneinkommen in den achtziger Jahren real nur noch geringfügig an. Seit 1991 sind sie wegen niedriger Lohnabschlüsse und der durch die deutsche Einheit bedingten Steuer- und Abgabenerhöhungen sogar um rund 5 Prozent gefallen. Auch das erreichte Maß an sozialer Sicherheit wird zunehmend infragegestellt. Unternehmen und Beschäftigte können durch höhere Steuern und Sozialabgaben nicht noch mehr belastet werden. Also müsse, so die Schlußfolgerung, gespart werden. Diese gefährliche Austeritätspolitik wird in Europa durch die Vereinbarungen zur Europäischen Währungsunion massiv verschärft. Sie verlangen, daß die an der Währungsunion teilnehmenden Staaten eine niedrige Inflationsrate aufweisen und das öffentliche Defizit geringhalten. Die Folgen einer durch eine übertriebene Kostensenkungs- und Sparpolitik hervorgerufenen Rezession aber sind Wohlstandsverluste und eine noch höhere Arbeitslosigkeit.

Die Kostensenkungspolitik wirkt sich auch auf die Arbeitsbedingungen aus. Die Beschäftigten in Japan und den USA arbeiten wesentlich länger als in Deutschland. Daß die Japaner den ihnen jährlich zustehenden Urlaub von zehn Tagen meist nicht völlig in Anspruch nehmen, ist bekannt. Die Beschäftigten in den USA verfügen oft nur über vierzehn Urlaubstage. Im Laufe der achtziger und neunziger Jahre haben sich die Arbeitszeiten in den USA (wie in Kanada und Italien) drastisch erhöht. Ohne Arbeitszeitverlängerungen wären in vielen amerikanischen Durchschnittshaushalten die Einkommen in den letzten Jahren wahrscheinlich noch stärker zurückgegangen. Der durchschnittliche US-Amerikaner muß heute mehr als früher arbeiten, um seinen Wohlstand zu bewahren.

Der globale Markt rufe nach Deregulierung und Flexibilisierung, so die herrschende Meinung. Das Normalarbeitsverhältnis mit voller Arbeitszeit und existenzsicherndem Einkommen wird zunehmend aufgelöst. Immer mehr Menschen arbeiten ungeschützt, oft ohne soziale Sicherung und in unfreiwilliger Teilzeit. Das gilt auch für Deutschland: Der Beschäftigungszuwachs zwischen 1982 und

1996 ist allein auf die Zunahme von Teilzeitarbeit zurückzuführen. Auch die nicht sozialversicherungspflichtige Beschäftigung hat in diesem Zeitraum enorm zugenommen. Selbständig leben können die Beschäftigten von den damit erzielten Einkommen nicht. Sie sind auf die Unterstützung von Familienangehörigen oder das Sozialamt angewiesen. Amerikanische Verhältnisse, in denen eine Familie ihre Existenz fristet, indem Ehemann und Ehefrau jeweils drei Teilzeitjobs ausfüllen, drohen in Deutschland noch nicht. Es gibt aber zu denken, wenn der Präsident der Bundesanstalt für Arbeit, Bernhard Jagoda, meint, in Zukunft müsse es gang und gäbe sein, daß jemand »vielleicht zwei Beschäftigungen habe«. Otto Graf Lambsdorff möchte gar die in der Bundesrepublik praktizierte Tarifautonomie, einen der Pfeiler der sozialen Marktwirtschaft, aufgeben. Dann könne der Druck, der aus den ausländischen Arbeitsbedingungen kommt, auf den deutschen Arbeitsmarkt weitergeleitet werden.

Es besteht die Gefahr, daß der internationale Wettbewerb die Arbeitsmärkte in den Industrieländern spaltet. Wer in Sektoren tätig ist, die dem internationalen Wettbewerb standhalten, oder eine hochqualifizierte Tätigkeit im heimischen Dienstleistungsbereich ausübt, wird auch in Zukunft über einen gut bezahlten Arbeitsplatz verfügen. Wenn aber einfache produktions- und nicht ortsgebundene Dienstleistungstätigkeiten in Billiglohnländer verlagert oder wegrationalisiert werden, gehen Arbeitsplätze für weniger Qualifizierte verloren. Im Lande bleiben personengebundene Dienstleistungen von Friseuren, Verkäufern oder Hotel- und Restaurantangestellten. Insgesamt nimmt die Zahl der Beschäftigten in einfachen Tätigkeiten beträchtlich ab. Die Statistiken bestätigen es. Schon heute ist die Arbeitslosigkeit unter gering Qualifizierten am höchsten. Im Jahre 2010 braucht man laut wissenschaftlichen Prognosen nur noch halb so viel Erwerbstätige ohne Ausbildungsabschluß wie heute. Es werden dann nur noch zehn Prozent sein.

Die hochqualifizierten Arbeitskräfte in den Industrieländern können auch international konkurrieren. Solange sie dem Wettbewerb standhalten, verdienen Wissenschaftler, Ingenieure, Manager, Bankdirektoren, Investmentbanker und Steuerberater sogar wesentlich mehr Geld als heute. Ihre Ausbildung, Berufserfahrung und Einsatzbereitschaft macht sie zu wichtigen Produktionsfaktoren, die über ein hohes Einkommen und gute Arbeitsbedingungen motiviert werden müssen. Das schlägt sich auf die Einkommensverteilung nieder. In Deutschland geht die Einkommensschere seit den fünfziger Jahren auseinander. Durch die steuerliche Umverteilung in den achtziger Jahren wurde dieser Prozeß beschleunigt (s. Übersicht 3).

Nun attackieren die Arbeitgeber die Flächentarife. Sie fordern eine stärkere Differenzierung von Löhnen und Gehältern. Die qualifizierten, leistungsstarken Arbeitskräfte sollen durch eine höhere Bezahlung mobilisiert werden. Löhne und Gehälter für einfachere Tätigkeiten, für die ein ausreichendes Reservoir an Arbeitskräften vorhanden ist, sollen im Gegenzug gesenkt werden. Den betroffenen Arbeitskräften geht es dann kaum besser als der großen Zahl der Arbeitslosen.

Die Spaltung auf dem Arbeitsmarkt führt auch zur Spaltung der Gesellschaft. Für den Staat wird es zunehmend schwerer, für eine Umverteilung der Einkommen zu sorgen. Besteuert er Geld- und Vermögenseinkommen zu stark, flüchten deren Bezieher in die zahlreichen Steueroasen. Besonders einkommensstarke Unternehmer und Selbständige verlegen ihren Wohnsitz ins benachbarte Ausland, um dort Steuervorteile zu genießen. Spitzenverdiener wie bekannte Sportler, Fernsehmoderatoren oder Unternehmer umgehen auf diese Weise Steuerzahlungen, ohne ihre Popularität einzubüßen oder von der Öffentlichkeit geächtet zu werden. Wenn selbst Bankvorstände der Steuerhinterziehung überführt werden, verwundert es nicht, daß immer mehr Menschen dieses Verhalten nachahmen.

Die derzeit mangelnde Bereitschaft zur Solidarität mit anderen kann keineswegs so interpretiert werden, daß die Menschen in Deutschland sich mit Verhältnissen wie in den USA arrangieren

Durchschnittlich verfügbares Einkommen			
in West-Deutschland nach Haushaltsgruppen pro Monat (Index 1980 = 100)			
Soziale Gruppen Haushalte	1980	1990	1994
Landwirte	100	127	128
Selbständige	100	176	226
Angestellte	100	138	153
Beamte	100	134	156
Arbeiter	100	135	148
Arbeitslose	100	128	140
Rentner	100	143	164
Pensionäre	100	137	160
Sozialhilfeempfänger	100	147	173
Insgesamt	100	142	162

Quelle: DIW-Wochenbericht 18/95

möchten. Einkommensgerechtigkeit und soziale Sicherheit sind in Deutschland und Europa historisch und kulturell stärker verankert als dort, wo die »Vom-Tellerwäscher-zum-Millionär-Mentalität« vorherrscht und Reichtum nicht nur akzeptiert ist, sondern geradezu bewundert wird. So bezeichnet eine überwältigende Mehrheit der Bundesbürger die private soziale Absicherung als das »Hauptziel unserer Gesellschaft«. Deutsche Identität setzen die Bürger aus verständlichen Gründen in erster Linie mit dem Sozialstaat gleich. Schließlich folgte die schwer erkämpfte Sozialgesetzgebung zu Zeiten Bismarcks der Entstehung des deutschen Nationalstaats in der zweiten Hälfte des letzten Jahrhunderts.

Auch stellt sich die Frage, ob die deutsche Demokratie bereits gefestigt genug ist, um ein hohes Maß an Ungleichheit in der Gesellschaft auszuhalten. Das Aufkommen rechtsradikaler Gruppierungen und Parteien in den letzten Jahren zeigt, daß zu starke soziale Verwerfungen zu einer Gefahr für unser politisches System werden können.

Der internationale Kostensenkungswettlauf als Folge eines ungeregelten Freihandels bedroht nicht nur die soziale Marktwirtschaft, sondern auch den Umwelt- und Gesundheitsschutz. Produktionsverlagerungen in Länder mit niedrigeren Umweltstandards verschmutzen die Umwelt und zerstören die Natur. Umweltgesetze und Öko-Steuern in den Industrieländern werden mit dem Argument verhindert, daß sie die Wirtschaft im internationalen Wettbewerb zu stark belasten. Bestehende Gesetze zum Schutz der Verbraucher und der Umwelt werden unterlaufen. Andere Nationen sehen sie zunehmend als Handelshemmnisse an und bekämpfen sie.

Der durch die internationale Arbeitsteilung hervorgerufene Transport führt zu Energieverschwendung und Umweltgefährdung. Umweltwissenschaftler Frederic Vester weist auf folgende Absurditäten hin: Jährlich bringt man 400.000 belgische Schweine nach Parma, zieht sie dort mit Milch aus Hamburg auf, schlachtet sie und fährt sie auf der Straße als Parmaschinken zurück nach Belgien. Die Handelskette COOP liefert holsteinische Milch und irische Butter nach München und am selben Tag Allgäuer Milch nach Hamburg. Kartoffeln aus der Wetterau transportiert man zum Waschen nach Italien und verkauft sie später in deutschen Supermärkten.

Möglich ist diese Verschwendung von Energie und die unnötige Belastung der Umwelt, weil die Transportkosten niedrig sind. So ist ein Teil des internationalen Handels zwar einzelwirtschaftlich rentabel, volkswirtschaftlich aber eher fragwürdig und unter dem Gesichtspunkt des Umweltschutzes nicht verantwortbar.

Unbestritten kann der internationale Handel allen beteiligten Ländern Vorteile bringen. Das ist aber nur der Fall, wenn der Wettbewerb um eine möglichst hohe Produktivität geführt wird. Heute wird der Freihandel von vielen mißverstanden als Standortwettbewerb und Kostensenkungswettlauf. Dahinter steht der Versuch einer Nation, sich durch Kostensenkung zu Lasten der anderen Vorteile im internationalen Wettbewerb zu verschaffen. Dabei verhält es sich, um ein bekanntes Beispiel aus der Ökonomie anzuführen, wie in einem vollbesetzten Kino: Wenn ein einziger Zuschauer aufsteht, kann er seine Situation verbessern, weil er mehr sieht. Wenn daraufhin alle aufstehen, sieht keiner besser als vorher. Allerdings tun allen nach einiger Zeit die Füße oder das Kreuz weh. Die Kostensenkungspolitik der vergangenen Jahre hat ähnliche Auswirkungen. Der Versuch einzelner Länder, ihre Wettbewerbsfähigkeit durch niedrigere Unternehmenssteuern, sinkende Löhne und Sozialabbau zu verbessern, wird von den meisten anderen Ländern mit den gleichen oder ähnlichen Maßnahmen beantwortet. Am Ende steht keine Nation im Wettbewerb besser da als vorher. Der Bevölkerung aber geht es schlechter.

Die zunehmende Globalisierung kann dazu beitragen, den Wohlstand auf der Welt zu mehren. Dazu müssen der Kostensenkungswettlauf und die falsch verstandene Standortkonkurrenz aufgegeben werden. Lohn-, Umwelt- und Sozialdumping gefährden den erreichten Wohlstand in den Industrieländern, erschweren die Verbesserung der Lebensverhältnisse in den Entwicklungsländern und können sogar in eine Weltwirtschaftskrise münden. Deshalb sollte die Wirtschaftspolitik aller am internationalen Handel beteiligten Länder darauf ausgerichtet werden, ihre eigene Volkswirtschaft und die Weltwirtschaft insgesamt auf den Pfad einer gedeihlichen Entwicklung zu bringen.

Sind wir den Auswirkungen der Globalisierung auf Gedeih und Verderb ausgeliefert?

Die Globalisierung ist das Ergebnis menschlichen Handelns und damit politisch gestaltbar. Politik, Wirtschaft und Öffentlichkeit behandeln das Thema Globalisierung allerdings wie ein Naturereignis.

Dafür lassen sich mehrere Erklärungen finden: Unverständnis, Gruppeninteresse und Resignation. Unverständnis herrscht bei denjenigen vor, die Wohlstand und soziale Sicherheit über eine bessere Konkurrenzfähigkeit und einen attraktiven Standort für transnationale Unternehmen sichern wollen. Sie sehen nicht, daß sie dadurch den Spielraum für nationales Handeln weiter einschränken. Unverständnis herrscht auch bei denjenigen vor, die nicht wissen, daß jeder Markt eines Ordnungsrahmens bedarf, wenn er zum Wohle aller Menschen funktionieren soll.

Gruppeninteresse herrscht bei denjenigen vor, die von einem ungeregelten Freihandel profitieren. Das sind in erster Linie die Geld- und Vermögensbesitzer, die ihr Kapital dort einsetzen, wo es die höchsten Renditen bringt, und dort versteuern, wo die geringsten Belastungen anfallen.

Resignation herrscht bei denjenigen vor, die keine Möglichkeit sehen, die internationalen Märkte zu regeln, weil die supranationalen Institutionen dafür nicht vorhanden oder zu schwach sind.

Die GATT-Verhandlungen in den letzten Jahrzehnten zielten im wesentlichen darauf ab, die Märkte für Waren, Kapital und zunehmend auch für Dienstleistungen zu öffnen. Dieser Weg wird voraussichtlich in den nächsten Jahren im Rahmen der Welthandelsorganisation (WTO) weiter beschritten. Innerhalb der Regionen (Europa, Nordamerika, Pazifik etc.) ist oder wird der Handel in noch weit stärkerem Maße liberalisiert.

Auf internationaler Ebene existiert zur Zeit keine Institution, die über die Kompetenz und die Macht verfügt, einen Ordnungsrahmen für die globalen Märkte zu schaffen. Es gibt weder eine Weltregierung, noch eine Weltzentralbank, noch ein Weltkartellamt. Obwohl sich jährlich die Industrieländer zum Weltwirtschaftsgipfel treffen, sind die nationalen Wirtschaftspolitiken in der Praxis kaum aufeinander abgestimmt.

Die Alternative zum geregelten Weltmarkt aber sind Handelskriege, die bereits in den vergangenen Jahren häufig zu Spannungen zwischen den USA und Japan sowie den USA und Europa geführt haben. Ein sich immer weiter verschärfender Standortwettbewerb unter Einsatz der Instrumente des Lohn-, Sozial- und Umweltdumpings würde den Wohlstand und die soziale Sicherheit der Massen in diesen Ländern gefährden. Zunehmende Armut, Ungleichheit und wachsende Kriminalität wären auch eine Bedrohung für die demokratischen Gesellschaften. Nur einzelne würden von dieser Entwicklung profitieren.

Eine sich der Mehrheit der Bürger und ihres Wohlergehens verpflichtete Politik muß deshalb auf internationaler Ebene, in Europa und in Deutschland die Weichen für eine gedeihliche wirtschaftliche Entwicklung stellen. Internationale Zusammenarbeit und Reformen im Innern sind dazu unabdingbare Voraussetzungen.

Fazit

Der Welthandel und die außenwirtschaftliche Verflechtung der Unternehmen haben nach dem Zweiten Weltkrieg von einem niedrigen Niveau aus stetig zugenommen. Dieser Trend setzte sich im Laufe der letzten Jahre fort, hat sich aber keineswegs in dramatischer Weise beschleunigt.

Die Handelsströme und der Austausch von Direktinvestitionen konzentrieren sich im wesentlichen auf die Triade USA, Japan und die Europäische Union. Innerhalb der Regionen nimmt die gegenseitige Verflechtung zu. Für die deutsche Volkswirtschaft folgt daraus, daß statt von Globalisierung zutreffender von »Europäisierung« zu sprechen ist.

Die südostasiatischen Länder und Osteuropa haben nur einen geringen Anteil an der internationalen Arbeitsteilung. Für die deutsche Wirtschaft spielen sie eine geringe, aber positive Rolle. Sowohl mit den südostasiatischen Tigern wie mit Osteuropa weist Deutschland ein leichtes Plus in der Außenhandelsbilanz auf. Entgegen landläufiger Meinung fließen kaum deutsche Direktinvestitionen in diese Regionen.

Daß die Billiglohnländer sich zunehmend am Welthandel beteiligen, führt in den Industrieländern nicht zu einem Netto-Verlust von Produktionen und Arbeitsplätzen. Zwar verlieren einzelne traditionelle Wirtschaftssektoren ihre Wettbewerbsfähigkeit, gleichzeitig eröffnen sich aber neue Märkte für hochproduktive Industrien. Insgesamt gesehen profitiert auch die deutsche Wirtschaft von der internationalen Arbeitsteilung.

Gleichwohl zahlen reiche Nationen wie Deutschland einen Preis. Sie verlieren die weniger produktiven Arbeitsplätze. Immer mehr einfache Tätigkeiten in der Industrie entfallen. Die weniger qualifizierten und weniger leistungsfähigen Arbeitnehmer haben, selbst wenn sie sehr niedrige Löhne akzeptieren, auf dem Arbeitsmarkt immer weniger Chancen.

Innerhalb der Triade USA, Japan und Europäische Union hat ein Kostensenkungswettlauf eingesetzt. Er ist nicht mit dem zunehmenden Wettbewerb durch Billiglohnländer zu begründen, sondern ist das Ergebnis einer falschen Wirtschaftspolitik in den Industrieländern. Er gefährdet Wachstum und Konjunktur.

Der internationale Wettbewerb hatte in Deutschland und Europa eine Umverteilung von Einkommen und Vermögen zur Folge. Innerhalb der Gruppe der Beschäftigten verdienen die Hochqualifizierten immer besser, während die weniger Leistungsfähigen und die wachsende Zahl Arbeitsloser Einkommensverluste hinnehmen müssen. Beachtlich ist die Umverteilung von denjenigen, die nicht mehr als ihre Arbeitskraft besitzen, zu denen, die über das Kapital verfügen. Denn der freie Kapitalverkehr ermöglicht es den Kapitalbesitzern, die Arbeitnehmer und ihre Gewerkschaften zu erpressen, indem sie mit Abwanderung drohen.

Dadurch kommt es zu einer scheinbaren Machtverschiebung zwischen Kapital und Arbeit. Darin liegt die eigentliche Wirkung der »Globalisierung«. In Europa kann sie durch eine auf Wachstum und Beschäftigung im Innern ausgerichtete Wirtschaftspolitik bekämpft werden. Darüber hinaus bedarf es internationaler Vereinbarungen, um einen Kostensenkungswettlauf mittels Lohn-, Umwelt- und Sozialdumpings zu unterbinden und allen Ländern sowie der Weltwirtschaft insgesamt zu einer gedeihlichen Entwicklung zu verhelfen.

»Das ist der soziale Sinn der Markt-
wirtschaft, daß jeder wirtschaftliche
Erfolg, wo immer er entsteht, daß je-
der Vorteil aus der Rationalisierung,
jede Verbesserung der Arbeitsleistung
dem Wohle des ganzen Volkes nutzbar
gemacht wird und einer besseren Be-
friedigung des Konsums dient.«
Ludwig Erhard, 1957

II. Kapitel

Wohlstand für alle
Eine soziale und ökologische Marktwirtschaft
für die Welt

In den fünfziger Jahren wurden in Deutschland die Grundlagen für
die soziale Marktwirtschaft gelegt. Ihre Kernelemente sind: ein
Ordnungsrahmen für den Markt, Tarifvertragsfreiheit und Sozialgesetzgebung. Der Markt funktioniert, wenn der Wettbewerb zwischen den Unternehmen geregelt ist. Eine entsprechende Wettbewerbsordnung und Anti-Kartell-Gesetzgebung haben dies zu sichern. Der Markt sorgt dann für eine optimale Abstimmung
zwischen den Bedürfnissen der Verbraucher und dem Angebot der
Produzenten.

Daß die Beschäftigten über steigende Realeinkommen am Produktivitätsfortschritt beteiligt werden, stellt die Tarifvertragsfreiheit sicher. Die breite Masse profitiert vom Wohlstand. Eine hohe
gesamtwirtschaftliche Nachfrage fördert die Investitionstätigkeit,
und es kommt zu einer gedeihlichen wirtschaftlichen Entwicklung.
Die soziale Sicherung der Bürger, die am besten durch Vollbeschäftigung erreicht wird, unterstützt diesen Prozeß, indem sie die
Machtverhältnisse zwischen Kapital und Arbeit ausgleicht.

Das Konzept der sozialen Marktwirtschaft fußt auf den Erfahrungen aus der Weltwirtschaftskrise in den dreißiger Jahren und ihren politischen Folgen. Nun hat es den Anschein, als würden wir die Lehren dieser Zeit vergessen und in alte Verhaltensweisen zurückfallen. Dabei hat sich die soziale Marktwirtschaft bewährt und verdient es, weltweit installiert zu werden.

Angesichts drängender Umweltprobleme, die nur auf internationaler Ebene zu lösen sind, muß sie um die ökologische Dimension erweitert werden. Umweltdumping einzelner Staaten sowie im internationalen Transport müssen weitestgehend eingeschränkt werden.

Ein Ordnungsrahmen für fairen Wettbewerb

Nach dem Zweiten Weltkrieg wurde der internationale Handel durch die Vereinbarungen des Allgemeinen Zoll- und Handelsabkommens, bekannt unter »GATT«, geregelt. Ziel des GATT war es, das wirtschaftliche Wachstum in den Mitgliedstaaten zu fördern, Beschäftigung zu schaffen und den Lebensstandard der Menschen zu erhöhen. Zu diesem Zweck sollte der internationale Handel intensiviert werden. Im Mittelpunkt der GATT-Vereinbarungen standen der Abbau von Handelshemmnissen und die Öffnung der Grenzen für den Welthandel.

Die letzten GATT-Vereinbarungen wurden 1994 von 121 Ländern unterzeichnet. Diese sogenannte Uruguay-Runde baute Zölle und Mengenbeschränkungen weiter ab. Sie bezieht Agrargüter, Textilien und Dienstleistungen in das GATT ein und sieht den verbesserten Schutz geistigen Eigentums vor. 1995 ging das GATT in die Welthandelsorganisation (WTO) über. Zukünftige Vereinbarungen, die den Welthandel weiter liberalisieren, werden vorbereitet.

Beim GATT/WTO handelt es sich um ein multilaterales Handelsabkommen, das inzwischen den Rang einer selbständigen internationalen Organisation gewonnen hat. Eine Institution, die den notwendigen Ordnungsrahmen für eine soziale und ökologische Marktwirtschaft bietet, ist sie nicht. Neben einer Wettbewerbsordnung fehlen vor allem Regeln, die ein Minimum an sozialer Sicherheit für die Beschäftigten und ihre Familien bieten und den Schutz der Umwelt gewährleisten.

Den Wettbewerb kontrollieren

Internationaler Handel und Unternehmensverflechtungen werden von wenigen transnationalen Konzernen (TNCs) kontrolliert. »Das Universum der TNCs ist nicht nur groß, sondern auch hochgradig konzentriert«, kritisierten die Vereinten Nationen 1993. Dazu einige Zahlen: Die Hälfte aller Auslandsinvestitionen eines Landes werden von einem Prozent seiner Muttergesellschaften getätigt. Ein Drittel der Direktinvestitionen im verarbeitenden Gewerbe entfallen auf die 100 größten Konzerne. Die zehn größten TNCs hielten 1990 fast 26 Prozent aller Anlagewerte und über 33 Prozent aller Auslandsanlagen der Top 100. Je größer der Konzern, desto größer ist sein Auslandsanteil. 1990 befand sich fast die Hälfte des Kapitals der zehn größten Unternehmen im Ausland. In der Nahrungsmittelverarbeitung kontrollieren vier transnationale Konzerne den internationalen Markt.

Die nationalen Regierungen werden durch diese Unternehmenskonzentration doppelt in Bedrängnis gebracht. Die TNCs verfügen aufgrund ihrer Größe und Flexibilität über genug Macht, die nationalen Regierungen gegeneinander auszuspielen. Außerdem sehen diese sich gezwungen, es mit der Wettbewerbskontrolle auf nationaler Ebene oder innerhalb der Großregion (z.B. Europa) nicht so genau zu nehmen. Schließlich müssen die »eigenen« TNCs im internationalen Wettbewerb mithalten können. In Europa kam mit dieser Begründung so mancher Unternehmenszusammenschluß zustande, der den funktionierenden Wettbewerb beeinträchtigte. Im Fall Mercedes-Benz/Kässbohrer intervenierte der ansonsten so auf Wettbewerb bedachte Bundeswirtschaftsminister sogar in Brüssel, um diese wettbewerbsfeindliche Fusion durchzusetzen.

Um die Machtfülle transnationaler Konzerne zu begrenzen, bedarf es verbindlicher Regeln für die Tätigkeit der weltweit agierenden Unternehmen. Ein internationales Wettbewerbsrecht muß sicherstellen, daß der Wettbewerb auf allen Ebenen funktioniert. Mindestregelungen sollten ein Verbot von Absprachen über Preise, Mengen und Absatzgebiete umfassen und den Mißbrauch marktbeherrschender Macht ausschließen. Großfusionen müssen kontrolliert werden. Daneben wären spezielle Regelungen denkbar, um steuersparende Gewinnverlagerungen von internationalen Konzernen zu verhindern.

Soziale Mindeststandards gewinnen an Bedeutung

In den Industrieländern drohen die Unternehmen den Arbeitnehmern und Regierungen, Arbeitsplätze ins Ausland zu verlagern. In den Entwicklungsländern, deren Wirtschaft wächst, tun sie dasselbe. Sobald die Arbeitnehmer und ihre Gewerkschaften versuchen, Lohnerhöhungen durchzusetzen und ihre soziale Sicherheit zu verbessern, wird mit der Verlagerung von Arbeitsplätzen ins Ausland gedroht. Irgendein Land findet sich immer, in dem die Löhne noch niedriger, die Arbeits- und Umweltbedingungen noch ungeschützter sind. Aus dem Norden wandert man nach Indonesien oder auf die Philippinen ab. Wird es dort zu teuer, geht man nach Vietnam und von dort aus nach Indien oder China, wo Hungerlöhne gezahlt werden und oft unter unmenschlichen Bedingungen gearbeitet wird. Die Abwärtsspirale nach unten reicht weit. Oft bleiben die sozialen Grund- und Menschenrechte dabei auf der Strecke.

Im Süden unterdrücken Unternehmen und Regierungen die Arbeitnehmer und ihre Gewerkschaften teilweise sogar mit Polizeigewalt. Den Beschäftigten gelingt es meist nicht, sich ihren gerechten Anteil am Wohlstand zu erstreiten. Das hat negative Folgen für die Entwicklung ihrer Wirtschaft. Niedrige Masseneinkommen bedeuten niedrige Massenkaufkraft. Ein aufnahmefähiger Binnenmarkt kann sich nicht entwickeln. Das schadet auch der weltweiten Konjunktur.

Wenn die Lebensbedingungen sich in den armen Ländern nicht verbessern, entsteht ein Einwanderungsdruck auf den reichen Norden. Aber der Arbeitsmarkt dort ist nur begrenzt aufnahmefähig, denn auch die Industrieländer plagt die hohe Arbeitslosigkeit. Sind die Zuwanderer unqualifiziert, konkurrieren sie mit den heimischen Arbeitnehmern genau um die Arbeitsplätze, die ohnehin immer knapper werden. Durch die Einwanderung wird das Angebot von Arbeitskräften erweitert. Besonders in Zeiten großer Arbeitslosigkeit schwächt dies die Arbeitnehmerseite – einschließlich der Gewerkschaften. Es entsteht Druck auf die Löhne und das Sozialsystem.

Stellen die Industriestaaten aus Eigeninteresse durch ein Einwanderungsgesetz sicher, daß nur junge, qualifizierte und leistungsfähige Frauen und Männer zuwandern, schaden sie dem jeweiligen Herkunftsland. Es hat eine teure Ausbildung finanziert und verliert seine leistungsfähige Elite an ein anderes Land. Sie aber ist für die wirtschaftliche und soziale Entwicklung des Südens unersetzlich.

Damit sind die wichtigsten Gründe für weltweite soziale Mindeststandards genannt:

1. die Verbesserung der Lebenslage der Bevölkerung in den Ländern des Südens,
2. der Erhalt des Wohlstands und der sozialen Sicherheit im Norden,
3. die Verminderung von Migration,
4. die Förderung von Konjunktur, Wachstum und Beschäftigung weltweit.

Verletzungen der Menschenrechte und der sozialen Grundrechte finden heute oft in Entwicklungsländern statt, die auf diese Weise Kostenvorteile erzielen wollen. Gleichzeitig mehren sich die Verstöße in den reichen Industrieländern.

Weltweit arbeiten mehr als 200 Millionen Kinder, teilweise unter unvorstellbaren Bedingungen. Ein Beispiel: Neil Kearney von der Internationalen Textil- und Bekleidungsvereinigung berichtet, daß »in Karah, Pakistan, der fünfjährige Shakeel zusammen mit weiteren 300 Kindern von morgens sechs bis abends sieben Uhr für weniger als 20 Cents pro Tag arbeitet. Ein Schild an der Wand lautet, daß Kindern, die beim Schlafen ertappt werden, ein Bußgeld von 60 US-$ auferlegt wird.«

Zwangsarbeit ist vor allem aus China bekannt. Der Internationale Gewerkschaftsbund weist darauf hin, daß 20 Millionen Menschen, oft politische Dissidenten und Oppositionelle, dort täglich härteste Fronarbeit leisten. Oft kommt es dabei zu schlimmen Unfällen mit Todesfolgen. Diese sind auch aus »normalen« Fabriken bekannt, in denen vor allem Frauen und Kinder arbeiten. Sie sind die Hauptbetroffenen des Sozialdumpings. In den 47.000 chinesischen Betrieben ausländischer Investoren sind die Sicherheitsnormen äußerst gering. 1993 verloren 20.000 Arbeitnehmer ihr Leben bei Industrieunfällen.

Der Lohn für die Arbeit liegt oft unter dem Existenzminimum. So leben nicht nur 130 Millionen Arbeitslose und 700 bis 800 Millionen Unterbeschäftigte in Armut, sondern auch viele Arbeitnehmer mit einem Zwölf-Stunden-Tag. Gerade in den Ländern des Südens sehen sie sich mit einem extremen Reichtum der Besitzenden konfrontiert. Ein Beispiel für die dort herrschenden gesellschaftlichen Verhältnisse gab der Sozialgipfel der Vereinten Nationen 1995 in Dänemark. Das dänische Außenministerium wurde mit Anfragen von Delegationen aus den Entwicklungsländern überhäuft, die die besten Hotelsuiten der Hauptstadt mieten wollten. Auf dem Gipfel sollte über die Möglichkeiten beraten werden, Armut und Elend in der Welt zu bekämpfen.

Diese sozialen Mißstände stehen in engem Zusammenhang mit der Unterdrückung von Arbeitnehmern und Gewerkschaften. Die Gewalt gegen diejenigen, die sich für bessere Lebens- und Arbeitsbedingungen ihrer Mitmenschen einsetzen, reicht von verbaler Einschüchterung über Folter bis zum Mord. Mal scheinen es die Unternehmer zu sein, die eine unliebsame Mitarbeiterin beseitigen wie im Fall von Titi Sugiarti in Indonesien. Sie plante mit anderen das Schuhunternehmen zu bestreiken, in dem sie arbeitete. Bevor sie tot im Abwasserteich des Unternehmens landete, war sie festgebunden und gefoltert worden. Ein anderes Mal machte sich die Regierung die Hände schmutzig, indem sie einen Gewerkschaftsführer verschwinden ließ. Thanong Podhiam, ein Kritiker der Militärdiktatur und Kämpfer für die Rechte der Arbeitnehmer in Thailand, wurde von Soldaten entführt und ermordet, wie von dem Vertreter der Internationalen Textil- und Bekleidungsvereinigung, Neil Kearney, berichtet wird.

Die Unterdrückung und Entmachtung der Gewerkschaften macht vor den Industrieländern nicht halt. Daß US-Staaten bei ausländischen Investoren mit »gewerkschaftsfreien Zonen« werben, ist seit längerem bekannt. Aber daß dies nun auch in Deutschland möglich ist, hätte man wohl nicht gedacht. Tatsächlich hat der Präsident des Bundesverbands der Deutschen Industrie (BDI), Hans-Olaf Henkel, im Herbst 1997 vor amerikanischen Investoren in Dessau mit dem schwindenden Einfluß der Gewerkschaften geprahlt. Zu den in seinen Augen erfreulichen Entwicklungen in Ostdeutschland gehört es, daß die Gewerkschaften die Hälfte ihrer Mitglieder verloren haben, inflexible Flächentarife durch abweichende Vereinbarungen unterlaufen werden und auf diesem Felde Tausende von Firmen Recht brechen würden. Er forderte die amerikanischen Unternehmen auf, davon zu profitieren: »Enjoy this!«. Ähnlich wie der BDI-Chef verhalten sich deutsche Unternehmen im Ausland, wo sie teilweise nur unter der Bedingung investieren, daß Gewerkschaften in ihrem zukünftigen Unternehmen keine Rolle spielen.

Frauen, ethnische Minderheiten und politisch Andersdenkende werden in der Arbeitswelt diskriminiert, ihre Menschenrechte aufs äußerste verletzt. Diese Entwicklung nimmt stark zu. Teilweise hat die Entrechtung sogar System. Wie bereits erwähnt richtete man in zahlreichen Ländern des Südens sogenannte Freihandelszonen oder Freie Exportzonen ein. Mit niedrigen Steuern, herabgesetzten Ein- und Ausfuhrabgaben sowie Niederlassungserleichterungen, geringen Mindest- oder Tariflöhnen und minimalen Sozialstandards verbessern südamerikanische und asiatische Länder die Standortbedingungen für Auslandsinvestitionen. Von diesen Steuerparadiesen profitieren die multinationalen Unternehmen.

Die Hoffnung dieser Länder, mit Kapitalimport die wirtschaftliche Dynamik zu stärken, erfüllt sich nicht. Weder wird die Beschäftigung stabilisiert, noch werden das Handelsbilanzdefizit und die Verschuldung im Ausland verringert. In allen Ländern übersteigen die Kosten der Freien Exportzonen den Nutzen. Leidtragende sind vor allem die betroffenen Arbeitnehmer, die zu Hungerlöhnen unter brutalen Bedingungen arbeiten.

Die sozialen Grundrechte zu verletzen ist durch eine Vielfalt internationaler Übereinkommen verboten. Die WTO-Vereinbarungen (vormals GATT) beinhalten nur das Verbot der Gefangenenarbeit. Umfassenderen Schutz bieten die Übereinkommen der Internationalen Arbeitsorganisation (IAO). Die wichtigsten Vereinbarungen wurden von den meisten Mitgliedstaaten (oft mehr als 100) unterschrieben und können deshalb weltweite Gültigkeit beanspruchen.

Sie beinhalten
- das Verbot der Zwangsarbeit,
- das Verbot der Kinderarbeit,
- das Verbot der Diskriminierung in Beschäftigung und Beruf,
- die Gleichheit des Entgelts für männliche und weibliche Arbeitskräfte,
- das Recht auf Vereinigungsfreiheit, auf Kollektivverhandlungen und den Schutz der Arbeitnehmervertreter im Betrieb,

- den Gesundheitsschutz am Arbeitsplatz und
- die Mindestlohngesetzgebung.

Der Pakt über wirtschaftliche, soziale und kulturelle Menschenrechte enthält »das Recht auf Arbeit, das Recht auf gerechte und günstige Arbeitsbedingungen, auf Gewerkschaftsfreiheit, auf soziale Sicherheit, auf einen angemessenen Lebensstandard, einschließlich ausreichender Ernährung, Bekleidung und Unterbringung, das Recht auf ein Höchstmaß an körperlicher und geistiger Gesundheit, auf Bildung und Teilhabe am kulturellen Leben. Jeder Staat ist ... verpflichtet, die volle Verwirklichung dieser Rechte, einzeln und durch internationale Hilfe und Zusammenarbeit ... unter Ausschöpfung aller seiner Möglichkeiten zu gewährleisten«. Der Pakt aus dem Jahr 1976 wurde von 130 Staaten unterzeichnet.

Soziale Mindeststandards und darüber hinausgehende Normen bestehen also seit Jahrzehnten, werden aber nicht eingehalten. Dafür dürfte es folgende Gründe geben:

1. Der Welthandel und die internationale Verflechtung der Unternehmen bewegten sich lange auf niedrigem Niveau. Wettbewerbsverzerrungen, die durch das Unterlaufen von Mindeststandards verursacht waren, spielten keine Rolle.

2. Die Entwicklungsländer wehrten und wehren Mindeststandards ab und bezeichnen sie als Mittel zum Protektionismus.

3. Die Instrumente, die Übereinkommen durchzusetzen, sind unzureichend. Nur Regierungen können gegen IAO-Verstöße klagen. Die Arbeitgeberverbände und Gewerkschaften dürfen Beschwerden vorbringen. Die Klage Betroffener ist nicht vorgesehen.

4. Multinationale Unternehmen aus den Industrieländern profitieren von niedrigen Produktionskosten und Steuererleichterungen im Ausland.

5. Der Einsatz von handelspolitischen Instrumenten (Zölle, Einfuhrverbote) gegenüber Ländern, die Mindeststandards nicht einhalten, hatte möglicherweise Vergeltungsmaßnahmen zur Folge, die den Exportindustrien der Industrieländer schaden.

Die »reichen« Länder des Nordens fördern sogar die Mißachtung sozialer Grundrechte. Zum einen durch ihre wettbewerbsverzerrenden Subventionen, die das Preisniveau auf dem Weltmarkt künstlich drücken. Zum anderen durch die von ihnen bestimmte Politik der Weltbank und des Internationalen Währungsfonds. Diese beiden UN-Institutionen gewähren den Entwicklungsländern oft nur unter der Maßgabe Kredite, daß sie eine sehr restriktive Geld- und Finanzpolitik betreiben. Aus diesen Vergabepraktiken entsteht automatisch der Zwang zu Lohnsenkung und Sozialabbau.

Angesichts der zunehmenden Verletzung sozialer Grund- und Menschenrechte besteht dringender Bedarf, bestimmte soziale Mindeststandards in allen Staaten zu verwirklichen und dem wirtschaftlichen Stand des jeweiligen Landes entsprechend fortzuentwickeln. Das sollte nach einer »Hierarchie« sozialer Grundrechte geschehen, der die Übereinkommen der Internationalen Arbeitsorganisation zugrundeliegen. Sie könnten durch die Rechte des Paktes über die wirtschaftlichen, sozialen und kulturellen Menschenrechte (WSK) ergänzt werden.

Die Normen der Internationalen Arbeitsorganisation müssen möglichst bald von allen Staaten umgesetzt werden, die WSK-Normen dem wirtschaftlichen Entwicklungsstand entsprechend. Dieser dynamische Prozeß würde den ärmeren Ländern weiterhin gewisse Kostenvorteile ermöglichen. Die Industrieländer könnten soziale Mindeststandards nicht für Protektionismus mißbrauchen. Er würde andererseits die Arbeitnehmer in den Entwicklungsländern vom wachsenden Wohlstand profitieren lassen und ihre Lebensbedingungen und die ihrer Familien verbessern.

Eine wichtige Rolle kommt in diesem Prozeß den Gewerkschaften in den Entwicklungsländern zu. Die eher konservative Weltbank wies in ihrem Entwicklungsbericht 1995 auf die Bedeutung freier Gewerkschaften im Welthandel hin. Diese müßten in den aufstrebenden Ländern höhere Löhne und bessere Arbeitsbedingungen für die Beschäftigten durchsetzen. Das käme nicht nur der wirtschaftlichen und sozialen Lage im Süden zugute, sondern der

Weltwirtschaft insgesamt. Ohne internationale Solidarität sehen sich die Arbeitnehmervertreter in den armen Ländern aber kaum in der Lage, ihre wichtige Aufgabe zu erfüllen. Sie brauchen deshalb die Unterstützung durch soziale Mindeststandards und ihre Partnerorganisationen in den Industrieländern.

Wichtige Maßnahmen und Reformen, die sozialen Mindeststandards umzusetzen, wären:

1. Alle Staaten sollten die wichtigsten Übereinkommen der Internationalen Arbeitsorganisation und den WSK-Pakt unterzeichnen. Insbesondere die USA und die Staaten Südostasiens haben Nachholbedarf.

2. Positive Sanktionen dürften besonders hilfreich sein. Im Rahmen des Zollpräferenzsystems der EU, das einigen Staaten günstigere Einfuhrbedingungen in die EU gewährt, könnten ärmere Länder, die Mindeststandards einhalten, zusätzlich bevorzugt werden. Besonders arme Länder, denen die Mittel fehlen, die Standards einzuhalten, sollten von der Internationalen Arbeitsorganisation mit Geld unterstützt werden. Diese müßte von der internationalen Staatengemeinschaft finanziell entsprechend ausgestattet werden. Einen positiven Beitrag könnte zudem die Entwicklungspolitik leisten, wenn die Länder des Südens und des Nordens sich auf die »20–20-Formel« verständigten. Demnach würden sich die reichen Staaten verpflichten, wenigstens ein Fünftel der Entwicklungshilfe für soziale Zwecke zu reservieren, wenn die armen Länder mindestens zwanzig Prozent ihrer nationalen Budgets für Gesundheit, Ernährung, Grundbildung, Familienplanung und Trinkwasserversorgung ausgäben.

3. Die bestehenden Instrumente der Internationalen Arbeitsorganisation sind zu erweitern durch die Individualbeschwerde (jeder betroffene Arbeitnehmer darf sich beschweren) und die Klagemöglichkeit der Internationalen Arbeitsorganisation selbst.

4. Negative handelspolitische Sanktionen wie Zölle sollten möglich sein. Bei Konflikten zwischen Freihandel – vertreten von der

Welthandelsorganisation – und der Einhaltung sozialer Mindest-standards – vertreten von der Internationalen Arbeitsorganisa-tion – könnte in beiderseitigem Einvernehmen eine Schlich-tungskommission eingesetzt werden, die den Streit beilegt. Wenn Zölle erhoben werden, sollten die entsprechenden Einnahmen in die armen Länder zurücktransferiert und dort für soziale Zwecke ausgegeben werden.

5. Multinationale Unternehmen sollten sich verpflichten, die Nor-men der Internationalen Arbeitsorganisation einzuhalten und darauf zu achten, daß auch ihre Abnehmer und Lieferanten sich daran halten.

6. Weltbank und Internationalem Währungsfond sollte man eine Berichtspflicht gegenüber den UN-Menschenrechtsgremien auf-erlegen. Dies müßte auch für die Subventionspolitik der großen Handelsnationen gelten, insbesondere im Agrarbereich.

Man sollte meinen, daß Deutschland mit seinem Wohlstand und ei-nem kaum vergleichbaren Niveau sozialer Sicherung ein besonde-res Interesse an der Angleichung von Sozialstandards haben sollte. Um so mehr verwundert die zurückhaltende bis ablehnende Hal-tung der Regierung Kohl in dieser Frage.

Die USA und Frankreich sind bestrebt, soziale Mindeststan-dards in den WTO-Vereinbarungen zu verankern. Das Europäische Parlament will Sozialklauseln in das Zollpräferenzsystem einfüh-ren. Die Bundesregierung aber bremst auf allen Ebenen und scheint sich mit ihrer Haltung zunehmend in der EU-Kommission durch-zusetzen. Hinsichtlich der Verknüpfung von sozialen Mindeststan-dards und Handelsfragen nimmt diese inzwischen eine abwartende Position ein.

Wenn die Ideologen eines ungeregelten Freihandels in Europa und eventuell weltweit die Oberhand gewinnen, sind die Haupt-schuldigen in Bonn zu suchen. Aber die Regierung Kohl sollte be-achten, daß sie sich dabei in heftigen Widerspruch zu Frankreich begibt. Die französischen Politiker, unabhängig von ihrer Cou-leur, treten auf allen Ebenen für eine Politik ein, die Sozialstandards garantiert. Der konservative Ex-Premier Balladur erklärte den »Schutz vor Sozialdumping sogar als einen Schlüssel zum Überleben der westlichen Gesellschaften«. Präsident Chirac forderte 1996 auf dem Beschäftigungsgipfel der großen Industrienationen in Lille einen »dritten Weg« in der Arbeitsmarktpolitik zu gehen zwischen europäischer Verkrustung und amerikanischen Billig-Jobs ohne soziale Sicherung. Er konnte sich nicht durchsetzen. In derselben Woche, in der die Internationale Arbeitsorganisation die regelmäßige Erwerbstätigkeit von 25 Prozent der Kinder in der Dritten Welt meldete, wurde der Vorschlag abgelehnt, Handelssanktionen gegen Exportprodukte aus Kinderarbeit zu verhängen.

Die Regierung Kohl schlägt nicht nur die Bedenken und Wünsche unserer französischen Nachbarn in den Wind, sondern brüskiert auch die amerikanische Regierung, die wiederholt Sozial- und Umweltstandards gefordert hat. Der ehemalige amerikanische Arbeitsminister Robert B. Reich schildert das sehr anschaulich in seinen Erinnerungen an den Beschäftigungsgipfel in Lille:

»Der spannendste Moment der Konferenz kommt, als alle vertretenen Länder sich auf ein gemeinsames Kommuniqué über internationale Arbeitsstandards einigen sollen, ein Verbot der Sklavenarbeit zum Beispiel. Windelweich heißt es in dem Kommuniqué, daß die Minister ›die Wichtigkeit der Erhöhung der weltweiten Arbeitsstandards und der Überprüfung der Zusammenhänge zwischen diesen Standards und dem internationalen Handel zur Kenntnis nehmen.‹ Ron (Ron Brown, der damalige US-Handelsminister, O.L./C.M.) und ich wollen die Worte ›in den dafür geeigneten Foren‹ hinzufügen, um damit den Vorschlag zu machen, daß eine solche Überprüfung tatsächlich irgendwo stattfinden könnte. Die Deutschen und die Briten sind entschieden dagegen. Die Kanadier und die Franzosen sind bereit, uns zu unterstützen. Die Japaner und Italiener halten ihr Pulver trocken. Die Spannungen wachsen. ›Die vorgeschlagene Ergänzung der Vereinigten Staaten ist völlig unannehmbar‹, sagt einer der britischen Minister. Er streckt die

Nase weit in die Luft und starrt an die reichverzierte Decke.
›Kommt gar nicht in Frage.‹ ›Großbritannien benimmt sich lächer-
lich‹, sagt Ron undiplomatisch. ›Unsere Worte werden niemanden
zwingen, etwas zu tun.‹ ›Wir stimmen Großbritannien zu‹, sagt der
deutsche Minister durch einen Übersetzer. ›Deutschland darf nicht
in die Lage gebracht werden, irgendeine spezifische Verknüpfung
von Arbeitsstandards und Handel zu billigen.‹ ›Spezifisch?‹ frage
ich ungläubig. ›Spezifisch?‹ Das sind die vagesten Worte in der Ge-
schichte der Diplomatie.
Großbritannien bleibt ablehnend. Deutschland rührt sich nicht
von der Stelle. Spannung herrscht im Raum. Großbritannien und
Deutschland gegen die Vereinigten Staaten, Frankreich und Ka-
nada. Man würde denken, wir stünden am Rande des Dritten
Weltkriegs. Ron und ich verhandeln wie die Wahnsinnigen. Es ist
der erste Spaß in drei Tagen. Wir bieten ein Komma zwischen unse-
rer Ergänzung und dem Rest des Satzes an. Briten und Deutsche
wollen nichts davon wissen. Wie wäre es mit dem Wort ›potentiell‹
vor ›geeigneten‹? Sie sind immer noch unbeweglich. Wir drohen,
nichts zu unterschreiben. Die Franzosen überreden uns, an den
Verhandlungstisch zurückzukommen. Letztendlich einigen wir
uns auf eine gequälte Umschreibung, die empfiehlt, daß es unter
unspezifizierten Umständen möglicherweise Anlässe geben könnte,
wo gewisse Minister die möglichen Verbindungen zwischen Han-
del und Arbeitsstandards untersuchen wollen könnten, wenigstens
irgendwo, vielleicht.«
Die Regierung Kohl mißachtet nicht nur die Wünsche unserer politischen Partner, sondern auch die Forderungen von Teilen der deutschen Wirtschaft. Ein ungeregelter Welthandel geht zu Lasten der
Arbeitnehmer und auf Dauer zu Lasten vieler Unternehmen. Zu
den Befürwortern eines »fairen Handels« und dem Schutz vor
Dumping gehört die deutsche Holzindustrie. Deren Verbandsge-
schäftsführer meint, daß »ein griffiges Anti-Dumping-Instrumen-
tarium einschließlich umwelt- und sozialpolitischer Mindeststandards langfristig die Voraussetzung von Freihandel ist«.

Wenn die Bundesregierung dazu eine passive bis ablehnende Haltung einnimmt, kommt der Verdacht auf, sie handele allein im Interesse einiger Exportindustrien, die vom ungeregelten Handel profitieren. Den Wirtschaftssektoren, die einem unlauteren internationalen Wettbewerb ausgeliefert sind, entstehen dadurch erhebliche Nachteile.

Umwelt- und Gesundheitsschutz

Ein klassisches Beispiel dafür, daß wirtschaftliche Interessen über den Schutz der Gesundheit der Menschen gestellt werden, war das Vorgehen der Regierung Kohl im BSE-Skandal. 1995 tauchten BSE-verseuchte Rinder in England auf. Sie starben am Rinderwahnsinn. Daß der Verzehr des Fleisches die Krankheit auf den Menschen übertrug, konnte nicht nachgewiesen werden. Die Europäische Union ließ deshalb den Handel mit den Tieren weiterhin zu. Die Bundesregierung entschied sich gegen einen einseitigen Einfuhrstopp von Rindern aus England. Sie verbot den Import erst im Frühjahr 1996, als die Gesundheit der Verbraucher durch das Fleisch nachweislich gefährdet war. Dabei hätte man erwartet, daß im Zweifelsfall nicht für den Freihandel, sondern für die Gesundheit der Bevölkerung entschieden wird. Auch wirtschaftlich waren die Nachteile dieses Verhaltens eher negativ, denn Leidtragende dieses zögerlichen Handelns waren auch die deutschen Landwirte, weil der Rindfleischmarkt zusammenbrach.

Ein ähnlicher Konflikt schwelt zwischen den USA und der Europäischen Union. Aus Gesundheitsgründen verbieten die Europäer die Einfuhr von hormonbehandeltem Fleisch. Nach den GATT/WTO-Regeln ist ein solches Verbot erlaubt. Für inländische und importierte Produkte dürfen gleiche Standards angewendet werden, sowohl hinsichtlich des Gesundheits- wie auch des Umweltschutzes. Die Bevölkerung kann folglich bei allen Produkten davon ausgehen, daß sie die im Lande geltenden Normen erfüllen.

Auch in Zukunft werden einzelne Länder – so wie die USA im Falle des hormonbehandelten Fleisches – bei der WTO Klage gegen Importverbote für bestimmte Güter einreichen. Die WTO muß dann den Vorrang von Gesundheits- und Umweltinteressen vor einem uneingeschränkten Freihandel beweisen, indem sie in ihrer Rechtsprechung keine Zweifel läßt.

Handelsbeschränkende Maßnahmen zum Gesundheits- und Umweltschutz sind bei Gütern weitgehend zulässig. Praktisch alle Bestimmungen zum Verbraucher-, Tier- und Umweltschutz, die für inländische Güter gelten, können auf Importe angewendet werden. Ebenso ist es erlaubt, den Export von Gütern zu verbieten, die im Inland nicht verkauft werden dürfen.

Anders sieht es bei der *Produktion* von Gütern aus. Handelsbeschränkende Maßnahmen als Ausgleich für Herstellungsprozesse, die unterschiedlichen Umweltstandards unterliegen, laufen den GATT/WTO-Bestimmungen zuwider.

Industrien in Ländern mit hohen Umweltstandards produzieren zu höheren Kosten, müssen aber auf dem internationalen Markt und auf dem Binnenmarkt mit Produkten in Wettbewerb treten, die aufgrund geringer Umweltauflagen kostengünstiger hergestellt wurden. Gerade wirtschaftlich schwächere Nationen konkurrieren im internationalen Standortwettbewerb mit niedrigen Anforderungen an den Umweltschutz.

Mit Umweltschutz begründete handelsbeschränkende Maßnahmen werden von den Entwicklungsländern oft als verkappter Protektionismus angesehen. Aber diesem vermeintlichen »Ökoimperialismus« steht die Gefahr eines »Verschmutzungsimperialismus« gegenüber. Demnach würden umweltschädigende Industrien in den Süden verlagert mit dem Ergebnis, daß die sauberen Produktionen in den Industrieländern angesiedelt sind und die verschmutzenden in den Entwicklungsländern. Nicht nur die Bevölkerung in den Ländern des Südens hätte den Schaden zu tragen, sondern auch die Umwelt insgesamt.

Die GATT/WTO-Vereinbarungen schließen handelsbeschränkende Maßnahmen zum Schutze des Lebens und der Gesundheit von Menschen, Tieren und Pflanzen nicht grundsätzlich aus. In Streitfällen hat die Welthandelsorganisation in der Vergangenheit allerdings immer zugunsten des Freihandels entschieden. Die Begründung lautete, eine Nation müsse sich durch geringere Umweltauflagen Kostenvorteile verschaffen können.

Der wohl aufsehenerregendste Konflikt zwischen Freihandel und Umweltschutz, der »Thunfisch-Delphin-Fall«, macht die Defizite der GATT/WTO-Vereinbarungen im Umweltschutz deutlich.

Beim Fang von Thunfischen, die im östlichen Pazifik häufig unterhalb von Delphinen schwimmen, wurden unbeabsichtigt Hunderttausende von Delphinen verletzt und getötet. Die USA begrenzten mit einem »Gesetz zum Schutz der Meeressäuger« die Zahl der jährlich unter ihrer Flagge getöteten Delphine. Daraufhin war in den achtziger Jahren die Zahl der getöteten Tiere von ursprünglich 400.000 auf unter 20.000 zurückgegangen. Allerdings nahm in derselben Zeit der Thunfischfang benachbarter Nationen zu, die mit ihren Fangmethoden wiederum die Delphine gefährdeten. Die USA erließen deshalb ein Importverbot für Thunfische, die mit delphingefährdenden Beutelnetzen gefangen wurden. Mexiko betrachtete diese Bestimmung als GATT-widrig und bekam von der Welthandelsorganisation recht.

Der Fall zeigt, daß die geltenden Bestimmungen des GATT/WTO nicht ausreichen, Umweltschutz den ihm gebührenden Stellenwert einzuräumen. Um das Gleichgewicht zwischen Freihandel und Umweltschutz herzustellen, bedarf es dringender Reformen.

Internationale Übereinkommen im Umweltschutz existieren bereits. Die wichtigsten sind das Ozon-Protokoll von Montreal, das Baseler Giftmüllabkommen und das Washingtoner Artenschutzabkommen. Die Umsetzung dieser Übereinkommen ist zweifelhaft, weil ihre Verletzung durch handelsbeschränkende Maßnahmen nicht sanktioniert werden können. Denn nach jetzigem Recht widersprechen sie den GATT/WTO-Vereinbarungen.

Eine Reform oder Ergänzung des GATT/WTO muß deshalb den internationalen Umweltschutzabkommen Vorrang vor den Handelsabkommen einräumen. Der Umweltschutz darf allerdings nicht für protektionistische Maßnahmen mißbraucht werden. Das ist gewährleistet, wenn die Umweltstandards von einer großen Anzahl von Ländern vereinbart und die Abkommen darauf überprüft werden, daß sie nicht unnötig handelsbeschränkend wirken.

Angesichts der bisher gezeigten Gleichgültigkeit der Welthandelsorganisation gegenüber Umweltfragen scheinen Zweifel angebracht, ob sie die geeignete Instanz ist, Maßnahmen zum Umweltschutz durchzusetzen. Eher ist dem Vorschlag zuzustimmen, durch eine parallele internationale Umweltinstitution die Aussichten auf einen Frieden zwischen Freihandelsbefürwortern und Umweltschützern zu erhöhen. Möglich wäre die Zentralisierung aller internationalen Umweltübereinkommen bei der Kommission für nachhaltige Entwicklung der Vereinten Nationen. Diese Kommission wurde 1992 in Rio de Janeiro eingesetzt und hat die Aufgabe, das von 170 Staaten verabschiedete globale Aktionsprogramm für »nachhaltige Entwicklung« zu realisieren. Damit sie dem Umweltschutz den notwendigen Nachdruck verleihen kann, muß ihre Position gegenüber der WTO und ihre finanzielle Ausstattung gestärkt werden. Bei Konflikten zwischen dem Freihandel und dem multilateralen Umweltschutz könnte eine Schlichtungskommission eingesetzt werden, die einvernehmlich von der Welthandelsorganisation und der Kommission für nachhaltige Entwicklung besetzt wird. Auf diese Weise dürfte ein Ausgleich zwischen den Interessen von Wirtschaft und Umweltschützern gewährleistet sein.

Der Welthandel hat sein heutiges Ausmaß nicht zuletzt deshalb erreicht, weil die Kosten des internationalen Transports zu niedrig sind. Die ökologischen Kosten sind in den Transportpreisen unzureichend berücksichtigt. Weder die Luft- und Wasserverschmutzung noch die Verschwendung nicht erneuerbarer Energie werden berechnet. Presseberichten zufolge hat allein 1991 der weltweite Schifftransport so viel Energie beansprucht, wie die 210 Mio. Einwohner Brasiliens und der Türkei verbrauchen. Die Luftfracht benötigte dieselbe Energiemenge wie die Philippinen mit 66 Mio. Einwohnern. Das Beispiel eines Kilogramms kalifornischer Trauben, bei deren Lufttransport nach Deutschland zwanzig Kilogramm CO_2 ausgestoßen werden, verdeutlicht die Absurdität des Handels über den Globus. Und daß die Qualität des Erdbeerjoghurts durch den manchmal für seine Herstellung benötigten Transport über 8.000 Kilometer nicht besser wird, haben inzwischen viele Verbraucher geschmeckt.

Der Welthandel konnte so ausufern, weil die Treibstoffpreise zu gering, teilweise sogar subventioniert sind. Außerdem lassen die Sicherheitsvorkehrungen im internationalen Transport zu wünschen übrig. Zahlreiche Unfälle von Öltankern, deren Preis die Steuerzahler, Fischer und Fremdenverkehrsbetriebe – und die Natur – des vom Unglück heimgesuchten Landes bezahlen, zeugen davon.

Ein umweltverträglicher, auch ökonomischen Prinzipien gerecht werdender Welthandel muß die Umweltkosten in die Transportpreise miteinbeziehen. Die nächsten Schritte auf diesem Weg wären,
– die Sicherheitsstandards der Transportmittel zu erhöhen. Die USA haben bewiesen, daß mit etwas Mut Fortschritte zu erreichen sind. Seit den letzten Schiffskatastrophen lassen sie nur noch Tanker mit einem doppelten Rumpf in ihre Gewässer. Das mindert die Gefahr von Ölkatastrophen um ein Vielfaches.
– die Transportunternehmen bei Unglücken vollständig in die Haftung zu nehmen. Diese Maßnahme würde die Versicherungssummen hochtreiben, Transporte verteuern und unnötigen Handel verhindern.
– die Einführung einer ökologischen Steuer- und Abgabenreform in den Industriestaaten.

Den internationalen Geld- und Kapitalmarkt stabilisieren

Geld ist als Zahlungsmittel vor allem dazu da, den »realen« Handel möglichst kostengünstig abzuwickeln und die Allokation des Kapitals, das heißt den Einsatz des Kapitals für bestimmte Produktionen, zu optimieren. Es ist Mittel zum Zweck. Allein durch den Handel und die Spekulation mit Geld werden keine Werte geschaffen.

Ganz anders sieht es in der heutigen Realität aus. Die transnationalen Geldmärkte haben sich von der realen Wirtschaft, vom Welthandel, zunehmend gelöst. Auf den internationalen Kapitalmärkten wurden 1995 täglich 1.500 Milliarden Dollar umgesetzt, während zur Abwicklung des Handels nur 10 Milliarden pro Tag benötigt werden. Das internationale Kreditvolumen übertrifft inzwischen bei weitem das Kreditvolumen jeder nationalen Volkswirtschaft. Der Handel mit Derivaten – das sind Rechte zum An- und Verkauf von Aktien, Wertpapieren und festverzinslichen Anleihen – übersteigt das weltweite Geldvolumen. Selbst die Banken kennen die neu geschaffenen Finanzinstrumente nicht mehr vollständig. Anleger sind noch nicht einmal auf dem nationalen Markt vor Betrügern geschützt. In Deutschland wurden weite Teile des grauen Kapitalmarkts von öffentlich-rechtlichen Zulassungsbeschränkungen ausgenommen. Die organisierte Kriminalität hat freie Bahn und schädigt Zehntausende von Kleinanlegern um Milliardenbeträge.

Die Risiken der aufgeblähten Geld- und Kapitalmärkte sind groß, ihre Kosten erheblich. Immer häufiger kommt es zum Zusammenbruch von Banken, wodurch das gesamte System bedroht wird. Da täglich neue Finanzierungsinstrumente geschaffen werden, für die keine Regeln bestehen, werden sich Bankenkrisen in Zukunft häufen. Der Konkurs der traditionsreichen Londoner Baringsbank bewies, daß einzelne aufgrund der komplexen Materie kaum zu kontrollierende Mitarbeiter eine Bank in den Abgrund reißen können.

Krisen nationaler Finanzsysteme gefährden zunehmend die internationalen Finanzmärkte. Zahlreiche japanische Kreditinstitute müssen einen großen Teil ihrer Immobilienkredite in Höhe von fast 1.000 Milliarden Yen, denen kein entsprechender Sachwert gegenübersteht, abschreiben. Mehrere Banken haben bereits Konkurs angemeldet. Würden die anderen notleidenden Kreditinstitute auch nur einen Teil ihrer Auslandskredite von 430 Milliarden Dollar einfordern, könnte die japanische Krise sich zu einer internationalen ausweiten. Welche Gefahr von den täglichen Billionen-Transaktionen im globalen Finanzmonopoly ausgeht, bewiesen auch die Finanzkrisen in Mexiko und Südostasien. Sie können nur mit Hilfe der internationalen Staatengemeinschaft bewältigt werden.

Die spekulativen Kapitalbewegungen auf den internationalen Märkten lösen Wechselkursschwankungen aus, die mit realwirtschaftlichen Entwicklungen nichts zu tun haben. Währungskurse aber haben eine Lenkungsfunktion für die Produktion. Die weltweite Arbeitsteilung verläuft nur dann optimal, wenn die Wechselkurse die Inflationsdifferenzen widerspiegeln. Ein Vergleich der Entwicklung der deutschen Lohnstückkosten in verschiedenen Währungen verdeutlicht das Problem. So stiegen die deutschen Lohnstückkosten in Landeswährung erheblich weniger als die Lohnstückkosten in den anderen Industriestaaten, während sie sich aufgrund der starken DM-Aufwertung in einheitlicher Währung langfristig etwa auf dem gleichen Niveau hielten (s. Übersichten 4 und 5: Die Sonderziehungsrechte entsprechen einem Korb aus den fünf Währungen US-$, Yen, DM, FFranc und Pfund Sterling). Man muß sich nicht wundern, daß die Aufwertung und die vorübergehende Überbewertung der DM mehrfach in eine Standortdebatte mündete, bei der die Arbeitgeber die Senkung der Lohnkosten anmahnten.

Immer wieder kommt es zu spekulationsbedingten Wechselkursschwankungen, die sich negativ auf die reale Wirtschaft auswirken. Länder mit überbewerteten Währungen verlieren ganze Industrien, obwohl sie effizienter und kostengünstiger produzieren als

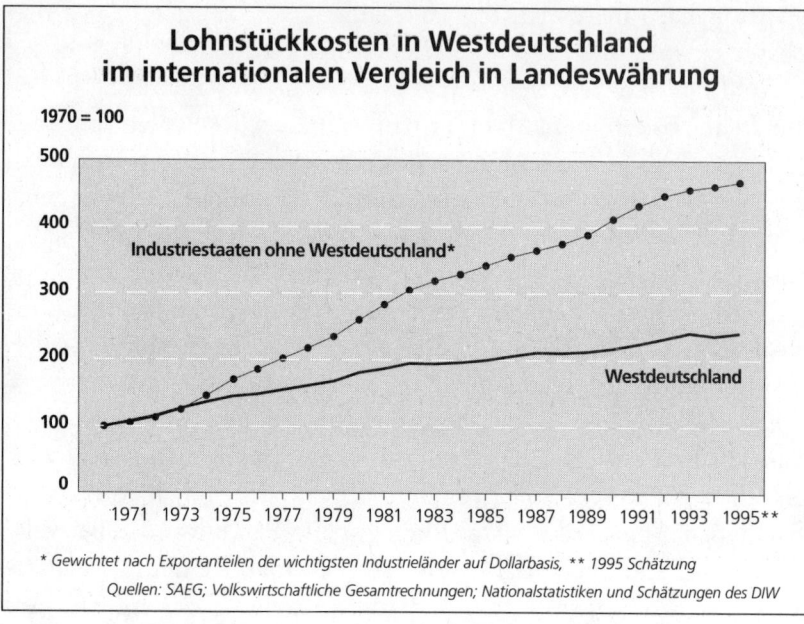

**Lohnstückkosten in Westdeutschland
im internationalen Vergleich in Landeswährung**

1970 = 100

Industriestaaten ohne Westdeutschland*

Westdeutschland

1971 1973 1975 1977 1979 1981 1983 1985 1987 1989 1991 1993 1995**

* Gewichtet nach Exportanteilen der wichtigsten Industrieländer auf Dollarbasis, ** 1995 Schätzung
Quellen: SAEG; Volkswirtschaftliche Gesamtrechnungen; Nationalstatistiken und Schätzungen des DIW

andere. In Volkswirtschaften mit unterbewerteter Währung halten sich Produktionen, die »an sich« schon längst nicht mehr wettbewerbsfähig sind. Welche Rolle Währungsfragen spielen, zeigt das Beispiel der deutschen Textilindustrie. Die Zahl ihrer Beschäftigten halbierte sich in den letzten Jahren. Aber nicht die Konkurrenz aus den Billiglohnländern verursachte vorrangig Schwierigkeiten. Italien profitierte nach dem Zusammenbruch des Europäischen Währungssystems von der massiven Abwertung der Lira und exportierte mit großem Abstand mehr Textil- und Bekleidungswaren nach Deutschland als jedes andere Land.

Die Internationalisierung des Geld- und Kapitalmarktes verschärft den Wettbewerb zwischen den Währungen. Der freie Kapitalverkehr treibt die Rendite-Erwartungen der Anleger hoch. Die Spekulation, ein Nullsummenspiel, bei dem der eine verliert, was der andere gewinnt, nimmt zu.

Übersicht 5

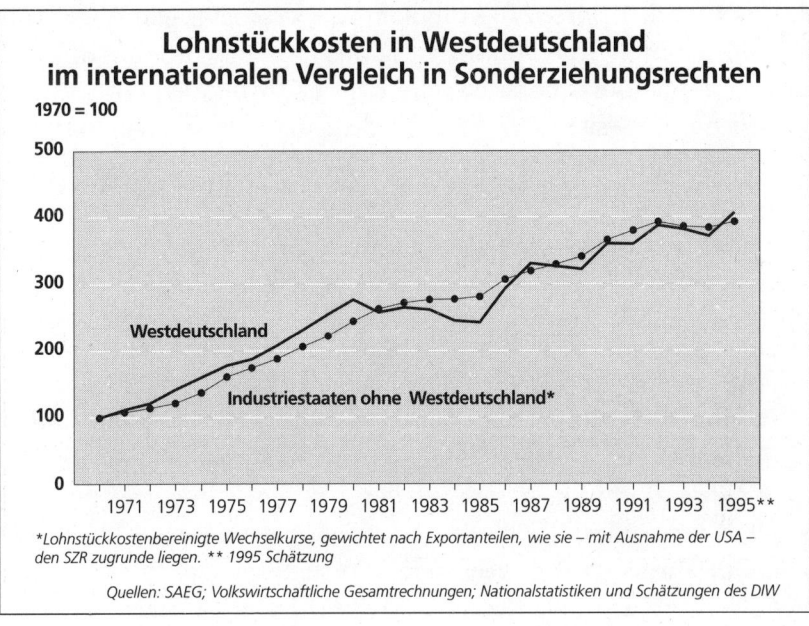

Lohnstückkosten in Westdeutschland im internationalen Vergleich in Sonderziehungsrechten

1970 = 100

Westdeutschland

Industriestaaten ohne Westdeutschland*

500 400 300 200 100 0

1971 1973 1975 1977 1979 1981 1983 1985 1987 1989 1991 1993 1995**

*Lohnstückkostenbereinigte Wechselkurse, gewichtet nach Exportanteilen, wie sie – mit Ausnahme der USA – den SZR zugrunde liegen. ** 1995 Schätzung*

Quellen: SAEG; Volkswirtschaftliche Gesamtrechnungen; Nationalstatistiken und Schätzungen des DIW

Auch der Wettbewerb zwischen den Finanzplätzen verstärkt sich. Dort entstehen teilweise sehr gut bezahlte Arbeitsplätze für Finanzmakler und Anlageberater. Soweit deren Tätigkeit nicht der Abwicklung des grenzüberschreitenden Handels oder der Investitionen im Ausland gilt, ist sie volkswirtschaftlich fragwürdig. Man könnte von Arbeitsbeschaffungsmaßnahmen auf hohem Niveau sprechen. Sie richten insoweit Schaden an, als sie die Gewinne der Wirtschaft schmälern und »produktive« Investitionen verhindern. Der ehemalige amerikanische Arbeitsminister Robert Reich wies darauf hin, daß sich in den USA die Maklerprovisionen und andere mit dem Wertpapierhandel verbundene Kosten 1987 auf 25 Milliarden Dollar beliefen – mehr als ein Sechstel aller Unternehmensgewinne des Jahres.

Der Handel mit Aktien hat sich enorm beschleunigt. Das Wachstum des US-Aktienmarktes zeigt, in welche Richtung es in

75

Deutschland bald gehen könnte. Im gesamten Jahr 1960 wurden an der New Yorker Börse 776 Millionen Anteilsscheine gehandelt, von denen jeder im Durchschnitt acht Jahre gehalten worden war. 1987, auf der Höhe des Booms, wechselten 900 Millionen Aktien *wöchentlich* den Besitzer. 97 Prozent des gesamten Aktienvolumens kam innerhalb eines Jahres in den Handel. Nur ein winziger Bruchteil dieser Transaktionen brachte frisches Geld. Fast sämtliche Aktien wurden immer von neuem in Umlauf gebracht.

Will man die volkswirtschaftlichen Kosten von Kurs- und Währungsschwankungen, unproduktiver Spekulation und Geschäftemacherei begrenzen, muß der Handel mit Währungen und Finanzanlagen beschränkt und entschleunigt werden.

Stabile Wechselkurse würden der Spekulation erheblich Boden entziehen. Durch Teilentschuldung und die Bereitstellung offizieller Kredite könnte man sicherstellen, daß auch hochverschuldete Staaten nicht illiquide werden und das internationale Finanzsystem gefährden. Entsprechende Vorschläge hat die Bretton Woods-Kommission unter dem Vorsitz des ehemaligen US-Notenbank-Chefs, Paul A. Volcker, erarbeitet. Sie legte 1994 ihren Bericht vor.

Darin wird die Schaffung eines Internationalen Währungssystems vorgeschlagen. An dem System sollen alle Währungen der Mitgliederstaaten des Internationalen Währungsfonds teilnehmen. Die Wechselkurse werden innerhalb bestimmter Bandbreiten festgelegt. Durch den An- oder Verkauf von Währungen versuchen die Notenbanken die Kurse zu halten. Regierungen, deren Währungen sich nicht innerhalb der Bandbreiten halten lassen, verpflichten sich zu einer vorab vereinbarten Wirtschaftspolitik, die ihre Volkswirtschaft dem Ziel der Konvergenz näher bringt. Außerdem werden Vereinbarungen zu Wechselkursanpassungen getroffen. Bandbreiten können erweitert werden, wenn die Flexibilität des Systems es erfordert. Die Stabilität soll durch die Abstimmung der Wirtschaftspolitik der Mitgliederstaaten mit dem Ziel größerer wirtschaftlicher Konvergenz gefördert werden.

Das System soll stabile Wechselkurse fördern und gleichzeitig die notwendige Flexibilität erhalten. Angesichts der Zahl der zu beteiligenden Staaten und des Umfangs der Vereinbarungen wird es einige Jahre kosten, das System zu installieren. Deshalb sollte der »Volcker-Kommission« in ihrem Vorschlag gefolgt werden, die Verhandlungen zur Installierung eines Internationalen Währungssystems umgehend aufzunehmen.

Zwischenzeitlich könnte die Abstimmung der Geld- und Währungspolitik der G7-Staaten – das sind die USA, Kanada, Japan, Deutschland, Frankreich, Großbritannien und Italien – den Märkten eine gewisse Beruhigung verschaffen. Allein die Festschreibung von Wechselkurszielzonen und die ausdrückliche Bekundung, diese auch durchzusetzen, hätten spürbare Auswirkungen auf die Stabilität. Die Staaten der Europäischen Union haben diesen Weg mit der Schaffung des Europäischen Währungssystems bereits eingeschlagen und werden ihn mit der Verwirklichung der Europäischen Währungsunion vollenden. Sie wird einen wichtigen Beitrag zu mehr Stabilität leisten.

Daneben muß für die internationalen Geld- und Finanzmärkte ein Ordnungsrahmen geschaffen werden. Eine internationale Kredit- und Bankenaufsicht, die beim Internationalen Währungsfonds angesiedelt sein könnte, sollte die Eigenkapitalquoten und die Einhaltung der Solvenzkriterien von transnationalen Finanzunternehmen kontrollieren. Derivative Finanzinstrumente müssen identifiziert, kontrolliert und quantitativ beschränkt werden. Solange auf globaler Ebene keine Regeln bestehen, sollten sie zumindest in der G7 vereinbart werden.

Globale Wirtschaftspolitik für Wachstum und Beschäftigung

Nicht die Konkurrenz durch die Billiglohnländer ist das vorrangige Problem für die Industriestaaten, sondern der Kostensenkungswettlauf zwischen ihnen. Es ist nicht das erste Mal in der Geschichte, daß einzelne Länder sich durch Kostensenkungen Wettbewerbsvorteile auf den internationalen Märkten verschaffen wollen, um ihre Wachstums- und Beschäftigungsprobleme zu lösen. Und es ist auch nicht das erste Mal, daß dieser Trend von Großbritannien ausgeht. Der Thatcherismus hat inzwischen auf viele Länder übergegriffen. Wenn aber die Lohnsenkung in dem einen Land beantwortet wird mit der Lohnsenkung im anderen Land, wenn die Minderung der Unternehmenssteuern in dem einen Land dazu führt, daß sie auch im anderen Land gesenkt werden, und wenn die Arbeitszeiten in dem einen Land erhöht werden mit der Folge, daß die anderen Konkurrenten nachziehen, dann ist das ein Nullsummenspiel, das allen zum Nachteil gereicht. Vorhandene Wachstumsspielräume werden nicht ausgenutzt, im schlimmsten Fall kommt es zu einer Weltwirtschaftskrise. Wenn der zerstörerische Wettbewerb im Sinne eines Kostensenkungswettlaufs sich durchsetzt, verlieren am Ende alle, auch die Unternehmen.

Das zeigt sich zumindest schon in einem Industriesektor. Der deutsche Schiffbau sieht sich nicht mehr in der Lage, im internationalen Wettbewerb allein durch »technologischen Vorsprung oder elegante organisatorische Lösungen« mitzuhalten. Kostensenkungen seien unabdingbar. Deshalb müsse zur 40-Stunden-Woche zurückgekehrt werden. Der dies fordernde Vorstandsvorsitzende des Hamburger Schiffbauverbands weist darauf hin, daß nicht kostendeckende Preise kein singuläres deutsches Problem seien. Die polnischen Werften seien zwar bis 1999 ausgelastet, aber zu verheerenden Preisen. Die gesamte Industrie stehe praktisch vor dem Konkurs. Auch die aggressiven südkoreanischen Werften böten in ihrem Kampf um die Weltmarktführerschaft unter Kosten an, hätten aber den Rückhalt ihrer Konzernmütter.

Der britische und der japanische Industrieverband scheinen die Gefahr des Kostensenkungswettlaufs erkannt zu haben. Sie sprachen sich vor den Tarifverhandlungen im Jahr 1995 gegen weitere Lohnsenkungen aus. Auch die französischen Arbeitgeber argumentierten in diese Richtung. Der Präsident des Unternehmerverbandes forderte im Frühjahr 1995, daß die Arbeitnehmer an den beträchtlich gestiegenen Ergebnissen der Unternehmen beteiligt werden sollten. Alles andere sei »unannehmbar«. Daß Lohnerhöhungen und mehr Beschäftigung einen Widerspruch darstellten, bezeichnete er gar als Provokation.

Kein Land, auch nicht Deutschland, kann an einer Entwicklung ein Interesse haben, die das Wachstum bremst und einen Beschäftigungsabbau mit sich bringt, dessen Ende nicht absehbar ist. Jedes Land für sich genommen vermag einer solchen Entwicklung aber nicht dauerhaft entgegenzusteuern, geschweige denn ihr Einhalt zu gebieten. Es bedarf unabdingbar der internationalen Kooperation.

Die Bretton Woods-Kommission mahnte die Industrieländer schon im Jahr 1994,

1. auf nationaler Ebene durch eine abgestimmte Geld- und Finanzpolitik für nachhaltiges Wachstum, Preisstabilität und stabile Wechselkurse zu sorgen. Insbesondere eine »keynesianische« Finanzpolitik würde zu mehr Stabilität beitragen. Die keynesianische Finanzpolitik verlangt Steuersenkungen und/oder Ausgabenerhöhungen in der Rezession, aber ebenso zwingend Steuererhöhungen und/oder Ausgabensenkungen im Boom. Die Tatsache, daß die Politiker gern die erste Hälfte der keynesianischen Politik befolgen, die andere Hälfte aber ebenso gern vergessen, spricht nicht gegen die Richtigkeit der keynesianischen Lehre, sondern gegen die bisherige Anwendung in der Praxis. Man wundert sich, daß Otto Graf Lambsdorff, der Mitglied der Kommission war, diese Vorschläge auf internationaler Ebene mitgetragen hat, vertritt er in Deutschland doch meist eine andere Meinung.

2. auf internationaler Ebene ihre Zusammenarbeit zu verstärken mit dem Ziel, eine größere makroökonomische Konvergenz zu erreichen. Mittelfristig müßten gemeinsame Wachstums- und Stabilitätsziele festgelegt werden. Dazu gehöre auch, daß die Asynchronität der Konjunkturzyklen beseitigt werde.

Der Bretton Woods-Kommission war klar, daß eine verläßliche Abstimmung der Wirtschaftspolitik der Industrieländer nur auf der Grundlage einer formalisierten Zusammenarbeit erfolgen kann. Die Geld- und Finanzpolitiker der wichtigsten Industrieländer versammeln sich zwar halbjährlich auf ihren Gipfeltreffen. Dort getroffene Vereinbarungen werden aber nicht dauerhaft eingehalten, weil dazu offenbar der Wille fehlt.

Die jüngsten Zusammentreffen auf der Ebene der wichtigsten Industrieländer G7 bestätigen die vorhandene Skepsis. Deshalb sollte dem Vorschlag der Bretton Woods-Kommission gefolgt werden, ein Sekretariat für die G7 einzurichten. Mit dieser Institutionalisierung der Zusammenarbeit kann der Druck auf die nationalen Regierungen erhöht werden, ihre Wirtschaftspolitik in Zukunft regelmäßig abzustimmen und sich an getroffene Vereinbarungen zu halten.

Fazit

Der internationale Handel kann für alle beteiligten Länder Vorteile haben. Deutschland beispielsweise hat in der Vergangenheit erheblich vom Außenhandel profitiert. Auch in jüngster Zeit erreichte der Handelsbilanzüberschuß wieder einen Höchstwert. Der Freihandel bringt aber nur dann Wohlstandsgewinne, wenn ein internationaler Wettbewerb um eine möglichst hohe Produktivität geführt wird. Heute läuft der ungeregelte Freihandel Gefahr, in einen Kostensenkungswettlauf zu münden. In seiner Folge würden große Teile der Bevölkerung ihren Arbeitsplatz, Einkommen und soziale

Sicherheit verlieren. Der zerstörerische Wettbewerb könnte sogar zu einer Weltwirtschaftskrise führen.

Im Deutschland der Nachkriegszeit schuf die soziale Marktwirtschaft Wohlstand für alle. Funktionierender Wettbewerb, Tarifvertragsfreiheit und Sozialstaat bewirkten, daß die Beschäftigten am Produktivitätszuwachs angemessen beteiligt wurden. Masseneinkommen ermöglichten Massennachfrage. Die positiven Wachstumserwartungen führten zu steigenden Investitionen, diese zu mehr Wachstum und Beschäftigung. Die Wachstumsspirale nach oben war in Gang gesetzt.

Eine wirtschaftliche Entwicklung, die den Menschen mehr Wohlstand und Lebensqualität bringt, ist auch auf internationaler Ebene möglich. Wenn es den aufstrebenden Wirtschaftsnationen gelingt, die Beschäftigten über höhere Einkommen und Sozialleistungen, bessere Arbeitsbedingungen und kürzere Arbeitszeiten am wachsenden Wohlstand teilhaben zu lassen, wird sich die Weltwirtschaft insgesamt positiv entwickeln. Die Industrieländer des Nordens können ihre Stellung in der internationalen Arbeitsteilung weiterhin behaupten.

Damit es zu dieser für alle beteiligten Staaten gedeihlichen Entwicklung kommt, müssen die reichen Länder des Nordens an Massenwohlstand und hoher sozialer Sicherheit festhalten. Die aufstrebenden und ärmeren Länder sind dabei zu unterstützen, ihre Einkommen zu steigern und die Arbeits- und Lebensbedingungen der breiten Bevölkerung zu verbessern.

Über fairen Wettbewerb, soziale und ökologische Mindeststandards, ein internationales Währungssystem sowie eine unter den größten Industrienationen abgestimmte Wirtschaftspolitik sollte ein Konsens zwischen den Ländern des Nordens und Südens herstellbar sein. Die dafür notwendigen Institutionen sind vorhanden: die Welthandelsorganisation, die Internationale Arbeitsorganisation, die Kommission für nachhaltige Entwicklung, die Weltbank und der Internationale Währungsfonds.

Aber internationale Vereinbarungen erfordern große Anstrengungen und viel Zeit. Deshalb sollte man der Aufforderung der Bretton Woods-Kommission nachkommen, die schon 1994 mahnte:

Work should begin now!

*»Europa steht im eigentlichen Sinne
für eine Gesellschaft, für eine Kultur,
für ein Wertesystem ... Nach diesem
Wertesystem ist Arbeit keine Ware,
sondern die Summe der Tätigkeit der
Menschen. Löhne sind nicht nur ein
Kostenfaktor in der Produktion, sondern die Hauptquelle der Nachfrage.
Im Verhältnis zwischen den arbeitenden Menschen geht es um Vertrauen
und Zusammenarbeit, nicht um Wettbewerb und Verträge.«*
Padraig Flynn, EU-Kommissar, 1996

III. Kapitel

Das europäische Gesellschaftsmodell
Lebensqualität durch Leistung

Wirtschaftsregionen werden durch geographische Gegebenheiten,
gemeinsame historische und kulturelle Wurzeln sowie ökonomische
Zusammenarbeit bestimmt. Das gilt auch und vor allem für Europa.

Bevor die europäischen Nationalstaaten im Laufe der letzten
Jahrhunderte entstanden, existierte bereits ein Europa der Regionen
oder – besser gesagt – ein Europa der Königreiche und Fürstentü-
mer. Ein wichtiges Bindeglied zwischen diesen Regionen stellte der
kulturelle Austausch dar, der vom westlichen Festland bis weit in
den Osten Europas reichte. Nicht nur die Kulturschaffenden rei-
sten durch die europäischen Länder. Auch diejenigen, die Kultur
nur konsumierten, nahmen jede sich bietende Gelegenheit wahr, die
Kunst aus anderen Regionen kennenzulernen. Noch heute zeugen
Literatur, Opern und Operetten sowie die Werke der bildenden
Künstler früherer Zeiten von gemeinsamen Wurzeln und gegensei-
tigem Austausch.

Die europäischen Staaten verfügten in der Vergangenheit über Reichtum und Macht. Einzelne Länder strebten nach einer Vormachtstellung innerhalb Europas, andere wollten Weltmacht sein. In Europa war der Frieden immer unsicher und meist zeitlich befristet. Der Krieg im ehemaligen Jugoslawien verdeutlicht, wie nahe die europäischen Länder zueinander liegen und wie schnell Konflikte in einer Region entstehen, der unterschiedliche Völker angehören. Niemand weiß, wie lange der innere Frieden in den Staaten der früheren Sowjetunion gesichert werden kann. Käme es dort zum Bürgerkrieg, wäre Westeuropa bald betroffen, zumindest durch Flüchtlingsströme.

Die Erkenntnis fortwährender Kriegsgefahren veranlaßte die westlichen europäischen Staaten, nach dem Zweiten Weltkrieg neue Formen der Zusammenarbeit zu suchen. Die Europäische Wirtschaftsgemeinschaft wurde 1958 mit dem Vertrag von Rom gegründet. Ihr Ziel war es, ein gleichmäßiges und stabiles Wirtschaftswachstum zu erreichen und die sozialen Verhältnisse in den Mitgliedstaaten zu verbessern und anzugleichen. Gleichzeitig wollte sie eine politische Union vorbereiten, die den Zusammenhalt der Staaten fördern und Kriegsgefahren für immer ausschließen sollte. Wirtschaftliche Zusammenarbeit und gegenseitige Abhängigkeit waren die Instrumente, mit denen diese Aufgabe bewältigt werden sollte.

Die Europäische Union fand zusammen, indem sie die nationalen Grenzen für die Wirtschaft schrittweise abbaute. Erklärter Wille der nationalen Regierungen waren die Öffnung der Märkte und die Herstellung einer Freihandelszone. Dieser Prozeß wird in wenigen Jahren mit der Vollendung des europäischen Binnenmarktes abgeschlossen sein. Nicht nur aus politischen Gründen, sondern auch aus wirtschaftlichen Erwägungen wollten die Staaten Westeuropas, auch die Bundesrepublik Deutschland, den Gemeinsamen Markt. Nun ist er Realität. Auch wenn daraus für alle beteiligten Länder während einer Übergangszeit Schwierigkeiten entstehen, überwiegen die Vorteile bei weitem.

Natürlich schränkt der vollendete Binnenmarkt die Handlungsmöglichkeiten nationaler Politik ein. Arbeit und Kapital sind über
die Grenzen hinweg mobil. Nationalem Recht, nationaler Besteuerung und nationalem Tarifrecht kann man sich entziehen, indem
man Investitionen oder den Wohnsitz ins Ausland verlagert oder
das Kapital ins Ausland transferiert. Die einzelnen Nationalstaaten
vermögen sich dagegen nicht zu wehren. Deshalb geben nur gemeinsame Regeln in Europa den Regierungen Handlungskompetenz zurück. Auf diese Regeln kann jedes Mitgliedsland Einfluß
nehmen. Die Nationalregierungen müssen sich nicht mit ihrer be-
schränkten Handlungsfähigkeit abfinden. Sie können sie über eine
gemeinsame Wirtschafts-, Währungs-, Finanz- und Sozialpolitik
auf europäischer Ebene zurückgewinnen. Wer sich dieser Zusammenarbeit verweigert und glaubt, im gemeinsamen Europa national
handeln zu müssen, schadet der Wirtschaft und gefährdet den
Wohlstand und die soziale Sicherheit der Bürger seines Landes und
Europas.

Unser Standort heißt Europa

Über Globalisierung wird geredet, die Europäisierung der Wirtschaft findet statt. Der gemeinsame europäische Markt umfaßt eine
Bevölkerung von 370 Millionen Menschen in 15 Mitgliedsländern.
Die Wirtschaftskraft beläuft sich auf 12 Billionen Mark, eine Kaufkraft, wie sie weltweit höchstens die nordamerikanische Freihandelszone aufweist.

Es ist kein Wunder, daß angesichts der in wenigen Jahren abge-
schlossenen Vollendung des Binnenmarktes nicht nur die deutschen
Unternehmen, sondern auch die unserer europäischen Nachbarn und
die entfernterer Länder – wie USA und Japan – versuchen, sich auf
diesem lukrativen Markt zu etablieren. So fließt ein Großteil der zunehmenden Direktinvestitionen in die Mitgliedsländer der Europäi-

schen Union. Das gilt auch für die Auslandsinvestitionen deutscher Unternehmen. Rund zwei Drittel wandern zu unseren Nachbarn. Ähnlich sieht es beim Handel aus. Laut Statistischem Bundesamt liegt die Exportquote der Europäischen Union unter 8 Prozent. Die Handelsbilanz weist einen Überschuß auf. Erwähnenswert ist die Bilanz mit unseren Hauptkonkurrenten: Ein leichtes Plus erzielt die Union im Handel mit den USA, das Defizit mit Japan verringerte sich in den letzten Jahren stetig.

Die deutsche Wirtschaft wickelt gut zwei Drittel ihrer Exporte in der Europäischen Union und in den anderen europäischen Industrieländern ab. Die Exporte Deutschlands, die man als »global« bezeichnen könnte, weil sie außerhalb von EU und EFTA getätigt werden, bewegen sich unter 8 Prozent des Sozialprodukts.

Es läßt sich also auch für die deutsche Wirtschaft feststellen: Die wirtschaftliche Abhängigkeit vom außereuropäischen Ausland ist gering. Europa ist unser Markt. Und das Funktionieren dieses Marktes entscheidet über das Wohl der deutschen Wirtschaft, der Arbeitnehmer und der Bürger.

Das europäische Gesellschaftsmodell

Das Ziel der Europäischen Wirtschaftsgemeinschaft lag darin, das Wirtschaftswachstum zu fördern, die Konjunktur zu stabilisieren und die soziale Lage der Bevölkerung zu verbessern. Der freie Waren- und Kapitalverkehr innerhalb der Gemeinschaft sollte die Produktivität der Wirtschaft erhöhen, um den Wohlstand zu mehren. Nie war die Liberalisierung der Wirtschaft Selbstzweck. Sie unterlag immer übergeordneten politischen Vorgaben. Wirtschaftswachstum, eine gerechte Einkommens- und Vermögensverteilung und soziale Sicherheit sollten gewährleisten, daß alle Bürger und Bürgerinnen in der Gemeinschaft ein menschenwürdiges Leben führen können.

Auf diesem Wege war die Gemeinschaft erfolgreich. Die Wirtschaftskraft konnte beachtlich gesteigert werden. Zwischen den Volkswirtschaften der Mitgliedsländer hat eine Annäherung stattgefunden. Wirtschaftswachstum, Produktivität, Preissteigerung, Zinsniveau, Staatsverschuldung und Staatsquote entwickeln sich aufeinander zu. Europa wächst wirtschaftlich zusammen.

Der Wohlstand in der Gemeinschaft erlaubte allen Mitgliedstaaten die sozialen Sicherungssysteme auszubauen. Ein Vergleich beweist, daß in allen Ländern der Europäischen Union die wichtigsten sozialen Notlagen von Alter, Krankheit und Invalidität bis zu Arbeitsbedingungen, Kündigungsschutz und Arbeitslosigkeit abgesichert sind. Die Staatsquote in den Mitgliedsländern ist entsprechend hoch. Auch die Belastung der Arbeitnehmer mit Sozialabgaben und Steuern im internationalen Vergleich ist groß.

Aufgrund historischer und kultureller Gegebenheiten ist die Struktur der sozialen Sicherungssysteme in den Mitgliedsländern vielfältig. Die Finanzierung der Sozialleistungen erfolgt nicht überall auf die gleiche Weise. Einige Länder wie Frankreich, Griechenland, Spanien und Deutschland legen ihren Schwerpunkt auf Abgaben, mit denen Arbeitgeber und Arbeitnehmer je nach Land sehr unterschiedlich belastet werden. Andere wie Dänemark und Irland finanzieren fast alle Leistungen über Steuern.

Eine Analyse der Sozialleistungen zeigt, daß die Mitgliedstaaten ihrer jeweiligen Wirtschaftskraft angemessen eine soziale Mindestabsicherung in Notfällen garantieren. Die Unterschiede im Wohlstand der EU-Länder sind immer noch beträchtlich, entsprechend unterscheiden sich die Sozialleistungen hinsichtlich ihrer absoluten Höhe. In den reicheren Ländern sind sie bezogen auf die Wirtschaftskraft pro Kopf durchaus vergleichbar (Übersicht 6).

Die niedrige Sozialleistungsquote Luxemburgs läßt sich mit der überdurchschnittlich hohen Pro-Kopf-Wirtschaftskraft erklären sowie mit den geringen sozialen Problemen, allen voran mit der niedrigen Arbeitslosigkeit. In den ärmeren Ländern bewegen sich die Leistungen auf einem niedrigeren Niveau, wie es weniger ent-

Übersicht 6

Anteil der Sozialleistungen am Bruttosozialprodukt	
Land (EU der 12)	in v. H.
Italien	22,8
Dänemark	21,6
Frankreich	21,5
Deutschland	21,4
Niederlande	21,3
Belgien	18,9
Großbritannien	18,6
Spanien	14,7
Luxemburg	14,3
Irland	14,1
Portugal	9,0
Griechenland	8,1

Daten: Statistisches Bundesamt, BMA 1993. Eigene Berechnungen.

wickelten Volkswirtschaften angemessen ist und in den reicheren Ländern der Union in der Nachkriegszeit auch der Fall war.

Hält die Union an dem europäischen Entwicklungsmodell weiterhin fest und bemüht sie sich um die Annäherung der Wirtschaftskraft der weniger wohlhabenden Länder an das höhere Gemeinschaftsniveau, werden auch die Sozialleistungen der ärmeren Länder sich schrittweise auf den EU-Durchschnitt hin bewegen.

Das europäische Gesellschaftsmodell dürfte sich problemlos auf die Länder Osteuropas ausdehnen lassen. Im Vordergrund der Anstrengungen dieser Staaten steht gegenwärtig die Steigerung von Effizienz und Produktivität der Wirtschaft. Aber bedingt durch die schlimmen Erfahrungen während der »Ersten Industrialisierung« und aufgrund der Sozialisation in der Zeit des Kommunismus werden die Osteuropäer in Zukunft vom Staat erwarten, daß er die Wirtschaft effizient organisiert und alle Bürger und Bürgerinnen versorgt und sozial absichert. Die Erfahrungen mit Ostdeutschland nach dem Fall der Mauer haben dies gezeigt.

Nicht nur aus politischen Gründen sollte die Europäische Union zügig, aber nicht überhastet um die Länder Osteuropas erweitert werden. Auch ökonomisch und sozial spricht vieles dafür. Den Ländern der Europäischen Union dürfte es aufgrund der geographischen Lage und gemeinsamer historischer und kultureller Wurzeln am leichtesten fallen, die osteuropäischen Zukunftsmärkte zu besetzen. Sie sollte sich deshalb an der Entwicklung der Volkswirtschaften des Ostens im Rahmen ihrer finanziellen Möglichkeiten beteiligen. Die Einbindung Osteuropas in die Europäische Union wird zum Vorteil aller Länder des Kontinents das europäische Gesellschaftsmodell stärken. Voraussetzungen sind allerdings eine Institutionenreform und eine Finanzreform der Europäischen Union sowie Vereinbarungen mit den Beitrittsländern, welche die Beschäftigung osteuropäischer Arbeitnehmer in Westeuropa begrenzen.

Westeuropa lebt nach innen und außen im Frieden, verfügt über einen hohen Wohlstand und soziale Sicherheit. Allerdings kämpfen alle Mitgliedsländer seit geraumer Zeit gegen ein gravierendes Problem: die hohe Arbeitslosigkeit. Nicht nur internationale Organisationen wie Weltbank oder OECD, sondern auch Kräfte im Innern halten den Europäern täglich das amerikanische »Beschäftigungswunder« als nachahmenswertes Beispiel vor.

Den USA ist es im letzten Jahrzehnt gelungen, Millionen Arbeitsplätze zu schaffen, die Beschäftigungsquote zu erhöhen und Arbeitslosigkeit abzubauen. Dafür ist vor allem eine auf hohes Wirtschaftswachstum ausgerichtete Finanz- und Geldpolitik verantwortlich. In letzter Zeit wird sie von einer stärker an der Produktivität orientierten Lohnpolitik unterstützt, die die gesamtwirtschaftliche Lohnquote stabilisiert. Auch die Angebotsbedingungen für die Unternehmen wurden verbessert. Flexibilität und Mobilität auf dem amerikanischen Arbeitsmarkt sind hoch. Das Sozialsystem ist weit weniger entwickelt als in den meisten Ländern Europas, so daß ein starker Druck auf den Beschäftigten lastet, durch jedwede Arbeit ihre Existenz zu sichern.

An dieser Stelle werden die Schattenseiten des Konzepts offenbar. Für die Beschäftigten hießen sie: keine Realeinkommenssteigerung während der letzten 20 Jahre, längere Arbeitszeiten, keine gesetzliche Versicherung für den Krankheitsfall und zunehmend unfreiwillige Teilzeitarbeit mit unterdurchschnittlichen Lohnnebenleistungen.

Mit 18 Prozent der Beschäftigten verfügen die USA im Vergleich mit anderen Industrieländern über den höchsten Anteil minderwertiger Arbeitsplätze. Selbst qualifizierte Kräfte mit einer Vollzeitstelle sind öfter gezwungen, Zweitjobs anzunehmen. Den Beschäftigten im Dienstleistungssektor, wo der Großteil der neuen Arbeitsplätze entstanden ist, sichert das Einkommen mehrerer Teilzeitstellen oft nicht die Existenz. In den USA wird dazu folgende Anekdote erzählt: Zwei demokratische Abgeordnete unterhalten sich in einem Restaurant über die erfolgreiche Beschäftigungspolitik ihrer Regierung. Es seien mehr als 8 Millionen Arbeitsplätze geschaffen worden, schwärmt der eine. Der hinzutretende Kellner mischt sich ein: »Ja, und drei davon habe ich.«

Inzwischen ist in den USA die Klasse der »working poor« entstanden, das sind Leute, die arbeiten und trotzdem zu den Armen zählen. Dazu gehören auch Rentner, die sich im Alter bei McDonalds verdingen müssen, oder Scheinselbständige, denen jegliche soziale Sicherung fehlt. Wer Pech hat und von einer schweren chronischen Krankheit heimgesucht wird, landet oft in der Obdachlosigkeit. Wer seine Arbeit verliert, findet in der Regel zwar eine neue, muß aber meist schlechtere Arbeitsbedingungen und eine geringere Entlohnung in Kauf nehmen. Empfänger von Sozialhilfe sind nicht nur alleinerziehende kinderreiche Frauen, sondern zunehmend auf dem Land lebende Familienväter mit weniger als zwei Kindern und dem Willen zu arbeiten, wenn sich nur Arbeit fände. Ihnen werden die Sozialleistungen gekürzt.

Das amerikanische »Beschäftigungswunder« beruht einerseits auf einer Finanz- und Geldpolitik, die auf Stabilität und Wachstum ausgerichtet ist. Daran sollte sich Europa ein Beispiel nehmen. Die zunehmende Beschäftigung geht aber auch mit einer auseinanderklaffenden Einkommensschere einher. Die Einkommens- und Vermögensverteilung in den USA ist wesentlich ungleicher als in allen anderen Industrieländern. Während Arbeiter tausendfach entlassen werden, genehmigen sich die Unternehmensvorstände enorme Gehaltserhöhungen. Während Anwälte und Finanzmakler ihre Bezüge vervielfachen, müssen weniger Qualifizierte Einkommensverluste hinnehmen. Auf diese Weise kann es sich der Besserverdienende leisten, Dienstboten zu halten oder kostengünstige Dienstleistungen wie Wäschereien und Restaurants in Anspruch zu nehmen. So entwickelten sich vor allem die arbeitsintensiven haushaltsbezogenen Dienstleistungen, deren Zunahme auch für die Unterschiede in der Beschäftigungsentwicklung der USA und Deutschlands verantwortlich ist.

Für Europa können die auseinanderklaffende Einkommensverteilung und das niedrige Niveau sozialer Sicherung kein Beispiel sein. Eine »Klassengesellschaft« ist weder wünschenswert noch sinnvoll, denn sie gefährdet die innere Sicherheit und die Demokratie. Europa muß an den Zielen eines breiten Wohlstands und sozialer Sicherheit für alle festhalten. Es kann zwar von der Wirtschafts-, Finanz- und Geldpolitik der USA lernen, muß aber sein Gesellschaftsmodell deshalb nicht infrage stellen.

In den USA ist man sich der zunehmenden Spaltung in Arm und Reich bewußt. Die kulturellen Wurzeln der Amerikaner liegen eher in Europa als anderswo. Politisch ist die Verbundenheit groß und die ökonomische Zusammenarbeit gestaltet sich problemloser als mit anderen Nationen. Es bietet sich an, daß die Europäer die Zusammenarbeit mit den Amerikanern in wirtschaftlichen, sozialen und ökologischen Fragen verstärken. Bei der Schaffung einer transatlantischen Freihandelszone, wie sie bereits von der amerikanischen Regierung angeregt wurde, wird es kein Problem sein, Fragen von Sozial- und Umweltstandards auf die Tagesordnung zu setzen. Zwar ist der Versuch Hillary Clintons, das amerikanische Gesundheitssystem nach europäischem Muster zu reformieren gescheitert.

Gleichwohl ist auch in den USA der Wille vorhanden, zu große soziale Verwerfungen zu vermeiden oder einzudämmen. Eine Annäherung der Amerikaner an das europäische Gesellschaftsmodell mit seinem hohen Niveau sozialer Sicherheit ist möglich. Sie wird auch davon abhängen, mit welchem Selbstbewußtsein Europa es verteidigt.

Auch ein Wettbewerb der Systeme ist möglich. Nach den bisherigen Erfahrungen ist keineswegs ausgemacht, daß Europa dabei den kürzeren zieht. Ein Beispiel dafür bietet das Gesundheitswesen. So geben die Amerikaner gut 14 Prozent des Inlandsprodukts für ihr privatisiertes Gesundheitswesen aus. Die Deutschen dagegen müssen für ihr viel geschmähtes, »ineffizientes« staatliches System nur knapp 10 Prozent aufwenden.

Wettbewerb im Innern fördert Wettbewerb nach außen

Die Gewinne des europäischen Binnenmarktes sind groß. Das Ziel eines höheren Wohlstands für die Menschen in allen Mitgliedsländern der Union konnte verwirklicht werden, weil der Gemeinsame Markt eine höhere Produktivität ermöglichte, zum Beispiel durch Kostensenkung aufgrund größerer Produktionsmengen. Auch der verschärfte Wettbewerb zieht Effizienzgewinne nach sich, die den Verbrauchern zugute kommen. Davon haben alle in Europa profitiert.

Ein funktionierender und scharfer Wettbewerb im Innern gilt auch als Voraussetzung für internationale Konkurrenzfähigkeit. Die Vollendung des europäischen Binnenmarktes und ihre Flankierung durch ein europäisches Währungssystem mit einer Kern-Währungsunion bieten die Chance, die Produktivität der Wirtschaft weiter zu erhöhen und die Konkurrenzfähigkeit der Europäischen Union gegenüber den schärfsten Konkurrenten auf dem Weltmarkt zu erhalten oder gar auszubauen.

Aber nur zuverlässige und funktionierende Rahmenbedingungen können die Leistungsfähigkeit der Wirtschaft sichern. Der europäische Binnenmarkt entstand durch den Abbau von Regulierungen und Hemmnissen; ein Prozeß, der in den nächsten Jahren seinen Abschluß findet. In Zukunft wird es um eine positive Integration gehen, das heißt: Der Binnenmarkt muß im Sinne des europäischen Gesellschaftsmodells gestaltet werden.

Dazu ist es notwendig, den Prozeß der Liberalisierung innerhalb der europäischen Grenzen abzuschließen und der Wirtschaft einen einheitlichen ordnungspolitischen Rahmen zu geben. In erster Linie muß das Wettbewerbsrecht auf Gemeinschaftsebene harmonisiert werden. Im Sinne des Subsidiaritätsprinzips sollten die nationalen Wettbewerbsordnungen so weit wie möglich erhalten bleiben. Die Zuständigkeit der EU wäre dann nur in grenzüberschreitenden Fällen gefragt oder wenn bestimmte Größenordnungen überschritten werden.

Das deutsche Modell eines weitgehend unabhängigen Kartellamts, dessen Entscheidungen nur in Ausnahmefällen vom Wirtschaftsminister zurückgenommen werden können, hat sich in der Praxis bewährt. Entsprechend könnte auf europäischer Ebene eine unabhängige Wettbewerbs-Agentur das Funktionieren des Wettbewerbs sichern, während die Europäische Kommission – analog zur deutschen Minister-Erlaubnis – aus industriepolitischen Erwägungen die Agentur-Entscheide im Einzelfall korrigieren kann.

Der Wettbewerb in Europa erfordert einen zügigen Subventionsabbau sowie eine stärkere Konzentration der Mittel. Schließlich führen die Höhe der Strukturfonds und ihre Verteilung, die oft eher politischen Vorgaben als ökonomischen Notwendigkeiten folgen, zu Wettbewerbsverzerrungen und Ineffizienz. Die Europäische Union sollte sich mittelfristig darauf konzentrieren, grenzüberschreitende Projekte zu fördern.

Notwendig ist das Engagement der Union bei grenzüberschreitenden Infrastrukturmaßnahmen. Sie erschließen Produktivitätsreserven und können die Wettbewerbsfähigkeit der europäischen

Wirtschaft maßgeblich verbessern. Die Europäische Kommission hatte 1994 in ihrem Weißbuch vorgeschlagen, die Leistungsfähigkeit der Gemeinschaft durch die Bereitstellung transeuropäischer Netze, die Förderung von Forschung und Entwicklung und die Unterstützung zukunftsträchtiger Industrien zu erhöhen. Die Praxis zeigt, daß gesamteuropäisch sinnvolle Projekte wie ein transeuropäisches Schnellbahnnetz national nicht zu finanzieren sind und deshalb langfristig schlechtere Lösungen, wie unterschiedliche oder langsamere Systeme und Techniken, den Vorzug erhalten. Deshalb sollte die Zuständigkeit für derartige Projekte und Maßnahmen in den Händen der Europäischen Union liegen. Sie muß auch dazu befugt werden, für rentable Zukunftsinvestitionen mit grenzüberschreitendem Charakter – aber ausschließlich dafür – eigenständig Kredite aufzunehmen. Der ehemalige österreichische Kanzler Franz Vranitzky hatte in diesem Zusammenhang die Einführung von Eurobonds vorgeschlagen.

Konkurrenz im Innern fördert die Wettbewerbsfähigkeit nach außen. Leider sind die Regeln für einen fairen internationalen Wettbewerb noch unzureichend. Wettbewerbsverzerrungen durch Sozial-, Umwelt- oder Währungsdumping können das europäische Gesellschaftsmodell gefährden. So wünschenswert der weltweite Freihandel ist, so notwendig wird es auch in Zukunft sein, die eigenen Volkswirtschaften vor unlauterem Handel zu schützen. Auf internationaler Ebene muß sich die Europäische Union im Zuge der weiteren Liberalisierung des Welthandels für einen international gültigen Ordnungsrahmen stark machen, insbesondere in den GATT/WTO-Verhandlungen. Im Falle eindeutiger Wettbewerbsverstöße anderer darf sie nicht davor zurückschrecken, Sanktionen zu ergreifen. Ob diese die Form von Importbeschränkungen haben oder von Zöllen, die an die Herkunftsländer zur Finanzierung von Sozial- oder Umweltprojekten zurückgegeben werden, sollte von Fall zu Fall entschieden werden.

Harmonisierung der Steuern, um staatliche Handlungsfähigkeit zu erhalten

Die Steuersysteme in den Mitgliedstaaten der Gemeinschaft unterscheiden sich stark voneinander. Das führt zu Wettbewerbsverzerrungen. Außerdem konkurrieren die Staaten mit niedrigen Steuern um Investitionen und Arbeitsplätze. Das schränkt ihre finanzielle Handlungsfähigkeit ein. Politik verkommt zum Erfüllungsgehilfen der Wirtschaft. Fast alle Mitgliedsländer kämpfen mit einer hohen öffentlichen Verschuldung. Dieser haben sie in Maastricht Grenzen gesetzt, die sie mit einer teilweise radikalen Sparpolitik einzuhalten versuchen. Das bremst Konjunktur und Wachstum und führt zu steigender Arbeitslosigkeit.

Die Steuersysteme der Mitgliedsländer sind außerdem durch strukturelle Fehler gekennzeichnet. Sie belasten den Produktionsfaktor Arbeit übermäßig mit Steuern und Abgaben, was darin begründet ist, daß die zwischenstaatliche Mobilität der Arbeitskräfte geringer ist als die des Kapitals. Für diejenigen, die ihr Geld mit Arbeit verdienen, ist Steuerflucht in der Regel nicht möglich.

Zwischen 1980 und 1993 stieg der Anteil der Lohnsteuer am Gesamtsteueraufkommen um rund ein Fünftel, während der Anteil von Steuern auf selbständige Arbeit und Kapitaleinkünfte sich um mehr als ein Zehntel verringerte. Noch mehr sind in den meisten Staaten die Sozialabgaben gestiegen. Diese »künstliche« Verteuerung der Arbeit dürfte auch dafür verantwortlich sein, daß rentable Arbeitplätze nicht entstehen und die Schwarzarbeit sich ausweitet.

Die Aushöhlung der Besteuerungsgrundlagen erfordert höhere Steuersätze, der sich die Bürger durch Steuerhinterziehung und Steuerflucht zu entziehen versuchen. Zunehmend werden so die Grenzen der Belastbarkeit derer erreicht, die weniger mobil oder einfach ehrlich sind.

Nur wenn die Mitgliedstaaten die Steuerpolitik in den kommenden Jahren vereinheitlichen, werden die Chancen des Binnenmarktes für die Wettbewerbsfähigkeit der europäischen Wirtschaft, für ein angemessenes Wachstum und einen hohen Beschäftigungsstand wirksam.

Die Harmonisierung der Mehrwertsteuer beispielsweise ist aus mehreren Gründen wichtig. Durch den Einsatz neuer Technologien werden die steuerbaren Umsätze zunehmend in Orte verlagert, in denen die Steuersätze niedriger sind. Aufgrund der stark unterschiedlichen Sätze, die von 15 Prozent in Luxemburg bis zu 25 Prozent in Dänemark und Schweden reichen, kommt es zu Wettbewerbsverzerrungen. Außerdem entsteht für die exportierenden Unternehmen bürokratischer Aufwand, weil sie zur Abwicklung der Steuern verpflichtet sind.

Der Nutzen eines wesentlich einfacheren und einheitlicheren Systems, das innergemeinschaftliche Umsätze genauso behandelt wie inländische Umsätze, wäre groß. Wenn die Anpassung der Mehrwertsteuersätze mit einer Anhebung des Mehrwertsteuer-Durchschnittssatzes verbunden wäre und die zusätzlichen Einnahmen zur Senkung der Lohnnebenkosten eingesetzt würden, ließen sich auch positive Beschäftigungseffekte erreichen. Davon würden alle Mitgliedstaaten profitieren.

Die übermäßige Besteuerung von Arbeit muß aus beschäftigungspolitischen Gründen abgebaut werden. Als Kompensation bieten sich die Besteuerung von Vermögen und Grundbesitz sowie höhere Umwelt- und Energiesteuern an, die den Produktionsfaktor Kapital, das heißt Anlagen und Maschinen, stärker belasten. Aus umweltpolitischen Gründen ist eine einheitliche, höhere Besteuerung von Energie und Ressourcen, die zum sparsamen Umgang mit der Natur anhält, überfällig. Nationale Alleingänge bei diesen Steuern sind politisch, wie die Erfahrung der letzten Jahre zeigt, schwer durchsetzbar. Eine Gemeinschaftsinitiative in Europa könnte beispielhaft für andere Länder sein.

Auch aus industriepolitischer Sicht wäre die Entwicklung ressourcensparender und umweltschonender Technologien empfehlenswert. Die Umweltprobleme in anderen Teilen der Welt, vor allem in Asien, lassen einen riesigen Markt für Umweltgüter und

Umwelttechnologien erwarten. Europa sollte diesen Zukunfts-
markt nicht dem Ringen um nationale Steuerhoheit opfern, sondern
schnellstens ein umweltorientiertes Steuer- und Abgabensystem
einführen.

Innerhalb der Gemeinschaft und in Konkurrenz mit anderen Industrieländern fand in den letzten Jahren ein Steuersenkungswettlauf bei den Unternehmenssteuern statt. Es ist erforderlich, die
Einnahmen aus diesen Steuerquellen nun zu stabilisieren.

Das gilt auch für die Besteuerung von Kapitalerträgen, insbesondere von Zinsen. Einzelne Länder lassen sich zum Erfüllungsgehilfen von Steuerhinterziehern machen. Das kann nicht länger akzeptiert werden.

Die Unternehmens- und Kapitalerträge müssen gemeinschafts-
weit einer Besteuerung unterworfen werden, die Wettbewerbsverzerrungen vermeidet und die Steuereinnahmen stabilisiert. Um der
Steuergerechtigkeit willen darf nicht länger hingenommen werden,
daß Einkommen aus Unternehmertätigkeit, selbständiger Arbeit
oder Vermögen anders besteuert werden als Einkommen aus Arbeit.

Die Umgehung der persönlichen Einkommensteuer ist nicht nur
bei prominenten Sportlern, Fernsehstars und sonstigen Einkom-
mensmillionären in Mode. Auch in Grenznähe lebende »normale«
Arbeitnehmer nutzen die Möglichkeiten, durch Umzug ins benachbarte Niedrigsteuerland ihr Nettoeinkommen zu erhöhen. Das ist
dann besonders ärgerlich, wenn ein Staat für die Leistungen aus
dem teilweise steuerfinanzierten Sozialsystem in Anspruch genommen wird, obwohl die Steuern im Nachbarland gezahlt werden. Die
Europäische Union muß deshalb einheitliche Regeln für die Be-
handlung von Grenzgängern und nichtansässigen Steuerzahlern erarbeiten, die vorhandene Diskriminierung beseitigen und gleichzeitig die Möglichkeiten zur Steuerflucht innerhalb der Gemeinschaft
verringern.

Fortschritt ohne Risiko: die Währungsunion in das EWS II integrieren

Das 1979 ins Leben gerufene Europäische Währungssystem (EWS), das der Stabilisierung der Währungen der Mitgliedstaaten diente, funktionierte bis Anfang der neunziger Jahre mit großem Erfolg. Es brach zusammen, weil Anpassungen einzelner Währungen aus politischen Gründen nicht stattfanden, obwohl die ökonomischen Daten es verlangten.

Nach dem Zusammenbruch des Systems im Jahre 1992 kam es zu Währungsturbulenzen. Europaweit tätige Unternehmen wurden mit den hohen Kosten der Wechselkurssicherung belastet. Für die deutsche Wirtschaft machen sie jährlich einen dreistelligen Millionenbetrag aus. Wechselkurse, die der unterschiedlichen Leistungsfähigkeit der Volkswirtschaften nicht entsprechen, oder heftige Währungsschwankungen führen zu hohen Kosten für die Volkswirtschaften. Das schmälert die Leistungsfähigkeit der Wirtschaft und das Funktionieren des Binnenmarktes.

Der Zusammenbruch des EWS, das unterschiedliche Entwicklungen der einzelnen Volkswirtschaften zuließ, indem ein Ausgleich über Wechselkursanpassungen vorgenommen wurde, stärkte die Position der Reservewährung DM. Die Kosten der Deutschen Vereinigung zwangen Deutschland zum Kapitalimport, und die Deutsche Bundesbank rechnete nach dem Einheitsboom mit steigenden Inflationsraten. Beides veranlaßte die Bundesbank, die Zinsen zu erhöhen. Die europäischen Nachbarn hoben ebenfalls die Zinsen an. In allen Mitgliedstaaten kam es dadurch zu erheblichen Wachstums- und Beschäftigungsverlusten.

Eine gedeihliche wirtschaftliche Entwicklung bedarf dringend eines stabilen Währungssystems in Europa, an dem alle Währungen – unabhängig von der Teilnahme an der Europäischen Währungsunion – beteiligt sein müssen. Seine Ziele wären:
– ein stabiles Preisniveau, das niedrige Zinsen ermöglicht,

- Währungsstabilität innerhalb der Union, ohne die Möglichkeit notwendiger Wechselkursanpassungen auszuschließen,
- Stärkung der europäischen Währung(en) nach außen, vor allem gegenüber US-Dollar und Yen,
- Möglichkeit der Integration der Währungen hinzukommender osteuropäischer Staaten.

Ein zweites Europäisches Währungssystems mit einer Kernwährungsunion sollte bald vereinbart und in Kraft gesetzt werden. Die Schwächen des zusammengebrochenen EWS müssen bei der Konstruktion des neuen Systems berücksichtigt werden. Die Eintrittskurse ins System sind nach vorher bestimmten eindeutigen Kriterien und nicht entsprechend politischer Opportunität festzulegen, dasselbe gilt für Wechselkursanpassungen. In beiden Fällen sollte dem Europäischen Währungsinstitut oder der Europäischen Zentralbank ein Vorschlagsrecht eingeräumt werden.

Innerhalb des Systems mit »festen flexiblen« Wechselkursen sollten unterschiedliche Bandbreiten möglich sein, die der unterschiedlichen Leistungsfähigkeit der Volkswirtschaften Rechnung tragen und den Eintritt hinzukommender osteuropäischer Währungen zulassen. Die Beistandsverpflichtung der beteiligten Notenbanken im Falle von starken Kursschwankungen sollte an einen Konvergenzplan geknüpft sein. Auf der Basis dieses flexiblen Plans könnten die Bandbreiten kontinuierlich verengt werden, bis die beteiligten Länder in die Währungsunion eintreten.

Die Europäische Währungsunion als Kern des Systems darf nicht über das Jahr 1999 hinausgeschoben werden. Die wichtigen Eintrittskriterien Preisniveau-, Zins- und Wechselkursstabilität sollten vertragsgemäß angewandt werden. Das Schuldenstandskriterium sollte, wie es die Wirtschaftsforschungsinstitute in ihrem Herbstgutachten 1995 vorschlugen, relativiert werden. Es entbehrt ohnehin jeder haltbaren ökonomischen Rechtfertigung. Beim Defizitkriterium muß die konjunkturelle Lage mitbedacht werden. Bei schwachem Wachstum und hoher Arbeitslosigkeit ist es gegenüber den Menschen in Europa verantwortungslos, eine rigorose Sparpolitik weiterzuführen, nur um ein recht willkürlich gegriffenes Kriterium zu erfüllen.

Wichtiger ist es, die Stabilitätsbedingungen mittelfristig einzuhalten. Dabei spielt nicht nur die Haushaltsdisziplin eine Rolle, sondern auch eine produktivitätsorientierte Tarifpolitik. Sie wird von den europäischen Gewerkschaften akzeptiert werden, wenn keine weiteren Steuer- und Abgabenerhöhungen die Nettoeinkommen der Beschäftigten schmälern und die Europäische Zentralbank die geldpolitischen Wachstumsspielräume inflationsneutral ausnutzt. Ihre Politik muß deshalb auf Preisstabilität, Wachstum und Beschäftigung ausgerichtet werden.

Von einem funktionierenden Binnenmarkt mit berechenbaren stabilen Währungsrelationen kann die deutsche Wirtschaft profitieren. Eine wichtige Aufgabe in den nächsten Jahren wird es sein, die noch skeptische Bevölkerung von der Bedeutung und den Vorteilen einer gemeinsamen Währung zu überzeugen.

Ein Wachstums- und Beschäftigungspakt für Europa

Die im Maastrichter Vertrag festgelegten Vereinbarungen zur Wirtschafts- und Finanzpolitik sollen die Konvergenz der wirtschaftlichen Daten fördern und die Zusammenarbeit der Mitgliedstaaten stärken.

Als Ziele für die Wirtschafts- und Finanzpolitik der Gemeinschaft wurden festgeschrieben:
– eine offene Marktwirtschaft mit freiem Wettbewerb,
– ein stabiles Preisniveau,
– gesunde öffentliche Finanzen und monetäre Rahmenbedingungen,
– eine dauerhaft finanzierbare Zahlungsbilanz.

Die Mitgliedstaaten verpflichten sich, eine diesen Zielen entsprechende Wirtschaftspolitik zu verfolgen, die sie außerdem regelmäßig und eng mit ihren Nachbarn koordinieren. Eine ihrer wichtigsten Aufgaben wäre es, übermäßige öffentliche Defizite zu vermeiden. Der Schuldenstand soll nicht mehr als 60 Prozent des Bruttoinlandsprodukts betragen, die jährliche öffentliche Verschuldung 3 Prozent des Inlandprodukts nicht überschreiten und das öffentliche Defizit nicht über den Ausgaben für öffentliche Investitionen liegen.

Bundesfinanzminister Waigel unterbreitete Ende 1995 gar einen Stabilitätspakt, der die Teilnehmer der Währungsunion darauf verpflichten sollte, eine Obergrenze für das Haushaltsdefizit von 3 Prozent des Inlandprodukts »auch in wirtschaftlich ungünstigen Zeiten« anzuerkennen. Der Normalwert sollte bei einem Prozent liegen. Schon die 3-Prozent-Obergrenze für die jährliche Verschuldung ist ökonomisch unhaltbar. Sie kam zustande, weil bei Abschluß des Maastrichter Vertrags der durchschnittliche öffentliche Schuldenstand der Mitgliedstaaten bei 60 Prozent des Inlandprodukts lag und sich dieses Niveau halten läßt, wenn die jährliche öffentliche Verschuldung 3 Prozent nicht überschreitet. Ökonomisch noch weniger einsichtig als diese Grenzen ist eine jährliche Normalverschuldung von 1 Prozent. Dem zuständigen EU-Kommissar Yves Thibault de Silguy war zuzustimmen, als er feststellte, daß die 1-Prozent-Logik ökonomisch nicht erklärt werden könne. Trotzdem haben sich die Mitgliedstaaten der Europäischen Union im Stabilitäts- und Wachstumspakt dazu verpflichtet, »das in ihren Stabilitäts- und Konvergenzprogrammen festgelegte mittelfristige Haushaltsziel eines nahezu ausgeglichenen oder einen Überschuß aufweisenden Haushalts einzuhalten ...«.

Die Bundesregierung hatte sich in den vergangenen Jahren massiv für eine restriktive Haushaltspolitik auf europäischer Ebene eingesetzt, zuhause jedoch die öffentliche Verschuldung in nie gekannte Höhen getrieben. Inzwischen ist sie selbst Opfer dieser Inkonsequenz geworden. Denn die Kriterien, deren Einhaltung sie so vehement bei anderen anmahnt, kann sie inzwischen nur mit Buchhaltertricks erfüllen. Trotz Sparanstrengungen übersteigt die jährliche Neuverschuldung in Deutschland das erlaubte Maß.

Die Inflationsrate ist in Deutschland äußerst niedrig. Mit einer eins vor dem Komma liegt die Preissteigerung sogar unter den von der Bundesbank angepeilten und als Stabilität definierten 2 Prozent. In Europa wird mit Sparmaßnahmen eine Inflation bekämpft, die überhaupt nicht existiert. 1997 belief sich die jährliche Preissteigerung im Durchschnitt der Mitgliedstaaten der Europäischen Union auf 1,7 Prozent und war damit die niedrigste in der Nachkriegszeit.

Für die Konjunktur in Europa wirkt die restriktive Finanzpolitik als Bremse. In ihrem Frühjahrsgutachten 1996 machten die führenden deutschen Wirtschaftsforschungsinstitute die Bemühungen in fast allen Ländern der Union, das Budgetdefizit zu senken, für das unzureichende Wachstum in Europa verantwortlich. Die Verringerung der öffentlichen Ausgaben und die gleichzeitige Erhöhung der Abgaben schränken die Kaufkraft der Verbraucher ein und mindern die Binnennachfrage. Wachstums- und vor allem Beschäftigungsverluste sind die Folge und werden auch für die kommenden Jahre von den Forschern vorausgesagt.

Wer sich fragt, warum die USA in der Beschäftigungspolitik erfolgreicher sind als die Europäische Union, sollte drei Aspekten Aufmerksamkeit schenken: erstens der konsequenten Wachstums- und Konjunkturpolitik der US-Regierungen und der Zentralbank, zweitens dem niedrigen Produktivitätswachstum und drittens der ungleichen Einkommensverteilung.

Dazu schreibt das Deutsche Institut für Wirtschaftsforschung: *»Diese Überlegungen weisen auf die überragende Bedeutung einer die Expansionsmöglichkeiten ausschöpfenden Konjunkturpolitik für die Beschäftigung hin. In den USA war die Wirtschaftspolitik in jüngster Zeit fast immer auf Expansion ausgerichtet. In den achtziger Jahren spielte dabei die Fiskalpolitik eine beherrschende Rolle,*

da sie insbesondere durch eine drastische Ausweitung der Militär-
ausgaben und durch Steuersenkungen starke expansive Impulse
setzte. Dies war zum einen die Ursache für den kräftigen Auf-
schwung, zum anderen liegt hier auch die Wurzel für die ausufern-
den Budgetdefizite, die in der Folgezeit den Handlungsspielraum
in der Finanzpolitik erheblich einschränkten. Der jüngste Auf-
schwung ist deswegen auch primär das Ergebnis einer expansiven
Geldpolitik, die von 1990 bis Anfang 1994 mit niedrigen Zinsen die
Konjunkturentwicklung – mit den üblichen Wirkungsverzögerun-
gen – über einen langen Zeitraum stimuliert hat und damit einen
entscheidenden Beitrag zur Beschäftigungsausweitung leistete.
Dies wäre allerdings nicht möglich gewesen, wenn nicht die Lohn-
entwicklung die Stabilisierungsbemühungen der Wirtschaftspolitik
weitgehend unterstützt hätte.«

Der Zusammenhang zwischen Wirtschaftswachstum und Beschäftigung gilt auch für Europa. In dem langanhaltenden Aufschwung der achtziger Jahre, der 1990 in den durch den Fall der
Mauer hervorgerufenen Vereinigungsboom mündete, nahm die Beschäftigung in Westeuropa zu und erreichte 1992 ihren Höhepunkt.
Die Arbeitslosenquote verringerte sich bis 1990 um mehr als 2 Prozent.

Anders als in den USA folgte der auf Wachstum ausgerichteten
Finanzpolitik eine sehr restriktive Geldpolitik der Deutschen Bundesbank. Die europäischen Zentralbanken sahen sich gezwungen,
diesem Kurs zu folgen. Bis heute ist das Realzinsniveau in Westeuropa hoch, wodurch die dämpfende Wirkung der restriktiven Finanzpolitik verstärkt wird. Europa läuft Gefahr, weiter Arbeitsplätze einzubüßen.

Geldwertstabilität ist ein wichtiges wirtschaftspolitisches Ziel,
darf aber nicht das alleinige sein. Europa braucht ein höheres Wirtschaftswachstum, eine stabile Konjunktur und mehr Beschäftigung.
Die Verträge von Maastricht müssen um diese gleichwertigen Zielsetzungen ergänzt werden. Dabei geht es nicht darum, die Kompetenzen der Europäischen Union zu erweitern. Es geht vielmehr

darum, sich in der Wirtschaftspolitik auf eine Richtung zu verständigen und die nationalen Maßnahmen abzustimmen.

Europa kann seine Beschäftigungsprobleme leichter lösen, wenn die Beschäftigungsintensität des Wachstums steigt. Dazu wird im Weißbuch vorgeschlagen, die Kosten für den Produktionsfaktor Arbeit relativ zu verbilligen. Eine kräftige Senkung der Lohnnebenkosten soll über Energie- und Umweltsteuern finanziert werden. Ferner seien ortsgebundenes Handwerk und Dienstleistungen zu fördern. Anders als in den USA, wo eine sehr ungleiche Einkommensverteilung dafür sorgt, daß besserverdienende Haushalte gering bezahlte Arbeitsplätze – oft ohne soziale Sicherung und Arbeitnehmerrechte – schaffen, sollen in Europa durch öffentliche Förderung existenzsichernde Arbeitsplätze im Bereich haushaltsbezogener Dienstleistungen entstehen. Zudem werden eine andere Verteilung der Arbeit durch Arbeitszeitverkürzung und -flexibilisierung, eine aktivere Arbeitsmarktpolitik sowie verstärkte Maßnahmen für Problemgruppen des Arbeitsmarkts empfohlen.

Wachstum, Beschäftigung und Stabilität lassen sich in Europa nur bei einer produktivitätsorientierten Tarifpolitik durchsetzen, die regional und sektoral angepaßt ist. Sie muß berücksichtigen, daß in den vergangenen Jahren in Europa – anders als in den USA oder Japan – eine starke Umverteilung zugunsten der Gewinneinkommen stattgefunden hat. Die Masseneinkommen wurden geschmälert, wodurch die Verbrauchernachfrage sank, die immerhin mehr als die Hälfte des Inlandsprodukts ausmacht.

Im Weißbuch der Kommission wird vorgeschlagen, die Reallohnsteigerungen dem Produktivitätswachstum minus 1 Prozent anzupassen. Es müßte geprüft werden, ob diese Höhe des Lohnzuwachses genügt, um eine ausreichende Verbrauchernachfrage in den europäischen Volkwirtschaften zu sichern. Beide Aspekte sollten in die Überlegungen der Tarifpartner einbezogen und zwischen den europäischen Arbeitgeber- und Arbeitnehmervereinigungen EGB und UNICE und ihren nationalen Organisationen abgestimmt werden.

Das Weißbuch wurde von den Mitgliedstaaten mit Zustimmung zur Kenntnis genommen. Auf den anschließenden Wirtschaftsgipfeln in Essen und Madrid einigte man sich auf konkrete Leitlinien und Empfehlungen, die von den Mitgliedstaaten nur teilweise oder überhaupt nicht umgesetzt wurden. Die Vereinbarungen leiden an ihrer Unverbindlichkeit.

Deshalb sollten die Folgevereinbarungen von Maastricht alle Mitgliedstaaten verbindlich darauf verpflichten, für ein angemessenes Wachstum, für den spürbaren Abbau der Arbeitslosigkeit und langfristig für Vollbeschäftigung zu sorgen. Die notwendigen institutionellen Voraussetzungen für eine wirksame Globalsteuerung auf europäischer Ebene – zum Beispiel ein regelmäßig zusammentreffender Koordinierungsausschuß, wie die französische Regierung ihn fordert – sind umgehend zu schaffen.

Die Beschäftigungspolitik muß ins Zentrum der europäischen Politik gerückt werden. Der vor allem auf Anregung des französischen Regierungschefs Lionel Jospin zustandegekommene Beschäftigungsgipfel in Luxemburg war nur ein Anfang. Die dort getroffenen Vereinbarungen zur Bekämpfung der Jugend- und Langzeitarbeitslosigkeit und zur Förderung mittelständischer Unternehmen sind erste Schritte auf dem Weg zu einer gemeinsamen europäischen Beschäftigungspolitik.

Soziale Mindeststandards – Zwischen Harmonisierung und Sozialdumping

Aus der deutsch-deutschen Währungsunion lassen sich einige Lehren für Europa ziehen. Eine besteht darin, daß hohe Sozialstandards in allen Mitgliedstaaten der Union nicht finanzierbar sind. Wenn das deutsche Sozialsystem heute an seine finanziellen Grenzen stößt, ist dies mit der hohen Arbeitslosigkeit und den Folgen der deutschen Einheit zu erklären. Ohne die deutsche Vereinigung würde die Rentenversicherung einen Überschuß in Höhe von 70 Mrd. DM und die Arbeitslosenversicherung einen Überschuß in Höhe von 120 Mrd. DM aufweisen.

Nach Inkrafttreten der Europäischen Währungsunion entfällt für die Teilnehmer die Möglichkeit, auf Ungleichgewichte in der wirtschaftlichen Entwicklung einzelner Mitgliedstaaten mit der Auf- oder Abwertung ihrer Währung zu reagieren. Wenn die Produktivität ihrer Wirtschaft hinter der anderer herläuft, können sie nur mit niedrigeren Löhnen oder mit einem niedrigeren Sozialniveau ihre Wettbewerbsfähigkeit sichern. Tun sie das nicht, kommt es zu Arbeitslosigkeit. Diese wird unwiderruflich Wanderungsbewegungen in die wohlhabenderen Staaten nach sich ziehen. Das ist nicht wünschenswert.

Würde man sich in der Union auf hohe Sozialstandards verständigen, käme es zu hohen Transferzahlungen von den reicheren in die ärmeren Mitgliedsländer. Dieses Risiko läßt sich dadurch eingrenzen, daß bei der Anwendung der Eintrittskriterien zur Europäischen Währungsunion Zins-, Wechselkurs- und Preisstabilität vertragskonform verfahren wird. Denn die Länder, die diese Kriterien erfüllen, werden sich auch in Zukunft in ihren wirtschaftlichen Daten nicht stark auseinanderentwickeln.

Unlauterer Wettbewerb, das heißt Lohn-, Umwelt- und Sozialdumping, muß unterbunden werden. In der Union wurden soziale Mindeststandards in der Sozialcharta von allen Mitgliedstaaten vereinbart. Die Charta ist weiterzuentwickeln, und die Mindeststandards sind im Zuge der wirtschaftlichen Entwicklung innerhalb der Union kontinuierlich an den höheren Wohlstand anzupassen. Die Sozialunion bleibt das Ziel.

Europa der Regionen

Deutschland hat sich in der Europäischen Union vehement für das Prinzip der Subsidiarität eingesetzt. Wird dieser Grundsatz konsequent eingehalten, erweitern sich die Kompetenzen der Europäischen Union und der Regionen, in Deutschland die der Länder. Die nationale Ebene erleidet einen Macht- und Bedeutungsverlust. Diese Tatsache dürfte ein wesentlicher Grund dafür sein, daß verbindliche Vereinbarungen zur gemeinsamen Wirtschafts-, Konjunktur- und Beschäftigungspolitik bisher nicht zustande kamen. Den Nationalstaaten sollte jedoch vor Augen geführt werden, daß sie durch gemeinsames Handeln vor allem der Wirtschaft gegenüber Handlungskompetenz zurückgewinnen. Entsprechend der Maxime »So viel regional wie möglich, so viel europäisch wie nötig« müssen sie daher Zuständigkeiten nach oben und nach unten abgeben.

Die Europäische Union sollte einen Teil ihrer Machtbefugnisse auf weitgehend unabhängige Institutionen übertragen. Eine Europäische Zentralbank, die Europäische Umweltagentur sowie ein fast unabhängiges Europäisches Kartellamt würden einen Beitrag zur Machtentflechtung leisten. Dazu gehört auch die stärkere demokratische Kontrolle der Union. Das Europäische Parlament bedarf entsprechender Kompetenzerweiterung.

Subsidiarität und Demokratisierung würden die Skepsis der europäischen Bevölkerung gegenüber einem weiteren Zusammenwachsen in Europa begrenzen. Die Bürger und Bürgerinnen werden sich nur dann für das einheitlichere Europa gewinnen lassen, wenn sie darin wirtschaftliche und soziale Vorteile erkennen. Deshalb muß Europa allen seinen Mitbürgern und Mitbürgerinnen Wohlstand und soziale Sicherheit garantieren.

Fazit

Westeuropa und Osteuropa bilden geographisch einen Raum und verfügen über gemeinsame historische und kulturelle Wurzeln. Das sind gute Grundlagen für eine einheitliche Wirtschaftsregion, wie sie von den osteuropäischen Staaten und der Europäischen Union angestrebt wird. Bei ihrer Vertiefung muß die Union ihre Erweiterung in jedem Schritt mit berücksichtigen. Die Entwicklung des osteuropäischen Wirtschaftsraums erschließt auch Chancen für Westeuropa.

Die Europäische Gemeinschaft wurde mit dem Ziel gegründet, die Leistungsfähigkeit der Wirtschaft zu verbessern und den Wohlstand und das Niveau der sozialen Sicherheit für die Bevölkerung zu erhöhen und anzugleichen. Gegen Ende des zwanzigsten Jahrhunderts wird der große Binnenmarkt, den man schaffen wollte, vollendete Wirklichkeit. Handel und Verflechtung der Wirtschaft sind groß. Die Zeiten sind vorüber, als die europäischen Nachbarn als Ausland betrachtet wurden. Der Wirtschaftsraum, »unser Standort«, heißt nun Europa. Und das Wohl der europäischen Wirtschaft bestimmt auch das Wohl der Volkswirtschaften ihrer Mitglieder.

Über das Europäische Gesellschaftsmodell besteht große Übereinstimmung. An der sozialen Marktwirtschaft, die um die ökologische Dimension zu erweitern ist, muß die Europäische Union festhalten. Die ökologisch soziale Marktwirtschaft wird sich dem Kapitalismus pur als überlegen erweisen.

Europas Wirtschaft muß international wettbewerbsfähig bleiben. Die Leistungsfähigkeit des Binnenmarktes ist zu gewährleisten durch funktionierenden Wettbewerb und einheitlichere Steuern, die den Wettbewerb nicht verzerren und die Handlungsfähigkeit der öffentlichen Hand sicherstellen. Die Union braucht sofort ein Währungssystem, in dem die Währungen aller Mitgliedstaaten integriert sind. Ein Europäisches Währungssystem II mit einer Kern-Währungsunion, an der die Staaten nach Maßgabe ihrer wirtschaftlichen Entwicklung teilnehmen, schließt kein Land aus und minimiert die Risiken einer Einheitswährung für alle.

Die Europäische Gemeinschaft darf keine Rezessionsgemeinschaft werden. Stabilität der Währung ist wichtig, aber genauso wichtig sind ein angemessenes Wirtschaftswachstum, eine stabile Konjunktur und ein hoher Beschäftigungsstand. Die Folgevereinbarungen von Maastricht müssen die Mitgliedstaaten auf diese Ziele verpflichten. Nur wenn die nationalen Wirtschaftspolitiken in der Gemeinschaft abgestimmt sind, werden sie ihre volle Wirksamkeit entfalten. Mit niedrigeren Zinsen, solider Finanzpolitik und einer Tarifpolitik, die sich am Produktivitätszuwachs orientiert und den Erhalt oder die Wiederherstellung der Massenkaufkraft nicht aus dem Auge verliert, lassen sich in Europa neue Wachstumsspielräume und Beschäftigungsmöglichkeiten eröffnen.

Dann sind auch die Voraussetzungen für eine Sozialunion gegeben. Soziale Mindeststandards, die von allen beachtet werden, müssen bis dahin unlauteren Wettbewerb verbieten. Den wirtschaftlich weniger starken Mitgliedstaaten ermöglichen sie, mit einem niedrigeren Lohn- und Sozialniveau konkurrenzfähig zu bleiben, bis sie ihre Standards an das Gemeinschaftsniveau herangeführt haben.

Ein Europa der Regionen, das seiner Bevölkerung Wohlstand und soziale Sicherheit bietet und die kulturelle Vielfalt respektiert, wird die Zustimmung der Menschen erhalten.

*»Standort Deutschland? Wie haben
wir in den letzten Jahren gelacht und
geweint und schließlich nur mehr die
Nase gerümpft, wenn wieder einmal
dieser ominöse Begriff herhalten
mußte, um all das zu kaschieren, was
anders um keinen Preis zu kaschieren
war: die Raffgier der Reichen, die
Ohnmacht der Armen, die Tumbheit
der Politiker. Half aber alles nicht;
gute Propaganda setzt sich am Ende
eben doch durch, wider alles Nase-
rümpfen und Lachen und Weinen. Am
Ende haben wir selbst daran geglaubt:
daß dieses unser Land, verglichen
etwa mit Südkorea (mehr Fleiß!), So-
malia (mehr Bescheidenheit!) und Mo-
naco (mehr Steuerkomfort für die Besserverdienenden!) in seiner Eigen-
schaft als Standort in den allerletzten
Zügen liegt.«*
Das Streiflicht, Süddt. Zeitung 1996

IV. Kapitel

Standort West-Deutschland
Vorsprung durch Panik

Alle zehn Jahre findet in Deutschland eine Debatte statt, die das
Land als leistungsfähigen Wirtschaftsstandort in Frage stellt. Aus
jeder dieser Debatten steigt die Wirtschaft konkurrenzfähiger und
wettbewerbsstärker hervor. Die Aufwertungen der deutschen
Währung über die letzten Jahrzehnte hinweg, sind dafür unwider-
legbarer Beweis.

Die Debatte Anfang der neunziger Jahre krankte daran, daß es in der öffentlichen Wahrnehmung nur eine Position gab: die derjenigen, die behaupteten, durch die zunehmende Globalisierung steige der Konkurrenzdruck aus dem Ausland und Deutschland sei mit seinen hohen Arbeitskosten, den kurzen Arbeitszeiten, hohen Unternehmenssteuern und einem teuren Sozialsystem kein attraktiver Produktionsstandort. Untermauert wurde diese Argumentation mit dem Hinweis auf die geringen Überschüsse in der Handelsbilanz und dem Defizit in der deutschen Leistungsbilanz des Außenhandels. Außerdem gerieten die Sozialkassen zunehmend in Finanzierungsschwierigkeiten. Der deutsche Sozialstaat schien nicht mehr bezahlbar. Der Druck der Globalisierung zwang offenbar auch die deutschen Arbeitnehmer und Arbeitnehmerinnen, den Gürtel enger zu schnallen.

Eine genaue Analyse der wirtschaftlichen und sozialen Situation offenbart, daß eine besondere Standortproblematik für West-Deutschland nicht nachzuweisen ist. Das Gegenteil ist der Fall.

Die westdeutsche Wirtschaft ist stark

Die internationale Wettbewerbsfähigkeit der deutschen Wirtschaft läßt sich anhand unterschiedlichster Indikatoren darstellen. Einer der wichtigsten ist die Entwicklung der Handelsbilanz (Übersicht 7):

Bis Ende der achtziger Jahre stieg der Überschuß in der deutschen Außenhandelsbilanz stetig an und erreichte mit 134,6 Mrd. DM im Jahre 1989 ein Rekordniveau. Die ständig wachsenden Exporterfolge Deutschlands entfachten damals unter Ökonomen und Politikern im Ausland eine Diskussion, ob das Ungleichgewicht im deutschen Außenhandel nicht schädlich für andere Volkswirtschaften und die Weltwirtschaft sei.

Mit der deutschen Einheit wurde dieser Debatte ein jähes Ende bereitet. Die deutsch-deutsche Währungsunion bescherte der Be-

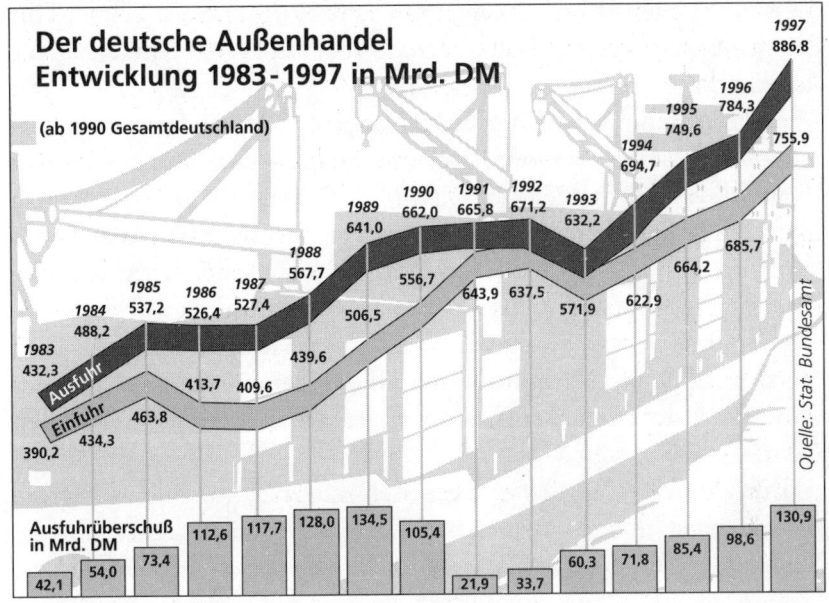

**Der deutsche Außenhandel
Entwicklung 1983-1997 in Mrd. DM**

(ab 1990 Gesamtdeutschland)

Quelle: Stat. Bundesamt

Ausfuhr

Einfuhr

1983 432,3
1984 488,2
1985 537,2
1986 526,4
1987 527,4
1988 567,7
1989 641,0
1990 662,0
1991 665,8
1992 671,2
1993 632,2
1994 694,7
1995 749,6
1996 784,3
1997 886,8

390,2
434,3
463,8
413,7
409,6
439,6
506,5
556,7
643,9
637,5
571,9
622,9
664,2
685,7
755,9

Ausfuhrüberschuß
in Mrd. DM

42,1 | 54,0 | 73,4 | 112,6 | 117,7 | 128,0 | 134,5 | 105,4 | 21,9 | 33,7 | 60,3 | 71,8 | 85,4 | 98,6 | 130,9

völkerung Ostdeutschlands mit der DM eine Währung, mit der sie westliche Konsumgüter kaufen konnte. Der große Nachholbedarf der Ostdeutschen konnte nicht allein aus westdeutscher Produktion befriedigt werden, obwohl die Unternehmen ihre Kapazitäten bis an die äußersten Grenzen auslasteten. So stiegen die Importe, von denen die gesamte westeuropäische Wirtschaft profitierte, 1991 auf ein Rekordniveau.

Obwohl Westdeutschland seine Exporte Anfang der neunziger Jahre noch steigern konnte, brach der Saldo in der Handelsbilanz ein. Im Folgejahr der Einheit war er auf 21,9 Mrd. DM gesunken. Seitdem bewegt er sich stetig nach oben und knüpft inzwischen wieder an das hohe Niveau der achtziger Jahre an.

1997 belief sich das Plus im deutschen Außenhandel auf 130,9 Mrd. DM. Diese Zunahme muß als eindeutiger Beweis für die Wettbewerbsfähigkeit deutscher Produkte und Dienstleistungen aner-

kannt werden. Dies gilt umso mehr, als die angeblich so leistungsfähige und vorbildliche US-amerikanische Wirtschaft im selben Jahr
ein Minus von mehr als 140 Mrd. Dollar im Außenhandel hinzu-
nehmen hatte.

Der deutsche Außenhandel mit den Billiglohnländern in Südostasien und Osteuropa spielt keine große Rolle und weist einen positiven Saldo auf. Steigend ist das noch geringe Defizit mit China.
Dafür liegt das Minus mit Japan auf einem höheren Niveau, sinkt
aber erheblich. Nennenswerte Defizite lassen sich im deutschen
Außenhandel darüber hinaus nicht finden, dafür um so mehr Überschüsse. Erwähnenswert sind die positiven Salden im Außenhandel
mit den USA und Großbritannien. Denn dabei handelt es sich um
Länder, die der deutschen Wirtschaft immer als Vorbild vorgehalten
werden.

Ein Vergleich der weltweit größten Exportnationen bestätigt die
Leistungsfähigkeit der deutschen Wirtschaft. Deutschland rangiert
hinter den USA und vor Japan an zweiter Stelle (Übersicht 8) und
konnte seine Position gegenüber beiden in den letzten Jahren sogar
verbessern. Pro Kopf gerechnet ist Deutschland unter den großen
Industrienationen mit weitem Abstand Exportweltmeister (1994:
Deutschland 5.209 Dollar, Japan 3.176 Dollar, USA 1.988 Dollar
Exporte pro Kopf der Bevölkerung).

Kritiker des Standorts Deutschland haben den für Deutschland
vorübergehend abnehmenden Export-Performance-Indikator der
OECD wiederholt als Hinweis für die mangelnde Wettbewerbsfähigkeit ins Feld geführt. Dieser Indikator zeigt den Anteil der Exporte eines Landes am gesamten Welthandel an. Mittlerweile steigt
der deutsche Anteil am Welthandel wieder. Selbst wenn er zukünf-
tig sinken sollte, wäre das kein Alarmsignal. Schließlich sind an
dem schnell wachsenden Welthandel Milliarden von Menschen beteiligt. Ein 80-Millionen-Volk wie das deutsche wird den Weltmarkt nicht dauerhaft in gewohntem Maße versorgen können. Der
Standort Deutschland kann auch dann nicht als gescheitert gelten,
wenn eines Tages der Weltmarktanteil Chinas, dessen Bevölkerung

114

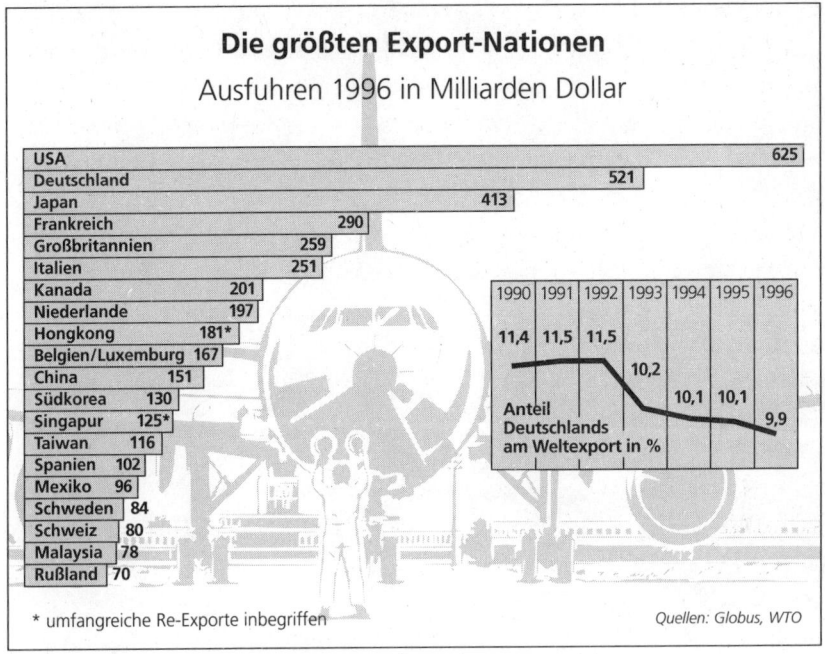

Die größten Export-Nationen

Ausfuhren 1996 in Milliarden Dollar

USA	625
Deutschland	521
Japan	413
Frankreich	290
Großbritannien	259
Italien	251
Kanada	201
Niederlande	197
Hongkong	181*
Belgien/Luxemburg	167
China	151
Südkorea	130
Singapur	125*
Taiwan	116
Spanien	102
Mexiko	96
Schweden	84
Schweiz	80
Malaysia	78
Rußland	70

1990	1991	1992	1993	1994	1995	1996
11,4	11,5	11,5	10,2	10,1	10,1	9,9

Anteil Deutschlands am Weltexport in %

* umfangreiche Re-Exporte inbegriffen   *Quellen: Globus, WTO*

mehr als 1 Milliarde Menschen umfaßt, so hoch ist wie der Deutschlands.

Die Panikmacher unter den deutschen Managern, Ökonomen und Politikern zogen als Beweis für die Schwierigkeiten der deutschen Wirtschaft die Defizite in der deutschen Leistungsbilanz Anfang der neunziger Jahre heran.

Bis 1992 entwickelte sich die deutsche Leistungsbilanz parallel zur Handelsbilanz, und die dafür zugrundeliegenden Ursachen waren dieselben: die wirtschaftlichen Folgen der deutschen Einheit. Später drifteten die beiden Bilanzkurven auseinander (Übersicht 9).

Die Zahlen im einzelnen: Von 1982 bis 1989 war das Plus in der deutschen Leistungsbilanz von 12,2 Mrd. DM auf 106,5 Mrd. DM

Übersicht 9

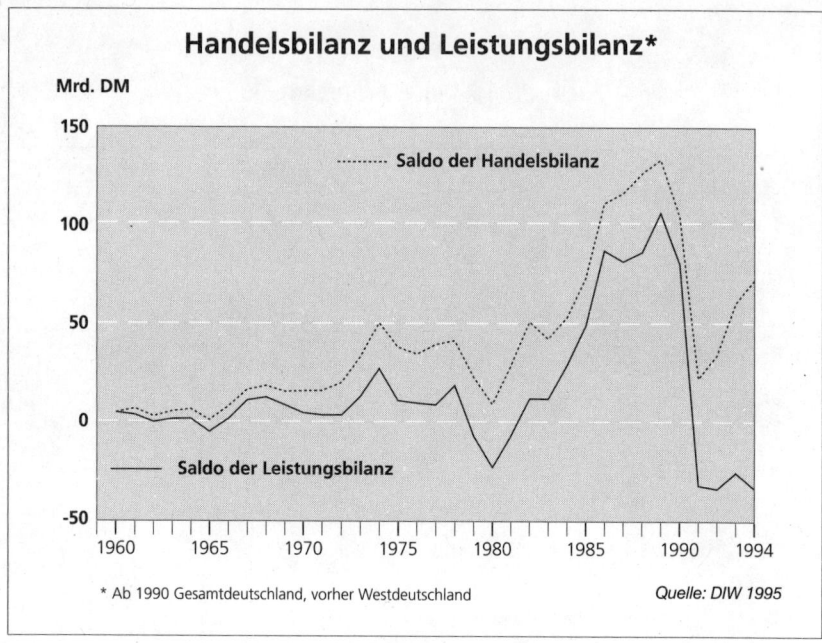

Handelsbilanz und Leistungsbilanz*

Mrd. DM

.... Saldo der Handelsbilanz

Saldo der Leistungsbilanz

150

100

50

0

-50

1960 1965 1970 1975 1980 1985 1990 1994

* Ab 1990 Gesamtdeutschland, vorher Westdeutschland

Quelle: DIW 1995

angestiegen (Übersicht 10). Es fiel im Jahr der Einheit (die Zahl für 1990 in Schaubild 10 enthält ab Juli 1990 die Transaktionen der ehemaligen DDR mit dem Ausland) bereits auf 78,7 Mrd. DM und kehrte sich im Jahr 1991 zu einem Defizit in Höhe von 29,9 Mrd. DM um. Inzwischen konnte dieses Minus wieder abgebaut werden. Demnächst wird ein Ausgleich der Leistungsbilanz erwartet.

In den vergangenen Jahren wurde in der Standortdebatte vor allem ein Thema strapaziert: die Verlagerung von Arbeitsplätzen über deutsche Direktinvestitionen ins Ausland. Grund für die Überbewertung der Auslandsinvestitionen dürfte deren enormer Anstieg im Jahr 1995 gewesen sein, als sich die Direktinvestitionen mit 48 Mrd. DM gegenüber dem Vorjahr fast verdoppelten. Was sollten die »unter den hohen deutschen Lohnkosten leidenden« Versicherungen, Banken und Chemiekonzerne auch anderes mit ihren hohen

116

Übersicht 10

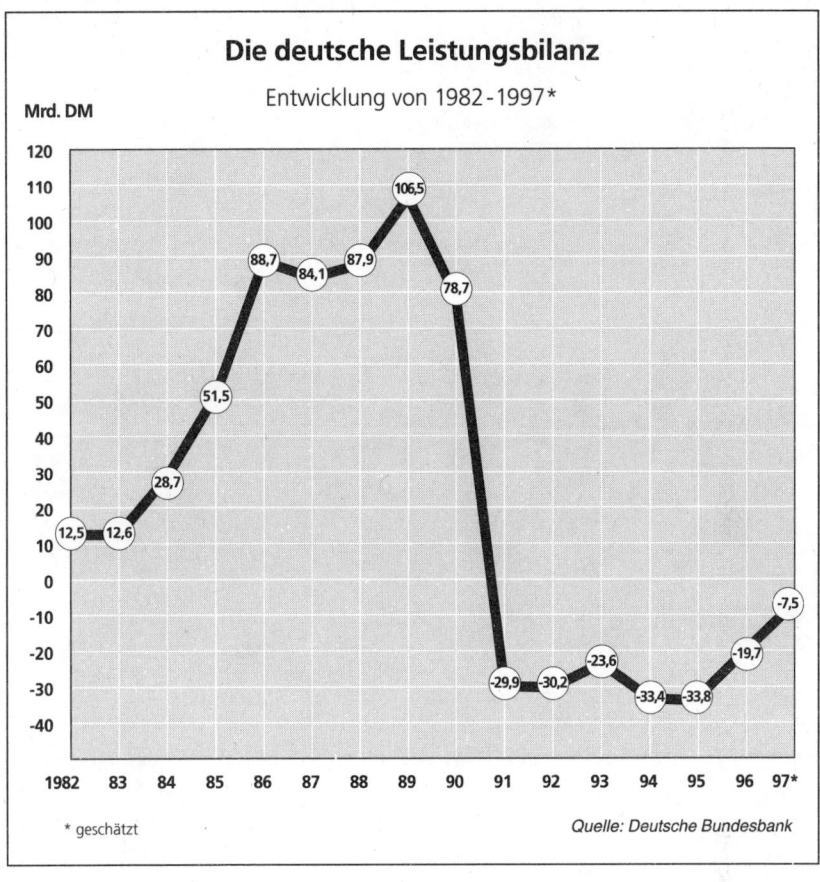

Die deutsche Leistungsbilanz

Entwicklung von 1982-1997*

Mrd. DM

120
110 — 106,5
100
90 — 88,7 · 84,1 · 87,9
80 — 78,7
70
60
50 — 51,5
40
30 — 28,7
20
10 — 12,5 · 12,6
0
-10 — -7,5
-20 — -23,6 · -19,7
-30 — -29,9 · -30,2 · -33,4 · -33,8
-40

1982 83 84 85 86 87 88 89 90 91 92 93 94 95 96 97*

* geschätzt

Quelle: Deutsche Bundesbank

Gewinnen anfangen, als im Ausland strategisch wertvolle Unternehmen aufzukaufen?

Der Anstieg der Direktinvestitionen vollzog sich vor dem Hintergrund eines bis dahin geringen Bestands an deutschen Direktinvestitionen im Ausland. 1993 verfügten die USA über mehr als das Doppelte an Direktinvestitionen im Ausland. Auch Japan und Großbritannien wiesen einen erheblich höheren Bestand aus als Deutschland (Übersicht 11). Die deutsche Wirtschaft ist also ledig-

117

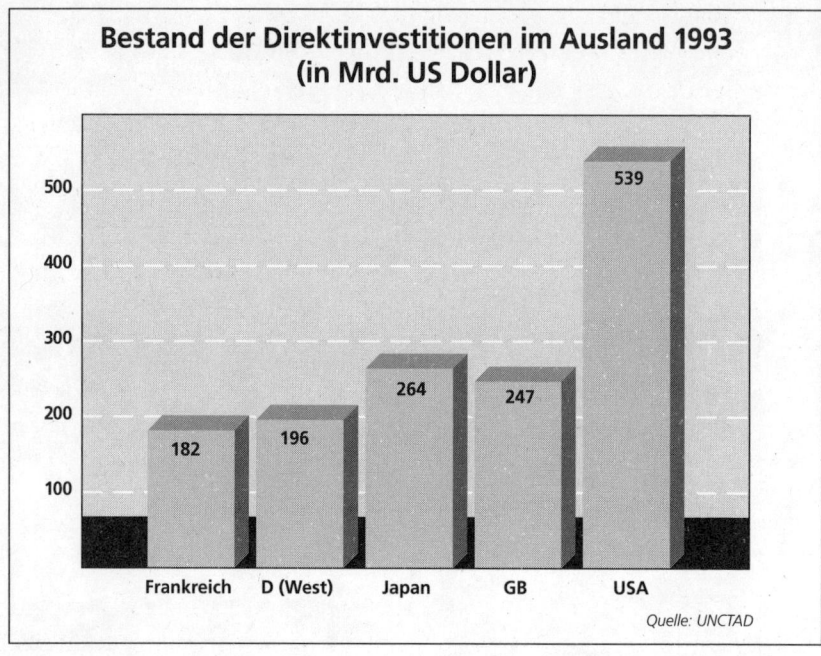

**Bestand der Direktinvestitionen im Ausland 1993
(in Mrd. US Dollar)**

lich dabei, ihren Rückstand an Auslandsinvestitionen zu aufzuholen.

Dabei sichert sie sich vor allem Märkte im Ausland. Weniger als zur Verlagerung von Arbeitsplätzen dienen die Direktinvestitionen nämlich dazu, die Exporte in die betreffenden Länder zu stützen. Deshalb wandern deutsche Auslandsinvestitionen größtenteils in die westeuropäischen Nachbarländer. Die USA und die östlichen Reformländer folgen mit großem Abstand. Quantitativ spielen die südostasiatischen Schwellenländer kaum eine Rolle. Deshalb wurde bereits ein Investitionsdefizit der deutschen Wirtschaft in dieser Wachstumsregion angemahnt.

Die Auslands»investitionen« bestehen meist in Aufkäufen vorhandener Unternehmen. Der Aufbau neuer Produktionsanlagen im

Ausland und die Schaffung neuer Arbeitsplätze ist eher selten. Der Kauf ausländischer Unternehmen erfolgt insbesondere in konjunkturell guten Zeiten durch Unternehmen, die hohe Gewinne machen. Die Investoren gehören den Hauptexportindustrien an. Investitionen im Ausland gehen äußerst selten mit dem Abbau von Arbeitsplätzen in Deutschland einher. Das Rheinisch-Westfälische Institut für Wirtschaftsforschung kam in einer Untersuchung zu dem Ergebnis, daß diejenigen deutschen Unternehmen, die zwischen 1990 und 1994 ihre Beschäftigung im Ausland um 10 Prozent ausweiteten, gleichzeitig ihre inländischen Arbeitsplätze um 4 Prozent erhöhten. Die Zahl ihrer Mitarbeiter in Deutschland entwickelte sich günstiger als in den Unternehmen, die sich wenig im Ausland engagierten.

Deutsche Investoren können neue Märkte im Ausland oftmals nur dann erschließen, wenn sie vor Ort produzieren und auf diese Weise hohe Einfuhrzölle und andere Importhemmnisse umgehen. Mit Auslandsinvestitionen versuchen die Unternehmen auch, sich gegen Wechselkursschwankungen abzusichern. Die Verlagerung von Investitionen und Arbeitsplätzen aus Kostengründen spielt bei einzelnen arbeitsintensiven Branchen wie Textil, Leder und Bekleidung eine Rolle.

Wenn deutsche Unternehmen im Ausland investieren, heißt das keineswegs, daß ihr Engagement in Deutschland abnimmt. Die gesamtwirtschaftliche Investitionsquote war 1995 mit 28,7 Prozent nur in Japan höher als in Deutschland mit 22,4 Prozent. In allen anderen bedeutenden Industrieländern lag sie oft weit darunter, zum Beispiel in den USA mit 17,6 Prozent. In Großbritannien, dem von den deutschen Unternehmensverbänden propagierten Mekka aller Investitionswilligen, liegt die Investitionsquote auch nur bei 15,5 Prozent (Übersicht 12).

Entsprechend gering ist in Deutschland der Anteil der ausfließenden Direktinvestitionen an den Bruttoinvestitionen, die im Inland getätigt werden. Im Durchschnitt der Jahre 1986/89 und 1990/93 lag er in Deutschland bei 5,9 Prozent. Nur etwas mehr als

Übersicht 12

Gesamtwirtschaftliche Bruttoersparnis und Investitionen
in % des BIP

Land	USA	Japan	Deutsch-land[1]	Frank-reich	Italien	Großbri-tannien	Kanada
Jahr				Bruttoersparnis			
1970/79	20,1	35,2	24,3	25,8		19,3	23,0
1980/89	17,8	31,7	22,3	20,4	21,9	17,3	20,4
1990/95	15,4	33,1	22,1	19,7	18,9	14,6	15,3
1990	15,7	34,0	24,7	21,2	19,7	15,7	16,6
1991	15,7	34,7	22,2	20,8	18,7	14,7	14,5
1992	14,8	34,3	21,9	19,9	17,3	13,9	13,5
1993	15,0	33,1	20,6	18,2	18,3	13,3	14,1
1994	15,5	31,6	21,4	18,6	18,7	15,2	15,9
1995	15,6	30,9	21,6	19,7	20,6	14,5	17,2
Jahr				Investitionen			
1970/79	19,8	34,5	23,4	25,5		19,9	26,3
1980/89	19,4	29,6	20,4	20,9	23,8	17,6	21,5
1990/95	16,7	30,6	22,4	19,5	19,8	16,2	18,8
1990	17,2	32,8	21,4	22,5	22,2	19,3	20,7
1991	15,6	32,5	23,5	21,4	21,8	16,2	19,1
1992	15,7	31,1	23,0	19,7	20,7	15,5	18,1
1993	16,5	29,9	21,4	17,2	18,0	15,1	18,0
1994	17,6	28,8	22,7	18,0	18,0	15,5	18,7
1995	17,6	28,7	22,4	18,2	18,3	15,5	18,3

1 Ab 1991 Gesamtdeutschland

Quelle: Deutsche Bundesbank

ein Zwanzigstel aller deutschen Investitionen wird also im Ausland getätigt.

Im Laufe der Zeit erwies sich die These, deutsche Direktinvestitionen im Ausland schadeten dem Standort Deutschland und vernichteten in großem Ausmaß Arbeitsplätze, als unhaltbar. Die Standort-Kassandras suchten nach neuen Argumenten. Und fanden sie: Das eigentliche Problem des Standorts Deutschland läge – so wurde behauptet – in den geringen Investitionen aus dem Ausland. Tatsächlich importierte Deutschland in den letzten Jahren erheblich weniger ausländisches Kapital, als es deutsches Kapital im Ausland anlegte. Allerdings waren ausländische Investoren schon in der Vergangenheit in Deutschland stärker vertreten als in vielen anderen Konkurrenzländern. Die langfristige Betrachtung der Bilanz der Direktinvestitionen vermittelt daher ein zutreffenderes und auch positiveres Bild.

Entsprechend kam das HWWA-Institut für Wirtschaftsforschung nach eingehender Analyse zu dem Schluß:

»Geht man von den Bruttogrößen und Bestandswerten sowie von Kennziffern für die auslandskontrollierten Unternehmen aus (Umsatz, Beschäftigung), welche die Direktinvestitionen vollständiger erfassen und insbesondere auch das Ausgangsniveau berücksichtigen, erscheint die Situation weniger dramatisch.«

Außerdem wird das mangelnde Engagement ausländischer Investoren in Deutschland eher mit der relativen wirtschaftlichen Schwäche der ausländischen Unternehmen und ihrer Herkunftsländer und weniger mit den schlechten Standortbedingungen in Deutschland erklärt. Japan rangiert in der Statistik der Direktinvestitionen aus dem Ausland weit hinter Deutschland am untersten Ende aller Industrieländer, während es gleichzeitig kräftig im Ausland investiert. Das deutet ebenfalls darauf hin, daß Direktinvestitionen ins Ausland Wettbewerbsfähigkeit der heimischen Wirtschaft und nationale Wirtschaftskraft signalisieren.

So kommt auch das Bundeswirtschaftsministerium zu der Einschätzung, ausländische Direktinvestitionen allein lieferten noch keine signifikanten Aussagen über die Standortqualität eines Landes. Aussagefähiger sei vielmehr die gesamte Investitionstätigkeit in einem Lande. Sie ist, wie bereits gezeigt (Übersicht 12), in Deutschland nach wie vor hoch.

Trotzdem ist richtig, daß Deutschland – abgesehen von Japan, das Investitionen aus dem Ausland eher bremst als fördert – im internationalen und besonders im europäischen Vergleich unterproportional an den Auslandsinvestitionen teilhat.

Ein Grund dafür ist sicher die Offenheit des deutschen Marktes: Wer problemlos Waren und Dienstleistungen nach Deutschland exportieren kann, muß nicht in Deutschland produzieren. Ein weiterer Grund könnte die Stärke der deutschen Währung sein. Insbesondere die Aufwertung der DM Anfang der neunziger Jahre verteuerte Investitionen in Deutschland. Allerdings könnte es auch auf gewisse Schwächen des Wirtschaftsstandorts Deutschland hindeuten. Ob dabei nicht konkurrenzfähige Angebotsbedingungen die dominante Rolle spielen oder die unzureichende gesamtwirtschaftliche Nachfrage, bleibt zu klären. Unbestreitbar ist, daß die Binnennachfrage in Deutschland im Vergleich zu anderen Ländern wie den USA und Großbritannien äußerst schwach ist.

Dazu kommt, daß es deutschen Managern und Politikern mit der Standortdebatte gelungen ist, die ausländischen Investoren aus Deutschland zu vergraulen. Für deutsche Unternehmen ist es ja durchaus von Vorteil, keine Konkurrenz durch ausländische Investoren zu haben. Oder war es nur Fahrlässigkeit, den Standort Deutschland so zu verunglimpfen? Jedenfalls: Wer kauft schon ein Produkt, das vom Hersteller selbst schlechtgemacht wird? Das, so schrieb H. Mundorf im Handelsblatt, wäre »ungefähr so, als wenn die Firma Müllermilch, jenes Unternehmen aus dem Allgäu, das so hartnäckig jedes halbwegs vernünftige Fernsehprogramm mit seiner Werbung stört, mit dem Slogan arbeitete, daß alle Müllermilch-Produkte salmonellenverseucht seien«.

Für den Wirtschaftsstandort Deutschland ist das Jammern und Miesmachen nicht ungefährlich. Bei der Beurteilung der Wettbewerbsfähigkeit der Länder nimmt Deutschland zunehmend einen der schlechteren Plätze ein. Zum Beispiel auf der Liste des Genfer World Economic Forums, das es auf den 22. von 49 Plätzen setzte mit der Begründung: »Deutschland, das wirtschaftliche Kraftzentrum der EU, kommt entsprechend der schlechten Stimmung im Lande nicht über den 22. Platz hinaus.«

Nicht Stimmungsmache, sondern eine sachliche Betrachtung der Stärken und Schwächen der deutschen Wirtschaft ist deshalb geboten. Die einschlägigen Indikatoren Welthandelsanteil, Handelsbilanz, Leistungsbilanz, Bilanz der Direktinvestitionen und der Wert der deutschen Währung weisen für die deutsche Wirtschaft eine hohe Wettbewerbsfähigkeit aus. Nicht nur der Konkurrenz aus den Industrieländern, sondern auch der aus den Billiglohnländern konnte Deutschland bisher gut standhalten.

Und das, obwohl die Löhne, Lohnnebenkosten und soziale Sicherheit in Deutschland am höchsten und die tariflichen Arbeitszeiten am kürzesten sind. Bei einem internationalen Vergleich von Lebensstandard und Lebensqualität schneidet Westdeutschland sehr gut ab. Beim Bruttoinlandsprodukt und Verbrauch pro Einwohner liegt Deutschland unter 21 Industrieländern auf dem 3. Platz, bei den tariflichen Jahresarbeitszeiten belegt es den 1. Platz. Der BDI würde sagen: »den letzten Platz«. Bei der Einkommensverteilung rangiert es immerhin auf Platz 5. Zum Vergleich: Die US-Amerikaner müssen immer länger arbeiten, um ihr Einkommen zu sichern, weil die Stundenlöhne seit 1980 sanken. Erst in den letzten Jahren zogen sie wieder an. Trotzdem ist das Defizit im US-Außenhandel enorm. Die japanischen Arbeitnehmer konnten sich in den letzten Jahren zwar über Arbeitszeitverkürzungen freuen, liegen aber nur unwesentlich besser als die Amerikaner. Dafür sind sie auf dieser Grundlage international wettbewerbsfähig. Die japanischen Gewerkschaften fragen allerdings, ob z.B.
»die japanische Automobilindustrie wettbewerbsfähig im wahren Sinn des Wortes ist. Wir müssen die Tatsache in Betracht ziehen, daß wir ungefähr 2.200 Stunden jedes Jahr arbeiten müssen, um die Wettbewerbsfähigkeit in bezug auf Preise und Qualität zu erhalten ... Wie wettbewerbsfähig werden wir sein, wenn wir unsere Arbeitszeiten von 2.200 auf 1.800 Stunden verkürzt haben?«.
Vor diesem Hintergrund ist die Stärke der deutschen Wirtschaft noch beeindruckender, als es die erste Analyse zeigt. Dies ist aller-

dings keine Garantie für ihre zukünftige Wettbewerbsfähigkeit. Und ein weiteres ist zu bedenken: Die einseitige Strategie der Kostensenkung, mit der die deutsche Exportwirtschaft die internationale Konkurrenz gerade in den letzten Jahren so erfolgreich aus dem Felde geschlagen hat, führt im Inland zu Wachstumseinbußen und Arbeitslosigkeit. Den Preis dafür zahlen die Unternehmen, die für den Binnenmarkt produzieren. Ihn zahlen auch die Beschäftigten, die um ihre Arbeitsplätze bangen oder sie verlieren. Und ihn zahlen Staat und Sozialversicherungen beziehungsweise Steuer- und Beitragszahler, die die Arbeitslosigkeit finanzieren müssen.

Die volkswirtschaftlichen Kosten dieser einseitig auf die Wettbewerbsfähigkeit der exportorientierten Industrien ausgerichteten Wirtschafts- und Sozialpolitik sind auf Dauer nicht tragbar. Die Folge ist, daß die wirtschaftspolitischen Ziele eines stetigen Wachstums, eines hohen Beschäftigungsstandes und eines außenwirtschaftlichen Gleichgewichts zunehmend verfehlt werden.

Kostensenkung: Kein Weg zu dauerhafter Konkurrenzfähigkeit

Wohlstand und soziale Sicherheit müssen erwirtschaftet werden. Hohe Einkommen setzen eine hohe Wertschöpfung voraus. Sie ist entweder zu erzielen, indem besonders hochwertige Produkte oder echte Neuheiten zu einem hohen Preis verkauft werden oder indem Standardgüter und Dienstleistungen aufgrund kostengünstiger Herstellung preislich wettbewerbsfähig bleiben.

Werden beide Strategien gleichzeitig verfolgt, ist der wirtschaftliche Strukturwandel gut zu bewältigen. Natürlich kommt es zu gewissen Friktionen wie vorübergehender Arbeitslosigkeit, dem Konkurs einzelner Unternehmen oder sogar dem Sterben ganzer Industrien. Aber das Entstehen neuer, meist produktiverer Produktionen und Arbeitsplätze hält die volkswirtschaftlichen Kosten der

Umstrukturierung in Grenzen. Ihre soziale Flankierung macht sie auch für die Betroffenen verträglich.

Problematisch wird der Strukturwandel, wenn der Verlust von Arbeitsplätzen nicht durch das Entstehen neuer Arbeitsplätze kompensiert wird. Dies ist in Deutschland zunehmend der Fall. Die deutschen Unternehmen haben ihr Augenmerk in den letzten Jahren zu einseitig auf Rationalisierung und Kostensenkung gerichtet. In diesem Zusammenhang stellten sie wiederholt den deutschen Sozialstaat in Frage, der angesichts des zunehmenden Kostendrucks nicht mehr zu finanzieren sei. Zugleich sind es genau diese Unternehmen, die mit der Entlassung von Hunderttausenden von Arbeitnehmern und Arbeitnehmerinnen die gesellschaftlichen Kosten ihrer Unternehmensstrategie auf die sozialen Sicherungssysteme abwälzen und zu ihrer Aufblähung beitragen.

Ein Beispiel ist die Rentenversicherung. Seit Jahrzehnten und vor allem im Konjunkturabschwung Anfang der neunziger Jahre nutzten die Unternehmen verstärkt die Möglichkeit, ältere Arbeitnehmer vorzeitig in den Ruhestand zu schicken. Vor dem Hintergrund, daß die meisten männlichen Arbeitnehmer vor dem sechzigsten Lebensjahr aus dem Berufsleben ausscheiden, sind die immer wiederkehrenden Diskussionen um eine höheres Renteneintrittsalter wenig glaubwürdig. Die meisten Vorruheständler werden genötigt, sich zurückzuziehen, nur wenige scheiden aus freiem Willen aus dem Berufsleben aus. Es sind die Unternehmen, die auf diese Weise die Struktur ihrer Belegschaften zugunsten Jüngerer zu verbessern trachten und die weniger leistungsfähigen Älteren auf Kosten der Allgemeinheit aussondern. Dies entspricht der Sichtweise mancher Manager, daß »Wirtschaft etwas Gutes sei, nur die Menschen dabei stören«. Sie vergessen dabei, daß auch sie nur Menschen sind.

Die Vorruhestandsregelungen haben die Rentenkassen erheblich belastet. Außerdem mindert die zunehmende Arbeitslosigkeit die Zahl der Beitragszahler und die Höhe der Einnahmen. Eine wesentliche Ursache für die Schwierigkeiten bei den Rentenfinanzen liegt demzufolge in der Arbeitslosigkeit.

Das wird in Zukunft nicht anders sein. Denn beim Generationenvertrag in der Rentenversicherung handelt es sich entgegen vielgeäußerten Behauptungen um ein auch langfristig tragfähiges System. Die durch die Veränderung in der Bevölkerungsstruktur – abnehmende Zahl der jüngeren, erwerbsfähigen und Zunahme der älteren, zu versorgenden Bevölkerung – entstehenden Probleme lassen sich durchaus lösen: erstens weil laut Prognosen im Jahr 2030 das Verhältnis von Erwerbsfähigen zu Nichterwerbsfähigen fast genau dem Verhältnis im Jahr 1990 entsprechen wird; zweitens, weil die Erwerbsneigung der erwerbsfähigen Bevölkerung, vor allem der Frauen, stetig zunimmt. Werden in ausreichender Zahl Arbeitsplätze geschaffen, dürften die Beiträge zur Rentenfinanzierung auch in absehbarer Zeit ein vertretbares Maß nicht überschreiten. Nicht das Rentensystem muß grundlegend reformiert werden. Die Arbeitslosigkeit ist abzubauen und auf mittlere Frist das Ziel der Vollbeschäftigung anzustreben.

Die Kosten der betrieblichen Rationalisierungsstrategie wirken sich auch negativ auf die Finanzierung des Gesundheitssystems aus. Unter Experten ist unumstritten, daß es keine Kostenexplosion im Gesundheitswesen gibt. Weder haben die zunehmende Alterung der Bevölkerung noch der technische Fortschritt in der Medizin dazu geführt, daß der Anteil der Ausgaben der gesetzlichen Kassen am Bruttosozialprodukt sich in den letzten zwanzig Jahren erhöht hätte. Dies verhinderten die Sparmaßnahmen der Bundesregierung. Hingegen sind die Einnahmen der Krankenkassen nicht im erwarteten Maße gestiegen: zum einen, weil die gesamtwirtschaftliche Lohnquote in den letzten fünfzehn Jahren auf das Niveau der sechziger Jahre zurückfiel – nach Löhnen und Gehältern bemessen sich ja die Beiträge zur Krankenversicherung; zum anderen kam es durch die höhere Arbeitslosigkeit zu Einnahmeausfällen. Der heutige Beitragssatz zur Krankenversicherung würde genau dem des Jahres 1980 entsprechen, wenn in den achtziger Jahren bis heute Lohnquote und Beschäftigung konstant geblieben wären.

Am deutlichsten spürt die Lasten der Kostensenkungsstrategie die Bundesanstalt für Arbeit. Obwohl die Leistungen für Arbeitslose und Umschüler merklich gekürzt wurden, mußten die Beiträge zur Arbeitslosenversicherung in den letzten Jahren erheblich angehoben werden. Im Jahre 1996 beliefen sich die Kosten der Arbeitslosigkeit einschließlich der Mindereinnahmen in den Steuer- und Sozialkassen auf rund 180 Mrd. DM. Dies entspricht mehr als 10 Prozentpunkten bei den Beiträgen an die Sozialkassen. An der Finanzierung dieser Kosten sind mehr und mehr die Gemeinden beteiligt, die zunehmend Sozialhilfe an Arbeitslose leisten müssen. Dafür fehlen ihnen die Mittel für wichtige Infrastrukturinvestitionen zur Förderung der regionalen Wirtschaft.

Die Kostensenkungsstrategie der Wirtschaft wird von der Regierung Kohl unterstützt. Sie hat in den vergangenen Jahren die Unternehmen und durch die Einkommensteuerreform Ende der achtziger Jahre die Bezieher höherer Einkommen durch Steuersenkungen erheblich entlastet. Weil der Finanzbedarf der öffentlichen Hand aufgrund der Deutschen Einheit enorm stieg, wurden die Beiträge zu den Sozialkassen erhöht und die Steuerzahler mit höheren Lohn- und Einkommensteuern belastet. Seit 1991 verringerten sich die Realeinkommen der Arbeitnehmer und Arbeitnehmerinnen. So fehlt es zunehmend an Massenkaufkraft und entsprechend lahmt der private Verbrauch. Gleichzeitig kürzt der Staat seine Ausgaben, um die Defizite der öffentlichen Hand in Grenzen, vor allem der 3-Prozent-Grenze von Maastricht, zu halten. Auch das mindert die inländische Nachfrage.

So wird die magere Konjunktur nur von den Exporten getragen. Durch Rationalisierung und Kostensenkung ist es den deutschen Unternehmen gelungen, international mit den Preisen anderer Wettbewerber konkurrieren zu können. Den hohen Löhnen und Lohnnebenkosten sowie kurzen Arbeitszeiten steht eine hohe Produktivität gegenüber. Die Arbeitsstunde kostet das Unternehmen zwar rund 44 DM, der Arbeitnehmer erwirtschaftet in dieser Zeit aber mehr als 76 DM. Seit 1980 sind die Lohnstückkosten in

Übersicht 13

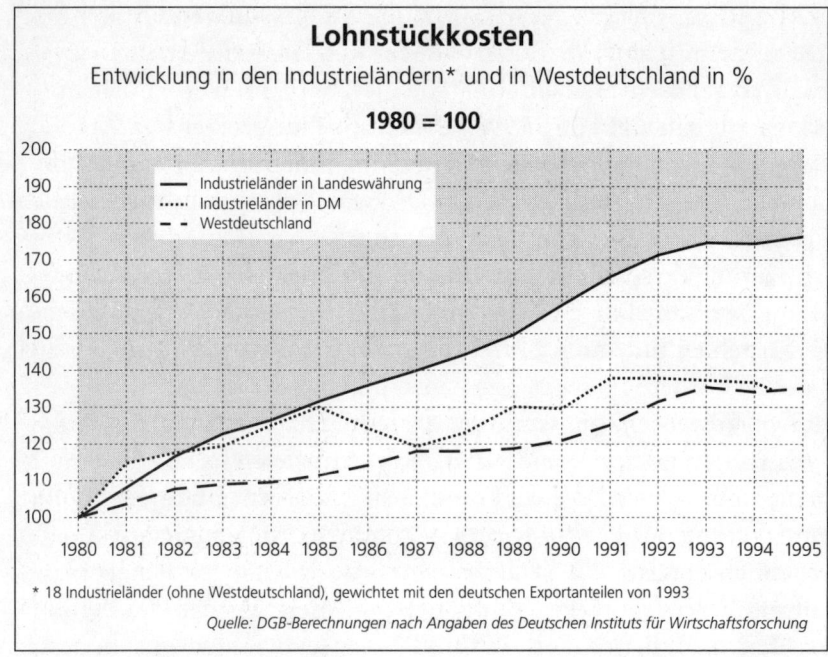

Lohnstückkosten

Entwicklung in den Industrieländern* und in Westdeutschland in %

1980 = 100

— Industrieländer in Landeswährung
····· Industrieländer in DM
– – Westdeutschland

1980 1981 1982 1983 1984 1985 1986 1987 1988 1989 1990 1991 1992 1993 1994 1995

* 18 Industrieländer (ohne Westdeutschland), gewichtet mit den deutschen Exportanteilen von 1993

Quelle: DGB-Berechnungen nach Angaben des Deutschen Instituts für Wirtschaftsforschung

Landeswährung in der Gesamtwirtschaft in geringerem Maße gestiegen als in den 18 größten anderen Industriestaaten (Übersicht 13).

Hinsichtlich der einseitigen Strategie der Kostensenkung kann festgehalten werden: Durch Verschlankung der Produktion hat die deutsche Wirtschaft ihre Konkurrenzfähigkeit erhalten. Die hohe Produktivität der deutschen Industrie sichert den Beschäftigten hohe Einkommen, einen hohen Standard sozialer Sicherheit und kurze Arbeitszeiten. Dies wird jedoch mit Beschäftigungseinbußen und einer nachlassenden Binnenkonjunktur bezahlt.

Insbesondere einfache Tätigkeiten sind der Rationalisierung zum Opfer gefallen, aber auch vor Höherqualifizierten macht der Arbeitsplatzabbau nicht halt. Eine einseitig auf schlanke Produktion und Schrumpfung ausgerichtete Unternehmenspolitik wird auch in Zukunft Wachstumsverluste und Beschäftigungseinbußen im Inland zur Folge haben. Eine flaue Inlandskonjunktur dürfte weder für deutsche noch für ausländische Investoren einen Anreiz bieten, ihr Kapital in Deutschland anzulegen.

Die Verschlankungsstrategie verursacht nicht nur wirtschaftliche und soziale Kosten, die von der Gesellschaft zu tragen sind. Sie ist auch für die Unternehmen selbst gefährlich. Denn sie verleitet dazu, die Zukunft zu verschlafen. Wenn die Arbeitnehmer die Verschlankung der Produktion akzeptieren, die Gewerkschaften in Tarifverhandlungen unter dem Produktivitätsfortschritt bleiben und der Staat die Unternehmen durch Steuersenkungen unterstützt, führt das zu dem Ergebnis, daß die Firmen trotz aller Schrumpfung beachtliche Gewinne verzeichnen können. Die Bilanzen vieler deutscher Konzerne bieten dafür Beweis genug. Wenn die Unternehmen aber mit einem Produkt gut verdienen, haben sie wenig Anlaß, es durch ein neues, besseres zu ersetzen. Sie sind für Innovationen weniger zugänglich.

Darüber hinaus hat der Personalabbau einen schlechten Einfluß auf das Unternehmensklima. Arbeitsfrust, Angst und Demotivation sind nicht gerade effizienzsteigernd, vor allem nicht bei anspruchsvoller und kreativer Arbeit. In Unternehmen, die in den letzten Jahren ihren Personalbestand wesentlich reduzierten, wurde folgerichtig ein deutlicher Rückgang der Arbeitsmoral festgestellt. Nur eine Minderheit der verkleinerten Unternehmen konnte eine erhöhte Arbeitsproduktivität verzeichnen. Wo Wachstum und Innovation das unternehmerische Denken bestimmen, arbeiten die Menschen zwar oft härter, aber dafür mit Kreativität, Motivation und Freude.

Hinzu kommt, daß die Verschlankung der Produktion keineswegs immer mit einer Verjüngung des Personals einhergeht. Das würde man insbesondere in Deutschland und anderen europäischen Ländern, in denen günstige Vorruhestandsregelungen gelten, annehmen. In der Realität verfügen viele »Kostensenker« Einstellungsstopps, die gerade junge, gut ausgebildete, dynamische und hochmotivierte Arbeitskräfte und insbesondere Berufseinsteiger treffen. Damit schaffen die Unternehmen selbst denkbar schlechte Voraussetzungen für Innovationen und Wachstum.

Viele Unternehmen haben im Wirtschaftsabschwung 1992/93 die Verschlankung ihres Personals über das notwendige Maß hinaus betrieben. Ein Beispiel dafür bot der Sektor Maschinenbau. Dort wurde in der Krise kräftig rationalisiert. Im anschließenden Aufschwung konnten die Aufträge mit dem vorhandenen Personal kaum erledigt werden. Und die entlassenen Arbeitskräfte waren oft nicht mehr zurückzugewinnen. In zu schlanken Unternehmen fehlen oft auch Arbeitskräfte und Zeit, um Innovationen zu entwickeln. Die Betriebe verfallen in einen Kostensenkungswettlauf, der sie davon abhält, sich Zeit zu nehmen für die Entwicklung von Wachstums- und Innovationsstrategien. Verschlankung kann so schnell zur Einbuße an Leistungsfähigkeit führen. Das ist ähnlich wie bei einem übergewichtigen Marathonläufer, der mit jedem abgenommenen Pfund an Schnelligkeit gewinnt. Unterschreitet er jedoch das Idealgewicht, fehlt ihm die Kraft zur Bestleistung.

Der deutschen Wirtschaft ist es nicht gelungen, die durch die Produktivitätszunahme freigesetzten Arbeitskräfte in wachsenden Industrien oder Dienstleistungssektoren unterzubringen. Der Fehler der hiesigen Strategie, besonders in den letzten Jahren, liegt darin, eine hohe Wertschöpfung in erster Linie durch die rationelle, arbeitssparende Herstellung von Produkten zu erreichen. Notwendig wäre es, eine hohe Wertschöpfung über hohe Preise für besonders hochwertige Güter und Dienstleistungen sowie echte Neuheiten zu erzielen. Mehr Innovation und Wachstum sind dazu notwendig.

Wenn deutsche Unternehmen und Manager sich zu sehr darauf konzentrieren, ihr Geld durch die möglichst kostengünstige Herstellung vorhandener oder leicht verbesserter Produkte zu verdienen, verlieren sie ihre Zukunftsfähigkeit. Daß Unternehmen immer

Übersicht 14

Beschäftigungswachstum und Innovationsaktivitäten			
Unternehmens-klassifikation nach dem Innovationsverhalten	Anteil am Sample in Prozent	Jährliche Wachs-tumsrate der Beschäftigten in Prozent (ungewichteter Durchschnitt)	Standard-abweichung der Wachs-tumsraten (x 100)
Nur Produktinnovation	12	0,48	9,91
Nur Prozeßinnovation	10	–0,12	9,51
Produkt- und Prozeß-innovation	45	0,76	8,57
Keine Innovation	33	–0,63	9,21
Alle Unternehmen	100	0,18	9,07

Quelle: DGB

bestrebt sein müssen, kostengünstig und effizient zu produzieren, ist eine Selbstverständlichkeit. Sie gewinnt angesichts der zunehmenden Internationalisierung der Wirtschaft an Bedeutung. Noch mehr an Bedeutung aber gewinnt die Fähigkeit, neue oder qualitativ konkurrenzlose Produkte zu entwickeln und herzustellen. Nur damit ist auf Dauer hochbezahlte Beschäftigung zu sichern und zu schaffen. Innovationsmüdigkeit und einseitige Kostensenkung dagegen führen zunächst zum Personalabbau (Übersicht 14) und mittelfristig in die wirtschaftliche Krise des Unternehmens.

Es mag zutreffen, daß die Verschlankungsmaßnahmen Anfang der neunziger Jahre bei manchen Unternehmen den Zusammenbruch verhindert haben. Das bedeutet allerdings nicht, daß diese Unternehmen auch die Zukunft bestehen. Schlanke Produktion und Schrumpfung können einen Beitrag zur Effizienzsteigerung leisten, führen aber nicht zu dauerhaftem Aufschwung und Erfolg.

Profitable Wachstumsunternehmen waren in den vorangegangenen Jahren selten Kostensenker. Und bisher ist noch kein Fall bekannt, in dem ein Unternehmen durch Schrumpfung groß geworden wäre.

Mit Wachstum und Innovationen die Zukunft meistern

Die Philosophie erfolgreicher Unternehmer war immer auf Expansion ausgerichtet. In Deutschland sollten die Manager nicht den amerikanischen und japanischen Management-Moden hinterherlaufen, sondern sich auf die Grundregeln des Unternehmertums besinnen. Dabei kann man durchaus auf Klassiker der Ökonomie zurückgreifen. Schon Joseph Schumpeter hat sich intensiv mit der Funktion des Unternehmers auseinandergesetzt und ging in diesem Zusammenhang besonders auf das Thema Innovationen ein.

Der Schumpetersche Unternehmer entwickelt neue Produkte und Dienstleistungen. Der zeitliche Vorsprung vor der Konkurrenz verschafft ihm einen »Pioniergewinn«, der sich in dem Maße verringert, in dem die Wettbewerber nachziehen. Der Gewinn beziehungsweise die Wertschöpfung wird in diesem Falle nicht durch niedrigere Kosten erzielt, sondern weil ein noch konkurrenzloses Produkt mit einem Zusatzgewinn an die Konsumenten verkauft werden kann.

Ein Beispiel für ein Unternehmen, das auf diesem Wege seinen Erfolg suchte und fand, ist das Softwarehaus SAP. Seine Geschichte in Kürze: 1972 machten sich fünf Software-Experten der IBM Deutschland selbständig mit der Absicht, kommerzielle Anwendersoftware als Standardprodukt herzustellen. Bereits im ersten Jahr konnte das Unternehmen einen kleinen Gewinn verzeichnen. Das Unternehmenswachstum in den Folgejahren gestaltete sich moderat. Nach fünf Jahren erzielte die Firma erst einen Umsatz von 3,8 Millionen DM. Weniger als auf den Vertrieb oder eine kostengünstige Produktion konzentrierte sich die SAP zu diesem Zeitpunkt auf die Entwicklung weiterer Software-Programme. Als sie 1979 ein neues System auf den Markt brachte, gelang ihr auch kommerziell der Durchbruch. Im Inland expandierte das Unternehmen in unglaublicher Schnelligkeit, gleichzeitig wurde das Auslandsgeschäft verstärkt. 1986 betrug der Erlös erstmals mehr als 100 Millionen DM, 1990 lag er bei einer halben Milliarde. 1996 betrug der Umsatz 3,7 Milliarden DM bei einem Jahresüberschuß von fast 568 Millionen DM. Das extreme Wachstum der SAP, die seit 1988 als Aktiengesellschaft fungiert, machte sie zum Marktführer auf dem Feld der betriebswirtschaftlichen Anwendersoftware. Dem Umsatz nach ist die SAP heute größer als die drei nächstgroßen Konkurrenten zusammen. Beeindruckend ist auch der Zuwachs an Beschäftigung. Mit fünf Mitarbeitern gestartet, arbeitete das Unternehmen nach fünf Jahren erst mit 25 Beschäftigten. 1993 standen bereits 3.600 Personen auf der Gehaltsliste von SAP, 1996 waren es 9.200. Anfang 1997 schwoll die Zahl auf 10.350 an, bis Dezember desselben Jahres soll sie auf 12.000 angestiegen sein. Die SAP bietet damit ein Beispiel für ein Unternehmen, das ungestört vom Auf und Ab der deutschen und internationalen Wirtschaftslage ein extremes Wachstum verzeichnet und eine enorme Zahl von hochproduktiven und gutbezahlten Arbeitsplätzen schafft.

Die Gründer der SAP AG können als »Schumpetersche Unternehmer« bezeichnet werden. Diese zeichnen sich dadurch aus, daß sie Innovationen durchsetzen. Normalerweise fehlen dem Unternehmer die notwendigen Informationen und Daten, um zukünftige Entwicklungen einschätzen zu können, zum Beispiel ob ein bestimmtes neues Produkt von den Konsumenten angenommen wird oder nicht. Der Unternehmer ist in diesem Fall auf seine Erfahrungen angewiesen und auf seine Intuition. Das ist nicht viel, und deshalb muß er bereit sein, Risiken einzugehen. Schumpeter schrieb schon 1934, daß die Bedeutung des Unternehmers um so mehr sinkt, je genauer wir die natürliche und die soziale Umwelt kennen lernen, je vollkommener unsere Herrschaft über die Tatsachen wird, je größer mit der Zeit und fortschreitender Rationalisierung der Bereich wird, innerhalb dessen die Dinge einfach ausgerechnet, und zwar schnell und verläßlich ausgerechnet werden können.

Dies ist heute weitgehend der Fall, weniger bei kleinen und mittleren Unternehmen als vielmehr bei Großbetrieben und Konzernen. Und möglicherweise da liegt eine der wesentlichen Ursachen der heutigen Innovationsschwäche. Kundenorientierung im Bereich von Investitionsgütern ist einfach, weil der Kundenkreis oft zahlenmäßig beschränkt und eine direkte Kontaktaufnahme zwischen Hersteller und Käufer möglich ist. Erfolgreiche Unternehmen entwickeln neue Produkte deshalb häufig in direkter Zusammenarbeit mit ihren Kunden und haben die Nase gegenüber ihrer Konkurrenz vorn.

Schwieriger gestaltet es sich offenbar, echte Neuheiten bei Konsumgütern durchzusetzen, die von einer relativ anonymen, großen Gruppe gekauft werden. Anders als kleine und mittlere Betriebe haben große Konzerne zwar die finanziellen Möglichkeiten, Marktforschungsinstitute mit der Erkundung von Kundenbedürfnissen und -wünschen zu beauftragen. Konsumenten aber neigen oft zu konservativem Verhalten und sind Neuheiten gegenüber, die sie nicht kennen und deren Vorzüge sie nicht eindeutig bestimmen können, zurückhaltend. Bei dem Produkt, das man kennt, weiß man, was man hat. Das neue könnte ja schlechter sein. Entsprechend negativ fallen Marktbefragungen zu echten Neuheiten oft aus. So machte auch der Chef des Schwarzwälder Uhrenherstellers Junghans die Erfahrung, daß Erfolg auch heute mit dem Mut zum Risiko erkauft werden muß: »Wir haben des öfteren gegen die Warnungen externer Marktforscher gehandelt.«

Risikoscheue Manager, die ein Unternehmen eher verwalten als führen, verbessern unter diesen Umständen lieber erfolgreiche Produkte als mit Wagemut neue zu entwickeln und auf den Markt zu bringen. Eine 1993 von der Kienbaum-Akademie durchgeführte Untersuchung bescheinigt den Führungskräften der deutschen Wirtschaft mangelnde Kreativität und Innovationsfähigkeit: 84

Prozent gehören zu den Bedenkenträgern und potentiellen Gegnern von Veränderungsprozessen, nur 16 Prozent sind erneuerungswillig und kreativ.

Angesichts dieser Risikoscheu finden wenig echte Innovationen statt. Diese importiert Deutschland offensichtlich lieber aus dem Ausland. Das in Deutschland erfundene, aber in Japan produzierte Telefax-Gerät ist nicht das einzige, aber wohl das bekannteste Beispiel dafür, daß zahlreiche Erfindungen und Patente in Deutschland nicht in marktreife Produkte münden. Erfinder wandern deshalb zunehmend ins Ausland aus, weil ihnen dort Arbeit und Erfolg durch weniger Bürokratie und eine größere Offenheit der Wirtschaft erleichtert werden.

Fehlende Innovationskraft könnte auch durch unzureichende Konkurrenz bedingt sein. Denn je mehr die Konkurrenzwirtschaft durch das Entstehen großer Konzerne durchbrochen wird, um so mehr wird die Durchsetzung von Innovationen eine innere Angelegenheit ein und desselben Wirtschaftskörpers. Auch amerikanische Ökonomen betonen die große Bedeutung des inländischen Wettbewerbs für die internationale Konkurrenzfähigkeit. Wenn geschwächter Wettbewerb im Inland mit einem hohen Wohlstandsniveau zusammenfällt, verfestigt sich in den Unternehmen der Trend zur Stagnation. Stagnation aber ist in der Wirtschaft immer mit Rückschritt gleichzusetzen. Wenn heute Arbeitnehmern unzureichende Flexibilität vorgeworfen wird, dann ist den Vorständen und Managern von Großunternehmen der Vorwurf mangelnder Innovations- und Risikofreude zu machen.

Sind auch sie zu »satt«? Oder fehlt es nur an der richtigen Aufbruchstimmung im Lande? Jeder Unternehmer und Ökonom weiß, daß die Psychologie in der Wirtschaft eine große Rolle spielt. Mit der Standortdebatte haben sich die Unternehmensverbände und einige Manager nicht gerade als Mutmacher der Nation hervorgetan. Die Politik vergrößert den entstandenen Schaden, weil sie ihre innovationsfeindliche Politik des »Weiter so« durch Sparmaßnahmen ergänzt hat, die Konjunktur und Wachstum bremsten. Unzurei-

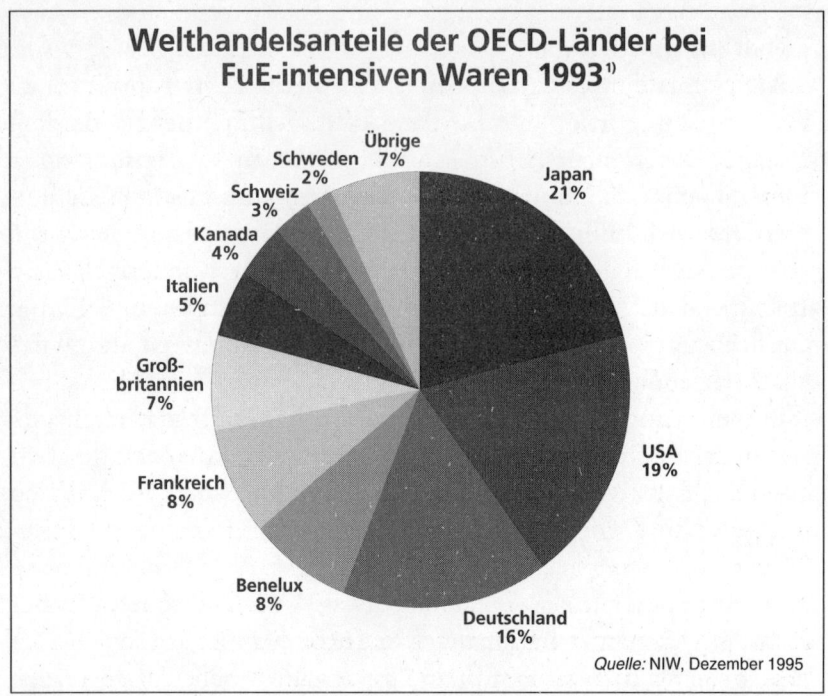

Welthandelsanteile der OECD-Länder bei FuE-intensiven Waren 1993[1]

Übrige 7%
Schweden 2%
Schweiz 3%
Kanada 4%
Italien 5%
Großbritannien 7%
Frankreich 8%
Benelux 8%
Deutschland 16%
USA 19%
Japan 21%

Quelle: NIW, Dezember 1995

chende Nachfrage und fehlende Wachstumsdynamik verringern die Investitionstätigkeit der Unternehmen. Der Anreiz für Innovationen fehlt. Außerdem hat die Regierung Kohl ihre Sparbemühungen ausgerechnet auf die öffentlichen Investitionen gerichtet, die so wichtig für die Zukunftsfähigkeit des Wirtschaftsstandorts sind. Das gilt für Infrastrukturprojekte, zum Beispiel die transeuropäischen Netze, genauso wie für Ausgaben in den Bereichen Forschung und Entwicklung sowie Bildung und Ausbildung.

Im Vergleich mit den größten Konkurrenten schneidet die deutsche Wirtschaft in unterschiedlichen Technologiebereichen noch gut ab. Deutschland lag im Welthandel mit forschungsintensiven Waren 1993 mit 16 Prozent hinter Japan und den USA (Übersicht 15). Gemessen an den Jahren 1970 und 1980 hat sich die Position der deutschen Wirtschaft bei den Hochtechnologien leicht verschlechtert.

Bei den mittleren und niedrigen Technologien ist Deutschland stärker als die beiden Hauptkonkurrenten. Als Hypothek für die Zukunft lastet auf der deutschen Wirtschaft der technologische Rückstand in den Branchen, die ein hohes oder sehr hohes Wachstum aufweisen. Dazu zählen: Bio- und gentechnische Produkte, Informationstechnik, Telekommunikation, Software und Optoelektronik. Aber abgesehen davon, daß Deutschland in einigen dieser Industrien in den letzten Jahren merkbar aufholen konnte, muß bei der Einschätzung der Zukunft dieser Sektoren das zu erwartende Marktpotential berücksichtigt werden. So hören sich Wachstumsraten von rund 30 Prozent für Biotechnologie-Produkte zunächst beeindruckend an, relativieren sich aber vor dem Hintergrund absoluter Zahlen. Der europäische Chemieverband schätzte den Weltmarkt für Biotechnologie Anfang der neunziger Jahre auf 6 bis 6,5 Mrd. Dollar. Im Jahr 2000 soll der Weltmarkt für Gentechnik nach aktuellen Schätzungen kaum mehr als 30 Mrd. Dollar umfassen. Zum Vergleich: Der langsamer wachsende Markt für Umwelttechnologien, auf dem Deutschland mit den USA führt, wird im Jahr 2000 voraussichtlich mit 870 Milliarden DM ein Vielfaches davon ausmachen.

Welche Technologien die besten Zukunftsaussichten haben, ist schwer voraussehbar. Daß eine führende Rolle in den Spitzentechnologien bestimmend für den wirtschaftlichen Erfolg eines Landes ist, kann aus den Erfahrungen der Vergangenheit nicht gefolgert werden. In den Hochtechnologien war die deutsche Wirtschaft selten führend. Ihr besonderes Talent lag vielmehr darin, technologisches Wissen – das eigene und das anderer Nationen – intelligent anzuwenden und auf diese Weise »beträchtliche Innovationsrenditen« zu erwirtschaften. Die Grundlage für diese Fähigkeit dürfte in der unvergleichlichen Breite und Vielfalt technologischer Kompetenz (Übersicht 16) liegen. Sie erhöht die Widerstandskraft einer Volkswirtschaft und verringert das Risiko, in das man sich begibt,

Land	Hoch-technologie	Mittlere Techno-logie	Niedrige Tech-nologie	Arbeits-intensiv	Skalen-intensiv	Wissens-basiert
Jahr						

Außenhandelsspezialisierung
von Deutschland, Japan und den USA – RCA-Werte 1970–1992

Land / Jahr	Hoch-technologie	Mittlere Technologie	Niedrige Technologie	Arbeits-intensiv	Skalen-intensiv	Wissens-basiert
Japan						
1970	124	78	114	139	123	66
1980	130	106	75	73	151	56
1992	144	114	46	52	115	102
Deutschland						
1970	97	125	76	95	109	84
1980	95	117	80	89	119	88
1992	82	119	85	95	113	76
USA						
1970	159	110	64	48	89	206
1980	160	106	70	80	79	204
1992	151	99	74	62	82	178

Erklärung:
RCA = Exportanteil eines Landes innerhalb einer Gütergruppe an den Gesamtexporten aller OECD-Staaten dieser Gütergruppe zu dem Exportanteil eines Landes an den Gesamtexporten des Verarbeitenden Gewerbes aller OECD-Länder.

Beispiel:
Der Anteil Japans an den OECD-Exporten von High-Tech-Gütern war 1992 um 44 Prozent höher als der japanische Anteil an den Gesamtexporten aller OECD-Länder im Verarbeitenden Gewerbe.

Quelle: OECD.

wenn man sich auf eine Auswahl von Hochtechnologien oder sogenannten Zukunftstechnologien spezialisiert.

Außerdem läßt sich auch mit einfachen oder mittleren Technologien viel Geld verdienen. Wenn deutsche Technologie fähig ist, einen Mann auf den Mond zu schicken, hebt das nicht den Lebensstandard der Bundesbürger. Wenn dagegen mit einfacher Technik hergestelltes deutsches Bier mit großem Gewinn im Ausland verkauft wird, bringt das Arbeitsplätze und Einkommen. Das fand auch die Steinbeis-Stiftung für Wirtschaftsförderung heraus, die kürzlich eine Studie über erfolgreiche Unternehmen vorstellte. Dabei habe sich gezeigt, daß sogar bei der Anwendung alter Technologien die Wertschöpfung hoch sein könne. Wichtig sei die optimale Kombination alter und neuer Technologien und die Ausrichtung der vorhandenen Technologien auf die Wünsche der Kunden und ihre Bedürfnisse.

Die Stärke der deutschen Wirtschaft gründet auf ihrer technologischen Vielfalt. Darauf sollte die Bundesrepublik auch in Zukunft bauen. Sie sollte ihre technologische Leistungsfähigkeit auf breiter Basis verbessern. Die Wirtschaft muß verstärkt Forschung betreiben und neue Technologien entwickeln. Der Staat hat beides zu unterstützen, indem er die entsprechende Grundlagenforschung gewährleistet und anwendungsbezogene Forschung fördert.

Aber genau an dieser Zukunftsvorsorge mangelt es heute. Nicht nur der Staat, sondern auch die Wirtschaft hat ihre Forschungsausgaben erheblich zurückgefahren. Im OECD-Vergleich liegt Deutschland mit einem Anteil der Forschungsausgaben am Bruttosozialprodukt von 2,34 Prozent nur an sechster Stelle. Der Anteil der Forschungsausgaben am öffentlichen Gesamthaushalt fiel von 3,3 Prozent im Jahr 1982 auf 2,6 Prozent im Jahr 1994. Besonders starke Einbußen mußte das »Zukunftsministerium« hinnehmen, dessen Haushalt sich überproportional verringerte: Wurden 1982 noch 4,7 Prozent der Bundesausgaben in die Forschung investiert, waren es 1995 nur 3,4 Prozent. Wie aber soll die Forschungs- und Innovationsmüdigkeit der Wirtschaft überwunden werden, wenn der Staat gleichzeitig seine Anstrengungen massiv zurückführt. Hinzu kommt, daß die Arbeitnehmer und die ohnehin eher konservativen deutschen Konsumenten, von Standortdebatte und Spardiskussion verunsichert, Veränderungen und Innovationen gegenüber wenig offen sind. Technologische Zukunftsfähigkeit aber bedarf nicht nur aufgeschlossener Unternehmer und eines investitionsfreundlichen und unbürokratischen Staates. Mehr denn je hängt Innovation von einer motivierten Arbeitnehmerschaft und von Konsumenten ab, die ihre Konsum- und Lebensgewohnheiten zu ändern bereit sind und die Chancen von Neuerungen erkennen.

Deutschland braucht eine Innovationsoffensive. Ohne sie werden die wirtschaftlichen und die drängenden beschäftigungspolitischen, sozialen und ökologischen Probleme nicht gelöst. Gefordert ist das gemeinsame Handeln aller beteiligten Gruppen.

Die Wirksamkeit von Innovationsprozessen kann verbessert werden, wenn neue Produkte den Wünschen und Bedürfnissen der Kunden entsprechend entwickelt werden. Kunden- und dienstleistungsorientiertes Denken muß das Handeln der Unternehmen bestimmen. Die Ergebnisse des Deutschen Kundenbarometers 1996 haben gezeigt, daß die Kunden in Deutschland so unzufrieden sind wie nie zuvor. Immer weniger fühlen sie sich an deutsche Marken und Unternehmen gebunden. Beim Kauf von Gütern gewinnt deshalb zunehmend der Preisvergleich die Oberhand. Davon profitieren mehr und mehr ausländische Unternehmen. Die deutsche Wirtschaft könnte die internationale Konkurrenz leicht ausstechen, wenn sie den Kunden respektierte und wieder »wie einen König« behandelte.

Innovationen gewinnen an Schnelligkeit und Treffgenauigkeit, wenn parallel und interdisziplinär geforscht und eine rechtzeitige Kommunikation zwischen Wirtschaft, Wissenschaft, Politik und Gesellschaft gesucht wird. Wichtig ist es, das Ideenpotential der Mitarbeiter auf allen Ebenen des Betriebs für Innovationen zu nutzen. Bildung und Ausbildung der Beschäftigten müssen ständig verbessert werden. Zu ihrer Motivation bedarf es des Abbaus von Hierarchien, besserer Information und Kommunikation zwischen verschiedenen Ebenen und erweiterter Mitsprache und Beteiligung aller Arbeitskräfte. Internationale Erfahrungen zeigen, daß die Arbeitsfreude und das Wohlbefinden der Mitarbeiter, die Sinnhaftigkeit der Arbeit und das visionäre und von Optimismus geprägte Denken der Führung die Innovationskraft eines Unternehmens fördern. Entsprechend müssen Störquellen sowie tägliche Ärgernisse beseitigt werden, will man Arbeitsergebnisse optimieren und das Kreativitätspotential der Mitarbeiter ausschöpfen. Rationalisierung verbunden mit Entlassungen laufen allen Bemühungen zu Erneuerung und Aufbruch zuwider. Wenn McKinsey mit seiner Abbaureligion in einem Unternehmen angekündigt wird oder der Mensch »als Kosten auf zwei Beinen« bezeichnet wird, ist die Motivation der Mitarbeiter dahin.

Erfolgreiche amerikanische Unternehmen setzen Innovationsmanager ein, die von der Idee eines neuen Produktes über seine Entwicklung bis zur Umsetzung einschließlich der Markteinführung verantwortlich sind. Sie sind diejenigen, die den Innovationsprozeß managen und nach Möglichkeit beschleunigen sowie gleichzeitig die Mitarbeiter »mitziehen« und für das Projekt begeistern. Sind die Arbeitnehmer am Vermögen des Unternehmens beteiligt oder profitieren sie vom Erfolg eines Projektes finanziell, dann erleichtert das nachweislich ihr Engagement. Dies ist ein Grund mehr, die Beteiligung der Arbeitnehmer am Produktivvermögen umzusetzen.

Die Unternehmenskultur muß dahingehend geändert werden, daß möglichst viele Beschäftigte sich als »Unternehmer im Unternehmen« verstehen und entsprechend handeln. Wenn die Führung in Zukunft die Verantwortung der Arbeitnehmer für den Erfolg des Unternehmens einklagen soll, dann müssen die Mitarbeiter an den Entscheidungsprozessen beteiligt sein. Führungskräfte sind dann Koordinatoren von selbständig und selbstverantwortlich arbeitenden Mitarbeitern und Teams. Eine solche Arbeitsweise setzt natürlich ein gemeinsames Verständnis von Zielen und dem jeweiligen Leistungsbeitrag der Beschäftigten voraus. Dieses kommt nur auf der Basis eines ständigen Informations- und Meinungsaustauschs zustande.

Hierarchieabbau und Dezentralisierung von Entscheidungen werden zum Verlust von Macht und Privilegien führen. Das erschwert den notwendigen Umbau. Die Änderung der Unternehmenskultur ist deshalb nur von den Unternehmensführungen in Absprache mit den betrieblichen Arbeitnehmervertretungen durchzusetzen. Sie können sich dabei von den Gewerkschaften unterstützen lassen. Diese haben bereits Anfang der achtziger Jahre mit dem Konzept der Qualitätszirkel Vorschläge für die optimale Nutzung der Kreativität, des Innovations- und Leistungspotentials der Mitarbeiter vorgelegt.

Der Staat hat die vorrangige Aufgabe, das Innovationsklima in Deutschland zu verbessern. Die Kostensenkungs- und Rationalisierungsbemühungen der Unternehmen sollte der Staat nicht unnötigerweise unterstützen, indem er den Abbau von Personal durch Änderungen des Arbeits- und Sozialrechts und die Aufhebung des Kündigungsschutzes vereinfacht und verbilligt.

Das dringendste, was die Wirtschaft braucht, ist ein höheres und stetiges Wirtschaftswachstum. Privatwirtschaftliche Investitionen und insbesondere risikobehaftete Innovationen bedürfen außerdem klarer Planungsgrundlagen. Daran mangelt es entschieden. Steuergesetzgebung und Ordnungsrecht müssen für die Wirtschaft kalkulierbar sein. Die im Zuge der europäischen Einigung notwendige Anpassung des deutschen Wettbewerbsrechts muß den funktionierenden Wettbewerb im Inland erhalten und in Europa herstellen. Denn Wettbewerb im Inland ist ein konstituierendes Element für Konkurrenzfähigkeit nach außen. Davon sollte die Europäische Union überzeugt werden.

Die öffentlichen Investitionen für Infrastruktur, Forschung und Technologie sowie Bildung und Ausbildung sind zu erhöhen. Die Orientierungslosigkeit in der Forschungspolitik sollte eindeutigen Zielsetzungen weichen, die an der Lösung von praktischen Problemen wie Umweltverschmutzung, Ressourcenschonung und Gesundheitsschutz orientiert sind. Der Staat kann genauso wenig wie die Wirtschaft voraussehen, welche Technologien sich in Zukunft durchsetzen und welche nicht. Seine Aufgabe besteht deshalb nicht darin, sich unwiderruflich auf Einzelprojekte festzulegen, sondern die Richtung der angestrebten Entwicklung vorzugeben.

Wenn Forschungsprojekte an der Umsetzung scheitern, müssen sie unverzüglich abgebrochen werden. Das kostenträchtige Weiterschleppen von Forschungsruinen verhindert Investitionen in zukunftsträchtigere Branchen. Der Technologietransfer muß verbessert werden, indem die Forschungspolitik die Innovationsförderung bis zur Marktdurchdringung miteinschließt. Das wäre insbesondere für kleinere und mittlere Betriebe sowie neugegründete technologieorientierte Unternehmen von Bedeutung. Letztere müssen verstärkt durch Risikokapital unterstützt werden. Außerdem ist zu überlegen, wie das persönliche Risiko des Unternehmensgründers verringert werden kann. Ähnlich dem Elternurlaub könnte man an die Einführung eines »Unternehmensgründungsurlaubs« denken, der einem gründungswilligen Arbeitnehmer die Möglichkeit gibt, zeitlich befristet und mit Rückkehrrecht aus dem Arbeitsverhältnis auszusteigen, um die Selbständigkeit zu erproben.

Die Forschungspolitik ist zu sehr auf Großforschungseinrichtungen und Großunternehmen ausgerichtet. Das mindert ihre Effizienz. Um eine breitere Palette von Forschungseinrichtungen und Innovationsträgern zu erreichen, sollte die projektorientierte Forschungspolitik schrittweise auf eine steuerliche Forschungsförderung und Personalkostenzuschüsse umgestellt werden. Damit könnten kleine und mittlere Unternehmen, die nach wie vor am innovativsten sind, besser als heute erreicht werden. Personalkostenzuschüsse würden dazu beitragen, in dem arbeitsintensiven Bereich der Forschung und Entwicklung den Trend zum Arbeitsplatzabbau zu stoppen. Dadurch könnte man verhindern, daß Forschungen ins Ausland verlegt werden und Wissenschaftler, Entwickler und Ingenieure abwandern. Das Patentrecht muß vereinfacht und vor allem verbilligt werden. Noch ist Deutschland als Forschungsstandort, auch für das Ausland, attraktiv. Es bedarf aber weiterer Anstrengungen, um Forschungseinrichtungen in Deutschland anzusiedeln. Denn in einem Hochlohnland wie der Bundesrepublik werden die produktiven Arbeitsplätze in der Forschung und Entwicklung immer unverzichtbarer.

Der Erfolg von Innovationen hängt immer mehr von der Beschleunigung der Innovationsprozesse ab. Die Qualifikation der Arbeitnehmer und Arbeitnehmerinnen und ihre Motivation bestimmen auch Güte und Schnelligkeit von Innovationen. In der Qualität der Arbeitskräfte liegt eine der Stärken der deutschen Wirtschaft, die zu erhalten und zu verbessern ist.

Für die Beschleunigung der Innovationsprozesse spielt die zeitliche Verfügbarkeit der mit den Projekten befaßten Arbeitskräfte eine große Rolle. Ihre Arbeitszeit sollte deshalb projektorientiert gestaltet und im Einvernehmen zwischen Arbeitgeber und Arbeitnehmer vereinbart werden können. Die Grundlagen dafür müßten Tarifverträge schaffen, in denen Arbeitszeiten über mehrere Jahre hinweg festgelegt werden. Der Forscher könnte zum Beispiel in zweijähriger intensiver Arbeit ein Projekt abschließen und anschließend ein halbes Jahr pausieren.

Entbürokratisierung und die Beschleunigung von Genehmigungsverfahren würden die Forschungstätigkeit und Innovationsbereitschaft der Unternehmen fördern. Die herrschenden gesetzlichen Regelungen sollten durchforstet und vereinfacht werden. Hinsichtlich der Notwendigkeit von Genehmigungsverfahren wäre zu prüfen, inwieweit diese durch privatrechtliche, insbesondere versicherungsrechtliche Lösungen ersetzt werden können.

Für die internationale Wettbewerbsfähigkeit einer Volkswirtschaft sind Quantität und Qualität der inländischen Nachfrage ein wichtiger Einflußfaktor. Auch Innovationen müssen von der Nachfrage getragen werden. Ein Investor wird nur dann ein neues Produkt auf den Markt bringen, wenn er es verkaufen kann und dabei eine Rendite erwirtschaftet, die das Risiko lohnt. An Innovationsimpulsen von den Märkten fehlt es heute nicht nur wegen der allgemeinen Krisenstimmung in Deutschland. Erneuerungen durchzusetzen ist grundsätzlich schwierig. Neuerungen »vollziehen sich in der Wirtschaft doch in der Regel nicht so, daß erst neue Bedürfnisse spontan bei den Konsumenten auftreten und durch ihren Druck der Produktionsapparat umorientiert wird . . ., sondern so, daß neue Bedürfnisse den Konsumenten von der Produktionsseite her anerzogen werden, so daß die Initiative bei der letzteren liegt . . .«, wie Schumpeter schon 1934 feststellte.

Bringen die Unternehmen tatsächlich ein neues Produkt auf den Markt, heißt das aber noch lange nicht, daß die Verbraucher es auch annehmen: Einige Autohersteller produzieren inzwischen energiesparende kleine Autos. Sie mußten jedoch die Erfahrung machen, daß die so umweltbewußte deutsche Bevölkerung dieses Angebot nicht im erhofften Maße annimmt. Benzin ist relativ billig. Solange man es sich finanziell leisten kann, hält man an seinen Gewohnheiten fest und kauft das komfortablere, prestigeträchtige, größere Auto. Zwischen Umweltbewußtsein und Konsumverhalten klaffen Welten. Das wird solange der Fall sein, wie sich umwelt- oder sozialgerechtes Verhalten aus der Sicht der Produzenten und Verbraucher nicht rechnet. Auch aus gesamtgesellschaftlicher Sicht sinnvolle innovative Produkte fallen den individuellen Nutzen-Kosten-Überlegungen zum Opfer.

Deshalb muß der Staat die Innovationsbemühungen der Wirtschaft unterstützen, indem er durch seine Politik den Absatz neuer Produkte und Dienstleistungen fördert. Dies gilt insbesondere dann, wenn es sich um die Herstellung einer »frühen Inlandsnachfrage« handelt. Die Unternehmen eines Landes können gegenüber dem Ausland Wettbewerbsvorteile erzielen, wenn die Kaufgewohnheiten der inländischen Verbraucher die der ausländischen Konsumenten vorwegnehmen. Die Einführung des Katalysators, bei der Deutschland Vorreiter in Europa war, ist dafür ein Beispiel.

Produkte, Dienstleistungen und Produktionsprozesse, die Ressourcen und Energie sparen und deren Herstellung und Verbrauch die Umwelt schonen, werden in Zukunft in nahezu allen Ländern der Welt Interessenten finden und auf eine kaufkräftige Nachfrage stoßen. Damit die deutschen Unternehmen dann im Wettbewerb die Nase vorn haben, sollte der Staat schon jetzt für eine entsprechende inländische Nachfrage nach diesen Gütern sorgen. Zum einen durch die Beschaffungspolitik der öffentlichen Hand und zum zweiten durch die Veränderung geltender Wirtschaftsdaten, das heißt der Preise, und – soweit notwendig – gesetzlicher Bestimmungen. Ziel muß dabei sein, die sozialen und ökologischen Kosten des Wirtschaftens zu internalisieren. Die Marktpreise müssen nicht nur die einzelwirtschaftlichen, sondern auch die volkswirtschaftlichen Kosten der Produktion und des Konsums eines Gutes widerspiegeln. Und zwar für die Hersteller genauso wie für die Verbraucher.

Die schrittweise Einführung dieser »echten Marktpreise« wird einen Innovationsprozeß in Gang setzen. Er führt in das Zeitalter der ökologischen Dienstleistungsgesellschaft.

Fazit

Die deutsch-deutsche Währungsunion hatte einen Einbruch in der westdeutschen Handelsbilanz und Leistungsbilanz zur Folge. Die Defizite im Außenhandel wurden von Unternehmensverbänden, einigen Managern und Politikern als Schwäche des Wirtschaftsstandorts Deutschland gedeutet. Forderungen nach Kostensenkungen und dem Abbau des Sozialstaats waren die Konsequenz.

Die Analyse der wirtschaftlichen und sozialen Situation in Deutschland weist auf keine besondere Standortproblematik für Deutschland hin. Im Gegenteil: Trotz hoher Löhne, kurzer tariflicher Arbeitszeiten und einem hohen Niveau sozialer Sicherung ist die deutsche Wirtschaft wettbewerbsfähiger als fast alle anderen Volkswirtschaften. Unter den weltweit größten Exportnationen rangiert Deutschland hinter den USA an zweiter Stelle. Pro Kopf gerechnet ist sie unter den großen Industrienationen mit weitem Abstand Exportweltmeister. Das Plus im deutschen Außenhandel lag 1997 bei 130 Mrd. DM. Zum Vergleich: Das Minus der USA belief sich im selben Jahr auf über 140 Mrd. Dollar.

Daß die deutsche Wirtschaft in den letzten Jahren verstärkt im Ausland investiert, ist zu befürworten. Im Verhältnis zu den anderen großen Industrienationen litt Deutschland bis vor kurzem unter einem Investitionsdefizit im Ausland. Will sie weiterhin alle

Chancen nutzen, muß sie auf den ausländischen Märkten präsent sein. Auslandsinvestitionen dürfen, solange sie sich in Grenzen halten, nicht als Standortschwäche Deutschlands fehlinterpretiert werden. Vielmehr dienen sie dazu, langfristig die Exporte zu sichern und gut bezahlte Arbeitsplätze in Deutschland zu erhalten und zu schaffen.

An den Direktinvestitionen aus dem Ausland ist Deutschland in den letzten Jahren nur in geringem Maße beteiligt. Nur in Japan engagieren sich noch weniger Investoren. Ob das Auslandsinteresse ausbleibt, weil die Konjunktur lahmt oder weil die angebotsorientierten Standortbedingungen in Deutschland tatsächlich weniger attraktiv sind als in anderen Ländern, darüber gehen die Meinungen auseinander.

Die deutsche Wirtschaft blieb trotz verstärkten Drucks aus dem Ausland bis heute wettbewerbsfähig, weil sie ihre Produktivität weiter erhöhen konnte und die Lohnstückkosten in Landeswährung weniger schnell stiegen als in anderen Industrieländern. Allerdings wirkte sich die mit der starken Exportorientierung der deutschen Wirtschaft begründete forcierte Rationalisierung zu Lasten der Arbeitsplätze aus. Die Kosten des Arbeitplatzabbaus haben die Unternehmen auf den Staat und die sozialen Sicherungssysteme abgewälzt.

Eine zu einseitig auf Rationalisierung ausgerichtete Unternehmensstrategie, die vom Staat durch Unternehmenssteuersenkungen und Sozialabbau unterstützt wird, bietet weder der Wirtschaft noch der Gesellschaft eine dauerhafte Perspektive. Ihre Kosten sind für beide zu hoch. Um im internationalen Wettbewerb auch langfristig bestehen zu können, müssen die Unternehmen wieder mehr auf Wachstum und Innovation setzen.

Der Staat hat die Voraussetzungen dafür zu schaffen, daß die gegenwärtige Innovations- und Investitionsschwäche überwunden wird. Die Wirtschaft braucht wieder einen ordnungspolitischen Rahmen, der klar und mittel- bis langfristig kalkulierbar ist. Finanzpolitik, Geld- und Währungspolitik sind auf ein hohes und stetiges Wachstum und eine gleichmäßige Konjunktur auszurichten. Öffentliche Investitionen in Infrastruktur, Forschung und Technologie sowie Bildung und Ausbildung müssen erhöht, die Forschungs- und Technologiepolitik zielgenauer und wirksamer gestaltet werden.

Der Staat sollte so wenig wie möglich in das Wirtschaftsgeschehen eingreifen. Dort, wo der Markt versagt, ist sein Handeln aber dringend geboten. Außerdem muß er die Richtung zukünftiger gesellschaftlicher Entwicklung vorgeben. Dazu bedarf es eines breiten gesellschaftlichen Konsenses. Die Bürger wollen, daß Wettbewerbsfähigkeit und Leistungsfähigkeit des Standorts erhalten bleiben, Arbeitsplätze geschaffen und Wirtschaft und Umwelt versöhnt werden.

Die ökologische Dienstleistungsgesellschaft bietet dazu die Chance.

» Wahrer Reichtum besteht nicht im
Besitz, sondern im Genießen. «
Ralph Waldo Emerson,
amerikanischer Philosoph
(1803–1882)

V. Kapitel

Arbeit und Umwelt versöhnen
Die ökologische Dienstleistungsgesellschaft

Das »eigentliche« Thema der Globalisierung ist der Umweltschutz.
Es besteht kein Zweifel daran, daß eine Reihe von schwerwiegenden Umweltproblemen wie der Erhalt der Ozonschicht oder der
Schutz des Klimas für alle Länder der Welt von großer Bedeutung
sind und nur gemeinsam gelöst werden können. Trotz internationaler Vereinbarungen fällt es vielen Ländern schwer, die von ihnen geforderten Maßnahmen zur Verbesserung der Umweltbedingungen
umzusetzen. Das gilt auch für Deutschland.

Wenn die deutsche Bevölkerung in ihrer Mehrheit vor den umfassenden Reformen zurückschreckt, die notwendig sind, die Arbeitslosigkeit zu beseitigen und zu einer umweltverträglichen Wirtschaftsweise zu gelangen, mag dies daran liegen, daß sie in den
letzten Jahren wirtschaftlich und finanziell zu stark belastet wurde.
Zu groß ist die Angst der Menschen, den erreichten Wohlstand und
die vorhandene Lebensqualität zu verlieren.

Schuld am Zukunftspessimismus der Menschen ist auch die verfehlte Politik der Regierung Kohl. Mit ihrer Einschätzung der Kosten der deutschen Einheit täuschte sie sich und die Bundesbürger.
Um diesen Irrtum zu kaschieren und die Steuern nicht über Gebühr
zu erhöhen, wurde ein großer Teil der notwendigen Transfers in den
Osten über die Sozialkassen finanziert. Der Anstieg der Lohnnebenkosten verteuerte abrupt die Arbeitskosten. Die Unternehmen

reagierten mit zunehmender Rationalisierung. Entlassungen und eine rasant ansteigende Arbeitslosigkeit waren die Folge. Der Druck auf die Sozialkassen wuchs.

Die Regierung Kohl täuschte die Arbeitnehmer und Arbeitnehmerinnen auch damit, daß sie behauptete, die Deutschen lebten über ihre Verhältnisse. Angesichts der Globalisierung der Wirtschaft und des wachsenden Wettbewerbsdrucks aus dem Ausland könne das erreichte Niveau sozialer Leistungen nicht aufrechterhalten werden. Indem sie in der Standortdebatte bis vor kurzem in das gleiche Horn stieß wie die Wirtschafts- und Unternehmensverbände, schürte sie die Angst vor weiterer Arbeitslosigkeit und Wohlstandsverlusten.

Tatsächlich gehört der Standort Deutschland mit seiner sozialen Ausgestaltung aber zu den leistungsfähigsten der Welt. Außerdem wurden in den achtziger Jahren die sozialen Leistungen erheblich abgebaut. Die Sozialversicherungen befanden sich danach auf einem Konsolidierungspfad: Zwischen 1982 und 1991 fiel die Sozialleistungsquote in der alten Bundesrepublik von 33,4 auf rund 29 Prozent und pendelte sich danach bei 30 Prozent ein. Hingegen erreicht sie in Ostdeutschland ein Niveau von 60 Prozent. Ohne die Finanzierung der deutschen Einheit könnten die Beiträge zu den Sozialversicherungen um 4 Beitragspunkte niedriger liegen.

Neben dem Versagen, die wirtschaftlichen und sozialen Folgen der Wiedervereinigung zu bewältigen, fehlt der Bundesregierung jegliche Vorstellung einer zukunftsfähigen Entwicklung der deutschen Gesellschaft. Sogar die Industrie bemängelt fehlende »visionäre Kraft« und klare Richtungsweisungen durch die Politik.

Mit einer Politik des Auf-der-Stelle-Tretens, die sozialen Rückschritt mit sich bringt, werden die bestehenden Probleme nicht gelöst, sondern immer größer. Die Reformunwilligkeit der Bürger dürfte sich über das vorhandene Maß hinaus verstärken und in eine reine Abwehrhaltung münden. So weit darf es nicht kommen. So weit muß es auch nicht kommen. Denn Alternativen zur heutigen Politik sind vorhanden. Und die Bürger werden sich von ihnen überzeugen lassen, je mehr sie das Scheitern der aktuellen Politik erkennen.

Deutschland muß den Aufbruch in die Moderne wagen: mit dem Sprung in die ökologische Dienstleistungsgesellschaft. Mit ihr lassen sich Arbeit und Umwelt versöhnen, ohne daß der Wohlstand eingeschränkt werden muß und es zu Einbußen bei der Lebensqualität kommt.

Ökonomie ist Ökologie: Das wirtschaftliche Prinzip

Der »angebliche« Widerspruch von Wirtschaft und Umwelt wird gerade in letzter Zeit wieder stärker ins Gespräch gebracht. Maßnahmen zum Schutz der Umwelt werden zurückgestellt und als überflüssiger Luxus abgetan, weil sie die Produktionskosten erhöhen und die Wettbewerbsfähigkeit deutscher Produkte auf dem Weltmarkt verschlechtern. Auch die Verbraucher greifen angesichts sinkender Reallöhne zunehmend zu vermeintlich billigeren, die Umwelt aber stärker belastenden Produkten. In dem Maße, in dem Arbeitslosigkeit und Sozialabbau bei der Bevölkerung an Bedeutung gewinnen, nimmt der Stellenwert der Umweltproblematik in ihrem Bewußtsein ab.

Von Ökologen wurde oft behauptet, daß ein Widerspruch zwischen Wirtschaftswachstum und Umweltschutz bestünde. Weil zunehmender Wohlstand mit erhöhter Ausbeutung und Belastung der Umwelt verbunden sei, müsse materieller Verzicht zugunsten des Schutzes der Natur geleistet werden.

Ebenso verbreitet ist die Auffassung, Umweltschutz koste Arbeitsplätze. So stießen Umweltverbände und Politiker, die schärfere Umweltgesetze forderten, in der Vergangenheit nicht nur auf den vehementen Widerstand von Unternehmern, sondern auch von Betriebsräten und Gewerkschaften.

Tatsächlich besteht der Widerspruch zwischen Wirtschaft und

Umwelt – wenn überhaupt – nur auf einzelwirtschaftlicher Ebene. Einzelne Unternehmen können zur Einschränkung ihrer Produktion und zum Abbau von Arbeitsplätzen gezwungen sein, wenn Umweltauflagen die Produktionskosten zu sehr in die Höhe treiben. In einer Marktwirtschaft findet allerdings immer ein Strukturwandel statt, bei dem die einen Unternehmen vom Markt verschwinden und andere entstehen. Entscheidend ist, daß die Wirtschaft insgesamt wächst und netto Arbeitsplätze geschaffen werden.

Das wird in einer ökologisch orientierten Marktwirtschaft der Fall sein. Sie ist volkswirtschaftlich vernünftig, beschäftigungspolitisch sinnvoll und für den Großteil der Unternehmen gewinnbringend.

Arbeitsproduktivität versus Ressourcenproduktivität

Die Volkswirtschaftslehre umfaßt auch den Bereich der Umwelt. Das ökonomische Prinzip, das heißt der Grundsatz des vernünftigen wirtschaftlichen Handelns, bedeutet: Ein bestimmter Erfolg oder Zweck wird mit dem geringstmöglichen Mitteleinsatz erzielt (Minimalprinzip) oder mit einem bestimmten Mitteleinsatz wird der größtmögliche Erfolg (Maximalprinzip) zu erreichen versucht.

Zur Herstellung von Gütern und Dienstleistungen braucht man einerseits Rohstoffe und Energie, andererseits Arbeitskraft. Dem wirtschaftlichen Prinzip entsprechend müßte man bestrebt sein, möglichst wenig Rohstoffe, Energie und Arbeit einzusetzen, um ein Produkt herzustellen. Bislang haben sich die Industrienationen darum bemüht, die Produktivität der Arbeit zu erhöhen. Dabei waren sie sehr erfolgreich. Allerdings erfolgte dies teilweise zu Lasten eines höheren Einsatzes von Energie und Rohstoffen und damit auf Kosten der Umwelt.

Wenn in der Vergangenheit das Hauptaugenmerk auf einen möglichst sparsamen Umgang mit der menschlichen Arbeitskraft gerichtet war, hatte dies durchaus seine Berechtigung. Schließlich bewegte sich die materielle Versorgung der Bevölkerung früherer Jahrhunderte auf einem niedrigen Niveau. Insbesondere zu Beginn der Industrialisierung mußten die Arbeiter und Arbeiterinnen ein enormes Pensum hinter sich bringen, um das Überleben zu sichern. Der Arbeitstag dauerte oft 14 Stunden oder noch mehr, und das an sechs bis sieben Tagen in der Woche.

Die Steigerung der Arbeitsproduktivität hat ermöglicht, daß heute viele Menschen in Wohlstand leben und gleichzeitig die niedrigsten Arbeitszeiten der letzten Jahrhunderte genießen können.

Aus mehreren Gründen scheint nun der Zeitpunkt gekommen, die forcierten Bemühungen um den effizienten Einsatz des Produktionsfaktors Arbeit auf den sparsamen Umgang mit natürlichen Ressourcen zu verlagern. Dabei geht es selbstverständlich nicht darum, die durch den technischen Fortschritt entstehenden Steigerungen der Arbeitsproduktivität zu bremsen. Vielmehr geht es darum, einen darüber hinausreichenden Rationalisierungsdruck zu vermeiden. Denn die Arbeitslosigkeit ist hoch. Ein Mangel an Arbeitskräften besteht weder in Deutschland noch anderswo. Der Wunsch der Arbeitnehmer und Arbeitnehmerinnen nach spürbaren Arbeitszeitverkürzungen ist zwar vorhanden, aber eher gering. Unter sonst gleichen Bedingungen wird die weitere Rationalisierung der Arbeit zu höherer Arbeitslosigkeit mit entsprechend hohen gesellschaftlichen Kosten führen. Die Steigerung der Arbeitsproduktivität durch die Einsparung von Arbeitskräften ist derzeit eher unwirtschaftlich und deshalb auch weniger dringend.

Im Gegensatz zum Überfluß an Arbeitskräften herrscht eine Knappheit an Rohstoffen und Energie. Das gilt insbesondere, wenn der wachsende Bedarf von Entwicklungs- und Schwellenländern und der Bedarf zukünftiger Generationen berücksichtigt werden. Die heutigen Marktpreise für Energie und Rohstoffe werden diesen Knappheitsverhältnissen nicht gerecht. Sie sind zu niedrig. Auch die Preise des Ge- und Verbrauchs von Gütern sowie für die Entsorgung von Abfällen spiegeln selten die vollen Kosten der Umweltverschmutzung wider.

Ein verantwortungsvoller Umgang mit der Natur erfordert, daß die Wirtschaft auf einen Entwicklungspfad gebracht wird, der ökologisch zukunftsfähig und dauerhaft ist. Die heute lebenden Generationen dürfen die Lebenschancen ihrer Kinder nicht einschränken, indem sie die Natur über Gebühr ausbeuten oder langfristig durch Verschmutzung belasten. Nachhaltiges Wirtschaften muß sicherstellen, daß das Umweltkapital auch zukünftigen Generationen erhalten bleibt. Dazu gehören

- der Schutz von Klima und der Erhalt der Ozonschicht,
- die Sicherung der biologischen Vielfalt und der Schutz der Wälder,
- der Erhalt der Bodenqualität und
- der Schutz der Weltmeere.

Stand in den ersten Jahren der Umweltdiskussion hauptsächlich die Endlichkeit der Rohstoffe und Energiequellen im Vordergrund, wie im ersten Bericht des Club of Rome, so rückte in jüngster Zeit zunehmend die begrenzte Aufnahmefähigkeit der Natur für Schadstoffe und Abfall in das Bewußtsein der Menschheit. Ob es sich um das Ozonloch handelt, den Treibhauseffekt, die Überdüngung von Gewässern, das Waldsterben oder die Gefahren durch bodennahes Ozon, die Grenzen der Belastbarkeit der Umwelt sind täglich erfahrbar.

Politisches Handeln ist gefordert. Mit den internationalen Vereinbarungen zum Schutze des Klimas hat die Weltbevölkerung ihren Willen zum Umdenken bekundet. Aber werden die Industrieländer, die überdurchschnittlich an Verbrauch und Belastung von Umwelt und Natur beteiligt sind, zum Beispiel die geplanten Minderungen des Ausstoßes von Kohlendioxid umsetzen? Deutschland zumindest kann nach dem jetzigen Stand der Dinge das vereinbarte Ziel, den CO_2-Ausstoß bis zum Jahre 2005 um 25 Prozent gegenüber 1990 zu senken, nicht erreichen.

Nach Berechnungen der Wirtschaftsforschungsinstitute RWI und Ifo steigt allein der CO_2-Ausstoß im Straßenverkehr, der mit einem Fünftel an den gesamten CO_2-Emissionen beteiligt ist, bis 2005 um ein Viertel. Nur wenn die Umweltnormen verschärft und der Treibstoffverbrauch spürbar vermindert werden, kann Deutschland die Klimaschutzvereinbarungen noch erfüllen.

Mit Maßnahmen wie diesen wären vielleicht die akuten, sichtbaren Umweltprobleme zunächst zu lösen. Aufgrund der Vielfalt und Komplexität der Natur kann die Menschheit aber weitere, durch ihr Handeln bedingte Risiken für die Umwelt nicht ausschließen. Immerhin existieren in den industriellen Gesellschaften mehr als 100.000 chemische Produkte, deren Wirkungen heute noch gar nicht zu überblicken sind. Außerdem läßt sich der Umgang mit giftigen Stoffen und Abfällen nicht zuverlässig kontrollieren. Es besteht zu der Vermutung Anlaß, daß zumindest Teile der Entsorgungswirtschaft mehr Interesse am Geschäft mit dem Abfall haben als an seiner umweltfreundlichen Verwertung. Auch die Verschiebung von Giftmüll durch eine weltweit operierende Mafia zeigt, welche beträchtlichen Risiken nachsorgender Umweltschutz birgt.

Verantwortungsvolle Politik für die lebenden und zukünftigen Generationen sollte sich deshalb vom Gedanken der Vorsicht leiten lassen. In Einklang mit dem wirtschaftlichen Prinzip hat sie darauf hinzuwirken, die Entnahme von Rohstoffen und Energie sowie den Ausstoß von Schadstoffen und die Lagerung von Abfällen auf ein Minimum zu beschränken.

Langfristig angestrebt werden sollte, daß

– nicht erneuerbare Rohstoffe und Energie nur in dem Maße genutzt werden, in dem ein gleichwertiger Ersatz durch erneuerbare Ressourcen geschaffen werden kann,

– der Verbrauch von nachwachsenden Rohstoffen nicht größer ist, als es ihrer Erneuerung entspricht, und

– der Ausstoß von Schadstoffen die Umwelt nicht überlastet. Die Funktionsfähigkeit des Ökosystems muß erhalten bleiben.

In diesem Sinne fordern Umweltforscher, daß die Industrieländer ihren Rohstoff- und Energieverbrauch in den nächsten 50 Jahren um 80 bis 90 Prozent vermindern. Die drastische Einsparung von Ressourcen muß nicht mit einer Verschlechterung der Lebensqualität erkauft werden. Konsumverzicht leistet zwar einen positiven Beitrag zur Schonung der Umwelt. Wirtschaft und Umwelt lassen sich aber auch dadurch versöhnen, daß der wirksame Einsatz der Ressourcen erheblich verbessert wird.

Davon profitiert nicht allein die Natur. Selbst die Wirtschaft kann daraus Nutzen ziehen – das einzelne Unternehmen ebenso wie die Gesamtwirtschaft. Nach Berechnungen des Bundesdeutschen Arbeitskreises für umweltbewußtes Management könnten die deutschen Unternehmen durch geeignete Umweltschutzmaßnahmen ihre Kosten um 2 Prozent senken, das entspräche 40 Milliarden Mark jährlich. Würden die öffentliche Hand und die privaten Haushalte die derzeit möglichen Einsparpotentiale beim Verbrauch von Energie und Material nutzen, käme es zu Kostensenkungen in Höhe von 164 Milliarden Mark.

Durch den wirtschaftlicheren Einsatz von Energie und Rohstoffen, die Deutschland zum großen Teil einführen muß, ließen sich zudem die Importe verringern. Die beiden »Ölkrisen« Mitte und Ende der siebziger Jahre haben verdeutlicht, welche Probleme für eine Volkswirtschaft entstehen können, wenn sie von Rohstoff- und Energielieferungen aus dem Ausland abhängig ist. Die Wachstumseinbußen für die deutsche Wirtschaft waren beträchtlich und von der damals aufgekommenen Arbeitslosigkeit hat sich das Land bis heute nicht erholt. Auch wenn die Energiepreise in den achtziger Jahren wieder an ihr früheres, niedriges Niveau anknüpften, ist keineswegs ausgeschlossen, daß den deutschen Bürgern und der deutschen Wirtschaft in absehbarer Zeit wieder ein erheblicher Kaufkraftentzug durch höhere Ölpreise ins Haus steht.

Außerdem hat die Einfuhr von Rohstoffen, Energie und chemischen Erzeugnissen an den Gesamtimporten Deutschlands einen beträchtlichen Anteil. Er ließe sich durch den sparsamen Umgang mit Ressourcen erheblich vermindern. Den Druck auf die deutsche Wirtschaft, möglichst viel zu exportieren, könnte man dadurch verringern.

Der wirtschaftliche Einsatz von Rohstoffen und Energie wird sich genauso wenig von allein vollziehen, wie die rationelle Verwendung menschlicher Arbeit es tat. Letztere wurde in den Anfängen der Industrialisierung, vor allem im neunzehnten Jahrhundert, durch die von der Arbeiterbewegung erkämpften Lohnerhöhungen und Arbeitszeitverkürzungen erwirkt. Die hohe Produktivität der deutschen Wirtschaft nach dem Zweiten Weltkrieg wurde zwar durch den technischen Fortschritt und ein hohes Qualifikationsniveau der Beschäftigten unterstützt. Letztlich ist sie aber darauf zurückzuführen, daß die von den Gewerkschaften durchgesetzten Lohn- und Gehaltssteigerungen sowie die in den letzten Jahren massiv angestiegenen Lohnnebenkosten wie eine »Rationalisierungspeitsche« wirkten. Die Arbeitsproduktivität in Deutschland hat inzwischen im internationalen Vergleich ein Spitzenniveau erreicht. Angesichts der hohen Arbeitslosigkeit sind politische Maßnahmen zur »künstlichen« oder auch fahrlässigen Verteuerung der Arbeit wie die Finanzierung der Deutschen Einheit über die Sozialkassen unverantwortbar.

Umweltpolitisch notwendig und ökonomisch wünschenswert ist dagegen der Einsatz der »Rationalisierungspeitsche« für den sparsameren Umgang mit Rohstoffen und Energie. Ihr Preis ist heute so niedrig, daß in der Wirtschaft, beim Staat und in den privaten Haushalten Verschwendung stattfindet. Sie geht zu Lasten der Verbraucher und vor allem zu Lasten der Allgemeinheit, die die Kosten der Umweltverschmutzung größtenteils tragen muß.

Nur »echte« Preise garantieren die Wirtschaftlichkeit

Wenn die Wirtschaft zusätzliche finanzielle Belastungen durch schärfere Umweltbestimmungen oder Abgaben beklagt, ist das vereinzelt gerechtfertigt. Schließlich kann nicht ausgeschlossen werden, daß einzelne Unternehmen in Ländern mit hohen Umweltstandards in der internationalen Konkurrenz nicht mehr bestehen können. Die Verlagerung von Produktionen und Arbeitsplätzen kann die Folge sein. Die Unternehmen und ihre Verbände haben das Recht und auch die Pflicht, auf diese Gefahren hinzuweisen. Die Politiker sind aufgerufen, ihren Bedenken in angemessener Weise Rechnung zu tragen. Als Verantwortliche für das Allgemeinwohl müssen sie allerdings über das einzelwirtschaftliche Kalkül hinaus die volkswirtschaftlichen Kosten des Verbrauchs und der Belastung der Umwelt in ihre Überlegungen miteinbeziehen.

Ein aktuelles Beispiel aus den USA verdeutlicht die unterschiedliche Interessenlage von Wirtschaft und Staat. Die amerikanische Umweltbehörde EPA beabsichtigte 1996, die Standards für die Sauberkeit der Luft zu verschärfen. Der Höchstwert für Ozon sollte gesenkt, der Ausstoß von Abgasen durch Kraftwerke, Raffinerien, Fabriken und Autos vermindert werden. Die der Industrie durch die Auflagen entstehenden Kosten wurden auf 6,5 bis 8 Mrd. Dollar veranschlagt. Natürlich sprach sich die Wirtschaft gegen die Verschärfung aus. Die Umweltbehörde schätzte, daß durch die Anhebung der Standards mehr als 122 Millionen Menschen vor Atemwegserkrankungen und 20.000 Menschen vor einem frühen Tod geschützt würden. Die Einsparungen im Gesundheitswesen wurden auf rund 120 Milliarden Dollar veranschlagt. Für die Volkswirtschaft wären höhere Luftreinhaltestandards also ein klarer Gewinn.

Zwischen dem, was einzelwirtschaftlich und dem, was volkswirtschaftlich sinnvoll ist, liegen oft Welten. Das gilt nicht nur für den Umweltschutz, sondern auch für die Kosten der Arbeitslosigkeit, die von der betrieblichen Kostensenkungsstrategie verursacht, aber von der Allgemeinheit getragen werden. Man darf nicht vergessen: In einer Marktwirtschaft handeln die privaten Unternehmen nach dem erwerbswirtschaftlichen Zweck. Sie wollen einen möglichst hohen Gewinn erzielen. Einen hohen Ertrag zu erwirtschaften und die Kosten zu minimieren, dem muß ihr Bestreben gelten. Daß sie sich in ihrem Handeln zum Nutzen des Allgemeinwohls verhalten, dafür muß in erster Linie das Wirtschaftssystem sorgen.

Deshalb müssen in einer modernen Marktwirtschaft möglichst alle Kosten den Produkten und Produktionen zugerechnet werden, die sie verursachen. Das ist weder in der sozialen Marktwirtschaft bundesdeutscher Prägung noch in irgendeinem anderen System der Fall. Dabei erkannten Ökonomen schon vor geraumer Zeit, daß für die Allgemeinheit nur dann die größte Wohlfahrt zu erreichen ist, wenn die »externen« oder sozialen Kosten der Produktion den Verursachern angelastet werden. Bereits 1920 thematisierte der Neoklassiker Arthur C. Pigou in diesem Zusammenhang das Thema Umweltverschmutzung. Ihm zu Ehren spricht man deshalb heute noch von der Pigou-Steuer, wenn es um Umweltabgaben geht. Sie zielen dem wohlfahrtstheoretischen Ansatz des Ökonomen folgend darauf ab, Umweltbelastungen möglichst zu verringern oder sogar zu vermeiden. Sinn einer solchen Abgabe ist es nicht, Einnahmen zu erzielen. Es geht vielmehr darum, die Produktion und den Konsum auf weniger umweltschädliche Güter zu lenken. Damit wird auch dem Erfordernis eines vorsorgenden Umweltschutzes weitgehend entsprochen.

Das marktwirtschaftliche System der Bundesrepublik berücksichtigt diese Zusammenhänge nicht und funktioniert aus diesem Grunde unter ökologischen Gesichtspunkten schlecht. Es muß deshalb weiterentwickelt werden. Schrittweise sind die gesamten Kosten von Produktion und Konsum über entsprechende Steuern und Abgaben auf die Verursacher zu verlagern. Solange die Preise nicht die ökologische Wahrheit sagen und die sozialen Kosten nicht widerspiegeln, werden Ressourcen vergeudet und Arbeitskraft verschwendet. Wenn sich unvorhergesehene Umweltkatastrophen ereignen und die Massenarbeitslosigkeit weiterhin zunimmt, könnte das bestehende, noch unvollkommene System sogar in Gefahr geraten. Ein Scheitern der sozialen Marktwirtschaft aber wäre tragisch, denn ein effizienteres und sozial gerechteres Wirtschaftssystem ist nicht in Sicht. Deshalb sollte sie rechtzeitig weiterentwickelt werden, damit sie langfristig funktioniert. Das wird der Fall sein, wenn sie um die ökologische Dimension erweitert wird. Wenn Rohstoffe, Energie und Arbeit mit ihren »echten« Preisen bewertet und entsprechend wirtschaftlich eingesetzt werden, lassen sich sogar vom heutigen hohen Niveau aus Wohlstand und Lebensqualität verbessern.

Umweltverträgliches Wirtschaften stünde übrigens keineswegs im Widerspruch zum Wirtschaftswachstum. Die Vermutung, daß zwischen Umweltschutz und Wirtschaftswachstum ein Gegensatz besteht, wäre durchaus zutreffend, würde man das bestehende Wachstum in seiner Struktur einfach fortschreiben. Aber das Sozialprodukt, der Wert der Waren und Dienstleistungen einer Volkswirtschaft in einem Jahr, eine Geldgröße, sagt zunächst nichts über den Inhalt aus. Ein höheres Wachstum kann die Umwelt be- oder entlasten. Es kommt darauf an, *was* wächst. In Westdeutschland haben sich Wirtschaftswachstum und Ressourcenverbrauch seit 1980 entkoppelt. Die eingesetzte Menge an Rohstoffen und Energie sank real um 4 Prozent. Unter Berücksichtigung des Wirtschaftswachstums sank der Ressourcenverbrauch sogar um ein Drittel, während die Müllmenge sich etwa halbierte.

Aber die Dematerialisierung von Produktion und Konsum muß weit über das bisherige Maß hinaus gesteigert und durch geeignete Maßnahmen gefördert werden. Zukünftiges Wirtschaftswachstum darf nicht einfach bedeuten, daß mehr Güter hergestellt und verbraucht werden. Das würde die Umwelt zusätzlich belasten. Vielmehr müssen Qualität und Wert der konsumierten Waren und Dienste steigen. Werden zunehmend höherwertige Erzeugnisse gekauft, wächst auch die Wirtschaft. Gerade umweltverträgliche Güter sind oft teuer. Wenn die Verbraucher zum Beispiel im Zuge höheren Wohlstands und gestiegener Einkommen statt billiger Wegwerfartikel haltbare, teure Produkte erster Qualität kaufen, steigt das Sozialprodukt. Gleichzeitig werden der Rohstoff- und Energieverbrauch sowie die Umweltbelastung durch Abfall vor allem mittel- bis langfristig sinken, weil die Ware stabiler und langlebiger ist.

Auch langfristig kommt es durch den Konsum höherwertiger, haltbarer Erzeugnisse nicht zu Wachstumseinbußen. Sind die Produkte langlebiger, dauerhafter und besser, vermindert sich die Nachfrage zwar quantitativ im Sinne von Stückzahlen, aber nicht wertmäßig. Vielmehr werden die Verbraucher dazu übergehen, zwar immer weniger, aber zunehmend hochwertige, teure Produkte zu kaufen. An diesen werthaltigen, zum Beispiel einzigartigen, ausgefallenen oder ästhetisch besonders schönen Produkten können auch die Unternehmen gut verdienen.

Wegwerfgüter: bald zu teuer für die Hersteller?

Die Massenproduktion billiger Wegwerfgüter trägt erhebliche volkswirtschaftliche und einzelwirtschaftliche Risiken in sich. Zu letzteren ist die Abhängigkeit von Rohstoff- und Energiepreisen zu zählen. Sie stellt insbesondere für die Unternehmen eine Gefahr dar, die material- und energieintensiv produzieren. Immer teurer kommt der Wirtschaft die Entsorgung zu stehen. Die Kapazitätsengpässe bei der Beseitigung des Industrie-, Gift- und Hausmülls haben die Entsorgungspreise drastisch ansteigen lassen. Der sparsame Umgang mit Material wird zunehmend zur wirtschaftlichen Notwendigkeit.

Dazu gehört auch, überflüssigen Verkehr zu vermeiden. War der Ruf nach »lean production« Anfang der neunziger Jahre noch in aller Munde, kann man jetzt vom Mutterland der schlanken Produktion Japan schon wieder Neues lernen. Aufgrund des hohen Verkehrsaufkommens durch diese Produktionsform – um die Lagerhaltung auf ein Minimum zu beschränken, müssen Material und Vorprodukte laufend zeitpunktgenau zugeliefert werden – vergrößert sich das Verkehrsaufkommen enorm. Staus sind unvermeidlich. So kommt es zu Verzögerungen in der Produktion, »lean production« wird unwirtschaftlich.

Einige deutsche Unternehmen haben das bereits erkannt. Kürzlich wurde in Frankreich das Werk für den umweltfreundlichen Kleinwagen Smart eröffnet. Dort sind mehr als die Hälfte der Zulieferer direkt auf dem Werksgelände angesiedelt. Ähnlich verhält es sich bei Ford im Saarland. Das Unternehmen setzt auf Geschäftsbeziehungen in der Region statt auf weltweite Zulieferungen. Während die Öffentlichkeit noch die zunehmende Globalisierung der Produktion beklagt, fährt der Zug der Zukunft schon in die Gegenrichtung der regional oder lokal konzentrierten Produktion.

Ein von Wirtschaft und Politik noch nicht ausreichend erkanntes Problem liegt in der stetigen Verkürzung der Produktzyklen und der Beschleunigung des Innovationstempos. Laufend werden neue Produkte auf den Markt gebracht, um die Verbraucher zum Kaufen von Gütern anzuregen. Die unaufhaltsame Konsumspirale führt in vielen Fällen zu wirtschaftlichen Absurditäten mit umweltpolitisch verheerenden Auswirkungen.

Autofirmen versuchten in den letzten Jahren den Absatz ihrer Fahrzeuge zu fördern, indem sie den Käufern Sonderkonditionen für die Rücknahme ihrer Altautos anboten. Einige Mitgliedsländer der Europäischen Gemeinschaft zahlten Verschrottungsprämien, wenn ein mindestens zehn Jahre altes Auto durch ein neues ersetzt wurde. Das wäre noch verständlich, wenn im Gegenzug umweltfreundliche Autos mit geringem Benzinverbrauch gekauft würden. Bedenkt man aber, daß durch die jährlich rund drei Millionen ausgemusterten Kraftfahrzeuge in Deutschland gut 1,7 Millionen Tonnen Metallschrott, 450.000 Tonnen Sonderabfall als Shredderleichtmüll und zunehmend schwer wiederverwertbares Material in Form verschiedener Kunststoffe anfallen, sind Verschrottungsprämien allein zur Ankurbelung der Automobilkonjunktur und ohne Umweltauflagen nicht vertretbar.

Durch ständigen Modellwechsel und die zunehmend unübersichtlich werdende Vielzahl von Erzeugnissen landen immer mehr Neuprodukte direkt im Abfall. Alle mögliche Arten von Konsumgütern bis zu langlebigen Gebrauchs- und Investitionsgütern fallen der Wegwerfmentalität zum Opfer. Für kurze Produktzyklen und schnelle Modellwechsel sind insbesondere die Informations- und Kommunikationstechnologien bekannt. Kaum ist der eine Computer auf dem Markt, werden die Daten des sich in der weiteren Entwicklung befindlichen Produktes schon benannt. So ist es kein Wunder, wenn bei einem Computer-Recycling-Projekt mehr als 30 Prozent der Geräte aus original verpackter Ware bestanden. Solche Verschwendung ist nur möglich, weil Rohstoffe und Energie zu billig sind.

Leidtragende ist hauptsächlich die Umwelt. Nach wissenschaftlichen Untersuchungen verbraucht die Produktion eines Computers im Verhältnis zu seiner Größe mehr Chemikalien, Energie und Wasser als jedes andere Erzeugnis. Der Bau eines einzigen Arbeitsplatzes verursacht 60 Kilogramm zum Teil giftige Abfälle, verschlingt eine Energiemenge von 2.315 Kilowattstunden Strom und verbraucht 33.000 Liter Wasser. Energieintensiv und schwierig ist auch das Recyceln von Elektronikschrott.

Scheint sich diese Verschwendung bei den Computer-Herstellern noch zu »rechnen«, kämpfen andere Industriezweige zunehmend mit Absatz- und Rentabilitätsproblemen, die durch den schnellen Modellwechsel und das Innovationstempo verursacht sind. Das gilt zum Beispiel für die japanische Automobilindustrie. Sie stellte in einer Umfrage fest, daß die Verbraucher zunehmend Schwierigkeiten mit der zu großen Auswahl von Modellen und den zu kurzen Modellzyklen hatten. Die japanischen Autofahrer können immer weniger unterscheiden, ob es sich bei einem Fahrzeug um ein neues oder brandneues Modell handelt. Die Vielfalt der Modelle unterschiedlicher Hersteller führt zudem zur Uniformität.

Die Fahrzeuge werden immer weniger unterscheidbar. Viele Verbraucher fühlen sich dadurch verunsichert, was manch einen vom Kauf abhalten wird. Deshalb wäre es auch im Interesse der Wirtschaft, ihre Zeit und Energie für die Entwicklung langlebiger Produkte hoher Qualität einzusetzen, statt jedes Jahr neue Modelle auf den Markt zu bringen.

Auch die Textil- und Bekleidungsindustrie wird zunehmend mit den Grenzen immer kürzerer Produktzyklen und extremen Preiswettbewerbs konfrontiert. Der Branchenführer der deutschen Bekleidungswirtschaft Steilmann beklagte Anfang 1996, daß die Bekleidungswirtschaft durch eine immer härtere Gangart im Wettbewerb ihre eigenen Innovationen kaputtgemacht hätte. Offenbar kommt in der Branche bereits jetzt eine Entwicklung zum Tragen, die mittel- bis langfristig viele Industrien einholen kann: ein zerstörerischer Innovations-Beschleunigungs-Wettbewerb. Wie extreme Kostenkonkurrenz kann auch der Wettlauf um neue Produkte dazu führen, daß ein Industriesektor sich selbst ruiniert. Das ist dann der Fall, wenn Unternehmen laufend die neuen Produkte ihrer Mitkonkurrenten durch noch neuere Erzeugnisse vom Markt verdrängen, bevor diese ihre Kosten eingespielt haben. Dadurch verringert sich die Wertschöpfung in den Betrieben, Löhne und Gehälter können nicht mehr erwirtschaftet werden, die Investitionen amortisieren sich nicht, die Gewinne brechen ein und im Extremfall kommt es zum Konkurs.

Einen Ausweg aus dieser Sackgasse bietet die Umorientierung der Wirtschaft auf langlebigere Güter hoher Qualität und Wertschöpfung. Dabei geht es um die ökologische Erneuerung der gesamten Produktion und darum, der Innovation eine Richtung zu geben, um »echte« Neuerungen zu fördern. Unter diesem Gesichtspunkt ist ein neues Automodell nur dann eine Innovation, wenn der Treibstoffverbrauch verringert oder die Haltbarkeit erheblich erhöht wird. Ein Modell mit einem neuen Design dagegen kann man kaum als wirkliche Neuerung ansehen.

Spitzenqualität und Langlebigkeit: Die Marktlücke für deutsche Produkte

Die Strategie, verstärkt in einen Wettbewerb um Innovationen zu treten, ist richtig. Sie findet jedoch dort ihre Grenzen, wo Innovationen mehr Arbeitsplätze vernichten als schaffen, wo der schnelle Wechsel und die Vielfalt von Produkten den Verbraucher überfordern und das permanente Angebot von Neuheiten einen ökologisch nicht mehr verantwortbaren Wegwerfkonsum anregt.

Letzterer ist durchaus historisch begründet. Für die Bundesbürger war die unmittelbare Zeit nach dem Zweiten Weltkrieg von materieller Armut und Verzicht geprägt. Massenwohlstand ist nicht nur in Deutschland ein recht junges Phänomen. Erreicht wurde er in den siebziger Jahren, als nahezu Vollbeschäftigung herrschte und die Einkommen selbst für geringer Verdienende erheblich erhöht wurden. Es verwundert nicht, wenn die Menschen den zunehmenden Wohlstand erst einmal auskosteten und ihren Konsum mengenmäßig ausweiteten. Dabei griffen sie gerade in den letzten Jahren wieder verstärkt auf billige Massenprodukte zurück, die ihnen erlaubten, selbst bei sinkenden Realeinkommen ihr Konsumniveau zu halten.

Aber billige Produkte können auf Dauer relativ teuer sein. Dann nämlich, wenn sie von minderer Qualität und Haltbarkeit sind und entsprechend häufig durch neue ersetzt werden müssen. Das spielt insbesondere bei langlebigen Gebrauchsgütern wie Autos, Möbel und Elektrowaren eine Rolle. Wenn die Verbraucher trotzdem nach wie vor in großer Zahl billige Ex-und-Hopp-Produkte kaufen, dürfte das daran liegen, daß sie keine langfristige »Rentabilitätsrechnung« für ihre Käufe machen. Vielleicht können sie sich die hochwertigen Güter auch nicht leisten. Denn in der Anschaffung sind sie oft sehr teuer. Erst langfristig lohnt sich ihr Erwerb.

Der Konsum langlebiger, qualitativ hochwertiger, umweltfreundlicher Waren setzt einen hohen Wohlstand und eine gleichmäßigere Einkommensverteilung voraus. Das Niveau der materiellen Versorgung ist in Deutschland ausreichend hoch. Außerdem verfügen die deutschen Verbraucher traditionell über ein ausgeprägtes Qualitätsbewußtsein. Umweltfragen gegenüber sind sie aufgeschlossener als die Bevölkerungen vieler anderer Länder. Deutsche Unternehmer und Arbeitnehmer sind eher konservativ und deshalb geradezu prädestiniert für nachhaltiges umweltverträgliches Wirtschaften. Es bedarf allerdings einer gerechteren und gleichmäßigeren Einkommensverteilung und der Herstellung »echter« Preise durch eine Steuer- und Abgabenreform, um das Entstehen eines größeren Marktes für zukunftsfähige Qualitätsgüter zu fördern.

Die inländischen Nachfragebedingungen, das heißt die Zahl und Struktur sowie das Qualitätsbewußtsein der Verbraucher einschließlich des Staates als Nachfrager spielen für die internationale Wettbewerbsfähigkeit der Wirtschaft eine herausragende Rolle. Die Politik muß einen wirtschaftspolitischen Rahmen setzen, der die Bedingungen für einen großen inländischen Markt für Qualitätserzeugnisse herstellt. Die Aufgabe zukunftsorientierter Unternehmen ist es, diesen Markt rechtzeitig zu erobern und dauerhaft zu bedienen. Damit werden sie auch auf den Weltmärkten der Zukunft ihre Konkurrenzfähigkeit behaupten.

»Made in Germany«: werthaltige Güter teuer verkaufen

Das Gütezeichen der deutschen Wirtschaft hat in den letzten Jahren an Ausstrahlungskraft verloren. Galt in früheren Jahrzehnten die Qualität deutscher Waren weltweit als unerreicht, hat sich inzwischen die japanische Wirtschaft Platz eins in der Qualitätskonkurrenz erobert. Die USA liegen in der Bewertung mit Deutschland fast gleichauf.

Produkte aus Deutschland, die einzigartige Qualitätsmerkmale verlieren und nicht mehr eindeutig identifiziert werden können, weil zuviele Teile und Komponenten aus anderen Ländern in die

Erzeugnisse eingehen, sind zunehmend dem internationalen Kosten-Wettbewerb ausgesetzt. Nur wenn sich die Wertigkeit deutscher Erzeugnisse von Produkten aus anderen Ländern sichtbar abhebt, können sie teuer verkauft werden. Und nur die hohe Werthaltigkeit deutscher Güter sichert dauerhaft die Wertschöpfung, die zum Erhalt von Wohlstand und sozialer Sicherheit notwendig ist.

Das einst renommierte Gütesiegel »Made in Germany« muß mit neuen Inhalten gefüllt werden. Allem voran müssen deutsche Waren über eine sehr gute Qualität verfügen, die von der Fehlerlosigkeit der Produkte bis zu hohen Sicherheitsstandards reicht. Nicht nur aus ökologischen Gründen, sondern auch weil es verbraucherfreundlich ist, sollten die Güter langlebig sein. Um den Verbraucher auf diese Qualitätsmerkmale hinzuweisen, könnten die Garantiezeiten verlängert werden und die Hersteller sich zur Rücknahme von schadhaften Erzeugnissen verpflichten.

Statt mit einem unüberschaubaren Angebot von Produkten zu konkurrieren, sollte die deutsche Wirtschaft bewußt nach dem Motto »weniger ist mehr« eine kleinere Anzahl erstklassiger Produkte anbieten. Der heute von der Modellvielfalt häufig überforderte Verbraucher wird es ihr sicher danken, auch indem er bereit ist, höhere Preise für die gute Qualität zu zahlen. Heute lebt eine große Anzahl von Anbietern davon, daß der Käufer die Produktvielfalt nicht mehr überblicken und einen fundierten Preisvergleich nicht vornehmen kann. Er wird von den Herstellern nicht selten mit überhöhten Preisen über den Tisch gezogen. Wenn die Verbraucher die Wahl zwischen schlechten, übersteuerten Erzeugnissen und sehr teuren, erstklassigen Waren mit Gütesiegel haben, werden sie sich mehr und mehr für letztere entscheiden.

Hochwertige Güter müssen sich von anderen Produkten durch ihre Ästhetik unterscheiden. Gerade bei haltbaren Produkten, die nicht so bald durch neue ersetzt werden (sollen), spielt ein ansprechendes Design eine große Rolle.

»Made in Germany« muß zunehmend für die »ökologische Sauberkeit« der Produkte stehen. Von der Herstellung über die absehbare Verwendung bis zur Entsorgung sind die Erzeugnisse auf einen sparsamen Ressourceneinsatz und geringstmögliche Umweltbelastungen auszurichten. Dazu gehört, daß die Hersteller sich nach Gebrauch zur Rücknahme ihrer Produkte verpflichten.

Das deutsche Qualitätszeichen könnte in Zukunft ein Symbol für intelligente, nutzerorientierte und funktionale Produkte sein. Das ist heute nicht immer der Fall, weil die Hersteller, insbesondere wenn es sich um zentralisierte Großbetriebe handelt, oft zu marktfern arbeiten.

Durch eine dem Trend entgegenlaufende Verlängerung der Modellzyklen könnten es die deutschen Unternehmen möglich machen, vermehrt mit »echten Innovationen« auf den Markt zu kommen. Der aktuelle Innovations-Beschleunigungs-Wettbewerb führt häufig dazu, daß die Wirtschaft den Entwicklungen in anderen Ländern oder Unternehmen hinterherhechelt. Es fehlen die Zeit, die Kraft und Kreativität, etwas völlig anderes zu entwickeln. Der »Imitationswettbewerb« verhindert den »Innovationswettbewerb«. Der Versuch, allen Verbrauchern neue Produkte möglichst schnell zugänglich zu machen, mündet darin, daß es keine echten Neuheiten mehr gibt. In diese Lücke kann die deutsche Wirtschaft springen und wirklich neue, langlebige Produkte anbieten.

Die Wiederbelebung der Qualitätsbezeichnung »Made in Germany« erfordert ein entsprechendes Marketing. Deutsche Produkte müssen eindeutig zu identifizieren sein und über ein Gütezeichen verfügen, das für die oben genannten Qualitätsmerkmale steht. Nur dann wird der Verbraucher bereit sein, einen entsprechenden Preis für sie zu zahlen.

Vom Wegwerfprinzip zur Haltbarkeit

Wer den umweltverträglichen Ausweg aus der Wegwerfgesellschaft im Recycling, also der Wiederverwertung von Güter und Materialien sucht, läuft aus mehreren Gründen in eine Sackgasse.

Zunächst ist ein vollständiges Recycling technisch nicht möglich. Wirklich geschlossene Kreisläufe gibt es nicht. Bei jeder Stoffumwandlung geht Material oder Energie verloren. Insofern ist Recycling in der Praxis eher ein »Downcycling«. Aus der Wiederverwertung gewonnene Materialien verlieren ihre Reinheit und sind nach und nach nur noch für niederwertige Produkte einsetzbar.

Abgesehen davon ist das Recycling vieler Produkte und Stoffe aufgrund des unzureichenden Informationsstandes von Wissenschaft und Technik nicht machbar. Von vielen Stoffen kennt die Wissenschaft nicht einmal die Zusammensetzung der wichtigsten Gruppen. Über die Möglichkeiten ihres Recyclings und die dafür notwendigen Techniken besteht noch mehr Unkenntnis.

Darüber hinaus muß beim Recycling in der Regel Energie eingesetzt werden. Recycling führt damit ökologisch und ökonomisch oft in eine Falle. Schließlich ist der Einsatz von Energie für Klima und Umwelt gleichermaßen problematisch und verursacht volkswirtschaftliche Kosten.

Einzelne Unternehmen und große Teile der Industrie scheinen in der Recycling-Wirtschaft aber schon das große Geschäft zu wittern. Es sind insbesondere die Energie-Erzeuger und die Chemie-Industrie, die den deutschen Abfallmarkt zu erobern versuchen. Letztere verdient zunächst bei der Herstellung von Kunststoffen und nach deren Gebrauch noch einmal bei ihrer Verwertung. Da liegt die Vermutung nahe, daß es durchaus in ihrem Interesse liegt, noch mehr Plastik auf den Markt zu bringen, um es später mit Gewinn zu recyceln. Diese Gefahr gewinnt vor dem Hintergrund zunehmender Konzentration in der Entsorgungswirtschaft an Bedeutung. Allein von 1989 bis 1994 wurden fast 400 mittelständische Entsorgungs- und Recyclingbetriebe von Großunternehmen übernommen. Voraussichtlich wird im Zuge der Umsetzung des neuen Kreislaufwirtschaftsgesetzes die Unternehmenskonzentration weiter zunehmen. Nach einer Untersuchung der Friedrich-Ebert-Stiftung sind die geltenden und zukünftigen Gesetze und Verordnungen in der Abfallentsorgung so zahlreich und kompliziert, daß sie Klein- und Mittelbetriebe überfordern und in den Ländern und Gemeinden neue Bürokratien entstehen lassen.

Die Gesetzesflut verbirgt, daß nur ein Teil des Abfalls wiederverwertet wird. Der vom »Grünen Punkt« erfaßte Verpackungsabfall macht zum Beispiel gewichtsmäßig nur 2,3 Prozent des gesamten deutschen Abfallaufkommens aus. Recycling vermittelt damit den Anschein, das Abfallproblem zu lösen, führt in der Praxis aber zur Mehrbelastung der Bürger durch immer kompliziertere Sortier- und Sammeltätigkeit und auch in Zukunft steigende Müllgebühren.

Beim Recycling handelt es sich um eine Form des nachsorgenden Umweltschutzes, die in manchen Fällen umweltpolitisch fragwürdig und wirtschaftlich unvernünftig ist. Die Wiederverwertung gehört zwar als ein Baustein in ein Gesamtkonzept des umweltverträglichen Wirtschaftens, denn irgendwann landet auch das haltbarste Produkt im Abfall. Sie bietet aber keinen Ausweg, die Wegwerfgesellschaft auf Dauer am Leben zu erhalten.

Das bedeutet nicht, daß in Zukunft auf materiellen Wohlstand und Lebensqualität verzichtet werden muß. Beides kann erhalten und sogar ausgebaut werden, wenn die Haltbarkeit und die Nutzungsintensität der Erzeugnisse verbessert werden. Dafür kommen in erster Linie die langlebigen Gebrauchsgüter wie Wohnungseinrichtungen, Elektrogeräte oder Fahrzeuge infrage.

Ökologisch gesehen hat die Haltbarkeit der Produkte konkurrenzlose Vorteile. Allein die Verdoppelung der Haltbarkeit würde dazu führen, daß sich der Aufwand von Rohstoffen und Energie in der Fertigung, im Vertrieb und in der Entsorgung halbieren würde. Technisch dürfte es bei den meisten Produkten möglich sein, die Nutzungsdauer um ein Vielfaches zu steigern. Ein praktisches Beispiel: Eine Haushaltswaschmaschine wäscht rund 3.750mal. Eine gewerbliche Maschine hat mit rund 30.000 Waschgängen eine wesentlich höhere Lebenserwartung. Die optimale Nutzung der gewerblichen Maschine ersetzt also acht Haushaltsmaschinen. Die Ersparnis an Rohstoffen und Energie liegt auf der Hand.

Naheliegend ist der Einwand, die längere Lebensdauer von Produkten müsse zu Absatzeinbußen und Arbeitsplatzverlusten in der Industrie führen. Tatsächlich haben viele Unternehmen geradezu Angst davor, daß langlebige Produkte sich zunehmend auf den Märkten durchsetzen. Vielfach bestand ihre bisherige Unternehmensstrategie gerade darin, ihre Erzeugnisse so zu produzieren, daß der Verschleiß mit einkalkuliert war.

Das Prinzip der Haltbarkeit wird von der Industrie nur angenommen, wenn auch die Unternehmen einen Nutzen davon haben. Das ist dann der Fall, wenn sie mit ihren Produkten eine entsprechende Rendite erwirtschaften. Hochwertige, ökologische und langlebige Güter lassen sich zumindest bei einem bestimmten Käuferkreis teurer verkaufen. Ein entsprechender Trend für Qualität und Werte sowie die »Rückbesinnung auf klassische Produkte« zeichnet sich bei den deutschen Verbrauchern bereits ab. In dem Maße, wie es den Herstellern gelingt, die Konsumenten von der Güte, der Umweltverträglichkeit und der langfristigen Wirtschaftlichkeit ihrer Produkte zu überzeugen, werden sie ihren Käuferkreis schrittweise erweitern können.

Neue Möglichkeiten, die höhere Produktivität von langlebigen Gütern zu ihrem finanziellen Vorteil zu nutzen, bieten sich den Unternehmen, wenn sie die industrielle Fertigung von Gütern mit neuen Serviceleistungen verbinden. Dafür kämen insbesondere die »langlebigen Gebrauchsgüter« in Frage. Anders als der Name zu sagen scheint, handelt es sich bei diesen Erzeugnissen in der Sprache der Ökonomen keineswegs immer um besonders haltbare Produkte. Langlebig bedeutet lediglich, daß die Produkte nicht sofort und einmalig verbraucht werden. Eine umweltorientierte Wirtschaft muß dahin kommen, daß die Güter, die von Ökonomen als langlebig bezeichnet werden, tatsächlich eine lange Lebensdauer haben und nicht durch kurzlebige Wegwerfartikel ersetzt werden. Im Sinne der ökologischen Definition wird im folgenden unter dem Begriff Langlebigkeit eine lange Haltbarkeit verstanden.

Der Ausstattungsgrad der Haushalte mit langlebigen Konsumgütern Anteil der westdeutschen Haushalte in Prozent, in denen das Gebrauchsgut mindestens einmal vorhanden ist			
Langlebiges Konsumgut	1984	1989	1994
Anrufbeantworter	*	*	22
CD-Player	0	16	43
Dunstabzugshaube	39	52	57
Elektrische Nähmaschine	*	45	42
Elektroherd	*	87	89
Farbfernsehgerät	85	94	99
Fotoapparat	78	82	84
Gefrierschrank	64	67	41
Geschirrspülmaschine	23	32	39
Hifi-/Stereoanlage	51	66	68
Kassettenrecorder	58	62	52
Kühl-/Gefrierkombination	*	*	53
Kühlschrank	98	99	68**
Mikrowellenherd	4	25	50
PC	2	10	18
Rasenmäher	*	36	39
Schlagbohrmaschine	50	56	59
Staubsauger	97	97	98
Videorecorder	14	44	65
Walkman	*	*	35
Waschmaschine	89	92	94

* Wurde in den entsprechenden Jahren nicht erfragt.
** Die Verringerung der Anzahl der Kühl- und Gefrierschränke ist auf die Zunahme
der Kühl-/Gefrierkombinationen zurückzuführen.

Quelle: GfK Marktforschung.

Die privaten Haushalte in Deutschland sind mit diesen Gütern immer besser ausgestattet (Übersicht 17). Die Hersteller müssen deshalb damit rechnen, in Zukunft überwiegend für den Ersatzbedarf zu produzieren. Das lädt dazu ein, die Haltbarkeit der Erzeugnisse weiter zu vermindern, um einen bestimmten Absatz zu sichern. Das ist zwar unökonomisch, aber aus der einzelwirtschaftlichen Sicht eines Unternehmens verständlich.

Der höhere Ausstattungsgrad der privaten Haushalte mit langlebigen Gebrauchsgütern bewirkt auch, daß ihr Einsatz oder ihre Nutzung immer geringer wird. Die Dienstleistung, die eine Maschine oder ein Gerät erbringt, verteuert sich dadurch und ist bei genauer Rechnung für den Verbraucher oft unwirtschaftlich. Viel günstiger wäre es, er würde sich bei Bedarf die entsprechenden Produkte mieten. Das wäre auch für den Hersteller von Vorteil. Er verdient dann nicht am Verkauf, sondern an der Vermietung des Produkts.

Das Nutzenleasing- oder Vermiet-Modell läßt sich auf viele Produkte anwenden, von der Waschmaschine bis zum Auto. Daß zum Beispiel die Firma Mercedes, die für die Qualität und Haltbarkeit ihrer Fahrzeuge bekannt ist, ihren Kunden die Autos jahreweise zu relativ günstigen Preisen vermietet, ist so gesehen naheliegend.

Die breite Umsetzung des Nutzen-Leasing-Modells in die Praxis setzt zwei Dinge voraus: erstens die Erkenntnis der Verbraucher, daß der Wohlstand nicht im Besitz bestimmter Produkte liegt, sondern in ihrem Gebrauch, Nutzen oder Genuß. Zweitens wird das Vermieten oder Leasen nur dann seine volle Rentabilität erreichen, wenn langlebige Güter tatsächlich auf dem Markt sind. Für ein entsprechendes Angebot zu sorgen, ist für die Hersteller dann interessant, wenn sie den Vermiet- und Reparatur-Service selbst übernehmen und daran entsprechend verdienen. Das heißt, die Unternehmen verkaufen statt der Produkte Dienstleistungen. Je haltbarer die Produkte, desto länger die Vermietungsdauer und desto höher die Gewinne.

Läßt sich die ökologische Notwendigkeit langlebiger Produkte also durchaus mit dem Ziel einzelwirtschaftlicher Rentabilität vereinbaren, stellt sich die Frage: Was sagt der Verbraucher dazu? Bedeutet Langlebigkeit nicht Eintönigkeit und Langeweile? Steht Langlebigkeit nicht im Widerspruch zu technischem Fortschritt?

Schließt sie nicht Mode und ästhetisches Design aus? Sind Besitz und Eigentum für den Verbraucher nicht doch erstrebenswerter als die reine Nutzung eines Gutes?

Diese Einwände überzeugen nicht. Gerade die Produktvielfalt und die ständig kürzer werdenden Produktzyklen haben dazu geführt, daß die Produkte immer gleichförmiger geworden und kaum noch zu unterscheiden sind. Die deutsche Bekleidungsbranche etwa führt den massiven Absatzschwund auf die »Vermassung der Mode« zurück. In allen Regalen und Läden, selbst in anderen Ländern, finden sich dieselben Angebote.

Mit der Hinwendung zu langlebiger Qualitätsware gewinnen die Unternehmen Zeit und Kraft, wirklich individuelle und exklusive Güter zu entwickeln. Das Angebot wird insgesamt geringer, aber die Vielfalt größer. Mehr Abwechselung und Individualität wird außerdem durch das Leasen von Produkten ermöglicht. Statt mit einem gekauften Produkt längere Zeit leben zu müssen, kann wechselnden Bedürfnissen entsprechend das passende Gut geleast oder gemietet werden.

Auch technischer Fortschritt ist bei Langlebigkeit nicht ausgeschlossen. Die Konstruktion von Geräten oder Maschinen kann nach dem Baukastenprinzip erfolgen. Veraltete Teile lassen sich dann durch technische Neuerungen ersetzen, ohne daß das ganze Gerät in den Abfall wandern muß. Der »modulare« Aufbau von Geräten ermöglicht auch deren vielfältige Nutzung. Zum Beispiel kann ein und derselbe Motor für den Antrieb unterschiedlicher Maschinen genutzt werden, wie bei der Küchenmaschine mit verschiedenen Aufsätzen.

Im Hinblick auf die Ästhetik bietet die Langlebigkeit wahrscheinlich mehr Vor- als Nachteile. Was neu oder modisch ist, muß nicht immer schön sein. Sind die meisten Menschen nicht fasziniert von alten Bauwerken, Möbeln oder Schmuckstücken? Bleiben nicht viele Autoliebhaber neidisch vor manchem Oldtimer-Mobil stehen? Bei Produkten, die schnell veralten, muß man sich mit dem Design keine große Mühe geben. Anders verhält es sich bei den Gütern, mit denen man es lange, vielleicht ein Leben lang, aushalten soll oder will. Hier gewinnt die Ästhetik eine ganz andere Bedeutung. So ist der Abschied vom Wegwerfprinzip für die Verbraucher eine Chance, ihren Sinn für den Wert und die Schönheit der Dinge wiederzuentdecken.

Die Herrschaft des Besitz- und Wegwerf-Denkens ist vor allem darin begründet, daß die Struktur der Preise nicht stimmt. Maschinell herzustellende Massenprodukte sind zu billig, während arbeitsintensive Güter und Dienstleistungen oft zu teuer sind. Selbst der umweltbewußte und sich auch zukünftigen Generationen verpflichtet fühlende Verbraucher wird oft zu einem Konsumverhalten gezwungen, das seinen Bedürfnissen und Interessen zuwiderläuft. Wirkliche Wahlfreiheit und Konsumentensouveränität existieren für diejenigen unter diesen Bedingungen nicht, die mit dem Geld haushalten müssen.

Die Defizite in der Preisstruktur bestehen schon seit längerem. Sie wurden aber durch die umwelt- und beschäftigungsfeindliche Steuer- und Finanzpolitik in den letzten Jahren maßgeblich verstärkt. Zur Finanzierung der deutschen Einheit wurden die Abgaben auf den Faktor Arbeit erhöht. Arbeitsintensive Produktionen, Handwerk und Dienstleistungen verteuerten sich noch mehr. Viele Tausende von Arbeitsplätzen wurden so in Bereichen vernichtet, in denen Beschäftigungsmöglichkeiten vorhanden sind und erschlossen werden können.

Hier schließt sich der Kreis. Denn in dem Maße, wie die deutsche Wirtschaft und Gesellschaft sich vom Wegwerfprinzip verabschiedet und ihren Wohlstand durch den Gebrauch langlebiger Güter und die Inanspruchnahme von Dienstleistungen steigert, werden neue Arbeitsplätze entstehen.

Arbeit durch Umweltschutz

Die ökologische Umorientierung der deutschen Wirtschaft bietet die Chance einer breit angelegten technologischen Offensive, die international noch konkurrenzlos ist. Es geht darum, heute durch eine zukunftsweisende Ordnungspolitik die Weichen dafür zu stellen, die internationale Wettbewerbsfähigkeit Deutschlands auch langfristig zu sichern und Beschäftigung zu schaffen.

In der Umwelttechnik vorn

Die vergleichsweise hohen Umweltstandards bescherten der deutschen Umweltindustrie in der weltweiten Konkurrenz jahrelang den ersten Rang in der Exportstatistik. 1996 wurde sie von den stark aufholenden USA verdrängt, der Vorsprung vor Japan ist nur noch minimal (Übersicht 18).

In der Umwelttechnologie führt Deutschland nach wie vor in vielen Bereichen, zum Beispiel bei der Abwassertechnik, bei der Schallisolierung, beim Metallrecycling oder bei der Sanierung von Grundwasser. Der hohe technische Reifegrad deutscher Umweltschutzanlagen muß aber teuer bezahlt werden. Für die deutsche Umweltindustrie ist daher von Bedeutung, daß die Umwelt-Standards weltweit schrittweise angepaßt werden. Hier wäre das Handeln der Bundesregierung gefragt. In den WTO-Verhandlungen müßte sie darauf dringen, allgemein gültige Umweltstandards festzuschreiben. Diese sollten die unterschiedliche Leistungsfähigkeit der einzelnen Volkswirtschaften berücksichtigen.

Zum Schaden der deutschen Umweltindustrie hat es die Regierung Kohl aber bisher versäumt, in dieser Richtung tätig zu werden, was auch vom Verband Deutscher Maschinen- und Anlagenbau wiederholt bemängelt wurde.

Trotz fehlender politischer Unterstützung wird der Markt für Umweltschutzanlagen aber weltweit in den nächsten Jahren be-

Übersicht 18

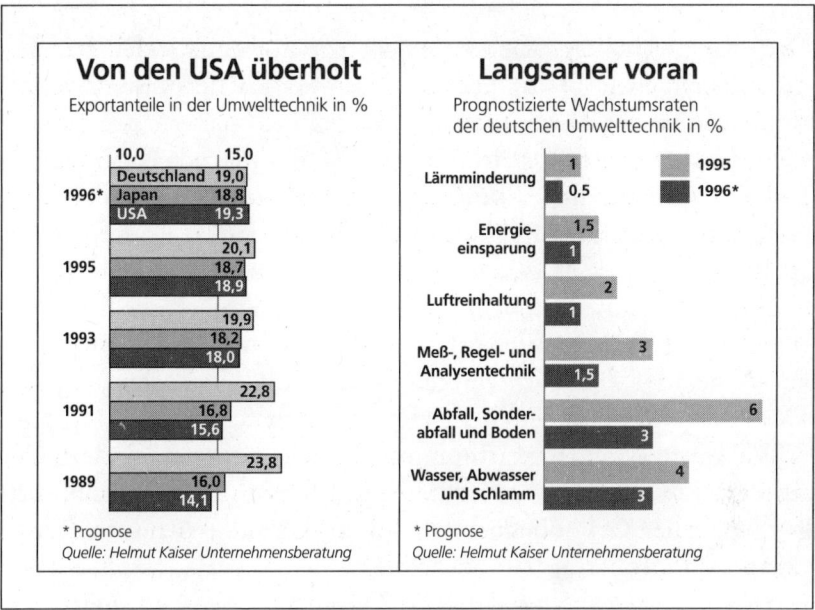

Von den USA überholt
Exportanteile in der Umwelttechnik in %

1996*	Deutschland	10,0 / 15,0 / 19,0
	Japan	18,8
	USA	19,3
1995		20,1 / 18,7 / 18,9
1993		19,9 / 18,2 / 18,0
1991		22,8 / 16,8 / 15,6
1989		23,8 / 16,0 / 14,1

* Prognose
Quelle: Helmut Kaiser Unternehmensberatung

Langsamer voran
Prognostizierte Wachstumsraten
der deutschen Umwelttechnik in %

■ 1995 ■ 1996*

Lärmminderung	1 / 0,5
Energie-einsparung	1,5 / 1
Luftreinhaltung	2 / 1
Meß-, Regel- und Analysentechnik	3 / 1,5
Abfall, Sonder-abfall und Boden	6 / 3
Wasser, Abwasser und Schlamm	4 / 3

* Prognose
Quelle: Helmut Kaiser Unternehmensberatung

trächtlich wachsen. Optimistische Schätzungen gehen von einem Volumen in Höhe von fast 1.000 Mrd. DM aus. Das eröffnet der deutschen Industrie weiterhin Absatzmöglichkeiten.

Das gilt auch für die Schaffung von Arbeitsplätzen. Bereits im Jahr 1996 waren in Deutschland rund 1 Million Beschäftigte im Umweltschutz tätig – genauso viele wie in der Autoindustrie. Nach vorliegenden Prognosen könnten in den nächsten Jahren weitere 500.000 Arbeitsplätze im Bereich der Umweltschutztechnik entstehen. Größter beschäftigungspolitischer Gewinner des hauptsächlich nachsorgenden Umweltschutzes ist der arbeitsintensive Dienstleistungssektor.

Wettbewerbsfähig mit umweltfreundlichen Produkten

Noch mehr Arbeitsplätze werden entstehen, wenn die deutsche Industrie sich verstärkt um die weltweiten Märkte für umweltfreundliche Produkte und Dienstleistungen bemüht.

In den großen Industrieländern besteht ein wachsender Bedarf an Umweltschutzgütern und -dienstleistungen. Ein Beispiel dafür ist Japan, wo das Geschäft mit der Umwelttechnologie boomt. Aber auch auf den großen Wachstumsmärkten Asiens werden künftig mehr Umweltgüter nachgefragt. Denn die Umwelt der bevölkerungsreichen Staaten Süd- und Ostasiens wird die Belastungen einer Konsum- und Wegwerfgesellschaft amerikanischen, japanischen oder europäischen Musters nicht aushalten.

Wer mittel- und langfristig Exporterfolge in diesen Ländern und auf den osteuropäischen Märkten erzielen will, muß berücksichtigen, daß eher Grundbedürfnisse nach Nahrung, Kleidung, Wohnung und Mobilität zu befriedigen sind als Bedürfnisse nach Luxusgütern westlicher Prägung. Ferner nutzen der weniger gut ausgebildeten und ausgestatteten Bevölkerung dieser Länder Produkte mit zu hohem technischen Standard nicht. Auch Wegwerfgüter dürften zu teuer für sie sein. Der ehemalige Mercedes-Chef Werner hat recht mit seiner Aussage: »China braucht Autos, die mit Hammer und Zange repariert werden können. Im Westen haben wir Autos, deren elektronische Ausstattung vom Feinsten ist.«

Die deutsche Industrie wird die ausländischen Wachstumsmärkte in dem Maße erobern, wie sie sich auf die genannten Erfordernisse einstellt. Wenn sie rechtzeitig einfache, reparierbare, langlebige, umweltfreundliche, nutzerorientierte Produkte entwickelt und herstellt, wird sie sie auch verkaufen. So werden Arbeitsplätze gehalten und geschaffen.

Langlebigkeit schafft Arbeit und holt sie zurück in die Region

Langlebige Produkte sind nicht nur umweltfreundlicher, sondern in der Regel für den Verbraucher auch wesentlich kostengünstiger. Werden die wirtschaftlichen Vorteile von Langzeitprodukten zunehmend durch ihren vermehrten Kauf, Gebrauch und Einsatz genutzt, entfällt ein Teil der heutigen Wegwerfproduktion. Das läßt in der Wirtschaft die Befürchtung aufkommen, daß die Produktionszahlen sich vermindern. Aber führt die Durchsetzung des Prinzips Langlebigkeit tatsächlich zu niedrigeren Produktionszahlen und einer geringeren Zahl von Arbeitsplätzen?

Dies wird aus mehreren Gründen nicht der Fall sein. Es wurde bereits darauf hingewiesen, daß langlebigere, einfachere Produkte auf den Exportmärkten der Zukunft größere Chancen haben werden als Wegwerfprodukte oder Güter, die technologisch zwar auf dem neuesten Stand, aber den Lebensverhältnissen der Käufer nicht angepaßt sind. Zudem ermöglichen langlebigere Produkte in den Abnehmerländern den Aufbau entsprechender Service- und Reparatureinrichtungen und tragen damit zur Schaffung von Arbeitsplätzen bei. Damit besteht für die Abnehmerländer ein großer Anreiz, diese Produkte aus Deutschland zu importieren, anstatt Wegwerfgüter aus anderen Ländern zu kaufen.

Darüber hinaus kann die Herstellung von langlebigen Gütern den Produktionsprozeß verändern. Bei einem spürbaren Absinken der Produktionszahlen lohnt sich oft der Einsatz teurer Maschinen nicht mehr. Eine kleine Menge von Produkten wird sich durch den zunehmenden Einsatz von Fachkräften oft wirtschaftlicher herstellen lassen als mit Maschinen, die nur bei großen Stückzahlen rentabel arbeiten.

So kann der Weg zur Langlebigkeit durchaus dazu führen, daß Maschinen durch Menschen ersetzt werden, die vielfältiger und flexibler arbeiten können. Dafür müssen sie allerdings entsprechend qualifiziert sein. Für die gut ausgebildeten deutschen Arbeitnehmer und Arbeitnehmerinnen dürfte darin kein Problem liegen. In der

Bildungs-, Aus- und Weiterbildungspolitik müssen allerdings die notwendigen Konsequenzen aus einer solchen Entwicklung gezogen werden.

Der Netto-Beschäftigungseffekt der *Produktion* von langlebigen Erzeugnissen ist schwer abzuschätzen. Unbestritten lassen aber ihr Kauf, ihre Nutzung, ihr Ge- und Verbrauch sowie ihre Wiederverwertung neue Arbeitsplätze entstehen. Beim Erwerb qualitativ hochwertiger, langlebiger und damit in der Regel teurer Produkte gewinnen fachliche Beratung und Verkauf zunehmend an Bedeutung. Der Konsument wird in Zukunft verstärkt Interesse an der Qualität sowie der Umwelt- und Sozialverträglichkeit von Produkten zeigen. Nur qualifizierte Kräfte im Fachhandel, die in ausreichender Zahl vorhanden sein müssen, können ihm die notwendige Beratung zuteil werden lassen. Möglich und wünschenswert wäre es, daß im Zuge dieser Entwicklung wieder kleine Einzelhandelsgeschäfte entstehen, die zumindest teilweise die großen Kaufhäuser und Einkaufszentren ergänzen oder sogar ersetzen. Innenstädte, Stadtteile und Dörfer könnten an Attraktivität wiedergewinnen, und auch dem Wettbewerb im Handel würde dies guttun.

Sollte sich das Mieten und Leasen von Produkten zunehmend durchsetzen, entstehen Arbeitplätze im Service. Langlebige Güter müssen gut gewartet und laufend instandgehalten werden. Je älter sie werden, um so öfter ist eine Reparatur notwendig. Mit dem zunehmenden Alter eines Erzeugnisses wächst der Anteil der Arbeitskosten für Instandhaltung und Reparatur, während der ursprüngliche Kaufpreis an Bedeutung verliert. So wurde in einer Studie der Europäischen Gemeinschaft festgestellt, daß ein langlebiges Auto bezogen auf ein Nutzungsjahr 42 Prozent weniger Energie, dafür aber einen zusätzlichen Arbeitsaufwand von 56 Prozent benötigte. Langlebige Produkte eröffnen damit vor allem Beschäftigungsmöglichkeiten für qualifizierte Arbeitskräfte im Handwerk.

Auch die Wiederverwertung eines Produktes, dessen Lebensdauer endgültig abgelaufen ist, verspricht positive Beschäftigungseffekte. Sie dürften am größten sein, wenn möglichst viele Produktteile demontiert, wiederaufgearbeitet und in neuen oder Second-Hand-Produkten eingebaut werden. Das reine Stoffrecycling oder die energetische Umwandlung in Müllverbrennungsanlagen ist dagegen eher kapitalintensiv, teuer, ökologisch wenig sinnvoll und schafft kaum Arbeitsplätze.

Aus *einem* Grunde ist der beschäftigungspolitische Effekt des Prinzips der Langlebigkeit besonders hoch zu bewerten: Die neuen Arbeitsplätze entstehen nämlich dort, wo die Menschen leben. Zentralisierte Massenproduktion verliert an Bedeutung. Zunehmender Service, Reparatur und Aufarbeitung finden vor Ort statt, dort, wo der Verbraucher lebt. Die Arbeit kommt zurück zu den Menschen.

Damit setzt das Prinzip von Qualität und Langlebigkeit ein Gegengewicht zur Globalisierung. Einen Beweis dafür liefert das österreichische Unternehmen Wolford. Als Strumpfhosen- und Bodyproduzent ist der Betrieb in der ansonsten stark von der internationalen Konkurrenz in Mitleidenschaft gezogenen Textil- und Bekleidungsbranche tätig, und dies mit äußerst großem Erfolg. Wolford stellt Produkte im absoluten Hochpreissegment her, die sehr aufwendig und zum Teil in Handarbeit gefertigt werden. Obwohl die Lohnkosten rund 50 Prozent der Gesamtkosten ausmachen, produziert Wolford ausschließlich in Österreich. Für die Zukunft ist nicht an eine Auslagerung ins vermeintlich billigere Ausland gedacht. Denn die außerordentliche Qualität der Produkte kann nur mit qualifizierten Arbeitskräften »unter einem Dach« hergestellt werden. Auch »Outsourcing«, das heißt der Einkauf von Vorprodukten und Dienstleistungen, ist für die Österreicher kein Thema. In ihrer Firma wird von der Produktentwicklung bis zum Marketing alles selbst gemacht.

Hohe Qualität, Langlebigkeit und Nutzerorientierung erfordern in der Regel die Produktion vor Ort. Mehr als andere Volkswirtschaften dürfte Deutschland mit seinen gut ausgebildeten Arbeitskräften in der Lage sein, langlebige Qualitätsware zu hohen, aber trotzdem wettbewerbsfähigen Preisen herzustellen.

Aber selbst wenn langlebige Güter aus dem Ausland importiert würden, verbliebe doch der größere Teil der Beschäftigung in Deutschland. Denn Service, Wartung, Reparatur und Wiederaufarbeitung müßten dort geleistet werden, wo die Verbraucher leben.

Grundzüge einer ökologischen Marktwirtschaft

Zwischen dem Umweltbewußtsein der Bundesbürger und ihrem Verhalten im täglichen Leben klafft eine große Kluft. Das ist kein Wunder. Angesichts der bestehenden Strukturen in unserer Gesellschaft ist umweltverträgliches Verhalten oft überhaupt nicht möglich, unüblich oder einfach zu teuer. Wenn die Menschen – teilweise gegen ihre Überzeugung – am Wegwerfprinzip festhalten, umweltschädliche Verkehrsmittel benutzen und Energie verschwenden, ist dies oft auf Gewohnheit und fehlende Überlegung zurückzuführen. Es gibt aber auch eine Reihe von rationalen Gründen. Zum Beispiel mangelt es technologisch an Gütern, die reparierbar oder wiederverwendbar sind. Ökonomisch ist es oft billiger, ein kaputtes Produkt durch ein neues zu ersetzen, als das alte reparieren zu lassen. Soziale Hindernisse liegen im Mangel an Zeit, Fähigkeiten und Möglichkeiten, Güter instandzuhalten, zu reparieren oder wiederzuverwerten. Außerdem ist das Wegwerfprinzip kulturell akzeptiert. Wer sich wirklich umweltbewußt verhält und dabei gewisse Nachteile in Kauf nimmt, wird manchmal belächelt.

Das in der Gesellschaft herrschende Lebensmuster ist auf zwei Prinzipien abgestellt, die extrem umweltschädlich sind: Mobilität und Wegwerfkonsum. Spezialisierung in der Arbeit, vorgegebene Arbeitszeiten, städtische Wohnverhältnisse oder die bestehenden Haushaltsstrukturen legen den Lebensstil weitgehend fest. Die Freiräume und Entscheidungsspielräume sind geringer, als es eine Wirtschaft, die nach marktwirtschaftlichen Grundsätzen gestaltet ist, erlaubt.

In erster Linie ist dieses Phänomen darin begründet, daß die industriellen Gesellschaften den Fortschritt über die Zunahme der Arbeitsproduktivität definiert und gleichzeitig akzeptiert haben, Energie und Rohstoffe zu verschwenden. Daß die Arbeit immer teurer und die Ressourcen immer billiger wurden, waren die Grundlagen dieser Entwicklung.

Bei der Schaffung einer ökologischen Marktwirtschaft geht es also in erster Linie darum, Freiräume für einen wirklich selbst gewählten Lebensstil zu schaffen. Umweltpolitik soll nicht darauf abzielen, die Konsumenten und Unternehmen über das notwendige Maß hinaus in ihren Entscheidungsspielräumen einzugrenzen. Vielmehr geht es darum, ihnen die Möglichkeit zu verschaffen, sich umweltbewußt zu verhalten, ohne daß ihnen dies zu wirtschaftlichen Nachteilen gereicht. Zur Freiheit gehört aber auch die Übernahme von Verantwortung. Der Verantwortung für eine gesunde Umwelt dürfen sich in Zukunft weder die Unternehmen noch die Bürger als Arbeitnehmer und Verbraucher entziehen.

Die bisherige Umweltpolitik ist zu interventionistisch. Die Vielzahl von Gesetzen und Verordnungen, die Komplexheit von Genehmigungsverfahren und das Übermaß an Bürokratie führen dazu, daß umweltpolitische Zielsetzungen verfehlt oder nur unter hohem Kostenaufwand erreicht werden. Der »grüne Punkt« ist ein Beispiel für die Ineffizienz bestehender Gesetze, das Kreislaufwirtschaftsgesetz wird wohl das nächste sein. Die Umweltpolitik in der Marktwirtschaft zu verankern heißt deshalb zu allererst: Fehler im System beseitigen und einen funktionierenden Markt herstellen, nur dort regelnd eingreifen, wo es unabdingbar ist. Die Instrumente dafür sind nach dem Motto »So viel Markt wie möglich, so viel staatliche Kontrolle wie nötig« auszuwählen.

Umweltziele und ökologische Leitbilder

Vordringliche Aufgabe staatlicher Umweltpolitik ist die Vorgabe von realistischen Umweltzielen. Die Gesellschaft braucht für die Gestaltung der Zukunft Planungssicherheit. Umweltpolitische Ziele müssen zwar von naturwissenschaftlichen Erkenntnissen abgeleitet werden, sie enthalten aber auch immer Werturteile. Deshalb muß ihrer Formulierung ein intensiver gesellschaftlicher Dialog vorausgehen. Die Zielsetzungen müssen von der Mehrheit der Bevölkerung getragen werden, sonst ist ihre Umsetzbarkeit in Frage gestellt.

Das Wuppertal Institut für Klima, Umwelt und Energie hat in seiner Studie »Zukunftsfähiges Deutschland« Vorschläge für Umweltziele unterbreitet (Übersicht 19).

Die Formulierung von Umweltzielen in dieser statistischen Form ist zwar vernünftig, aber zugleich relativ abstrakt. Da die Ziele nur erreicht werden können, wenn die gesamte Gesellschaft sich für sie einsetzt, müssen die Menschen genau wissen, nach welchen Grundsätzen sie sich zu verhalten haben. Deshalb ist es sinnvoll, die Umweltziele durch ökologische Leitbilder zu ergänzen.

Grundsätze oder Leitbilder für eine zukunftsfähige Entwicklung in Deutschland könnten die erwähnten Prinzipien »Langlebigkeit«, »Qualität statt Masse« und »Nutzen statt Besitz« sein. Der uns geläufige Begriff des Verbrauchs muß stärker auf den Gebrauch, die Nutzung und den Genuß von Gütern und Dienstleistungen gerichtet sein. Es geht aber auch darum, ein umweltverträgliches Maß für Raum und Zeit zu gewinnen. Die stete Zunahme der Mobilität, insbesondere durch das Auto, bedeutete anfangs mehr Freiheit und Lebensqualität für die Benutzer. Inzwischen haben Beschleunigung und Entfernungen in einem Ausmaß zugenommen, die den einzelnen unter Zwänge setzen und zunehmend Streß verursachen. Auch die vermeintliche Zeitersparnis existiert in Wirklichkeit nicht. Viele Menschen verbringen ein Viertel ihrer Arbeitszeit damit, das Verkehrssystem zu finanzieren: über den Erwerb und Unterhalt ihres

Umweltpolitische Ziele eines zukunftsfähigen Deutschlands		
Umweltindikator	**Umweltziel**	
	kurzfristig (2010)	langfristig (2050)
RESSOURCENENTNAHME		
Energie:		
Primärenergieverbrauch	mindestens –30%	mindestens –50%
Fossile Brennstoffe	–25%	–80 bis –90%
Kernenergie	–100%	
Erneuerbare Energien	+3 bis +5% pro Jahr	
Energieproduktivität[1]	+3 bis +5% pro Jahr[3]	
Material:		
Nicht erneuerbare Rohstoffe	–25%	–80 bis –90%
Materialproduktivität[2]	+4 bis +6% pro Jahr[3]	
Fläche:		
Siedlungs- und Verkehrsfläche	• absolute Stabilisierung • jährl. Neubelegung: –100%	
Landwirtschaft	• flächendeckende Umstellung auf ökologischen Landbau • Regionalisierung der Nährstoffkreisläufe	
Waldwirtschaft	• flächendeckende Umstellung auf naturnahen Waldbau • verstärkte Nutzung heimischer Hölzer	
STOFFABGABEN/EMISSIONEN		
Kohlendioxid (CO_2)	–35%	–80 bis –90%
Schwefeldioxid (SO_2)	–80 bis –90%	
Stickoxide (NO_X)	–80% bis 2005	
Ammoniak (NH_3)	–80 bis –90%	
Flüchtige Organische Verbindungen (VOC)	–80% bis 2005	
Synthetischer Stickstoffdünger	–100%	
Biozide in der Landwirtschaft	–100%	
Bodenerosion	–80 bis –90%	

1 Primärenergieverbrauch bezogen auf die Wertstoffschöpfung (Brutto-Inlandsprodukt) – 2 Verbrauch nicht erneuerbarer Primärmaterialien bezogen auf die Wertschöpfung – 3 Bei jährlichen Wachstumsraten des Brutto-Inlandsprodukts von 2,5%. Allerdings ist zu betonen, daß die Erreichung der langfristigen Umweltziele bei anhaltendem Wirtschaftswachstum nicht gelingen kann.

Quelle: Wuppertal-Institut, 1996.

PKW's, die Finanzierung von Infrastruktur, Polizei, Krankenhäusern und Sozialleistungen.

Um aus dem »immer weniger Nutzen« bringenden Kreislauf des »immer weiter« und »immer schneller« herauszukommen, ist eine kluge Selbstbeschränkung notwendig. Nicht nur die Umwelt ist zu schützen, auch Freiheitsspielräume für die Menschen sind zurückzugewinnen: durch langsamere Geschwindigkeiten, kürzere Entfernungen, Entflechtung, Dezentralisierung sowie eine Reduzierung des Verkehrs durch den Einsatz von neuen Kommunikationstechnologien.

Der Ordnungsrahmen für eine umweltverträgliche Marktwirtschaft

Bei der ökologischen Umgestaltung und Weiterentwicklung des marktwirtschaftlichen Ordnungsrahmens geht es in erster Linie um die Herstellung von mehr Markt.

Staatliche Rahmensetzung muß langfristig gültig sein. Nur dann besteht die Planungssicherheit, welche die Wirtschaft, die Verbraucher und die öffentliche Hand für ihr Handeln benötigen. Zunächst muß das bestehende Ordnungsrecht entschlackt und vereinfacht werden. Umweltgesetze und Genehmigungsverfahren dürfen nicht unnötig kompliziert, unübersichtlich und bürokratisch sein. Auch kleine und mittlere Unternehmen müssen in der Lage sein, sie zu durchschauen und nutzen zu können. Staatlicher Interventionismus ist dort abzubauen, wo er umweltpolitisch unerwünschte Folgen hat. Viele Einzelregelungen im Wettbewerbsrecht, im Steuerrecht, in der Technologiepolitik oder der Wirtschaftsförderung sind umweltpolitisch kontraproduktiv.

Ein effizienter marktwirtschaftlicher Ordnungsrahmen muß an erster Stelle für einen funktionierenden Wettbewerb sorgen. Das gilt insbesondere für die Bereiche Energie und Abfall, in denen es staatlich geschützte Monopole oder starke Konzentrationsbewegungen gibt. Im Steuerrecht sind zumindest die wichtigsten Steuervergünstigungen für umweltbelastende Tätigkeiten abzubauen. Dazu hat das Ifo-Institut 1994 umfassende Vorschläge unterbreitet.

Darüber hinaus muß geprüft werden, inwieweit staatliche Auflagen und Subventionen durch privatrechtliche Lösungen ersetzt werden können. Statt langwieriger Genehmigungsverfahren bei Kraftwerken, gen- und biotechnologischen Fabriken oder anderen Produktionen sollte den Betreibern auferlegt werden, eine Haftpflicht-Versicherung für eventuell eintretende Schäden abzuschließen. Der Staat wäre dann zunächst aus der Verantwortung. Das Problem würde marktwirtschaftlich gelöst. Konkret: Es würde sich wohl keine Versicherungsgesellschaft finden, die bereit wäre, die volle Absicherung für die Risiken gefährlicher Entwicklungen in der Gen- und Biotechnologie zu übernehmen. Weniger risikobehaftete Produktionen könnten zwar realisiert werden, jedoch zu erhöhten Kosten. Das würde die Hersteller dazu zwingen, das Produkt wenigstens zu »echten Preisen« anbieten zu müssen.

Der Abbau staatlicher Eingriffe mit umweltschädlichen Wirkungen sowie der zunehmende Einsatz privatrechtlicher oder marktwirtschaftlicher Instrumente wie eine ökologische Steuer- und Abgabenreform eröffnen die Möglichkeit, das Ordnungsrecht von überflüssigen Regelungen zu befreien. Die verbleibenden Gesetze und Verordnungen sollten in einem einheitlichen Umweltgesetzbuch zusammengefaßt werden, das den Grundsätzen der Einfachheit, Zielgerichtetheit und Langfristigkeit genügt. Ein reformiertes Ordnungsrecht muß auf möglichst unbürokratische Weise dem Vorsorgeprinzip stärker Rechnung tragen, indem es zum Beispiel die Unternehmen zur Rücknahme ihrer ausgedienten Produkte verpflichtet.

»Echte Preise« durch eine ökologische Steuer- und Abgabenreform

Die jahrelange Praxis deutscher Umweltpolitik beweist: Ordnungsrechtliche Instrumente führen zu chronischen Vollzugsdefiziten und Bürokratisierung. Sie können nur begrenzte Anforderungen nach dem jeweiligen Stand der Technik stellen. Dadurch erhält der Verursacher keinen Anreiz, sich aus eigenem Antrieb umweltbewußt zu verhalten. Das Ordnungsrecht erläßt Gebote und Verbote, die alle einzuhalten haben – ohne Berücksichtigung der Kosten, die Wirtschaft und Gesellschaft entstehen. Das ist ökonomisch ineffizient. Auch Zertifikatslösungen oder den Selbstverpflichtungen ganzer Industriebranchen oder -verbänden mangelt es an Verbindlichkeit, Praxisnähe und Wirksamkeit.

Deshalb ist mehr Marktwirtschaft in der Umweltpolitik nötig. Vorrangiges marktwirtschaftliches Steuerungsinstrument sind die Preise. Sie müssen zumindest langfristig die gesamten Kosten der Umweltnutzung eines Produktes widerspiegeln. Damit werden Anreize gesetzt, alle denkbaren Wege des sparsameren Umgangs mit Energie und Rohstoffen zu beschreiten. Das entspricht einer vorsorgenden Umweltpolitik, die auch ökonomisch interessant ist. Denn sie wird eine breite Innovationsoffensive in Wirtschaft und Gesellschaft in Gang setzen.

Daß höhere Preise den wirksameren Einsatz von Energie fördern, kann man bei einem Ländervergleich sehen: Je höher der Preis für Treibstoff, desto höher seine Effizienz (Übersicht 20). Das ist kein Wunder, denn bei höheren Energie- und Rohstoffpreisen besteht sowohl für die Wirtschaft wie auch für die Verbraucher ein Anreiz, sich umweltschonend zu verhalten. Dabei geht es weniger darum, Verzicht zu leisten als vielmehr darum, Energie und Rohstoffe wirksamer einzusetzen. Die Steigerung der Produktivität oder Effizienz der Ressourcen ist vorrangiges Ziel.

Höhere Energie- und Rohstoffpreise werden mittelfristig zu einer »Effizienzrevolution« führen. Neue Produkte, die weniger

Übersicht 20

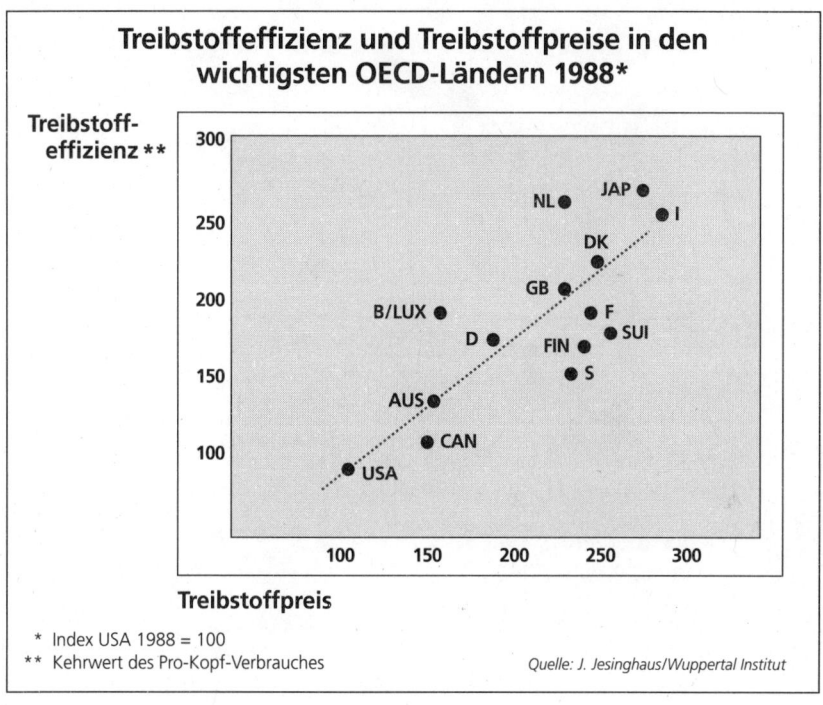

Treibstoffeffizienz und Treibstoffpreise in den wichtigsten OECD-Ländern 1988*

Treibstoff-effizienz**

Treibstoffpreis

* Index USA 1988 = 100
** Kehrwert des Pro-Kopf-Verbrauches

Quelle: J. Jesinghaus/Wuppertal Institut

energie- und materialintensiv sind, müßten entwickelt werden. Die Herstellung der Güter wäre mit einem geringerem Aufwand an Ressourcen zu bewerkstelligen. Die Verbraucher würden auf Erzeugnisse »umsteigen«, die umweltverträglicher sind und Produkte länger oder intensiver nutzen. Wie das in der Praxis aussehen kann, zeigt beispielhaft Übersicht 21.

Damit stellt sich die Verteuerung von Energie und Rohstoffen und die gleichzeitige Verbilligung von Arbeit als ein unverzichtbares Instrument zur Modernisierung der deutschen Wirtschaft und Gesellschaft dar. Gerade Japan und die USA haben in letzter Zeit das Thema Umwelt zusehends entdeckt. Nur wenn die deutsche Wirtschaftspolitik unverzüglich handelt, können die Wachstumsmärkte für umweltfreundliche Produkte, ressourcenschonende

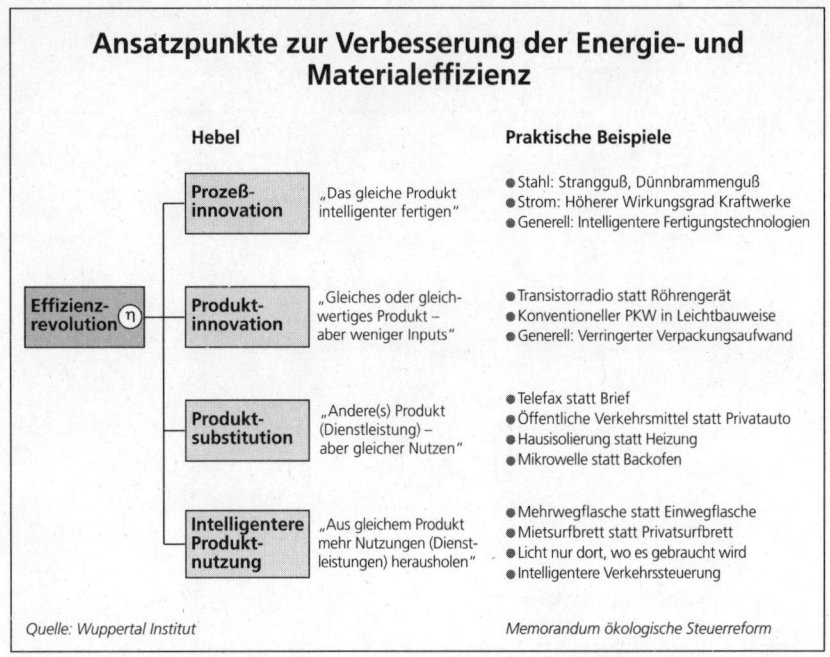

Ansatzpunkte zur Verbesserung der Energie- und Materialeffizienz

Hebel		Praktische Beispiele
Prozeß-innovation	„Das gleiche Produkt intelligenter fertigen"	● Stahl: Strangguß, Dünnbrammenguß ● Strom: Höherer Wirkungsgrad Kraftwerke ● Generell: Intelligentere Fertigungstechnologien
Produkt-innovation	„Gleiches oder gleichwertiges Produkt – aber weniger Inputs"	● Transistorradio statt Röhrengerät ● Konventioneller PKW in Leichtbauweise ● Generell: Verringerter Verpackungsaufwand
Produkt-substitution	„Andere(s) Produkt (Dienstleistung) – aber gleicher Nutzen"	● Telefax statt Brief ● Öffentliche Verkehrsmittel statt Privatauto ● Hausisolierung statt Heizung ● Mikrowelle statt Backofen
Intelligentere Produkt-nutzung	„Aus gleichem Produkt mehr Nutzungen (Dienstleistungen) herausholen"	● Mehrwegflasche statt Einwegflasche ● Mietsurfbrett statt Privatsurfbrett ● Licht nur dort, wo es gebraucht wird ● Intelligentere Verkehrssteuerung

Effizienz-revolution

Quelle: Wuppertal Institut   Memorandum ökologische Steuerreform

Produktionsverfahren und nachsorgende Umwelttechnologie von deutschen Unternehmen erobert werden. Eine marktorientierte Umweltpolitik bestimmt entscheidend die Zukunftsfähigkeit der deutschen Wirtschaft in der internationalen Konkurrenz.

Bei der Verteuerung von Energie und Rohstoffen geht es darum, »echte Preise« für Produkte und Dienstleistungen herzustellen. Das heißt: Preise, in denen die gesamten volkswirtschaftlichen Kosten einer Produktion enthalten sind. Diese Kosten sind schwer zu ermitteln und liegen für die meisten Produkte nicht vor. Daher kann man sich den »echten Preisen« vorerst nur annähern. Ein vorsichtiges Herantasten ist notwendig, weil es sonst zu unvertretbaren Schockwirkungen käme. Das läßt sich am Beispiel des Individualverkehrs darlegen. Wollte man die gesamten Kosten des Autoverkehrs im Benzinpreis berücksichtigen, müßte – wissenschaftlichen

Berechnungen zufolge – der Liter Benzin mehr als 5 Mark kosten. Weder die Wirtschaft noch die Verbraucher würden solche Preiserhöhungen verkraften, geschweige denn akzeptieren.

Eine ökologische Steuer- und Abgabenreform darf daher die Preise nur schrittweise erhöhen und muß gleichzeitig die Lohnnebenkosten senken. Die Steuern und Abgaben müssen langfristig kalkulierbar sein, um verläßliche Planungsgrundlagen für Investoren und Verbraucher zu bieten. Damit sie tatsächlich Verhaltensänderungen bewirken, sollten sie aber mittel- bis langfristig deutlich spürbar sein.

Auch dafür bietet der Individualverkehr den passenden Beleg. Die Forderung von Umweltschützern nach einem 3-Liter-Auto wurde von der Industrie zwar bisher nicht erfüllt, aber einige deutsche und ausländische Anbieter sind seit längerem mit Kleinwagen auf dem deutschen Markt, deren Kraftstoffverbrauch unter 5 Liter pro 100 Kilometer liegt. Viele von ihnen haben jedoch die leidvolle Erfahrung gemacht, daß diese Kleinwagen zu den am schlechtesten verkauften Modellen ihrer Angebotspalette gehören. Das ist keine Überraschung. Denn ein langfristiger Vergleich zeigt, daß die relativen Preise für Benzin erheblich gefallen sind. Der Verbraucher von heute muß einen viel geringeren Teil seines Einkommens für Kraftstoff aufwenden als noch vor 20 oder 30 Jahren. Deshalb verwundert es nicht, wenn der durchschnittliche Kraftstoffverbrauch eines Autos trotz zweier Ölkrisen seit 1970 gleich geblieben ist (Übersicht 22). Den technischen Fortschritt bei der Herstellung sparsamerer Motoren haben die deutschen Autokäufer dadurch wettgemacht, daß sie Kraftfahrzeuge mit höherer Motorleistung kauften. Der Energieeinspareffekt war gleich null.

Der erste Schritt zu einer ökologischen Steuer- und Abgabenreform umfaßt die Beseitigung umweltschädlicher Steuerregelungen und die höhere Besteuerung von Energie bei gleichzeitiger Absenkung der Sozialbeiträge. Angesichts der drohenden Klimakatastrophe, angesichts der Schadstoffemissionen, die bei der Energieumwandlung entstehen, und angesichts der natürlichen Knappheit der

Wann kommt das sparsame Auto?

Durchschnittlicher Kraftstoffverbrauch in Deutschland je 100 km
in Liter

Otto-Motor		Diesel-Motor
9,6	1970	8,6
10,0	1975	8,9
10,2	1980	9,1
10,2	1985	9,1
9,7	1990	7,8
9,5	1994	7,7
9,6	1994 (West)	7,7
8,0	1994 (Ost)	7,4

Quelle: Globus 2873

fossilen Energieträger hat der sparsamere Umgang mit Energie Priorität. Deshalb ist der Energieverbrauch strategischer Ansatzpunkt für eine ökologische Steuerreform.

Mittelfristig bedarf es umweltorientierter Sonderabgaben und einer umweltorientierten Gebühren- und Beitragspolitik. In einem weiteren Schritt müßten umweltschädigende Subventionen abgebaut oder umweltverträglich umgebaut werden (Übersicht 23).

Bei der Beseitigung umweltschädlicher Steuerregelungen haben zwei Reformen Vorrang: Die Kraftfahrzeugsteuer muß entfallen, das Aufkommen ist auf die Mineralölsteuer umzulegen. Damit käme das Verursacherprinzip zum Tragen, das dem Umweltverschmutzer die Kosten auferlegt. Schließlich schädigt nicht das Halten eines Autos die Umwelt, sondern das Fahren. Außerdem muß die Kilometerpauschale im Einkommensteuerrecht in eine verkehrsmittelunabhängige Entfernungspauschale umgewandelt werden.

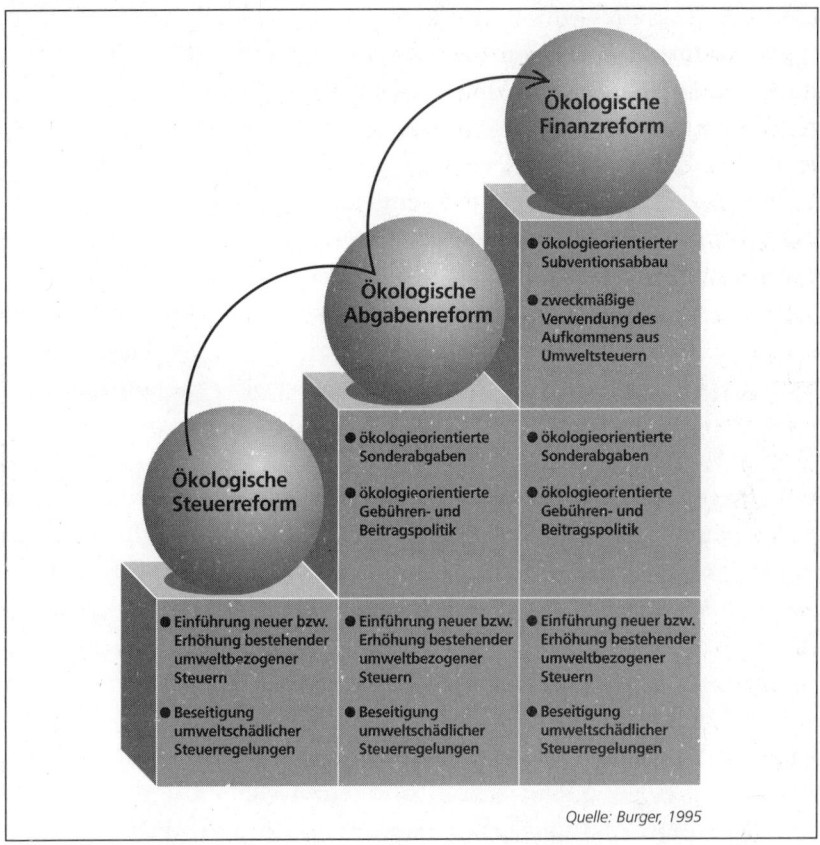

Quelle: Burger, 1995

Die Steuern auf Mineralöl, Gas und Strom sollten schrittweise über einen Zeitraum von zehn Jahren eingeführt oder erhöht werden. Das Deutsche Institut für Wirtschaftsforschung hat einen jährlichen Preisanstieg für Energie von real 7 Prozent vorgeschlagen, um möglichst nahe an das CO_2-Minderungsziel der Bundesregierung heranzukommen. Diese Erhöhung käme in etwa einer Verdoppelung der Energiepreise nach zehn Jahren gleich. Verursachergerechte Preise werden nicht nur von Ökonomen, sondern auch von Teilen der Wirtschaft für notwendig gehalten, um Verhaltensänderungen in Wirtschaft und Gesellschaft in Gang zu setzen und Innovationen anzukurbeln. So heißt es in den »Überlegungen zu einem Gesamt-Konzept für die Reform von Kfz- und Kraftstoffbesteuerung« der Firma BMW, daß auch die wirtschaftliche Logik dafür spreche, die Kosten »verursachergerecht anzulasten«.

Da die Energiekosten an den gesamten Produktionskosten nur 2 bis 3 Prozent ausmachen, würde eine langfristige Verdoppelung der Energiepreise die Wettbewerbsfähigkeit der deutschen Wirtschaft dann nicht gefährden, wenn besonders energieintensiven Sektoren wie Eisen und Stahl, Chemie, NE-Metalle sowie Steine und Erden ein günstigerer Steuersatz eingeräumt wird. Das wird bereits in Dänemark praktiziert und auch im Konzept der SPD für eine ökologische Steuer- und Abgabenreform befürwortet.

Das Aufkommen aus der Öko-Steuer beliefe sich im DIW-Modell nach zehn Jahren auf 121 Milliarden Mark. Um die Bürger nicht weiter mit Steuern und Abgaben zu belasten und ihre Akzeptanz gegenüber Öko-Steuern zu erhöhen, muß dieses Aufkommen vollständig an die Wirtschaft und die privaten Haushalte zurückgegeben werden.

Es wurde bereits darauf hingewiesen, daß nach einer historischen Phase der forcierten Steigerung der Arbeitsproduktivität nun die Produktivität der Ressourcen erhöht werden muß. Voraussetzung dafür ist, daß Energie und Rohstoffe teurer werden und die Arbeit sich verbilligt. Zwischen 1970 und 1993 wurde der Faktor Arbeit stärker, der Faktor Umwelt relativ weniger belastet. Außerdem sind die Energiepreise in den letzten Jahren erheblich gefallen.

Aus ökonomischen und arbeitsmarktpolitischen Gründen muß das Aufkommen aus der Öko-Steuer dazu verwendet werden, die Lohnnebenkosten zu senken. Die versicherungsfremden Leistungen in der Arbeitslosen-, Renten- und Krankenversicherung belaufen sich auf rund 120 Milliarden Mark. Mit ihnen werden die Beitragszahler unrechtmäßig belastet. Ihre Beiträge könnten um 8 Beitragspunkte sinken, wenn die gesamten versicherungsfremden Leistungen aus dem Sozialsystem herausgenommen und über Steuern finanziert würden. Dafür käme in erster Linie die Öko-Steuer in Frage, deren wirtschaftliche und beschäftigungspolitische Wirkungen am positivsten sind.

Das Deutsche Institut für Wirtschaftsforschung sieht bei seinem Öko-Steuer-Modell vor, daß die Steuereinnahmen verteilungsgerecht an die Wirtschaft und die privaten Haushalte zurückgegeben werden. Für die Arbeitgeber sinken die Beitragssätze zur Rentenversicherung, die privaten Haushalte erhalten entsprechend der Anzahl der Haushaltsmitglieder einen Öko-Bonus. Wirtschaftswachstum und Wettbewerbsfähigkeit der deutschen Wirtschaft würden von der Öko-Steuer nicht negativ beeinflußt. Der arbeitsmarktpolitische Effekt dagegen wäre positiv: Innerhalb von zehn Jahren könnte mit einem Beschäftigungszuwachs von einer halben Million Arbeitsplätzen gerechnet werden. Zu ähnlichen Ergebnissen gelangt das Institut für Arbeitsmarkt-und Berufsforschung.

Auch die Europäische Kommission hat Berechnungen zur Senkung der Lohnnebenkosten, finanziert durch eine CO_2-Energiesteuer, angestellt. Ihr Modell sieht die Rückgabe der Energiesteuer ausschließlich an die Wirtschaft vor, und zwar durch die generelle Senkung der Arbeitgeberbeiträge zur Sozialversicherung. Eine Verringerung dieser Beiträge in Höhe von 1 Prozent des Bruttosozialprodukts würde, so die Ergebnisse der Kommission, zu einem Beschäftigungsanstieg in Höhe von 0,5 Prozent der Erwerbstätigen führen. Noch größer wären die Beschäftigungseffekte, wenn die Einnahmen aus der Öko-Steuer ausschließlich zur Finanzierung eines Teils der Lohnnebenkosten der unteren Einkommensbezieher verwendet würden. Eine Öko-Steuer in Höhe von 1 Prozent des Sozialproduktes ließe die Beschäftigung im Gemeinschaftsdurchschnitt um 2 Prozent wachsen: Das entspräche etwa 2,7 Millionen zusätzlichen Arbeitsplätzen in Europa. In Deutschland wären es etwa 700.000 Arbeitsplätze.

Bei der Entscheidung über die Rückgabe der Öko-Steuer an Unternehmen und Verbraucher sollte der Beschäftigungseffekt im Vordergrund stehen. Vorrangig ist die Entlastung des Produktionsfaktors Arbeit, damit auch Arbeit in arbeitsintensiven Industrien und im Dienstleistungssektor wieder rentabel wird. Negative Auswirkungen auf die Einkommensverteilung müssen im Rahmen der direkten Steuern auf Einkommen und Vermögen ausgeglichen werden.

Den Einnahmen aus der Öko-Steuer angepaßt, könnten die Lohnnebenkosten schrittweise gesenkt werden. Zunächst für die Bezieher geringer Löhne und Gehälter, anschließend für alle Bezieher von Arbeitseinkommen zur Finanzierung der versicherungsfremden Leistungen in der Renten-, Kranken- und Arbeitslosenversicherung.

Mit der ökologischen Steuer- und Abgabenreform muß Deutschland nicht warten, bis sich die Mitgliedsländer der Europäischen Union auf eine einheitliche Lösung verständigt haben. Mehrere Nachbarstaaten Deutschlands haben bereits unterschiedliche Arten von Öko-Steuern eingeführt: unter anderem Belgien, die Niederlande, Dänemark und Österreich. In ihrem Weißbuch »Wachstum, Wettbewerbsfähigkeit, Beschäftigung« hat die EU-Kommission den Mitgliedsländern der Union ausdrücklich empfohlen, höhere Einnahmen aus Energiesteuern heranzuziehen, um die Arbeitskosten zu senken. Auch in der CDU/CSU und sogar in der F.D.P. wurden entsprechende Vorschläge entwickelt, aber regelmäßig auf Druck der Wirtschaft oder aus politischer Opportunität zurückgezogen.

Daß Gründe der internationalen Wettbewerbsfähigkeit auch einer ökologischen Steuerreform nicht im Wege stehen, hat das DIW in seiner Studie zu den gesamtwirtschaftlichen Folgen einer ökologischen Steuerreform festgestellt: »Zweifellos sollte ein international abgestimmtes Verhalten angestrebt werden, doch kommt es im untersuchten Szenario auch bei einem nationalen Alleingang vor allem deshalb nicht zu den befürchteten negativen Wirkungen, weil die Steuer an den Unternehmenssektor zurückfließt«.

Den ökologischen Umbau flankieren

Ein verläßlicher und langfristiger Ordnungsrahmen und eine grundlegende ökologische Steuer- und Abgabenreform sind Dreh- und Angelpunkt einer modernen Wirtschafts-, Umwelt- und auch Arbeitsmarktpolitik. Es bedarf allerdings weiterer Maßnahmen, um die notwendigen ökologischen Innovationsprozesse in Gang zu setzen.

Die Infrastrukturpolitik muß stärker auf Umweltziele ausgerichtet werden. Insbesondere geht es darum, umweltschonende Verkehrs- und Transportsysteme zu entwickeln und zu nutzen. Die Energiepolitik sollte auf die Einsparung von Energie und die Nutzung regenerativer Energien umorientiert werden. In der Solar- und Windenergie-Technologie läuft die deutsche Industrie derzeit Gefahr, ihre Spitzenstellung im internationalen Wettbewerb zu verspielen. Der breite Einsatz von Sonnenenergiesystemen ist zu fördern, damit durch hohe Stückzahlen die Kosten gesenkt werden und der Durchbruch dieser zukunftsweisenden Technologie in Deutschland gelingt. Dies ist um so dringender, da Japan und die USA die Zeichen der Zeit erkannt haben und zunehmend auf Sonnenenergie setzen. Gerade bei der Solartechnologie geht es deshalb nicht allein darum, eine umweltverträgliche Energiereserve für Deutschland zu erschließen, sondern auf großen Wachstumsmärkten der Zukunft eine Führungsrolle zu übernehmen. Investitionsförderung und ein umweltgerechtes Nachfrageverhalten der öffentlichen Hand sind geeignete Instrumente, die Entwicklung und den Einsatz solcher umweltverträglicher Technologien zu unterstützen.

Die Defizite in der Umwelt- und Gesundheitsforschung sind abzubauen. Wissenschaft und Forschung sollten zunehmend problemorientiert arbeiten und auch langfristig ihre Verantwortung für die Natur und für zukünftige Generationen wahrnehmen. Auch die Bildungs- und Verbraucherpolitik muß sich dem Thema Umwelt stärker widmen. Umwelterziehung in der Schule bietet die geeignete Grundlage dafür, daß die Kinder und Jugendlichen Umweltbewußtsein entwickeln und die Fähigkeit erwerben, später im Beruf oder als Verbraucher ihre Verantwortung gegenüber der Umwelt wahrzunehmen.

Fazit

Die ökologische Produktions- und Dienstleistungsgesellschaft bietet die Chance, umweltverträgliches Wirtschaften mit einer Zunahme der Beschäftigung und der Sicherung der langfristigen Wettbewerbsfähigkeit der deutschen Wirtschaft zu verbinden.

Auf gesamtwirtschaftlicher Ebene besteht kein Widerspruch zwischen Ökonomie und Ökologie. Das wirtschaftliche Prinzip sieht vor, daß ein bestimmtes Produktionsziel mit dem geringstmöglichen Einsatz an Ressourcen (Minimalprinzip) oder mit einem bestimmten Einsatz an Ressourcen das größtmögliche Ziel (Maximal-Prinzip) erreicht. Zu den Ressourcen gehören Rohstoffe und Energie sowie der Faktor Arbeit.

In der Vergangenheit haben sich die Industriegesellschaften darauf konzentriert, den Faktor Arbeit möglichst wirksam einzusetzen. Sie waren dabei sehr erfolgreich. Trotz immer kürzer werdender Arbeitszeiten wurde ein enormer materieller Wohlstand erwirtschaftet. Es bedarf nun keiner besonderen Anstrengungen mehr, die Arbeitsproduktivität zu steigern. Arbeitskraft ist weltweit ausreichend vorhanden. Die Arbeitslosenzahlen in allen Ländern der Welt sind beredtes Zeugnis dafür.

Im Gegensatz zum Überfluß an Arbeitskräften herrscht eine Knappheit an Rohstoffen und Energie. Gerechtigkeit im Verhältnis des Nordens zum Süden, Verantwortungsbewußtsein gegenüber unseren Kindern und nicht zuletzt unser eigenes Interesse an einer intakten Umwelt erfordern einen schonenderen Umgang mit der Natur. In deren Mittelpunkt steht der sparsame Einsatz von Rohstoffen und Energie. Er muß nicht mit Verzicht erkauft werden.

Wenn die Produktivität der natürlichen Ressourcen in den kommenden Jahrzehnten ähnlich gesteigert wird wie bisher die Arbeitsproduktivität, werden Wohlstand und Lebensqualität auch in Zukunft wachsen.

Die Effizienz der Arbeit wurde gesteigert, indem man die Arbeitskraft über die Maßen verteuerte und die Arbeitszeiten verringerte. Die Verschwendung von Rohstoffen und Energie ist durch zu niedrige Preise bedingt. Sie spiegeln die gesamtwirtschaftlichen Kosten des Umweltverbrauchs nicht wider. Um zu einem wirtschaftlich vernünftigen Einsatz aller Ressourcen zu gelangen, müssen Natur und Arbeit mit ihren »echten Preisen« bewertet werden. Energie und Rohstoffe müssen teurer, die Arbeit muß billiger werden.

Einbußen im Lebensstandard und an Lebensqualität sind durch umweltgerechtes Wirtschaften nicht zu erwarten. Die Wohlstandsgesellschaft muß aber Abschied nehmen vom Wegwerfprinzip und sich hinwenden zum Konsum von langlebiger Qualitätsware und Dienstleistungen. Mit der Spezialisierung auf werthaltige, umweltverträgliche Güter könnte die deutsche Wirtschaft das Gütesiegel »Made in Germany« wiederbeleben und langfristig die internationale Wettbewerbsfähigkeit sichern.

Durch diese Art von Umweltschutz können viele Arbeitsplätze geschaffen werden. Die deutsche Wirtschaft muß ihre Position als Spitzenreiter in der Umwelttechnologie zurückerobern und weltweit die erste sein, die Märkte für umweltschonende Güter und Produktionsverfahren erschließt. Herstellung, Wartung, Reparatur, Service und Wiederverwertung langlebiger, werthaltiger Güter sind arbeitsintensiv. Findet die Wende vom Wegwerfprinzip zur Langlebigkeit statt, werden neue Arbeitsplätze nötig, die wegfallende Arbeitsplätze in der Wegwerfproduktion ersetzen. Netto werden mehr Arbeitsplätze entstehen als verloren gehen, und zwar dort, wo die Menschen leben. Das heißt in allen Regionen Deutschlands, auch in den Gebieten, die heute unter großen strukturellen Problemen leiden.

Die ökologische Dienstleistungsgesellschaft entsteht nicht von allein. Umweltverträgliches Wirtschaften wird sich nur entwickeln, wenn die Politik die entsprechende Richtung vorgibt. Die Umweltziele und Leitbilder, auf die sich die Gesellschaft in einem Diskurs einigt, sind am effizientesten durch den Einsatz marktwirtschaftlicher Instrumente zu erreichen. Der ordnungspolitische Rahmen sollte sich auf das Notwendigste beschränken und so klar, einfach und unbürokratisch wie möglich sein.

Vorrangiges Steuerungsinstrument sind in einer ökologischen Marktwirtschaft die Preise. Sie sollen zumindest langfristig die gesamten Kosten der Umweltnutzung eines Produktes widerspiegeln. »Echte Preise«, die einen sparsameren Umgang mit Energie und Rohstoffen bewirken, kann eine ökologische Steuer- und Abgabenreform herstellen. Umweltschädliche Steuern und Subventionen werden abgeschafft, Energiesteuern erhöht und umweltorientierte Sonderabgaben mittelfristig eingeführt. Gleichzeitig werden die Abgaben auf Arbeit gesenkt.

Das Aufkommen aus den Öko-Steuern ist in vollem Umfang an die Unternehmen und privaten Haushalte zurückzugeben, und zwar über eine Senkung der Lohnnebenkosten. Die Steuereinnahmen sollten zur Finanzierung der versicherungsfremden Leistungen aller Sozialversicherungen herangezogen werden.

Die Verteuerung von Energie und Rohstoffen und die Verbilligung der Arbeit haben gesamtwirtschaftlich nur positive Effekte: Eine geringere Belastung der Natur, weil umweltverträgliches Verhalten sich auch finanziell lohnt. Eine verbesserte Wettbewerbsfähigkeit der deutschen Wirtschaft, weil ihre Produkte und Verfahren zukunftsfähiger sind als die anderer Industrienationen. Und eine Zunahme der Beschäftigung, weil die Schaffung von neuen Arbeitsplätzen wieder rentabel wird.

> »Es gibt wohl kein besseres Anschau-
> ungsbeispiel der Möglichkeiten beruf-
> licher Ausbildung als die phänomena-
> len industriellen Fortschritte Deutsch-
> lands in der letzten Generation. Sie
> wurden in erster Linie erreicht... weil
> die deutschen Staatsmänner voraus-
> schauend und fortschrittlich genug
> waren, ein umfassendes System beruf-
> licher Bildung einzuführen, durch das
> die deutsche Jugend eine bessere Aus-
> bildung erwarb als die eines jeden an-
> deren Landes.«
> Theodore Robinson, Vizepräsident
> der Illinois Steel Company, 1913

VI. Kapitel

Der Schlüssel zu dauerhafter Wettbewerbsfähigkeit: Erziehung, Bildung und Qualifikation

Das Wirtschaftssystem eines Landes, seine Infrastruktur und die Ausstattung der Unternehmen mit Sachkapital können noch so gut sein, es nutzt alles nichts, wenn es an fähigen und leistungswilligen Arbeitskräften mangelt. Wenn die deutsche Wirtschaft im internationalen Wettbewerb bis heute bestehen konnte, so deshalb, weil die Arbeitnehmer und Arbeitnehmerinnen gut ausgebildet sind, über eine hohe Motivation verfügen und produktiver arbeiten als die Beschäftigten in anderen Ländern.

Zu dieser erfreulichen Entwicklung kam es nicht zufällig. Ludwig Erhard hob schon Ende der vierziger Jahre die Bedeutung der Leistungsfähigkeit der Arbeitskräfte hervor:

»So sinnvoll es nach logisch rationalen Erwägungen sein mag, den Aufbau mit der Wiederherstellung und Erneuerung des sachlichen Produktionskapitals zu beginnen, um der menschlichen Arbeit eine hohe Ergiebigkeit zu verleihen, so irreal ist doch auch diese Politik, wenn sie demgegenüber die menschliche Arbeit – oder besser den arbeitenden Menschen – als nur sachlichen Produktionsfaktor wertend, auf längere Sicht völlig vernachlässigen zu können glaubt.«

Maßnahmen zur Verbesserung der Lebenssituation der Arbeitnehmer bezeichnete Erhard in der damaligen Situation als »eine besondere Spielart produktiver Investition«. Sogar Kredite für Nahrungsmittelimporte rangierten in seiner Sichtweise nicht unter Verbrauchs-, sondern »Produktiv-Krediten«. Und auch in diesem Zusammenhang betonte er, wie so oft, daß der letzte Zweck allen Wirtschaftens der Verbrauch ist.

Diesen zu stärken und die Arbeitnehmer in ausreichendem Maße daran teilhaben zu lassen, war auch Absicht der gewerkschaftlichen Tarifpolitik. Nach dem Kriege sicherten kontinuierliche Lohnsteigerungen und Arbeitszeitverkürzungen den Arbeitnehmern und Arbeitnehmerinnen ihren Anteil am Produktivitätsfortschritt. Zu Beginn der siebziger Jahre, als Vollbeschäftigung herrschte, versuchten die Gewerkschaften sogar, die Einkommensverteilung zu Gunsten der Lohn- und Gehaltsempfänger zu verändern. Tatsächlich stieg die Lohnquote, der Anteil der Einkommen aus unselbständiger Arbeit am Volkseinkommen, vorübergehend an. Die Unternehmen fühlten sich zunehmend unter Rationalisierungsdruck, in dessen Folge die Produktivität stetig zunahm.

Auch die Bildungsreformen zu Zeiten der sozial-liberalen Koalition trugen zur Leistungssteigerung der deutschen Wirtschaft bei. Beabsichtigt war damals, gleiche Bildungschancen für Kinder und Jugendliche aus unterschiedlichen sozialen Schichten zu verwirklichen. Resultat war, daß immer mehr Schüler und Schülerinnen höhere Bildungsabschlüsse erreichten, ein Studium begannen oder eine qualifizierte Ausbildung absolvierten. Das Bildungs- und Qualifikationsniveau der Bevölkerung stieg fortlaufend an und gehört im OECD-Vergleich zu den höchsten der Industrieländer.

Die hohe Produktivität ist der Grund dafür, daß die deutschen Lohnstückkosten trotz höchster Löhne und kürzester Arbeitszeiten auch international wettbewerbsfähig blieben. Gleichzeitig gewährleistete sie einen hohen materiellen Wohlstand in Deutschland.

An der bisherigen Strategie »Hohe Qualifikation und Motivation – hohe Wertschöpfung – hohe Löhne und kurze Arbeitszeiten« muß auch in Zukunft festgehalten werden. Nur gut ausgebildete und motivierte Arbeitnehmerinnen und Arbeitnehmer sichern auf Dauer die Wettbewerbsfähigkeit der Wirtschaft, den materiellen Wohlstand und die Lebensqualität.

Das erfordert einen möglichst hohen Stand von Bildung und Ausbildung über alle Bevölkerungsschichten hinweg. Neben ihrer kulturellen Bedeutung müssen die Maßnahmen und Ausgaben für Erziehung, Schulbildung, Erstausbildung und Weiterbildung als Investitionen in den Standort Deutschland und seine zukunftsfähige Entwicklung gesehen werden.

Qualifikationserfordernisse in Zeiten zunehmender Globalisierung

Nicht jeder deutsche Arbeitsplatz hängt vom Export ab, und nicht jeder deutsche Arbeitsplatz ist dem internationalen Wettbewerb ausgeliefert. Weltweit arbeiten nur 5 Prozent der Arbeitnehmer in multinationalen Unternehmen. Die große Mehrheit produziert für den heimischen Markt. Auch die deutsche Exportquote von über 20 Prozent verdeutlicht: Eine eher geringe Zahl der Beschäftigten ist Teil eines internationalen Arbeitsmarktes. Weder konkurriert der deutsche Arzt mit einem amerikanischen, noch verliert der Friseur in Frankfurt seine Kunden an einen billigeren Haarschneider in Lissabon.

Insbesondere die personenbezogenen Dienstleistungen werden auch in Zukunft nicht im internationalen Wettbewerb stehen. Bei ihnen handelt es sich um »geschützte Sektoren«. Die produktionsbezogenen Dienstleistungen, vom Finanzgewerbe über Unternehmensberatung bis zum Marketing, sind noch stark im Inland verankert. Jedoch ist eine zunehmende Internationalisierung der Geschäftsbeziehungen zu erwarten. Am stärksten unter ausländischem Druck steht die Industrie. Das gilt für die deutsche Industrie in besonderem Maße, obwohl nur der geringere Teil der Industriesektoren als stark exportabhängig bezeichnet werden kann. Die übrigen Sektoren produzieren überwiegend für den heimischen Markt.

Inwieweit die Arbeitnehmer in den »exponierten Sektoren« (den der ausländischen Konkurrenz ausgesetzten Industrien und Dienstleistungen) mit den Beschäftigten der Mitbewerber konkurrieren können, hängt einzig und allein von ihrer Produktivität ab. Multinational operierende Unternehmen werden in Zukunft unabhängig von ihrer Nationalität dort investieren und produzieren, wo die Arbeitnehmer ihren Produkten die höchste Wertschöpfung verschaffen. Das kann in Niedriglohnländern genauso gut sein wie in Hochlohnländern und in Ländern mit hohen Steuern genauso wie in Ländern mit niedrigen. Entscheidend für die Produzenten ist die Rentabilität. Die Produktivität der Arbeitnehmer ist eine ihrer wesentlichen Bestimmungsfaktoren.

Insofern ist dem ehemaligen amerikanischen Arbeitsminister Robert B. Reich darin zuzustimmen, daß eine neue Logik den wirtschaftlichen Nationalismus bestimmt. Angesichts der Freiheit der Kapitalmärkte können Investitionen und Gewinne beliebig über den Globus verlagert werden. Dorthin, wo die Rentabilität am höchsten ist. Die Verbesserung der Investitionsbedingungen im Inland durch Kostensenkungen und Steuergeschenke für Unternehmen und Reiche sind wenig oder überhaupt nicht wirksam, wenn andere Volkswirtschaften eine höhere Verzinsung des investierten Kapitals bieten. Wenn Staaten einen möglichst großen Anteil des internationalen Kapitals in ihr Land locken wollen, sollten sie auf die unbeweglichen Standortfaktoren Infrastruktur, Forschung und Arbeitskräfte setzen. Dazu Reich wörtlich:

»Das Können und die Fertigkeiten des Arbeitskräftepotentials eines Landes sowie die Qualität seiner Infrastruktur machen seine Einzigartigkeit – und einzigartige Anziehungskraft – innerhalb der Weltwirtschaft aus. Investitionen in diese relativ unbeweglichen Faktoren der weltweiten Produktion sind im wesentlichen das, was ein Land von anderen unterscheidet; im Gegensatz hierzu bewegt sich Geld mit Leichtigkeit um die Welt. Arbeitnehmerinnen und Arbeitnehmer, die über ein hohes Maß an Kenntnissen und Fertigkeiten verfügen, locken globales Geld an. Der Anreiz kann sich zu einer nutzbringenden Beziehung entwickeln: Gut ausgebildete Arbeiter und eine moderne Infrastruktur ziehen globale Unternehmensnetze an, welche investieren und den Arbeitern relativ gute Arbeitsplätze verschaffen; diese Arbeitsplätze erzeugen Weiterbildung und neue Erfahrungen, was wiederum ein starkes Lockmittel für weitere globale Netze darstellt. Mit zunehmenden Fertigkeiten und wachsenden Erfahrungen fügen die Bürger eines Landes der Weltwirtschaft immer größeren Wert zu, werden entsprechend höher bezahlt und können so ihren Lebensstandard verbessern. Ohne angemessene Fertigkeiten und Infrastruktur wird die Beziehung umgekehrt verlaufen – ein Teufelskreis, in dem globale Investitionen nur durch niedrige Löhne und niedrige Steuern angelockt werden können. Mit dieser Art von Verlockungen fällt es dem Land wiederum schwerer, in Zukunft eine angemessene Ausbildung und Infrastruktur zu finanzieren; die daraus resultierenden Arbeitsplätze bieten wenig bis gar keine Weiterbildung und Erfahrung, welches die Voraussetzungen für komplexere Jobs in der Zukunft sind, und so weiter.«

Ein gutes Beispiel für den »Teufelskreis« liefert Großbritannien, das im Laufe der achtziger Jahre die öffentlichen Ausgaben für Infrastruktur radikal beschnitt und dessen Laissez-faire-Politik den Niedergang des Systems der beruflichen Bildung zur Folge hatte. Die britische Wirtschaft ist inzwischen auf Produktionen mit niedriger Wertschöpfung spezialisiert, während sie Güter und Dienstleistungen mit hoher Wertschöpfung importiert. Den Briten nutzt es wenig, daß die ausländischen Direktinvestitionen, die durch niedrige Arbeitskosten und günstige Unternehmenssteuern angelockt wurden, das beachtliche Niveau von 29,9 Mrd. Dollar (1995) erreicht haben. Denn während sich die ausländischen Direktinvestitionen in Deutschland im selben Jahr nur auf ein knappes Drittel (9,0 Mrd. Dollar) des britischen Wertes beliefen, war das Verhältnis bei den inländischen Anlageinvestitionen genau umgekehrt. Nur 166,3 Mrd. Dollar wurden in Großbritannien 1995 investiert. In Deutschland waren es beachtliche 523,8 Mrd. Dollar. Und darauf kommt es letztlich an: nämlich wie hoch die gesamten Investitionen in einer Volkswirtschaft sind, egal ob sie von Inländern oder Ausländern getätigt werden.

Kein Wunder, daß in einigen Sektoren der britischen Industrie inzwischen niedrigere Löhne gezahlt werden als im wirtschaftlichen Aufsteigerland Südkorea. Und kein Wunder, daß der Sozialdemokrat Tony Blair 1997 mit den Themen Erziehung und Bildung in den Wahlkampf zog und den konservativen Regierungschef ablöste.

Die Staaten oder Volkswirtschaften, die ihren Bürgern auch in Zukunft einen hohen materiellen Standard bieten wollen, müssen möglichst viele Erwerbstätige in die Lage versetzen, auf den lukrativen Weltmärkten konkurrieren zu können. Eine möglichst hohe Schulbildung und eine hohe berufliche Qualifikation sowie der Erwerb beruflicher Erfahrung durch kontinuierliche Erwerbstätigkeit sind dazu notwendig.

Es liegt auf der Hand, daß nicht alle deutschen Arbeitnehmer und Arbeitnehmerinnen in der internationalen Konkurrenz mithalten können. Weniger produktive Beschäftigte erwirtschaften so geringe Beiträge zur Wertschöpfung, daß sie durch billigere Arbeitskräfte in anderen Ländern ersetzt werden. Eine Näherin in Deutschland kann eben schwer mit einer Philippinin oder einer Chinesin konkurrieren. Ein deutscher Schiffbauer wird heute schnell durch einen Koreaner ersetzt. So sind es vor allem einfachere Tätigkeiten, die im Zuge des zunehmenden internationalen Handels in Deutschland wegfallen. Arbeitsplätze für ungelernte oder angelernte Kräfte verschwinden. Bei den qualifizierten Kräften steigt die Nachfrage nach Höherqualifizierung.

Die langfristigen Arbeitsmarktprognosen für Deutschland bestätigen diese Entwicklung. Nach neueren Berechnungen des Instituts für Arbeitsmarkt- und Berufsforschung ist der Trend zur Höherqualifizierung sogar noch stärker als bisher angenommen, denn die Tätigkeitsschwerpunkte verschieben sich bis 2010 mehr als bisher prognostiziert. Der Anteil der Produktionstätigkeiten am gesamten Arbeitskräftebedarf geht voraussichtlich von 33,4 Prozent 1991 auf 28 bis 30 Prozent im Jahr 2010 zurück. Das entspricht 1,0 bis 1,2 Mio. Arbeitsplätzen. Dienstleistungen wie Handels- und Bürotätigkeiten sowie allgemeine Dienstleistungen werden mit einem Anteil von 39 Prozent und 11 Mio. Beschäftigten stagnieren. Mit einer Zunahme ist bei speziellen Dienstleistungstätigkeiten wie Forschen/Entwickeln, Organisation/Management, Sichern/Recht anwenden, Ausbilden/Beraten/Informieren zu rechnen. Anteilsmäßig werden sie von 27 Prozent 1991 auf 31,5 bis 32,4 Prozent im Jahre 2010 wachsen. Das entspricht einer Zunahme von 1,4 bis 1,6 Mio. Arbeitsplätzen.

Die Tätigkeiten sind in Zukunft zunehmend dienstleistungsorientiert und erfordern eine höhere Qualifikation. Verlierer des Arbeitsmarktes werden die un- und angelernten Arbeitskräfte sein. Der Bedarf an Erwerbstätigen ohne Ausbildungsabschluß wird bis zum Jahr 2010 auf 10 Prozent zurückgehen. 1991 betrug ihr Anteil noch 20 Prozent. Das bedeutet, daß diese Personengruppe sich von 5,6 Mio. im Jahr 1991 auf 2,7 bis 2,8 Mio. im Jahr 2010 halbiert.

Etwas günstiger sehen die Prognosen für Arbeitskräfte mit einer betrieblichen oder berufsfachschulischen Erstausbildung aus. Ihr Anteil könnte sich von 59 Prozent 1991 auf 63 Prozent im Jahre 2010 erhöhen. Das würde einem Beschäftigungszuwachs von 1,2 bis 1,4 Mio. Personen entsprechen. Möglicherweise wird der Fachkräftebedarf aber zunehmend durch Erwerbstätige mit einer beruflichen Fortbildung an Fach-, Meister- und Technikerschulen ersetzt. Ein derartiger Trend ist bereits sichtbar. So könnte der Anstieg an Arbeitskräften mit betrieblicher Ausbildung geringer ausfallen oder sogar stagnieren.

Auf der Fachschulebene wird die Zahl der Arbeitsplätze erheblich zunehmen. Bis 2010 wird mit einem Beschäftigungsgewinn von 400.000 Arbeitsplätzen gerechnet. Das entspräche einem Anteil am Gesamtbedarf der Arbeitskräfte von 10 Prozent (1991 waren es 8,4 Prozent).

Gewinner auf dem Arbeitsmarkt der Zukunft werden die Absolventen von Hochschulen und Universitäten sein. Das Arbeitsplatzangebot für Fachhochschüler wird um 500.000 auf 1,6 Mio. steigen. Für Universitätsabsolventen werden 850.000 bis 1,2 Mio. Arbeitsplätze mehr zur Verfügung stehen. Dies käme einem Anteil an der Zahl der Gesamtarbeitsplätze von 17 bis 18 Prozent gleich – gegenüber 12 Prozent im Jahre 1991.

Zusammenfassend läßt sich feststellen: Die Anforderungen an eine hohe Qualifikation der Erwerbstätigen wird sich in Zukunft weiter fortsetzen. Der Bedarf an Arbeitskräften ohne abgeschlossene Berufsausbildung halbiert sich voraussichtlich auf 10 Prozent. Mehr als 72 Prozent der Arbeitskräfte benötigen eine berufliche Erstausbildung oder eine darauf aufbauende Fortbildung. 17 bis 18 Prozent der Erwerbstätigen müssen ein Fachhochschul- oder Hochschulstudium nachweisen (Übersicht 24).

Welche Anforderungen stellt die künftige Erwerbstätigenstruktur an die schulische und berufliche Bildung von heute und die Arbeitsmarktpolitik der Zukunft?

Zunächst müssen alle Anstrengungen unternommen werden, den zukünftigen Bedarf an qualifizierten und hochqualifizierten Arbeitskräften zu decken. Eine Hochqualifiziertenlücke oder ein »mismatch«, das heißt Unterschiede in Angebot und Nachfrage nach Arbeitskräften, sollte verhindert werden. Denn Wachstums- und Wohlstandseinbußen sind die Folge, wenn vorhandene Kapazitäten

Übersicht 24

Die Qualifikationsstruktur der Arbeitskräfte*
1976/1991 und des Arbeitskräftebedarfs 2010 (in %)

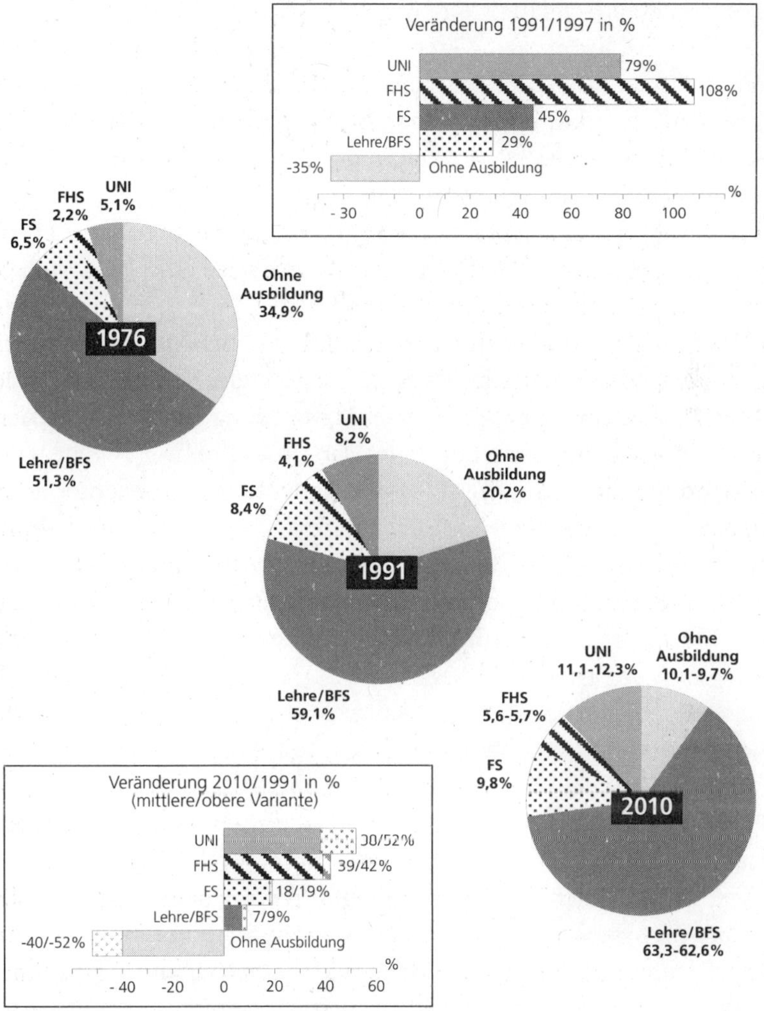

Veränderung 1991/1997 in %

- UNI 79%
- FHS 108%
- FS 45%
- Lehre/BFS 29%
- Ohne Ausbildung -35%

-30 0 20 40 60 80 100 %

1976

- UNI 5,1%
- FHS 2,2%
- FS 6,5%
- Ohne Ausbildung 34,9%
- Lehre/BFS 51,3%

1991

- UNI 8,2%
- FHS 4,1%
- FS 8,4%
- Ohne Ausbildung 20,2%
- Lehre/BFS 59,1%

2010

- UNI 11,1-12,3%
- FHS 5,6-5,7%
- FS 9,8%
- Ohne Ausbildung 10,1-9,7%
- Lehre/BFS 63,3-62,6%

Veränderung 2010/1991 in %
(mittlere/obere Variante)

- UNI 30/52%
- FHS 39/42%
- FS 18/19%
- Lehre/BFS 7/9%
- Ohne Ausbildung -40/-52%

-40 -20 0 20 40 60 %

* ohne Auszubildende

Quelle: IAB

Legende BFS = Berufsfachschule; FS = Fach-, Meister-, Technikerschule, FHS = Fachhochschule; UNI = Universität

209

nicht genutzt oder ausgeweitet werden können, weil die notwendigen hochqualifizierten Arbeitskräfte fehlen. Außerdem gehen damit Beschäftigungsmöglichkeiten für weniger Qualifizierte verloren oder können erst gar nicht geschaffen werden. Und das deutsche Sozialsystem läßt sich langfristig nur darüber sichern, daß die Zahl der Erwerbstätigen und ihre Wertschöpfung möglichst hoch sind.

Ziel der Bildungspolitik muß sein, jeden Schüler und jede Schülerin dem individuell höchsten Schulabschluß zuzuführen, ihm oder ihr eine berufliche Ausbildung zu vermitteln und den Übergang ins Erwerbsleben zu sichern. Für praktisch begabtere oder theorieuninteressierte Jugendliche, die unter den heutigen Bedingungen keine Berufsausbildung anstreben oder verwirklichen können, sind neue Berufsbilder zu schaffen, die auch ihnen einen Ausbildungsabschluß ermöglichen. Ihre oft vorhandene praktische Intelligenz kann bereits in der Schule durch eine Verbindung theoretischen Lernens und konkreter Anwendung gefördert werden. Für kaum qualifizierbare oder sehr lernschwache Jugendliche sowie wenig oder nicht qualifizierte Erwachsene, die – aus welchen Gründen auch immer – keine Bildungsmaßnahme durchlaufen können oder wollen, sind Arbeitsplätze in Sektoren zu schaffen, die nicht in der internationalen Konkurrenz stehen. Die Zahl dieser Gruppe sollte aber so gering wie möglich gehalten werden.

Standortpolitik heißt: Alle bestens ausbilden!

Ohne Zweifel haben die Bildungschancen für Jugendliche in den letzten Jahrzehnten erheblich zugenommen. Immer mehr Schüler und Schülerinnen erreichen einen höheren Schulabschluß auf dem Gymnasium, der Realschule oder der Gesamtschule. Die Hauptschule ist in vielen Teilen des Landes eine Restgröße.

Der Großteil der Jugendlichen eines Jahrgangs, rund 86 Prozent, absolviert eine berufliche Ausbildung. Sie findet im Dualen System statt oder zunehmend in Fachhochschulen und Universitäten. Der Übergang ins Erwerbsleben stellt für die meisten Jugendlichen kein Problem dar. Insbesondere die Existenz der dualen Ausbildung stellte bisher sicher, daß die Jugendarbeitslosigkeit geringer war als in anderen Industrieländern. Umso bedauerlicher ist es, daß immer weniger Lehrstellen angeboten werden. Insgesamt kann das Bildungs-, Ausbildungs- und Qualifikationsniveau als hoch bezeichnet werden und das Bildungs- und Ausbildungssystem als erfolgreich.

Das heißt aber keineswegs, daß bereits das gesamte vorhandene Potential an Fähigkeiten, Begabungen und Talenten in Deutschland ausgeschöpft wird. Eine größere Zahl von Schülern und Schülerinnen könnte einen höheren Schulabschluß erreichen. Das Ausbildungssystem stellt nicht sicher, daß alle qualifizierbaren Jugendlichen eine berufliche Ausbildung durchlaufen: Rund 100.000 junge Frauen und Männer eines Altersjahrganges bleiben ohne Ausbildung. Und die Personalpolitik der Unternehmen garantiert nicht, daß die qualifiziertesten Kräfte immer an den richtigen Stellen sitzen.

Vorhandene Leistungspotentiale durch mehr Chancengleichheit erschließen

Die Sozialberichterstattung für das Jahr 1995 fördert das interessante Ergebnis zutage, daß »die Bildungspolitik ihr Ziel einer Chancengleichheit für alle Kinder bei weitem noch nicht erreicht hat«. Nach wie vor werden die Bildungschancen von Kindern in starkem Maße vom Bildungsniveau und Sozialstatus des Elternhauses beeinflußt.

Ein paar Beispiele zur Verdeutlichung: In Haushalten, in denen der Haushaltsvorstand das Abitur hat, gehen 85 Prozent der Schüler auf ein Gymnasium. Hat der Haushaltsvorstand kein Abitur, sind es lediglich 25 Prozent. Während in Beamtenhaushalten 69

Prozent der Kinder ein Gymnasium besuchen, sind es in Arbeiterhaushalten nur 14 Prozent. Und gehen in Haushalten mit einem geringeren Einkommen 16 Prozent auf das Gymnasium, beläuft sich dieser Anteil bei Besserverdienenden auf beachtliche 65 Prozent (Übersicht 25). Während die Zahl der Studierenden aus den obersten Einkommensgruppen in den letzten 10 Jahren von 18 auf 27 Prozent gestiegen ist, hat sich die der Studenten aus den unteren Einkommensschichten von 25 auf 14 Prozent verringert.

Daß das Bildungs- und Einkommensniveau den schulischen und beruflichen Erfolg eines Kindes stark beeinflußt, dürfte maßgeblich mit der Unzulänglichkeit der Betreuung an deutschen Schulen zusammenhängen. Sozialpsychologen und Pädagogen der Universität Erlangen/Nürnberg kamen bei einer Untersuchung über die bayerischen Gymnasien zu dem Ergebnis, daß die Leistungen vieler Schüler nur durch die private Unterstützung der Eltern gesichert werden konnten. Diese setzten sich entweder persönlich als »Bildungshelfer« für ihre Kinder ein oder sie engagierten Nachhilfelehrer. Andere Untersuchungen zeigten, daß außerschulische Unterstützung mit steigendem Bildungsgrad und Einkommen der Eltern zunimmt.

Während also mittelmäßig begabte Kinder aus Haushalten mit hohem Bildungsniveau und Einkommen durch entsprechende Förderung im Elternhaus zum Abitur »getragen« werden, verharren die durchschnittlich intelligenten Kinder aus einfacheren Verhältnissen auf der unteren Bildungsschiene. Damit wird ihr Berufs- und Lebensweg weitgehend festgelegt. Denn Bildung und Ausbildung entscheiden maßgeblich über Erwerbstätigkeit, Einkommen und sozialen Status. Das Bildungssystem erzeugt immer noch Ungleichheit.

Eine Ungleichbehandlung findet auch zwischen denjenigen statt, die sich während der gesamten schulischen und beruflichen Ausbildung im öffentlich geförderten System befinden, und denjenigen, die die berufliche Ausbildung im Dualen System absolvieren. Gymnasiasten und Studenten befinden sich 15 bis 18 Jahre im von der

Übersicht 25

Bildungschancen von Kindern
und Sozialstatus des Elternhauses

Sozio-ökonomische Gruppe	Anteile in v. H.			Fall-zahl N
	Haupt-schüler	Real-schüler	Gymna-siasten	
In- und Ausländer				
Jungen	43	26	31	664
Mädchen	37	29	34	697
Haushaltsvorstand (HHV) mit Abitur:				
– ja	6	9	85	109
– nein	44	31	25	1252
Haushaltsvorstand:				
– nicht erwerbstätig	59	25	16	148
– Arbeiter/in	58	28	14	686
– Angestellte/r	22	34	44	304
– Selbständige/r	44	15	41	104
– Beamter/Beamtin	13	18	69	119
Altersdifferenz HHV zu Kind:				
– unter 25 Jahre	49	33	18	258
– 25 bis 35 Jahre	36	27	37	832
– mehr als 35 Jahre	44	23	32	271
Im elterlichen Haushalt aufwachsend:				
– ja	39	28	33	1319
– nein	61	20	19	42
Alleinerzogen:				
– ja	40	22	38	107
– nein	39	29	32	1254
Haushaltsgröße				
– 2 oder 3 Pers.	44	22	34	240
– 4 oder 5 Pers.	36	29	35	873
– mehr als 5 Pers.	51	35	15	248
Mtl. Äquivalenz-Haushaltseinkommen:				
– unter 750 DM	54	30	16	695
– 750 bis 1250 DM	32	29	39	510
– mehr als 1250 DM	16	19	65	156
Gemeindegröße				
– über 500.000 Einwohner	35	24	41	623
– 100.000 bis 500.000 Einwohner	43	26	31	206
– 20.000 bis 100.000 Einwohner	39	31	30	151
– bis 20.000 Einwohner	45	28	27	381

Quelle: DIW.

Allgemeinheit finanzierten Bildungssystem. Ein Teil ihrer Ausbildungszeiten wird sogar in der Rentenversicherung berücksichtigt, die auch von den nichtakademischen Beitragszahlern finanziert wird. Hauptschüler liegen dem Steuerzahler dagegen nur 10 Jahre auf der Tasche. Für benachteiligte Jugendliche wurden die Ausgaben in den letzten Jahren sogar gekürzt.

Zu denken gibt, daß die Unternehmerlaufbahn in Deutschland zunehmend undurchlässig wird. Rekrutierten sich nach dem Zweiten Weltkrieg noch fast die Hälfte aller Unternehmensvorstände und Aufsichtsräte aus unteren Schichten, verminderte sich ihr Anteil zwischenzeitlich auf ein Drittel. In noch stärkerem Maße entstammen die Spitzenmanager den oberen Schichten. Die Aufstiegsmöglichkeiten aus der breiten Mittelschicht und der Arbeiterschaft verschlechtern sich fortlaufend. Abgesehen davon, daß der Wirtschaft dadurch mit Sicherheit viele unternehmerische Talente entgehen, dürften mangelnde Aufstiegsmöglichkeiten auch stark demotivierend auf junge Erwerbstätige wirken. Die französische Gesellschaft sieht sich bereits heute mit diesem Problem konfrontiert. Mangelnde Chancengleichheit in der Bildung und unzureichende Ein- und Aufstiegsmöglichkeiten in der Arbeitswelt demotivieren Schüler und Jugendliche. Ihr Interesse für Bildung und Ausbildung strebt teilweise gegen null. Chancengleichheit ist so gesehen nicht nur ein Muß der sozialen Gerechtigkeit, sondern auch unbedingtes Erfordernis der Lern- und Leistungsmotivation.

Eine Volkswirtschaft, die in der internationalen Konkurrenz steht und über nicht viel mehr verfügt als die Leistungsfähigkeit und Einsatzbereitschaft der Arbeitskräfte, muß darauf bedacht sein, die Fähigkeiten und Begabungen aller heutigen und zukünftigen Erwerbstätigen zu fördern. Der Ausbau des Bildungssystems in den siebziger und achtziger Jahren hat die Qualifikation der Arbeitskräfte erhöht. Sie konnte die Chancengleichheit von Kindern aus unterschiedlichen sozialen Schichten aber nur teilweise herstellen. Eine Bildungsoffensive für das Jahr 2000 muß zum Ziel haben, jedem Kind – gleich aus welchen sozialen Verhältnissen stammend –

den seinen Begabungen entsprechenden höchsten Bildungs- und Ausbildungsabschluß zu ermöglichen. Keinesfalls sollte dafür das Niveau der schulischen Bildung gesenkt werden. Vielmehr geht es darum, die Schüler für Bildung und Ausbildung zu motivieren und durch geeignete Förderung an höhere Abschlüsse heranzuführen. Dies ist auch deshalb so wichtig, weil die Erstausbildung einen erheblichen Einfluß auf die Bereitschaft zur Weiterbildung hat. Je mehr ein Mensch in der Jugend gelernt hat zu lernen, desto bereitwilliger eignet er sich im Berufsleben neues Wissen an.

Lernen fürs Leben – Schule muß erziehen, bilden und lehren zu lernen

Die Anforderungen an Kindergärten und Schulen steigen. Soziale Probleme in den Familien und die Tatsache, daß viele Eltern ihrem Erziehungsauftrag nicht nachkommen (können), erschweren zunehmend die Arbeit von Erziehern und Lehrern. Zudem steht die Schule in starker Konkurrenz zur Freizeitindustrie. Letztere verspricht den Kindern und Jugendlichen Erlebnis und Spaß. Etwas, was Schule beim besten Willen nur in Grenzen bieten kann. Denn Lernen macht nicht immer nur Freude, sondern erfordert auch Anstrengung, Disziplin und Mühe.

Besonders negative Auswirkungen hat der hohe Fernsehkonsum der Jugendlichen. Kinder, die viel fernsehen – die heutigen Vier- bis Sechsjährigen sehen immerhin fast zwei Stunden pro Tag fern –, lernen später und schlechter sprechen und lesen, können sich schwerer konzentrieren und haben eher gestörte Kontakte zu Erwachsenen. Ihre Wahrnehmung ist einseitig auf optische Reize geschult und wird dadurch eingeschränkt.

Die meisten Kinder und Jugendlichen sind nicht in der Lage, mit dem breiten Angebot an Freizeitkonsum vernünftig umzugehen. Eltern fühlen sich vielfach überfordert, ihnen die notwendige Orientierung zu geben und sie in die von ihnen gewünschte Richtung zu steuern. Damit sie ihrem Erziehungsauftrag gerecht werden können, müssen sie vom Erziehungs- und Bildungssystem stärker unterstützt werden. Kinder und Jugendliche dürfen nicht der Freizeitindustrie überlassen werden. Deshalb müssen Elternhaus und Schule für die Kinder an Präsens und Attraktivität gewinnen.

Zunächst gilt es, eine stärkere Kontrolle über das Zeitbudget der Kinder und Jugendlichen auszuüben. Ganztagskindergärten und -schulen sind die dafür geeigneten Einrichtungen. Sie müssen Ort des Lernens sein, Ort der Auseinandersetzung mit der Lebenswirklichkeit, Ort des sozialen Miteinanders. Die Schule der Zukunft hat einen breiteren Auftrag als heute: Sie muß moralische, zivilisatorische und kulturelle Werte vermitteln. Sie hat den Schülern das Wissen und die Fähigkeiten beizubringen, die die Arbeitswelt erfordert. Und sie muß ein Sozialverhalten einüben, das die Schüler in die Lage versetzt, als Kinder, Jugendliche und Erwachsene in einer vernünftigen Art miteinander umzugehen. Gemeinsinn und Miteinander müssen eine Aufwertung erfahren.

Die Fülle des Erziehungs- und Bildungsauftrags von Kindergärten und Schulen macht Ganztagseinrichtungen notwendig. Diese dürfen sich aber nicht als Aufbewahrungsanstalten verstehen, sondern müssen ihren Aufgaben durch ein umfassendes Lernangebot nachkommen. Erzieher und Lehrer sind inhaltlich entsprechend auszubilden, Theorie und Praxis müssen in der Ausbildung stärker miteinander verknüpft werden. Duale Ausbildung auch für Studierende, das erspart den Praxisschock beim Eintritt ins Berufsleben.

Ganztagskindergärten und -schulen wären auch ein wichtiger Beitrag zu mehr Chancengleichheit im Bildungsbereich. In Frankreich gibt es flächendeckend Ganztagskindergärten und Ganztagsschulen. Diese Einrichtungen wurden ursprünglich geschaffen, weil die Gesellschaft allen Kindern gleiche Entwicklungschancen bieten und Quantität und Qualität der Bildung verbessern wollte. Bessere Erziehungserfolge und ein höheres Bildungsniveau für die junge Generation in Deutschland werden sich nur einstellen, wenn professionelle Kräfte dafür sorgen und sich die Eltern wieder mehr um die Erziehung kümmern.

Die stärkere Förderung von Schülern in Ganztagseinrichtungen würde insbesondere den Kindern aus sozial schwächeren Familien helfen. Viele von ihnen dürften höhere Bildungsabschlüsse als heute erreichen. Auch Lernschwache würden bessere Lernergebnisse erzielen, sollten darüber hinaus aber noch besonders gefördert werden. Das Bildungsniveau würde insgesamt steigen, wovon die ganze Gesellschaft profitieren könnte. Auch deshalb, weil die Versorgung der Kinder in Ganztagseinrichtungen die Vereinbarkeit von Familie und Beruf fördert. Frauen könnten Kinder bekommen, ohne den hohen Preis zahlen zu müssen, ihre Erwerbstätigkeit aufzugeben. Ihre berufliche Qualifikation und Erfahrung bliebe der Wirtschaft und Gesellschaft erhalten.

Die Bildungsinhalte in den Schulen bedürfen einer Überprüfung und Reform. Traditionelle Institutionen wie Elternhaus und Kirche haben ihre Rolle als Vermittler von Werten zunehmend verloren. An ihre Stelle ist eine von den Medien vermittelte Öffentlichkeit getreten, die ökonomistische Werte wie Geld, Erfolg und Macht propagiert. In Jahrhunderten entstandene zivilisatorische Errungenschaften, auf dem Christentum gründende moralische Werte und westliches Gedanken- und Kulturgut drohen in wenigen Generationen zerstört zu werden, wenn diese Entwicklung sich fortsetzt. Manch einem mag diese Betrachtungsweise übertrieben vorkommen. Aber setzt sich der Erfolgreiche und Mächtige in den westlichen Gesellschaften nicht zunehmend mit Amoralität, Egoismus, Ellenbogenverhalten und Brutalität durch? Stört sich die Gesellschaft daran, wenn er weder Anstand noch Rücksichtnahme, weder Benehmen noch Herzensbildung besitzt? Und fühlen sich diejenigen, für die Ehrlichkeit, Anstand, Integrität, Gemeinwohl und vielleicht sogar Nächstenliebe noch eine Bedeutung haben, nicht vielfach als die Dummen der Nation? Nicht umsonst lautete der Titel eines vielbeachteten Buches von Ulrich Wickert: »Der Ehrliche ist der Dumme«.

Der Werte- und Kulturverlust gefährdet zunehmend den sozialen Zusammenhalt, stellt eine Bedrohung des demokratischen Systems dar und zieht erhebliche einzel- und volkswirtschaftliche Kosten nach sich. Denn so sehr das Wettbewerbssystem die Effizienz der Wirtschaft steigert, werden im zukünftigen Zeitalter der Informationsgesellschaft neben der Verfolgung eigener Interessen die Kompetenz zur Kooperation, die Loyalität zum eigenen Betrieb, Solidarität und Opferbereitschaft an Bedeutung gewinnen. Nur die Volkswirtschaften, deren Arbeitnehmer und Arbeitnehmerinnen über entsprechende Kompetenzen verfügen, werden auf Dauer international konkurrieren können.

Unsere Gesellschaft hat eine neue Werteorientierung dringend notwendig. Oder besser gesagt: Sie muß stärker zu ihrer humanistischen Tradition zurückfinden. Zum zivilisatorischen Erbe, das in einem friedvollen, von gegenseitiger Rücksichtnahme geprägten Miteinander besteht. Zum christlichen Gedankengut, das Solidarität mit den Schwachen fordert. Zu einer Kultur, deren wesentliches Element die Teilhabe aller am gesellschaftlichen Reichtum ist. Wiederzugewinnen ist auch die Erkenntnis, daß die Wirtschaft dem Menschen zu dienen hat. Und daß ein Wirtschaftssystem seine Berechtigung verliert, wenn es nicht mehr dem Wohlergehen der arbeitenden Bevölkerung und ihrer Familien dient, sondern sie mehr und mehr rein wirtschaftlichen Zwängen, vor allem der Steigerung der Kapitalrenditen und Aktienkurse, unterwirft.

Wer anderes als die staatlichen Bildungseinrichtungen könnte heute diesen Wertewandel in die Wege leiten? Zumindest ein Stück weit entfernt von ökonomischen Zwängen sind sie dazu geeignet, übergeordnete Werte, Informationen und Fertigkeiten zu vermitteln. Schulen – und wenn nötig auch noch die Universitäten – müssen sich stärker als bisher der Erziehung der Jugend annehmen, ihnen die Orientierung geben, die sie anderweitig nicht erhalten. In Ganztagseinrichtungen sollte genug Raum sein, um ihnen Anstand, Benehmen und Takt beizubringen, um rücksichtsvolles Verhalten und die gewaltfreie Bereinigung von Konflikten einzuüben, den Ausgleich von Wettbewerb und Zusammenarbeit herzustellen, Tugenden wie Verantwortungsbewußtsein, Zuverlässigkeit und Disziplin zu vermitteln, aber auch die Fähigkeit zu genießen, sich an den Dingen des Lebens zu freuen und Glück zu empfinden.

Neben Erziehung und Wertorientierung sollte die Schule der Zukunft sich darauf konzentrieren, Basiswissen und Schlüsselqualifikationen zu vermitteln und Schüler und Schülerinnen dazu befähigen, eigenverantwortlich zu lernen. Die Bildungsinhalte haben sich in den vergangenen Jahrzehnten kaum geändert, obwohl Wirtschaft und Gesellschaft einem steten Wandel unterworfen waren. Neben veraltetem Wissen werden die Schüler mit Lernstoff traktiert, der stark vereinfacht werden könnte, den sie nie wieder brauchen oder ohnehin wieder vergessen. Wissen, Fähigkeiten und Fertigkeiten, die im zukünftigen Beruf oder im alltäglichen Leben benötigt werden, kommen dagegen zu kurz. Dazu gehören Fremdsprachen und das Wissen über andere Kulturen. Beides gewinnt in einer zunehmend globalisierten Gesellschaft an Bedeutung. Das gilt auch für die Informationsverarbeitung. Medienkompetenz wird an deutschen Schulen kaum vermittelt. Weder sind die Schulen mit der entsprechenden Hardware ausgestattet, noch verfügt das Lehrpersonal über eine ausreichende Qualifikation, um den Lernstoff zu vermitteln. Ein Ausbau der Infrastruktur und eine entsprechende Fortbildung der Lehrer sind mehr als überfällig.

Umgang mit den neuen Medien ermöglicht auch die Vermittlung von individueller Lernkompetenz. Dabei geht es zunächst darum, den Schülern den Unterschied zwischen Wissen/Erkenntnis und Information zu vermitteln. Ob Computer oder Fernsehen: Es handelt sich um Medien, die einerseits Lernen und Arbeiten erleichtern oder effektiver machen und andererseits Unterhaltung bieten. Sie sind weder Ersatz für das wirkliche Leben noch für andere Arbeits-, Lern- und Erfahrungsformen. Sie ersetzen nicht das Lesen von Büchern, das Gespräch mit kompetenten Bekannten, Lehrern oder Kollegen und schon gar nicht die Denkarbeit des Benutzers.

Wie der amerikanische Computerwissenschaftler Joseph Weizenbaum zutreffend bemerkt, handelt es sich beim Lernen um Arbeit. Diese Erkenntnis muß den Schülern vermittelt werden, denn sie brauchen sie ein Leben lang.

Das Wissen weltweit verdoppelt sich alle fünf Jahre. In einigen Fachgebieten erneuert sich nach jeweils zwei Jahren die Hälfte des Wissens. Vor diesem Hintergrund ist die Bedeutung der Weiterbildung unbestritten. Lernen aber will gelernt sein. Deshalb muß den Jugendlichen bereits in der Schule ein Struktur- und Orientierungswissen vermittelt werden, das sie in die Lage versetzt, eigenverantwortlich zu lernen. Dann werden sie auch keine Schwierigkeiten haben, sich ein Leben lang weiterzubilden.

So überfrachtet die Lehrpläne mit teilweise unnützem Lehrstoff sind, so sehr mangelt es den Schulen an der Verbreitung von Wissen mit praktischen Bezügen. Erzieher und Lehrer, die ihren Schülern lebensnahes Wissen und Erfahrungen aus der Praxis vermitteln, eröffnen den jungen Menschen die Chance zu einer vernünftigen und glücklichen Lebensführung. Davon profitiert der einzelne und die Gesellschaft. Viele Probleme tauchen im Leben erst gar nicht auf, verfügt man nur über ausreichende Kenntnisse über Ernährung, Gesundheit, Hauswirtschaft, Fürsorge und Erziehung von Kindern, Betriebswirtschaft, Handwerk und Technik, Natur und Umwelt, aber auch Psychologie für den Alltag.

Manches private Problem kann individuell gelöst werden, aber nicht jedes. Dann wird die Gesellschaft damit befaßt beziehungsweise belastet. Wer aus eigenem Verschulden krank wird, verursacht Kosten im Gesundheitssystem. Schlecht oder falsch erzogene Kinder werden aggressiv und üben Gewalt aus. Ihre Therapie kostet Geld. Wer keine Achtung vor der Natur hat, verschmutzt gedankenlos die Umwelt. Die Allgemeinheit muß darunter leiden oder für die Instandsetzung bezahlen. Individuelles Fehlverhalten und dessen Folgen belasten die Gesellschaft. Schätzungen für die weltweiten Kosten von Umweltzerstörung, Kriminalität, Militärausgaben und psychischen Störungen gehen von 10.000 Mrd. Dollar aus. Das entspricht einem Drittel des Weltsozialprodukts. Die Gesellschaft könnte davon eine Menge sparen, würde sie die Erziehung und Bildung der jungen Generation lebensnäher gestalten und ihre Sozialkompetenz fördern. Das trüge im übrigen auch zur Motivation der Schüler und Schülerinnen bei. Praxisrelevantes Wissen weckt Interesse und Engagement.

Der erweiterte Erziehungsauftrag und die Reform der Bildungsinhalte verlangen von den Schulen Vielfalt, Dynamik und Motivation. Von dem bestehenden zentral, hierarchisch und bürokratisch organisierten Schulsystem Deutschlands ist sie nicht zu erwarten. Andere Organisationsstrukturen sind deshalb erforderlich. Sie müssen dezentral sein und den Schulen ein hohes Maß an Autonomie zugestehen. Denkbar sind Modelle wie sie seit kurzem in Schweden praktiziert werden. Die Schulen erhalten vom Staat ein Budget in Form einer bestimmten Summe pro Schüler, das sie selbst verwalten. Notwendige inhaltliche Vorgaben zum Erreichen eines bestimmten Schulabschlusses werden vom Staat erlassen und regelmäßig kontrolliert. Im übrigen sind die Schulen autonom und können sich eine spezielle Ausrichtung geben, zum Beispiel ihre Schüler besonders im Sport fördern oder musikalisch ausbilden.

Schulvielfalt hat den Vorteil, spezielle Begabungen und Interessen von Schülern und Schülerinnen zu fördern. Besonders begabten Jugendlichen könnte man den Schulabschluß in einer kürzeren Zeitspanne anbieten, zum Beispiel das Abitur in 12 statt 13 Jahren. Theoretisch weniger Begabten dagegen sollte es ermöglicht werden, durch eine Verlängerung der Schulzeit doch noch einen Abschluß zu erreichen und dies mit einer beruflichen Ausbildung zu verbinden. Auch das Abitur könnte mit einer praktischen Ausbildung kombiniert werden.

Die Skepsis, daß größere Schulautonomie eine Zwei-Klassen-Bildung fördere, wurde durch die bisherigen Erfahrungen in Schweden widerlegt. Bedenklicher erscheint die Tatsache, daß im bestehenden System in Deutschland einkommenstarke Eltern ihre Kinder – oft mit aller Macht und (Nach-)Hilfe – zum Abitur führen. Das Gymnasium läuft Gefahr, zunehmend entwertet zu werden. Realschule und Hauptschule verlieren an Anerkennung. Im Zuge einer großen Organisationsreform der Schulen wäre es deshalb sinnvoll, Haupt- und Realschule zu integrieren, sie besser auszustatten und ihre Schüler in Ganztagseinrichtungen besonders zu fördern. Damit würde man auch der Tatsache entgegenwirken, daß das Bildungssystem zu einer Quelle beträchtlicher Ungleichheit geworden ist.

Duale Berufsausbildung auf allen Ebenen

Rund zwei Drittel der Erwerbstätigen absolvieren eine Ausbildung im dualen System. Zu Recht lobt das Ausland die duale Berufsausbildung. Ihre Vorzüge sind unerreicht: Sie garantiert eine hohe Qualifikation der Arbeitnehmer und Arbeitnehmerinnen auf breiter Ebene. Der direkte Bezug zum Arbeitsmarkt stellt Praxisnähe sicher und vermeidet Fehlqualifikationen größeren Ausmaßes. Einheitliche Mindeststandards, Qualitätskontrollen sowie die vielfältige Verwertbarkeit der Ausbildung auf dem Arbeitsmarkt sichern die Flexibilität der Arbeitskräfte – deren Kehrseite allerdings die von manchem Arbeitgeber ungeliebte häufige Fluktuation der Mitarbeiter ist. Damit leistet das Ausbildungssystem einerseits einen erheblichen Beitrag zur Effizienz der Wirtschaftätigkeit und andererseits zur Vermeidung von Arbeitslosigkeit, insbesondere unter Jugendlichen (Übersicht 26).

Trotz dieser beachtlichen Vorteile ist das duale System in den letzten Jahren zunehmend in die Diskussion geraten. Ein Grund dafür war, daß die Unternehmen die Zahl der Ausbildungsplätze weit über das konjunkturell bedingte Maß hinaus abgebaut haben. Es erhob sich auch die Frage, ob das Berufsprinzip und die duale Ausbildung den arbeitsorganisatorischen Anforderungen in einer globalisierten Wirtschaft noch gewachsen sind.

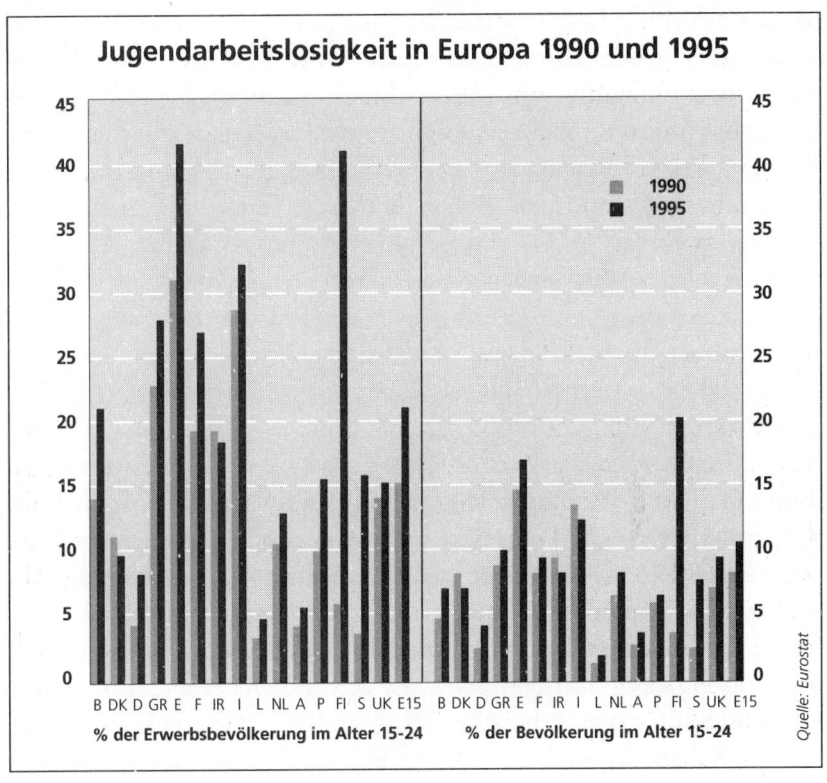

Jugendarbeitslosigkeit in Europa 1990 und 1995

■ 1990
■ 1995

B DK D GR E F IR I L NL A P FI S UK E15 | B DK D GR E F IR I L NL A P FI S UK E15
% der Erwerbsbevölkerung im Alter 15-24 | **% der Bevölkerung im Alter 15-24**

Quelle: Eurostat

Eine ernstzunehmende Alternative zum dualen System ist aber nicht in Sicht. Wer die Zukunft der beruflichen Bildung in Deutschland sichern will, muß deshalb dafür sorgen, daß das System jedem Ausbildungswilligen eine Berufsausbildung ermöglicht, die auch den Anforderungen des Arbeitslebens nach dem Jahre 2000 gewachsen ist.

Zunächst geht es darum, eine ausreichende Zahl an Ausbildungsplätzen sicherzustellen. Bedingt durch die steigende Zahl von Schulabgängern muß das Angebot an Ausbildungsplätzen in den nächsten 10 Jahren mindestens um 1 bis 2 Prozent jährlich wachsen. Damit sowohl ein struktureller wie auch regionaler Ausgleich von

223

Angebot an und Nachfrage nach Ausbildungsplätzen erreicht wird, wäre ein stärkerer Anstieg notwendig.

Ob dieser allein dadurch erreicht werden kann, daß Politik und Wirtschaftsverbände die Unternehmen zum wiederholten Male dazu aufrufen, vermehrt Ausbildungsplätze bereitzustellen, darf bezweifelt werden. Zu sehr betrachten die Unternehmen die Ausbildung ihrer zukünftigen Arbeitskräfte als Kostenfaktor. Dabei ist ein großer Bedarf an Fachkräften bereits heute absehbar. Und nur diejenigen Unternehmen verhalten sich personalpolitisch vorausschauend und damit klug, die sich schon heute durch eine verstärkte Ausbildungsbereitschaft das qualifizierte Mitarbeiterpotential sichern, das sie in wenigen Jahren brauchen.

Was die Unternehmen oft übersehen: Ausbildung ist nicht nur eine Investition in die Zukunft. Schon während der Ausbildungszeit können die Betriebe erheblich von den Leistungen ihrer jungen Mitarbeiter profitieren. Denn obwohl die Ausbildungskosten durchaus beträchtlich sind – im Durchschnitt betragen sie rund 30.000 DM jährlich pro Ausbildungsplatz – werden sie in vielen Fällen von den Erträgen und vom Nutzen der Ausbildung getragen. Bei zunehmendem Fachkräftemangel wird sich die Nutzen/Kosten-Relation noch mehr zum Positiven verschieben, weil es dann für Nicht-Ausbildungsbetriebe erheblich teurer werden wird, externe Arbeitskräfte zu finden.

Maßnahmen zur Senkung der Ausbildungskosten – diskutiert werden die zeitliche Optimierung des Berufsschulunterrichts, die Entlastung der Ausbildungsbetriebe von berufsbildungsbezogenen Kammergebühren und stagnierende oder gar sinkende Ausbildungsvergütungen – werden einem ausreichenden Ausbildungsplatzangebot wohl kaum zum Durchbruch verhelfen. Wer nur auf freiwillige Lösungen innerhalb der Wirtschaft setzt, akzeptiert zudem, daß viele Unternehmen sich der Ausbildung ihrer Mitarbeiter entziehen. Schon heute bilden rund 50 Prozent der Betriebe mit mehr als 10 Beschäftigten nicht aus, bei den Klein- und Mittelbetrieben ist der Anteil noch höher. Sie profitieren davon, daß andere diese Aufgabe für sie übernehmen. Um diesen Mißstand zu beseitigen, wäre es sinnvoll, einen finanziellen Ausgleich zwischen den ausbildenden und den nicht ausbildenden Betrieben herzustellen. Die Bauwirtschaft verfügt bereits seit fast 20 Jahren über ein entsprechendes Umlagesystem: Die Betriebe entrichten 2,8 Prozent der Bruttolohnsumme an eine gemeinsame Einrichtung der Tarifvertragsparteien, die Urlaubs- und Lohnausgleichskasse. Unternehmen, die ausbilden, werden aus diesem Fonds zwei Drittel ihrer Kosten erstattet.

Ziel der Umlagefinanzierung ist es, daß die Unternehmen aus eigenem Interesse eine ausreichende Zahl von qualifizierten Ausbildungsplätzen schaffen, zum Beispiel auch in Ausbildungsverbünden. Damit ein struktureller und regionaler Ausgleich zwischen Angebot und Nachfrage erreicht wird, müßte die Zahl der Ausbildungsplätze rund 10 Prozent über der Zahl der Bewerber liegen. Überbetriebliche oder außerbetriebliche Ausbildung wären Notlösungen für den Fall, daß die Wirtschaft nicht imstande ist, die zu erwartende Lehrstellen-Misere selbst zu beheben.

Langfristig wäre ein strukturelles Grundproblem der Finanzierung der beruflichen Bildung zu beseitigen: Während die Kosten der Ausbildung an Universitäten und Hochschulen von der Allgemeinheit getragen werden, lastet ein großer Teil der Kosten der dualen Ausbildung auf den Unternehmen. Zwar beteiligt sich die öffentliche Hand zunehmend an der Finanzierung der betrieblichen Ausbildung. Zur Zeit fließen allein 2 Mrd. DM allein aus Bundesmitteln in diesen Bereich. Trotzdem bleibt ein Ungleichgewicht: Während im Jahr 1992 für die Auszubildenden in den Berufsschulen nur 3.935 DM aus öffentlichen Mitteln bereitgestellt wurden, belief sich der finanzielle Gesamtaufwand von Bund und Ländern für jeden Studenten auf mehr als 23.000 DM.

Von dieser Schieflage bei der Finanzierung der beruflichen Bildung profitieren sowohl die Unternehmen, die von den Hochschulen ausgebildetes Personal zum Nulltarif rekrutieren, wie auch die Akademiker selbst, die aufgrund ihrer Ausbildung höhere Einkommen erzielen. Im Vergleich zu einem männlichen Beschäftigten ohne Berufsausbildung (Index = 100 Prozent) verdiente ein Erwerbstätiger mit einer Berufsausbildung 1993 nur 123 Prozent, während ein Fachhochschulabsolvent 199 Prozent und ein Universitätsabsolvent sogar 215 Prozent erreichte. Hierdurch rechtfertigt sich übrigens ein progressiver Einkommensteuertarif.

Die Ausweitung der dualen Ausbildung auf die akademische Ausbildung könnte ein wichtiger Beitrag zur Lösung der ungleichen Finanzierung der Berufsbildung sein. Beispiele dafür gibt es bereits in der Praxis. Wer bei der Hoechst AG in Frankfurt eine Lehre als Industriekaufmann abgeschlossen hat und im Unternehmen weiterarbeitet, kann nebenberuflich an der Fachhochschule in Mainz das »Berufsintegrierende Studium« absolvieren und nach neun Semestern mit dem Diplom-Betriebswirt (FH) abschließen. Besonders motivierte Auszubildende können das Studium schon während der Lehrzeit beginnen.

Schon heute gibt es mehr als 40 duale Studiengänge an 29 Hochschulen, die überwiegende Zahl an Fachhochschulen, vier an Universitäten. Ein fortschrittliches Modell ist der Verbundstudiengang »Internationale Betriebswirtschaft im Praxisverbund«, ein Gemeinschaftswerk der Fachhochschule in Ludwigshafen, der Industrie- und Handelskammer Pfalz und der Pfälzer Wirtschaft. Der Absolvent erreicht ohne Abstriche die traditionellen Abschlüsse als Diplom-Betriebswirt und Industriekaufmann. Insgesamt dauert die Ausbildung viereinhalb Jahre, verbunden mit einem Auslandssemester und einer qualifizierten Sprachprüfung. Die Abstimmung der Ausbildungsinhalte zwischen Fachhochschule, Betrieb und Berufsschule vermeidet Wiederholungen des Lehrstoffs und ermöglicht Synergieeffekte. Die Studenten schließen mit dem Unternehmen, bei dem sie die Lehre absolvieren, einen Volontärsvertrag ab, dessen Entgelt deutlich über dem höchsten Bafög-Satz liegt.

Das berufsintegrierende Studium oder duale Studiengänge vereinen die Vorzüge der dualen Ausbildung und vermeiden gleichzeitig eine enorme, aber selten beachtete Verschwendung innerhalb des bestehenden Berufsbildungssystems. Denn heute absolvieren jährlich 100.000 Abiturienten eine Lehre, um sich im Anschluß daran an einer Hochschule zu immatrikulieren, oft in einem »berufsfremden« Fach. Der Nutzen dieser Doppelqualifikation ist umstritten. Zudem trägt das Hintereinanderschalten mehrerer Ausbildungsgänge maßgeblich dazu bei, daß die deutschen Jungakademiker oft erst im Alter von 30 Jahren ins Berufsleben eintreten. Das wird zu Recht kritisiert, ist gleichzeitig aber auch gesellschaftspolitisch nicht wünschenswert, da die Studenten während ihrer Ausbildungszeit von ihren Eltern oder vom Staat alimentiert werden müssen. Insbesondere gegenüber den Absolventen einer dualen Ausbildung stellt dies eine Ungleichbehandlung dar, die sich auch nicht damit rechtfertigen läßt, daß Akademiker im späteren Berufsleben besonders produktiv sind. Schließlich werden sie dafür mit einem entsprechenden Einkommen entlohnt.

Duale Studiengänge verbunden mit einer Ausbildungsvergütung könnten etwas mehr Gerechtigkeit bei der Finanzierung der beruflichen Bildung schaffen und gleichzeitig die öffentliche Hand entlasten. Daß qualifizierte Absolventen einer herkömmlichen dualen Ausbildung zum Studium zugelassen werden sollten, wie dies in einigen Bundesländern bereits der Fall ist, fügt sich gut in dieses System ein.

Ein berufsintegrierendes Studium ist nicht nur für wirtschaftsorientierte Studiengänge vorstellbar. Die Kritik an der Praxisferne des Studiums wendet sich an fast alle Fachbereiche. Duale Studiengänge für Lehrer, Juristen, Mediziner und viele andere mehr hätten Vorteile für die Auszubildenden oder Studenten und deren künftige Arbeitgeber: kürzere Ausbildungszeiten, Praxisnähe, verbesserte Übergänge vom Studium in ein festes Arbeitsverhältnis, Vermeidung oder Reduzierung von Fehlqualifikation.

Von der Verbreitung der dualen Ausbildung über alle Niveaus der beruflichen Bildung hinweg und der Durchlässigkeit und Flexibilität in der Handhabe des Gesamtsystems der beruflichen Bildung würden insbesondere die leistungsstarken und begabten Auszubildenden profitieren. Es muß aber auch an die Schwächeren gedacht werden. Da im Zuge der Globalisierung der Wirtschaft nur die höhere Qualifikation der Arbeitskräfte die notwendige hohe Wertschöpfung sichert, steigen bereits in der Ausbildung die Leistungsanforderungen. Es ist Aufgabe der schulischen Bildung, möglichst allen Schülern die Ausbildungsreife zu vermitteln. Aufgabe des Systems der beruflichen Bildung ist es, ihnen danach zu einem erfolgreichen beruflichen Abschluß zu verhelfen, ohne Leistungsabstriche zu machen. Wer aber nicht anerkennen oder wahrhaben will, daß es weniger leistungsfähige oder eher praktisch begabte Jugendliche gibt, die den bestehenden und zukünftigen Anforderungen einer qualifizierten dualen Ausbildung nicht gewachsen sind, schadet diesen jungen Menschen. Denn gerade in Zeiten knapper Ausbildungsplätze zählen sie zu den Verlierern des Systems. Die aktuellen Statistiken bestätigen diesen Sachverhalt: Bis zu 14 Prozent eines Altersjahrganges, das entspricht rund 100.000 jungen Männern und Frauen, bleiben immer noch ohne Berufsausbildung. Ein Großteil dieser Jugendlichen bewirbt sich erst gar nicht um eine Lehrstelle, weil die Erfolgsaussichten als gering eingeschätzt werden. Andere scheitern an den gestellten Anforderungen der Ausbildungsbetriebe.

Die geforderte Ausbildungsreife der Jungen und Mädchen, die heute ohne Berufsausbildung bleiben, könnte durch ihre spezielle Förderung in Ganztagsschulen sicher vom Großteil der Jugendlichen erreicht werden. Als finanzierbare Lehrkräfte in den Tageseinrichtungen kämen in der dualen Ausbildung stehende Lehramtsstudenten in Frage. Chancen für die berufliche Qualifikation von Leistungsschwächeren oder praktisch Begabten ergäben sich durch die Schaffung neuer beschäftigungssichernder Berufsbilder und die Organisation der Ausbildung in Stufen oder Modulen. Sie könnten jeweils mit Prüfungen abgeschlossen werden, so daß jeder Absolvent über einen Ausbildungsnachweis verfügt, auch wenn ihm die endgültige Gesellenprüfung nicht gelingt. Nicht nur für leistungsschwächere, sondern für alle Auszubildenden wäre ein differenziertes Ausbildungsangebot förderlich, das auch unterschiedliche Ausbildungszeiten miteinschließt. Ziel sollte sein, jedem Jugendlichen eine berufliche Ausbildung zu ermöglichen, die mit einem anerkannten Zertifikat abschließt, das auf dem Arbeitsmarkt auch wirklich verwertet werden kann.

Die Weiterentwicklung des dualen Systems erfordert noch eine Reihe anderer, beschleunigter Reformen: die Erschließung neuer Ausbildungsbereiche, die Schaffung neuer Berufsbilder, die Modernisierung bestehender Ausbildungsberufe, die stärkere Konzentration auf Grundberufe sowie die verbesserte inhaltliche und zeitliche Abstimmung zwischen betrieblicher und berufsschulischer Ausbildung. Dynamische und gestaltungsoffene Ausbildungsordnungen müssen die inhaltliche Anpassung an den technischen Wandel und den Stand der Forschung ermöglichen, die Vermittlung von Fach-, Schlüssel- und Zusatzqualifikationen gewährleisten und einen hohen Qualitätsstandard sichern.

Über die Verbindung von praktischer und universitärer Ausbildung hinaus kann die Berufsausbildung an Universitäten effizienter gestaltet werden. Eine Hochschulreform sollte die Straffung und bessere Organisation von Studiengängen vorsehen. Differenzierte Angebote mit unterschiedlichen Studienzeiten würden den unterschiedlichen beruflichen Erfordernissen und den individuellen Begabungen und Lernbedürfnissen der Studenten besser Rechnung tragen als die herrschende Einheitlichkeit. Dabei könnte auch eine stärkere Ausrichtung der Studieninhalte auf Basis-, Strukturierungs- und Orientierungswissen erfolgen. Modularisierte Studiengänge würden eine regelmäßige Anpassung der Studieninhalte an veränderte Anforderungen, auch aus der Wirtschaft, erleichtern. Eine begleitende Studienberatung – zumindest während des ersten Jahres – nach dem in den USA üblichen Mentorenprinzip, regelmäßige Zwischenprüfungen während des Studiums oder studienbegleitende Leistungsnachweise würden eine kontinuierliche Leistungsüberprüfung auch für den Studenten ermöglichen und könnten die Zahl der Studienabbrecher sowie die Studienzeiten verrin-

gern. Mehr Wettbewerb zwischen den Universitäten, ein leistungs-
bezogener Mitteleinsatz, verbunden mit mehr Autonomie der
Hochschulen in Form von handlungsfähigen Selbstverwaltungs-
körperschaften – mit eigenem Personal und Haushalt –, sowie eine
regelmäßige Qualitätskontrolle bei gleichzeitiger Trennung von
Forschung und Lehre, verbunden mit der Aufwertung der Lehre,
dürften die Effizienz der Hochschulausbildung im notwendigen
Maße steigern.

Lebenslanges Lernen

Die Notwendigkeit der beruflichen Weiterbildung ist seit Jahren in
aller Munde. Zu Recht. Aber wird in der öffentlichen Diskussion
die formale Qualifikation von Arbeitnehmern und Arbeitnehmerinnen nicht überschätzt? In der arbeitswissenschaftlichen Diskussion der angelsächsischen Länder nehmen das Lernen im Beruf, die
berufliche Erfahrung und Routine einen weitaus größeren Raum
ein als in Deutschland. In der beruflichen Praxis dagegen spielen
diese Qualifikationen auch in der Bundesrepublik eine große Rolle.
Welches Unternehmen stellt schon gerne Personal ein, das noch
nicht über Berufserfahrung verfügt? Die Berufseinsteiger, insbesondere Hochschulabgänger, wissen ein Lied davon zu singen. Und
welcher Arbeitgeber rekrutiert seine Mitarbeiter aus dem Heer der
Langzeitarbeitslosen, selbst wenn sie fortgebildet und umgeschult
sind, oder aus der Schar teilweise hochqualifizierter weiblicher Arbeitskräfte, die eine langjährige Kinderpause eingelegt haben?
   Die deutsche Wirtschaft und die Gesellschaft leisten sich eine
enorme Verschwendung humaner Ressourcen. Sie bilden einen großen Teil ihrer Männer und Frauen aus, ohne ihre Qualifikationen
dauerhaft im Erwerbsprozeß einzusetzen. Berufsausstieg, ob erzwungen durch Entlassung oder mehr oder weniger freiwillig –
zum Beispiel, um mehr Zeit für die Familie zu haben –, ist in aller
Regel mit beruflicher Dequalifizierung verbunden. Also müssen die

Betroffenen vor dem Wiedereinstieg ins Erwerbsleben neu oder weiterqualifiziert werden. Oft, das gilt besonders für Frauen, werden sie nach der Berufspause weit unter ihrer ehemaligen Qualifikation beschäftigt. Die Karrierestufe, die sie ohne berufliche Unterbrechung erklommen hätten, erreichen sie nie mehr.

Was nach der qualifizierten Erstausbildung aller jungen Männer und Frauen also zunächst garantiert werden muß, ist ihre dauerhafte, möglichst durchgängige Beschäftigung. Auch deshalb ist die Arbeitslosigkeit abzubauen und Vollbeschäftigung, zumindest mittelfristig, wiederherzustellen. Zunächst geht es aber darum, den Absolventen einer Lehre oder eines Studiums den nahtlosen Übergang in eine Erwerbstätigkeit zu ermöglichen. In der Vergangenheit war der Berufseinstieg der jungen Arbeitnehmer größtenteils dadurch gewährleistet, daß ältere Erwerbstätige sich – wenn auch nicht immer freiwillig – vorzeitig aus dem Berufsleben zurückzogen. Großzügige Vorruhestandsregelungen ermöglichten diese Personalverjüngung auf Kosten der Beitragszahler der Rentenversicherung und der Arbeitslosenversicherung. Die staatliche Finanzierung des Vorruhestands wird zunehmend schwieriger. Betriebliche Lösungen sind deshalb gefragt. Die vorhandene Arbeit muß stärker geteilt werden. Für junge Arbeitnehmer dürfte es attraktiver sein, mit einer kürzeren Arbeitszeit und einem geringeren Gehalt in den Beruf einzusteigen, als den Einstieg möglicherweise nie zu schaffen. Ältere Arbeitnehmer könnten über betriebliche Teilzeitmodelle, wie VW sie mit der Generationen-Stafette praktiziert, Arbeitsplätze für Jüngere freimachen und gleichzeitig von einer geringeren Arbeitsbelastung und mehr Freizeit profitieren. Diese Teilzeit-Regelungen wären für die Unternehmen und ihre Arbeitnehmer attraktiver, wenn ihr Beitrag zur Arbeitslosenversicherung vermindert würde. Schließlich tragen sie dazu bei, Arbeitslosigkeit zu verhindern oder abzubauen. Dafür sollten sie auch finanziell belohnt werden.

Nicht nur von den meisten Betroffenen gewünscht, sondern auch volkswirtschaftlich sinnvoll ist die durchgängige Erwerbsarbeit von

Frauen – auch wenn sie Kinder haben. Unter den heutigen Bedingungen gestaltet sich die Vereinbarkeit von Beruf und Familie für Frauen, anders als für die Männer, immer noch als äußerst schwierig. Dies ist sicher einer der wesentlichen Gründe dafür, daß die Geburtenrate in Deutschland zu einer der niedrigsten weltweit gehört. Die Gesellschaft in ihrer Gesamtheit und die einzelnen Unternehmen, die junge Frauen erst kostenintensiv ausbilden, um sie wenig später ins Privatleben entschwinden zu sehen, verlieren dabei. Im Interesse aller sollten daher die notwendigen Maßnahmen zur Förderung der Erwerbstätigkeit von Frauen ohne »unfreiwillige« Unterbrechung getroffen werden. Von den Unternehmen sind vor allem flexible Arbeitszeitregelungen gefragt sowie betriebliche Einrichtungen zur Kinderbetreuung. Die staatlichen Einrichtungen zur Kinderbetreuung müssen ihre Angebote quantitativ und qualitativ ausbauen, insbesondere die Versorgung der Kinder in Ganztagseinrichtungen. Für die Familien, die Haus-, Erziehungs- und Betreuungsarbeit privat organisieren wollen oder müssen, weil es keine öffentlichen oder betrieblichen Alternativen gibt, sollten finanzierbare Angebote im Bereich privater Dienstleistungen geschaffen werden. Im Falle eines zeitlich befristeten Berufsausstiegs, ob bedingt freiwillig durch eine Familienpause oder erzwungen durch Arbeitslosigkeit, sollte die Qualifikation erhalten oder ausgebaut werden, um die Wiederbeschäftigung nach der Erwerbspause zu erleichtern.

Eine gute Erstausbildung und eine darauf aufbauende durchgängige Erwerbstätigkeit eignen sich als Fundamente für eine langfristige Beschäftigung. Sie muß um die lebenslange Weiterbildung ergänzt werden. Die fortlaufende Schulung der im Berufsleben Stehenden ist von wachsender Bedeutung, weil der Anteil älterer Arbeitskräfte nach dem Jahr 2000 beträchtlich steigen wird. Die Wirtschaft kann in Zukunft nicht mehr darauf vertrauen, daß die Verjüngung des Personals automatisch Erneuerung und Dynamik initiiert. Statt ihre älteren Arbeitskräfte in den Vorruhestand zu schicken, wird sie in Zukunft ganz entscheidend auf sie und ihre Leistungs- und Innovationsfähigkeit angewiesen sein.

Das Weiterbildungssystem in Deutschland muß noch mehr als bisher auf die steigenden Qualifikationsanforderungen der Beschäftigten zugeschnitten werden. Neben einer verstärkten und effizienteren betrieblichen Weiterbildung sind die öffentlichen Institutionen stärker auf das berufsbegleitende oder nebenberufliche Lernen auszurichten. Fachhochschulen und Universitäten sollten ausgebaut und für beruflich Qualifizierte geöffnet werden. Für sie müssen spezielle Studiengänge und Kurse mit Abschlüssen angeboten werden, die den beruflichen Aufstieg ermöglichen. Die Zusammenarbeit von Unternehmen, Berufsschulen und Weiterbildungsträgern ist zu intensivieren.

»Alle in einem Boot«: Für eine andere Unternehmenskultur

Die Qualifikation und Leistungsfähigkeit der Mitarbeiter ist eine Sache, sie zu nutzen und effizient einzusetzen eine ganz andere. Es gibt zahlreiche Hinweise darauf, daß die Arbeitnehmer in vielen deutschen Unternehmen gar nicht die Möglichkeit haben zu zeigen, was sie können. Starre und übertriebene Hierarchien sind der Grund. Dazu eine Satire, die am 25. Januar 1994 in der Süddeutschen Zeitung zu lesen war:

»Es war einmal vor langer Zeit ein blühender Konzern namens GAGA in einem kleinen Land inmitten von Europa. Um seine Leistungsfähigkeit unter Beweis zu stellen, verabredeten die Konzernmanager mit den Japanern, daß jedes Jahr ein Weltrudern auf dem »River Dee« stattfinden sollte. Dafür wurden die Mannschaften aus den besten Ruderern zusammengestellt. Beide Mannschaften trainierten lange und hart, um Bestleistungen zu erreichen. Als der Tag des Wettkampfes gekommen war, fühlten sich beide Mannschaften topfit. Doch nach dem Startschuß lagen die Japaner bald weit vorn und gewannen schließlich mit einer Meile Vorsprung.

Nach dieser schmerzlichen Niederlage war das GAGA-Team sehr niedergeschlagen, und die Moral war auf dem Tiefpunkt. Das obere Management entschied, daß der Grund für dieses vernichtende Debakel unbedingt herausgefunden werden müsse. Ein Untersuchungsausschuß wurde eingesetzt, um das Problem zu erkennen und geeignete Maßnahmen zu empfehlen.

Nur fünf Monate später lag das Ergebnis vor. Das Problem war, daß bei den Japanern acht Leute ruderten und ein Mann steuerte. Im GAGA-Team dagegen ruderte nur ein Mann und acht Leute steuerten. Das obere Management engagierte sofort eine Beratungsfirma, um eine Studie über die Struktur des GAGA-Teams anzufertigen. Nach Kosten in Millionenhöhe und weiteren drei Monaten kamen die Berater zu dem Ergebnis, daß zuwenig Leute ruderten und zu viele steuerten.

Um einer weiteren Niederlage im nächsten Jahr vorzubeugen, beschloß man, die Teamstruktur grundlegend zu ändern. Es gab jetzt vier Steuerleute, drei Obersteuerleute und einen Steuerungskoordinator. Ein Leistungsbewertungssystem wurde eingeführt, um dem Mann, der das Boot rudern sollte, mehr Ansporn zu geben und sich noch mehr anzustrengen, ein noch besserer Leistungsträger zu werden. Die Parole lautete: ›Wir müssen seinen Aufgabenbereich erweitern und ihm mehr Verantwortung geben! Damit sollte es gelingen!‹

Im nächsten Jahr gewannen die Japaner mit zwei Meilen Vorsprung. Der Ruderer wurde vom GAGA-Konzern wegen schlechter Leistung entlassen, das Ruderboot mitsamt dem Ruder wurde verkauft. Investitionen zum Bau neuer, schnellerer Ruderboote wurden umgehend gestoppt. Der Beratungsfirma wurde eine lobende Anerkennung für ihre Arbeit ausgesprochen, die Zusage für weitere Beratungsverträge wurde erteilt.

Das eingesparte Geld wurde an das obere Management ausgeschüttet oder zur Frühpensionierung leitender Mitarbeiter bei vollem Gehalt verwendet. Und wenn sie nicht gestorben sind, dann verdienen sie noch heute...«

Diese Satire mag etwas übertrieben sein, enthält aber einen wahren Kern. Obwohl inzwischen hinreichend bekannt sein dürfte, daß es auf der Welt immer jemanden geben wird, der Vergleichbares zu niedrigeren Kosten herstellt, und obwohl man weiß, daß die deutschen Unternehmen weniger in einem Preis- als vielmehr in einem Qualitätswettbewerb stehen, bei dem es um die Neuheit und die Güte der Produkte geht und es auf Marktführerschaft ankommt, und obwohl die Qualifikation und Motivation aller Mitarbeiter als Bestimmungsfaktor der Innovationsfähigkeit der Unternehmen eindeutig identifiziert ist, scheint es an einer Firmenkultur und innerbetrieblichen Organisation, die dauerndes Lernen, Anpassen und Erneuern fördert, noch zu fehlen.

Wie rückwärtsgewandt das Denken in Teilen der deutschen Wirtschaft heute noch ist, zeigt das Beispiel der Lohnfortzahlung im Krankheitsfall. Ein großer Teil der Wirtschaft und auch so mancher Politiker scheinen tatsächlich noch zu denken, die Leistungsbereitschaft der Mitarbeiter sei mit Repressionen am besten zu fördern. Dabei ist bekannt, daß Abwesenheit und innere Kündigung oft in einem schlechten Betriebsklima und unangenehmen Chefs begründet sind. Moderne Unternehmen haben längst gemerkt, daß sich überdurchschnittliche Fehlzeiten sehr wirksam und schnell bekämpfen lassen, wenn die Beschäftigten mit ihrer Arbeit zufrieden sind. Eine Firmenkultur, die jeden Mitarbeiter als eigenständige Persönlichkeit achtet, seine Fähigkeiten und Qualifikationen respektiert und die Organisation des Unternehmens daran ausrichtet, sorgt nicht nur für die Anwesenheit der Arbeitskräfte. Sie trägt auch dazu bei, daß die geistigen Kräfte der Mitarbeiter genutzt werden, ihre Kreativität sich entfalten kann und die Produktivität der Arbeit gesteigert wird. Dies alles wird bestimmend sein für die zukünftige Leistungsfähigkeit der deutschen Wirtschaft.

Mitarbeitermotivation erfordert gemeinsame Ziele, Identifikation mit der Aufgabe, ein gutes Betriebsklima, vertrauensvolle Zusammenarbeit und soziale Unterstützung in der Gruppe, mehr Entscheidungsbefugnis und Mitbestimmung, mehr Selbständigkeit und Eigenverantwortung. Hierarchieabbau und ein kooperativerer Führungsstil dürften ein beachtliches Potential an Wissen und Kreativität der Beschäftigten freisetzen. Förderlich wäre eine finanzielle Erfolgsbeteiligung der Arbeitnehmer in Form von Geldprämien oder Belegschaftsaktien. Auch flexible Arbeitszeiten, deren Dauer und Lage der Mitarbeiter mitbestimmen kann, steigern die Motivation.

Es ist an der Zeit, daß Demokratie in die deutschen Unternehmen einzieht. Das Modell eines hierarchisch organisierten Betriebs mit allmächtigen Chefs hat ausgedient, weil es nicht über die Leistungsfähigkeit verfügt, die im zukünftigen Wettbewerb gefordert wird. Mehr denn je sind Unternehmen in einer globalisierten Wirtschaft auf die Mitarbeit ihrer Beschäftigten angewiesen. Es scheint, daß das unternehmerische Interesse und das von Arbeitnehmern und Arbeitnehmerinnen in Zukunft weniger gegenläufig sein wird als bisher. Die Unternehmen der Zukunft brauchen Beschäftigte, die sich mit dem Unternehmen identifizieren und wie Unternehmer denken und handeln. Das sollten gute Voraussetzungen dafür sein, daß vorhandene Probleme von vernünftigen Interessenvertretern in einem von Standortpolemik und Klassenkampf freien Klima erörtert und allgemein akzeptierte Reformen auf der Grundlage von Kooperation und Kompromißwilligkeit gefunden werden können.

Fazit

Für einen Industriestandort entscheidend ist nicht die Höhe der Arbeitskosten, sondern die Rentabilität des Kapitals, die maßgeblich durch die Produktivität der Arbeitskräfte bestimmt wird. Investitionen und Kapital sind mobil und können beliebig über den Globus hinweg verlagert werden. Immobil dagegen sind die Infrastruktur eines Landes, zu der auch die Qualifikation der Arbeitskräfte und die Qualität der Forschungslandschaft gehören. Im

Wettbewerb der Industrieländer um Investitionen spielen diese Standortfaktoren deshalb die herausragende Rolle.

Eine Politik der Kostensenkung und des Sparens führt in einen Teufelskreis, an dessen Ende eine geringere Wertschöpfung der Wirtschaft und sinkender Wohlstand stehen. Großbritannien liefert dafür das negative Beispiel. Deutschland sollte nicht um die niedrigsten Löhne, Sozial- und Umweltstandards konkurrieren, sondern um die beste Infrastruktur, die qualifiziertesten Arbeitskräfte und das beste Forschungs- und Innovationsklima, um damit die hohe Produktivität der deutschen Wirtschaft und den Wohlstand für alle zu sichern.

Die Anforderungen an die Qualifikation der Arbeitskräfte werden weiterhin erheblich steigen. Deshalb gilt es, in Zukunft alle Qualifizierungsreserven auszuschöpfen. Vorhandene Leistungspotentiale können durch mehr Chancengleichheit erschlossen werden. Eine Bildungsoffensive 2000 muß zum Ziel haben, durch eine geeignete Förderung jedem Kind – gleich aus welchen sozialen Verhältnissen stammend – den seinen Begabungen entsprechend höchsten Ausbildungsabschluß zu ermöglichen.

In der Medien- und Konsumgesellschaft hat die Schule einen umfassenden Auftrag: Sie muß erziehen, bilden und lehren zu lernen. Dafür bieten Ganztagseinrichtungen den geeigneten Rahmen. Die schulischen Bildungsinhalte müssen überprüft werden. An Bedeutung gewinnt die Vermittlung von zivilisatorischen, kulturellen und moralischen Werten. Die Lehre von Basiswissen sollte damit verbunden sein, die Schüler zu befähigen, eigenverantwortlich zu lernen. Medienkompetenz, Kenntnisse von fremden Sprachen und Kulturen, aber auch Wissen mit praktischen Bezügen könnte eine vernünftige Lebensführung der jungen Menschen fördern und damit zu ihrem persönlichen Glück beitragen, aber auch zur Vermeidung gesellschaftlicher Kosten. Die Schule der Zukunft erfordert Schulvielfalt und Schulautonomie.

Zum dualen Ausbildungssystem gibt es keine bessere Alternative. In den nächsten Jahren wird der Bedarf an Ausbildungsplätzen steigen. Wenn Teile der Wirtschaft in kurzsichtigem Denken verharren und zu wenig Lehrstellen anbieten, muß mit einer Umlagefinanzierung ein Ausgleich zwischen ausbildenden und nicht ausbildenden Betrieben hergestellt werden.

Innerhalb des dualen Ausbildungssystems besteht Reformbedarf. Neue Ausbildungsbereiche müssen erschlossen, neue Berufsbilder geschaffen werden, insbesondere für praktisch begabte oder leistungsschwächere Jugendliche. Bestehende Ausbildungsberufe sind beschleunigt zu modernisieren, die inhaltliche und zeitliche Abstimmung zwischen betrieblicher und berufsschulischer Ausbildung zu verbessern. Das System von Institutionen der dualen Ausbildung und Hochschulen muß durchlässiger gestaltet werden. Das Modell eines berufsintegrierenden Studiums sollte auf breiter Ebene eingeführt werden. Es beseitigt die Verschwendung von Doppelausbildungen, verkürzt die Studienzeiten, sichert den Studenten ein eigenes Einkommen während des Studiums und vermittelt Praxisnähe. Eine größere Differenzierung von Studiengängen, mehr Autonomie von und mehr Wettbewerb zwischen den Universitäten dürften die Effizienz der Hochschulausbildung im notwendigen Maße steigern.

Bildung und Ausbildung müssen im Arbeitsprozeß erhalten und erweitert werden. Arbeitslosigkeit und Berufsausstieg sind Verschwendung menschlicher Fähigkeiten. Der Berufseinstieg der jungen Generation könnte kurzfristig durch Teilzeitregelungen gesichert werden. Maßnahmen zur Verbesserung der Vereinbarkeit von Beruf und Familie würden die durchgängige Erwerbsarbeit von Frauen erleichtern. Die Arbeitslosigkeit ist dringend abzubauen. Für diejenigen, die im Arbeitsprozeß stehen, wird Weiterbildung immer wichtiger.

Die deutsche Wirtschaft steht international weniger im Preiswettbewerb als vielmehr im Qualitätswettbewerb. Marktführerschaft wird erreicht durch permanente Innovationsfähigkeit und Lernbereitschaft der Unternehmensleiter und ihrer Mitarbeiter. Die Steigerung der Produktivität der Wissensarbeit, die Nutzung der

Kreativität der Mitarbeiter und ihre Motivation hängen maßgeblich von der Firmenkultur und Unternehmensorganisation ab. Sie kann verbessert werden durch die Erarbeitung gemeinsamer Ziele, ein gutes Betriebsklima, die vertrauensvolle Zusammenarbeit in der Gruppe, mehr Entscheidungsbefugnisse, Selbständigkeit und Verantwortung für den einzelen oder das Team, durch den Abbau von Hierarchien, einen kooperativeren Führungsstil der Vorgesetzten und die Beteiligung der Beschäftigten am Ertrag, in einem Satz: durch mehr Demokratie in den Unternehmen.

*»Ach ja, die Globalisierung. Die ist
eine wunderbare Entschuldigung für
vieles.«*
Nobelpreisträger Robert M. Solow,
1997

VII. Kapitel

Wachstumsschwäche, Beschäftigungskrise, öffentliche Verschuldung: Das Versagen der Regierung Kohl

In den achtziger Jahren fand ein Paradigmenwechsel in der Wirtschaftspolitik der westlichen Industriestaaten statt. Seine theoretischen Fundamente liegen im Monetarismus, seine praktischen Ausprägungen reichten vom »Thatcherismus« in Großbritannien bis zu den »Reagonomics« in den USA, die in ihrer Gesamtheit allerdings fälschlicherweise dem Monetarismus zugerechnet wurden.

Der Neoliberalismus läßt sich am besten durch den bekannten Satz des deutschen Wirtschaftsministers, Günter Rexrodt, charakterisieren: »Wirtschaft findet in der Wirtschaft statt«. Der Staat hat lediglich die Aufgabe, die Funktionsfähigkeit der Güter-, Arbeits- und Geldmärkte zu gewährleisten. Das marktwirtschaftliche System tendiert zu einem stabilen Gleichgewicht, das zumindest langfristig auch äußere Schocks, wie etwa Ölpreisexplosionen, verkraftet. Arbeitslosigkeit existiert dann nur vorübergehend. Oder sie ist freiwillig – verursacht durch überhöhte Löhne oder zu hohe Leistungen der Arbeitslosenversicherung und der Sozialhilfe.

Eine Regierung, die sich den wirtschaftspolitischen Implikationen des Neoliberalismus unterwirft, ist gehalten, sich weitgehend aus dem Wirtschaftsgeschehen zurückzuziehen. Der staatliche Einfluß ist möglichst gering zu halten, die gesellschaftlichen Lebensverhältnisse sind soweit wie möglich zu privatisieren. Der Staat hat sich auf ordnungspolitische Aufgaben zu beschränken. Auf eine im Einzelfall eingreifende Konjunktur- und Beschäftigungspolitik wird verzichtet. Die Steuern sind abzubauen, Subventionen, vor allem im Sozialbereich, auf ein Mindestmaß zu beschränken. Die Geldpolitik hat die Aufgabe, die für das Wirtschaftswachstum notwendige Geldmenge zur Verfügung zu stellen. Ihr obliegt lediglich die Verantwortung für die Stabilität des Preisniveaus.

Die Regierung Kohl und auch die Deutsche Bundesbank haben in den achtziger und neunziger Jahren – mit Ausnahme der wirtschaftlichen Vereinigung Ost- und Westdeutschlands – weitgehend eine monetaristisch geprägte Wirtschaftspolitik verfolgt. Sie reichte von Privatisierungen über Steuererleichterungen, insbesondere für Unternehmen und Bezieher höherer Einkommen, bis zum Abbau zahlreicher sozialer Leistungen. Nach fünfzehn Jahren konservativ-liberaler Regierung liegen die Ergebnisse dieser falschen Wirschaftspolitik vor: eine langanhaltende Wachstumsschwäche, Arbeitslosenquoten, die sämtliche Rekorde der Nachkriegszeit brechen, eine Krise des Sozialsystems, die höchste Staatsverschuldung und die höchste Steuer- und Abgabenbelastung der Arbeitnehmer.

Es macht Sinn, sich die wirtschaftspolitischen Fehler der Regierung Kohl vor Augen zu führen. Daran wird klar, daß es neben einer falschen auch eine richtige Wirtschaftspolitik gibt, die den Wohlstand sichert und die Grundlagen für Vollbeschäftigung bietet. Und es wird deutlich, wie diese aussehen muß.

Die Irrtümer der herrschenden Wirtschaftspolitik

Irrtum Nr. 1: Die Globalisierung ist an allem schuld

Die Debatte über die zunehmende Globalisierung der Wirtschaft gab der Regierung Kohl Anfang der neunziger Jahre die Möglichkeit, von ihrer Verantwortung für die Wachstumskrise, die langanhaltende Massenarbeitslosigkeit und die Finanzkrise des Sozialsystems abzulenken. Alles ließ sich mit dem wachsenden Wettbewerbsdruck aus dem Ausland erklären. Unter den veränderten Bedingungen des Weltmarktes könnten die hohen Löhne und Sozialleistungen in Deutschland in Zukunft nicht mehr finanziert werden. Der Gürtel müsse enger geschnallt werden, so lautete die Forderung an die Bundesbürger.

Mit der Schuldzuweisung an die Globalisierung täuschte die Regierung Kohl darüber hinweg, daß die wirtschaftlichen und sozialen Probleme Deutschlands weitgehend »hausgemacht«, also auf ihr eigenes Versagen zurückzuführen sind.

Ihr größter wirtschaftspolitischer Irrtum lag in der falschen Bewertung und Finanzierung der Kosten der deutsch-deutschen Währungsunion. Es ist müßig, diesen Fehler ausführlich zu erörtern. Allerdings haben die Auswirkungen der ökonomischen Vereinigung Deutschlands eine wirtschafts- und sozialpolitische Debatte unterstützt, der eine falsche Analyse zugrunde liegt und die deshalb zu falschen Schlußfolgerungen kommt.

Falsch an der Analyse ist, daß die deutsche Wirtschaft international nicht wettbewerbsfähig sei. In Kapitel IV. wurde ausführlich dargestellt, daß geringe Handelsbilanzüberschüsse und Leistungsbilanzdefizite Anfang der neunziger Jahre allein durch den einheitsbedingten Güter- und Kapitalimport bedingt waren. 1994 kam die Überbewertung der DM hinzu, die den Absatz deutscher Produkte im Ausland erschwerte. Inzwischen bestätigen aber alle Daten und Fakten: Die deutsche Wirtschaft hält im globalen Wettbewerb besser mit als fast alle anderen Volkswirtschaften. Falsch an der Analyse ist, die Deutschen lebten über ihre Verhältnisse. Im internationalen Vergleich konkurrenzfähige Lohnstückkosten beweisen das Gegenteil. Wie sonst ließen sich die Exporterfolge der deutschen Wirtschaft erklären?

Falsch an der Analyse ist die Feststellung, die deutschen Sozialsysteme seien nicht mehr finanzierbar. Schließlich wurden die Sozialleistungen im Laufe der achtziger und neunziger Jahre in Westdeutschland massiv abgebaut. Die bestehenden Finanzierungsdefizite der Arbeitslosen-, Renten- und Krankenversicherungen sind Ergebnis der hohen Arbeitslosigkeit und der Transferzahlungen von West- nach Ostdeutschland. Es ist aber nicht Aufgabe der Beitragszahler der Sozialversicherungen, entweder durch Leistungskürzungen oder über höhere Beiträge die Kosten der Einheit zu bezahlen. Der Staat hat in die Kassen der Sozialversicherungen gegriffen, als wäre es sein Geld.

Falsch an der Analyse ist, daß die Steuerbelastung in Deutschland stark gestiegen und im internationalen Vergleich zu hoch sei (Übersicht 27). Das Aufkommen aus Unternehmenssteuern ist das niedrigste nach dem Kriege, vor allem Großbetriebe wurden in den letzten Jahren erheblich entlastet. Vermögenssteuer und Gewerbekapitalsteuer wurden abgeschafft. Steuervermeidung und Steuerhinterziehung wurden zum Sport von vielen Beziehern hoher Einkommen. Nur die Durchschnittsverdiener, die keine Abschreibungsmöglichkeiten nutzen konnten und schon gar nicht ihr Geld in die Schweiz oder nach Luxemburg gebracht haben, wurden immer höher belastet. Daß viele Bürger sich vom Staat geschröpft fühlen, liegt allein an den hohen Sozialabgaben. Vollkommen abwegig sind deshalb Klagen von Aktionären, Selbständigen, Beamten oder Pensionären über zu hohe Lasten. Schließlich wurden sie an der Finanzierung der deutschen Einheit kaum beteiligt und teilweise sogar mit Steuergeschenken beglückt.

Die falsche Beurteilung der Kosten der deutsch-deutschen Währungsunion erklärt nicht alle wirtschaftlichen und sozialen Pro-

Übersicht 27

Steuerquote im internationalen Vergleich[1]							
Land	Steuern in v. H. des BIP						
	1970	1975	1980	1985	1990	1994	1995[2]
Deutschland[3][4]	22,8	23,6	24,8	24,0	22,7	23,7	23,6
Deutschland[3]	22,9	23,8	25,1	24,2	22,9	23,9	23,7
Belgien	24,9	28,5	30,9	32,3	29,7	31,1	30,5
Dänemark	38,8	40,8	44,7	47,2	47,2	49,9	50,1
Finnland	29,6	32,0	29,8	33,7	35,5	35,2	33,4
Frankreich	22,3	21,9	23,9	25,2	24,4	24,9	25,2
Griechenland	17,7	17,9	19,7	22,6	25,9	27,8	–
Irland	28,5	27,0	29,0	31,0	30,0	32,0	30,3
Italien	16,3	14,2	18,7	22,5	26,2	28,7	28,8
Japan	15,3	14,9	18,0	19,3	22,2	18,1	–
Kanada	28,3	29,2	28,3	28,6	31,2	30,0	–
Luxemburg	22,1	30,2	32,8	34,4	31,7	33,1	31,9
Niederlande	24,0	26,4	27,9	24,6	27,9	26,6	25,6
Norwegen	33,0	33,7	37,2	37,8	30,8	31,3	31,9
Österreich	26,6	28,0	28,4	29,4	27,7	27,8	26,8
Portugal	15,4	14,2	17,8	20,6	22,6	24,3	25,3
Schweden	33,8	34,9	34,8	37,5	40,5	37,2	35,8
Schweiz	18,2	21,0	21,3	21,8	21,1	21,5	21,4
Spanien	10,6	10,3	12,4	16,9	22,2	22,0	21,8
Vereinigtes Königreich	31,8	29,4	29,4	31,2	30,2	27,9	29,0
Vereinigte Staaten	23,0	21,3	21,0	19,5	19,8	20,6	–

1 Nach den Abgrenzungsmerkmalen der OECD. Basis Finanzstatistik, nicht vergleichbar mit Daten der volkswirtschaftlichen Gesamtrechnung. 2 Vorläufig. 3 Ab 1991 einschließlich der neuen Länder. 4 In der Abgrenzung der deutschen Haushaltsrechnung. Ein unmittelbarer Vergleich mit den Angaben der OECD ist aus methodischen Gründen nicht möglich.

Quelle: Bundesministerium der Finanzen 1998.

bleme. Sie sind vielmehr zu einem großen Teil auf die Unfähigkeit der Regierung Kohl zurückzuführen, die deutsche Wirtschaft auf einen höheren Wachstumpfad zu führen und die Arbeitslosigkeit wirksam zu bekämpfen. 15 Jahre lang bemühte sich die konservativ-liberale Koalition vergeblich, das Wachstum anzukurbeln und die Beschäftigung zu fördern. Unzählige Gesetze wurden verabschiedet, um die Gewinnsituation der Unternehmen zu verbessern. Die Einsatzbereitschaft der »Leistungsträger« förderte man durch Steuererleichterungen und Subventionen. Darüber hinaus wurde versucht, über Sozialabbau die Mobilität und Flexibilität der Arbeitnehmer und der Arbeitslosen zu stärken – die Massenarbeitslosigkeit hält an und bricht jedes Jahr neue Rekorde. Die wirtschaftspolitische Strategie der Regierung Kohl hat sich in der Praxis als Fehlschlag erwiesen. Die Gründe dafür liegen in weiteren Irrtümern.

Irrtum Nr. 2: Was für ein Unternehmen richtig ist, kann für das Land nicht falsch sein

Die wirtschaftspolitische Diskussion wird in Deutschland zunehmend von Großunternehmen, ihren Verbänden und ihren Beratern wie Berger oder McKinsey bestimmt. Aus ihrer betrieblichen Sicht stellen sie Forderungen an Politik und Gesellschaft mit dem Ziel, die Leistungskraft und Rentabilität der Unternehmen zu verbessern. Das ist ihr gutes Recht. Es ist Aufgabe von Politik und Gesellschaft, diese Forderungen unter Abwägung aller Interessen genauestens darauf zu überprüfen, ob sie gerechtfertigt und realisierbar sind. Ist dies der Fall, sind sie in die Tat umzusetzen.

Gefährlich wird es, wenn die ökonomischen Erfordernisse von Einzelunternehmen oder einzelner Industrien gleichgesetzt werden mit dem, was gesamtwirtschaftlich richtig ist. Wenn suggeriert wird, daß es der deutschen Volkswirtschaft und dem Allgemeinwohl diene, wenn Politik und Gesellschaft nur den Interessen der Wirtschaft nachkämen. Nur allzu oft ist eine Maßnahme, die für das einzelne Unternehmen Rettungsanker ist, für die Volkswirtschaft Gift.

Das sei an einem Beispiel verdeutlicht. Fast täglich wird von einigen international tätigen Großunternehmen und ihren Verbandsvertretern darauf verwiesen, daß die Löhne und Lohnnebenkosten in Deutschland zu hoch seien. Tatsächlich kann für ein Unternehmen, das an der Rentabilitätsschwelle arbeitet, die Senkung der Arbeitskosten darüber entscheiden, ob der Betrieb weiter existieren kann oder nicht. In diesem Fall ist auch der Zusammenhang zwischen Lohnstabilisierung oder -senkung und Erhalt der Arbeitsplätze in dem Unternehmen offensichtlich. Nur wenn Verzicht geübt wird, können die Arbeitsplätze erhalten werden. Ob auf Dauer, ist allerdings fraglich.

Was aber bedeutet Lohnverzicht gesamtwirtschaftlich? Er bedeutet, daß die verfügbaren Einkommen der Arbeitnehmer und ihrer Familien sich verringern. Wenn nicht gleichzeitig entspart wird, sinkt die kaufkräftige Nachfrage. Das Konsumklima verschlechtert sich, die Investitionen sinken. Die Binnenkonjunktur lahmt. So geschehen in den Jahren 1995, 1996 und 1997 in Deutschland, als sich vor allem der Einzelhandel über die anhaltend negativen Umsatzrekorde beklagte.

Ein zweites aktuelles Beispiel: Im Zuge der Kostensenkung haben viele Unternehmen in den vergangenen Jahren ihre Ausbildungsanstrengungen stark zurückgenommen. Der einzelne Betrieb profitiert davon. Er kann seine Rentabilität, zumindest kurzfristig, steigern. Volkswirtschaftlich sieht die Kosten-Nutzen-Rechnung dagegen ganz anders aus. Zunächst besteht für die Zukunft die Gefahr eines Fachkräftemangels oder fehlqualifizierter Arbeitskräfte. Das schadet langfristig auch den Unternehmen. Organisiert und finanziert der Staat die Ausbildung von Jugendlichen, die keinen Ausbildungsplatz finden, in außerbetrieblichen Ausbildungszentren oder Hochschulen, verursacht dies Kosten, die von der Allgemeinheit zu tragen sind. Verharrt die Gesellschaft dagegen im Nichtstun, muß sie mit den Kosten rechnen, die durch den Widerstand (gewaltsame Demonstrationen), die Flucht (Kriminalität) oder die Resignation (Sucht, Aussteigertum) der Jugendlichen entstehen. Was die Unternehmen an Kosten einsparen, hat die Allgemeinheit um so höher zu bezahlen.

Schlußfolgerung: Die Aufgabe der Politik besteht darin, volkswirtschaftlich richtig zu handeln. Einzelwirtschaftliche Erkenntnisse und Erfordernisse müssen dabei berücksichtigt werden, haben sich aber dem gesamtwirtschaftlichen Interesse unterzuordnen.

Irrtum Nr. 3: Keine Wirtschaftspolitik ist die beste Wirtschaftspolitik

Der allgemeine Trend zum Neoliberalismus und besonders der Regierungswechsel im Jahre 1982 bewirkten in Deutschland einen Rückfall der Wirtschaftspolitik in eine Laissez-faire-Haltung, das heißt einen weitgehenden Rückzug des Staates aus der Wirtschaftspolitik.

An einem Vergleich zwischen der Wirtschaftspolitik Deutschlands und den USA kann jedoch gezeigt werden, daß die Ergebnisse einer koordinierten gesamtwirtschaftlichen Politik der makropolitischen Abstinenz des Staates überlegen sind.

Die USA hatten in den letzten Jahren beachtliche arbeitsmarktpolitische Erfolge zu verzeichnen. Während in Deutschland das Arbeitsvolumen zwischen 1980 und 1994 um 4,3 Prozent sank, nahm es in den USA um 21,5 Prozent zu. Millionen von Arbeitsplätzen entstanden, und seit 1993 liegt die Arbeitslosenquote in den Vereinigten Staaten sogar unter dem Niveau Westdeutschlands. Diese positive Entwicklung wird im allgemeinen mit Lohnzurückhaltung, Lohndifferenzierung und größerer Flexibilität auf dem amerikanischen Arbeitsmarkt erklärt. Tatsächlich entstanden in den USA zahlreiche gering entlohnte Arbeitsplätze im Dienstleistungssektor. Das ging allerdings zu Lasten der gesamtwirtschaftlichen Produktivitätsentwicklung, die zwischen 1980 und 1994 in den USA nur um 16,5 Prozent stieg, in Deutschland aber um 40,4 Prozent. Entsprechend erhöhten sich die realen Stundenlöhne in den USA nur um 11,6 Prozent, in Deutschland um 34,7 Prozent.

Es sind allerdings nicht allein Lohnzurückhaltung und differenzierte Lohnstrukturen, die zu mehr Beschäftigung führen. Denn daß die Löhne insgesamt und insbesondere für niedrig bezahlte Arbeit sinken, bietet keine Gewähr für eine geringere Arbeitslosigkeit. Das zeigt ein Vergleich der Arbeitsmarktdaten der USA, Großbritanniens und Deutschlands. In den USA sind die Reallöhne von Niedriglohnempfängern leicht gesunken, gleichzeitig nahm der Anteil gering Qualifizierter an den Arbeitslosen ab. In Großbritannien dagegen erhöhte sich die Arbeitslosigkeit gering qualifizierter Arbeitnehmer stark, obwohl ihre Löhne nur geringfügig stiegen. Gering Qualifizierte sind in Großbritannien in weit stärkerem Ausmaß von Arbeitslosigkeit betroffen als in Deutschland, obwohl ihre Reallöhne im Laufe der achtziger Jahre nur um gut ein Prozent anstiegen, während sie sich in Deutschland um mehr als 5 Prozent erhöhten.

Die niedrige Entlohnung wenig produktiver Arbeit allein läßt neue Arbeitsplätze im Dienstleistungssektor also nicht entstehen. Es bedarf, das lehrt uns das Beispiel USA, einer weiteren Voraussetzung: eines kräftigen und stetigen Wirtschaftswachstums. Die USA verzeichneten zwischen 1980 und 1996 ein Wachstum in Höhe von 49,8 Prozent. Die deutsche Wirtschaft mußte sich im gleichen Zeitraum mit 37,7 Prozent zufriedengeben. Auch die Mitgliedstaaten der Europäischen Union schnitten in ihrer Gesamtheit bei einem Vergleich der Wachstumsraten mit den USA – und übrigens auch mit Japan – schlecht ab. Zwischen 1982 und 1996 lag die Wachstumsrate in der EU deutlich unter der der Vereinigten Staaten. Maßgebend für das amerikanische »Beschäftigungswunder« war ein kräftiges und langanhaltendes Wirtschaftswachstum, das von der Binnenkonjunktur getragen wurde. Die Gleichläufigkeit der Entwicklung von Produktion und Beschäftigung bietet dafür den Beweis (Übersicht 28).

Und maßgebend für das »Beschäftigungswunder« war eine Wachstums- und Konjunkturpolitik, die alle vorhandenen Expansionsmöglichkeiten ausschöpfte. In den achtziger Jahren wurde sie hauptsächlich von der Fiskalpolitik getragen. Der wirtschaftliche

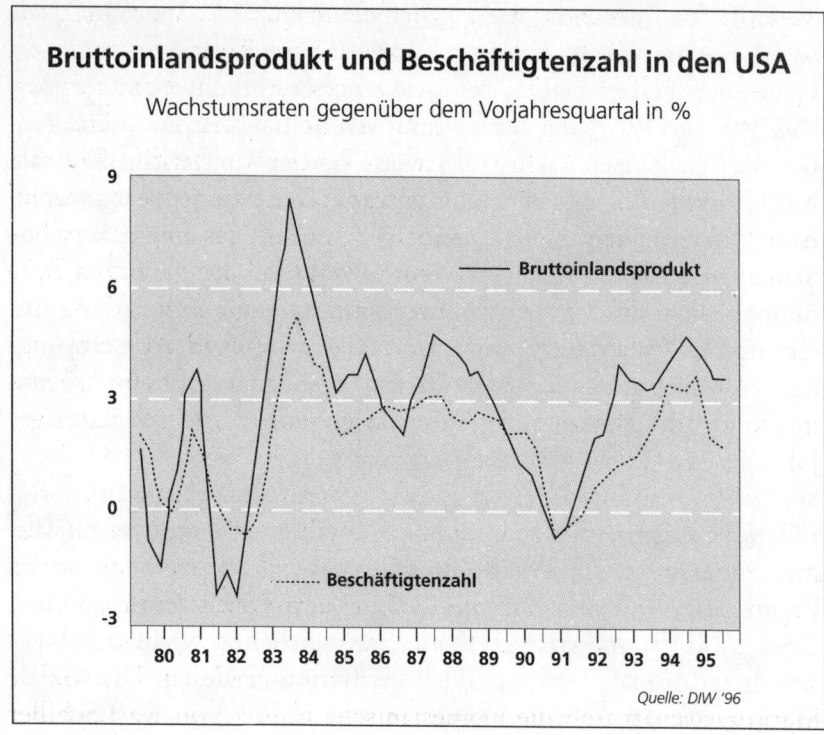

Bruttoinlandsprodukt und Beschäftigtenzahl in den USA

Wachstumsraten gegenüber dem Vorjahresquartal in %

Quelle: DIW '96

Aufschwung unter Präsident Reagan war nicht dem Rückzug des Staates zu verdanken, sondern seinem aktiven Eingreifen. Steuersenkungen und eine drastische Erhöhung der Militärausgaben sorgten damals für den nötigen Konjunkturschub. Das öffentliche Defizit wuchs entsprechend an. Während der achtziger Jahre lag das um den Schuldendienst bereinigte Haushaltsdefizit der USA über dem Deutschlands und sogar über dem der Mitgliedstaaten der EU. Noch heute bewegt sich der Schuldenstand des amerikanischen Staates mit 72 Prozent des Bruttoinlandsprodukts auf einem Niveau, das den USA den Eintritt in die Europäische Währungsunion verwehren würde. Das gleiche gilt übrigens für Japan, dessen Schuldenstand bei 95 Prozent des Bruttoinlandsproduktes liegt.

Die hohe öffentliche Verschuldung machte es dem amerikanischen Staat in der Rezession Anfang der neunziger Jahr nicht möglich, weitere expansive Impulse zu setzen. Diese Rolle übernahm die Geldpolitik. Der Stabilität des Geldwertes verpflichtet und mit dem Ziel der Beschäftigungsausweitung senkte die amerikanische Notenbank die Zinsen kräftig. Zeitweise lag der kurzfristige Zinssatz bei 0 Prozent, fast genauso niedrig war er in Japan mit real unter einem Prozent. Die expansive Wirtschaftspolitik des amerikanischen Staates und seiner Notenbank wurde während des gesamten Zeitraums durch eine produktivitätsorientierte Lohnentwicklung unterstützt. Die Stabilität und Dauer des jeweiligen Aufschwungs gewährleisteten, daß sich das Wachstum spürbar auf dem Arbeitsmarkt niederschlug und die Arbeitslosenquote Mitte der neunziger Jahre auf ein für die USA äußerst niedriges Niveau sank.

Nicht nur in den USA, sondern auch in Japan – auch unter Berücksichtigung der aktuellen Schwierigkeiten – führte eine koordinierte gesamtwirtschaftliche Politik zu vergleichsweise positiven Ergebnissen. Mit ihr kann die Laissez-faire-Politik der Regierung Kohl nicht konkurrieren. Wirtschaftspolitisches Nichtstun hatte sich bereits in der Vergangenheit als Irrtum erwiesen. Die soziale Marktwirtschaft und die keynesianische Politik von Karl Schiller und Helmut Schmidt waren Antworten auf die negativen Erfahrungen, die man mit einem sich selbst überlassenen Markt gemacht hatte. Ein Rückfall hinter den damaligen Stand von wirtschaftswissenschaftlicher Theorie und Praxis konnte nicht zum Erfolg führen.

Notwendig wäre vielmehr gewesen, aus Fehlern der jüngsten Vergangenheit zu lernen und entsprechend zu handeln. Der sozialliberalen Koalition vorzuwerfen, sie hätte die Staatsverschuldung in ihrer Regierungszeit zu hoch getrieben, wäre ungerecht. Angesichts externer wirtschaftlicher Verwerfungen, die sie nicht zu verantworten hatte – wie die Ölpreisschocks und den Zusammenbruch des Weltwährungssystems –, blieb kaum eine andere Möglichkeit, als unter Inkaufnahme höherer Budgetdefizite Wachstum und Konjunktur anzukurbeln. Durch Passivität des Staates oder die Steuerfinanzierung der Investitionsprogramme wären wesentlich höhere wachstums- und beschäftigungspolitische Zukunftslasten entstanden. Unbefriedigend war allerdings die Koordination zwischen Finanz-, Geld- und Tarifpolitik. Die Löhne wuchsen in den siebziger Jahren schneller als die Produktivität. Die Geldpolitik zog die Zügel an. Der expansiven Finanzpolitik des Staates mangelte es so an der notwendigen Unterstützung durch Geld- und Tarifpolitik.

Die Regierung Kohl trifft der Vorwurf, in der langen Wachstumsphase der achtziger Jahre nicht genug entschuldet zu haben. Zwar begrenzte sie die öffentlichen Ausgaben. Ende der achtziger Jahre aber beschnitt sie ihre Einnahmen durch zwei Einkommensteuerreformen mit dem Ergebnis, daß die Einnahmenquote des Bundes (Einnahmen in v.H. des Bruttosozialprodukts), die in den sechziger Jahren noch bei nahezu 14 Prozent gelegen hatte, zeitweise unter die 12-Prozent-Marke sank. Statt konjunkturbedingt höhere Einnahmen zur Entschuldung zu nutzen, machte die Regierung den Beziehern höherer Einkommen Steuergeschenke. Es wurde versäumt, die keynesianische Konjunkturpolitik konsequent fortzuführen, was bedeutet hätte: in guten Zeiten entschulden.

Bei einem bereits relativ hohen Stand öffentlicher Verschuldung trat 1990 die deutsch-deutsche Währungsunion in Kraft, die jährliche Transferzahlungen von Westdeutschland nach Ostdeutschland in einer Größenordnung von mehr als 150 Mrd. DM erforderte. Daß das Jahrhundertereignis der Vereinigung Deutschlands nicht nur über Steuererhöhungen – die im Wahlkampf 1990 von Bundeskanzler Kohl ausdrücklich ausgeschlossen worden waren – finanziert werden konnte, sondern die finanziellen Lasten über mehrere Generationen verteilt werden mußten, hätte vorausschauenden Politikern bewußt sein müssen. Trotzdem setzte sich der deutsche Finanzminister 1991 bei den Verhandlungen zur Europäischen Währungsunion massiv dafür ein, im Maastrichter Vertrag einen Passus zur Begrenzung der öffentlichen Verschuldung aufzunehmen. Er erwies damit den europäischen Nachbarstaaten und der deutschen Wirtschaft einen Bärendienst.

Die vereinbarten Verschuldungskriterien entbehren jedweder ökonomischen Begründung. Trotzdem sehen sich die Mitgliedstaaten der Europäischen Union, die an der Währungsunion teilnehmen wollen, gezwungen, sie einzuhalten. Sie verfolgen eine teilweise radikale Sparpolitik, die das ohnehin schwache Wirtschaftswachstum zusätzlich bremst. Diese prozyklische Finanzpolitik und eine über Jahre hinweg äußerst restriktive Geldpolitik, die sich in krassem Gegensatz zur amerikanischen Geld- und Finanzpolitik befanden, haben Europa Wachstum und Beschäftigung gekostet. Innerhalb der Europäischen Union wagt dies kaum ein Politiker auszusprechen, aus der berechtigten Angst, damit die Europäische Währungsunion zu gefährden. Amerikanische Ökonomen dagegen äußern sich deutlich. So stellte der Nobelpreisträger Solow 1997 fest: »Allein der Versuch, die Maastricht-Kriterien zu erfüllen, hat in Deutschland und Frankreich eine Menge Arbeitslosigkeit verursacht.«

Die Alternative zu dieser Politik besteht selbstverständlich nicht darin, die Währungsunion aufzugeben oder zu verschieben. Gerade der deutschen Wirtschaft käme es teuer zu stehen, wenn die DM im Falle des Nicht-Zustandekommens der Währungsunion wieder die Funktion einer Leit- und Reservewährung übernehmen müßte. Vielmehr müssen die Maastrichter Verträge so gestaltet werden, daß eine vernünftige Konjunktur- und Wachstumspolitik in Europa möglich wird. Das gilt auch für die Zeit nach Inkrafttreten der Währungsunion.

Festzuhalten bleibt: Im Laufe der achtziger und neunziger Jahre hat sich der Staat mehr und mehr aus der Verantwortung für Wirtschaft und Beschäftigung zurückgezogen. Die Wirtschaftspolitik verringerte ihre Zuständigkeiten, indem sie die Privatisierung öffentlicher Unternehmen und Institutionen vorantrieb und sich darauf beschränkte, den Ordnungsrahmen für den Markt zu setzen. Das Ziel der Finanzpolitik scheint allein darin zu bestehen, die öffentliche Verschuldung zu begrenzen. Die Geldpolitik der Deutschen Bundesbank ist ausschließlich auf die Geldwertstabilität gerichtet. Die Verantwortung für einen hohen Beschäftigungsstand wird der Tarifpolitik überlassen. Makropolitik, eine auf das möglichst reibungslose Funktionieren des volkswirtschaftlichen Kreislaufs ausgerichtete Politik, findet praktisch nicht mehr statt.

Die Folgen dieser wirtschaftspolitischen Enthaltsamkeit waren bis vor einigen Jahren wenig zu spüren, weil die Bundesregierung von einigen »glücklichen« Ereignissen profitierte: Fallende Ölpreise, die Abwertung der DM und ein weltweiter Investitionsaufschwung in den achtziger Jahren sowie die Deutsche Einheit Anfang der neunziger Jahre verhalfen der deutschen Wirtschaft zu einem spürbaren Aufschwung, der sich sogar auf dem Arbeitsmarkt positiv niederschlug. Jetzt aber treten die Folgen einer langjährigen falschen Wirtschaftspolitik der Regierung Kohl zutage. Das selbstgesteckte Ziel, Wachstum und Beschäftigung zu fördern, wurde verfehlt. Die neoliberale Wirtschaftspolitik hat sich endgültig als Irrweg erwiesen. Dem positiven Beispiel anderer Länder folgend, muß der Staat in Zukunft wieder durch eine koordinierte gesamtwirtschaftliche Politik, an der die zuständige Notenbank genauso beteiligt wird wie die Tarifpartner, die Verantwortung für eine gesunde und stetige wirtschaftliche Entwicklung übernehmen. Die wirtschaftspolitische Zusammenarbeit auf europäischer Ebene wird dabei eine zunehmend größere Rolle spielen.

Irrtum Nr. 4: Export gut – alles gut

»Die Arbeitslosigkeit in Deutschland hat wesentliche strukturelle Gründe. Die ökonomischen Stärken unseres Landes liegen in traditionellen Industrien mit hoher und noch wachsender Arbeitsproduktivität. Das Wachstum dieser Industrien führt nicht automatisch zu mehr Beschäftigung in Deutschland. Deshalb braucht Deutschland Innovationen. Innovationen sind der Motor für Wachstum und Beschäftigung. . .Die Megatrends unserer Zeit hei-

ßen Globalisierung und Wissensgesellschaft. . .Deutschland ist ein teurer Standort und wird es – trotz aller notwendigen Kostensenkungen – auch in Zukunft bleiben. Wir können den internationalen Wettbewerb nicht mit den billigsten, sondern nur mit den besten Produkten gewinnen.«

An diesem Zitat von Bundesforschungsminister Jürgen Rüttgers lassen sich mehrere Irrtümer der deutschen Standorttheoretiker aufzeigen.

Zunächst scheint es darum zu gehen, »den internationalen Wettbewerb zu gewinnen«. Darunter wird in der Regel verstanden, daß die deutsche Wirtschaft möglichst viel exportieren und möglichst wenig importieren soll. Hohe Handelsbilanzüberschüsse und aller Erfahrung nach auch hohe Leistungsbilanzüberschüsse wären die Folge. Das heißt, das Ausland würde sich gewissermaßen bei Deutschland verschulden. Das bliebe nicht ohne Folgen. In der Vergangenheit führte die hohe Leistungsfähigkeit der deutschen Wirtschaft zu kontinuierlichen Aufwertungen der DM. Dadurch verstärkte sich wiederum der Wettbewerbsdruck aus dem Ausland, was in der Regel eine Standortdiskussion auslöste und zu erneuten Anstrengungen führte mit der Folge weiterer Aufwertungen, eines erneuten Wettbewerbsdrucks, weiterer Anstrengungen, erneuter Aufwertung usw., ein Kreislauf ohne Ende.

Bereits in den achtziger Jahren wurden die Rekordüberschüsse in der deutschen Handels- und Leistungsbilanz vom Ausland scharf kritisiert. 1998 könnte der Überschuß in der deutschen Handelsbilanz nach Prognosen nominal 1/0 Mrd. DM übersteigen und die Leistungsbilanz einen hohen positiven Saldo aufweisen. In der voraussichtlich 1999 in Kraft tretenden Währungsunion sind dann allerdings – zumindest innerhalb der Europäischen Union, also gegenüber Deutschlands wichtigsten Handelspartnern – keine Wechselkursanpassungen mehr möglich, die die verbesserte Wettbewerbsfähigkeit der deutschen Wirtschaft »auffangen« könnten. Was passiert dann? Entweder die europäischen Partnerländer halten dem von Deutschland ausgeübten Wettbewerbsdruck durch

Kostensenkungen stand – die Folge wäre eine europaweite Deflation mit der Folge von Rezession und Massenarbeitslosigkeit. Oder sie werden von Deutschland niederkonkurriert mit der Folge eines geringeren Wachstums und erhöhter Arbeitslosigkeit. Die betroffenen Länder werden das nicht widerspruchslos hinnehmen, sondern Deutschland dazu zwingen, »Ausgleichszahlungen« zu leisten, wahrscheinlich über erhöhte Beiträge an die Strukturfonds der Europäischen Union. Wie bei der deutsch-deutschen Währungsunion würde Deutschland seine Exporterfolge über Transferleistungen selbst finanzieren müssen. Und wie Ostdeutschland noch heute würden die Mitgliedstaaten der Europäischen Union langfristig unter hoher Arbeitslosigkeit leiden. Und was hätte Deutschland davon? Es würde zunehmend Güter und Dienstleistungen produzieren, die im Ausland konsumiert werden. Das Ziel allen Wirtschaftens, nämlich der private Konsum der inländischen Bevölkerung, würde ad absurdum geführt. Es ginge, vom Profitstreben der exportorientierten Unternehmen abgesehen, um den verzweifelten Erhalt von Arbeitsplätzen. Dabei läßt sich leicht nachweisen, daß noch nicht einmal Beschäftigungserfolge von solch einer Exportstrategie zu erwarten sind.

Die klügeren unter den Standortpolitikern verfechten die Theorie des Qualitäts- oder Innovationswettbewerbs. Die Wettbewerbsfähigkeit deutscher Produkte und Dienstleistungen soll insbesondere durch ihre Neuheit und ihre hohe Qualität erreicht werden. Eine Vormachtstellung in den Hoch- und Zukunftstechnologien sei anzustreben. So richtig und wichtig diese Strategie ist, so falsch wäre es, sich von ihr eine Lösung des Beschäftigungsproblems zu versprechen. Eine Wirtschaft, die sich allein darauf spezialisiert, Innovationsrenditen abzuschöpfen, bindet kein großes Beschäftigungspotential. Zwar kann eine »Blaupausen-Ökonomie«, in der die Produkte praktisch nur erfunden und entworfen, aber nicht hergestellt werden, eine hohe Wertschöpfung realisieren, sie kommt aber mit relativ wenig Arbeitskräften aus. Der Amerikaner Edward Luttwark hat berechnet, daß alle »neuen Titanen«, die in den vergangenen Jahren in den USA entstandenen Großunternehmen der Zukunftsindustrien wie Microsoft, Intel, Nike und Gene-tech, zusammen weniger Beschäftigte haben als Ford oder gar General Motors allein.

Auch in Deutschland läßt sich mit Innovationen und Hochtechnologie allein die erforderliche Zahl von Arbeitsplätzen nicht schaffen. Deutschland kann nicht auf die Massenproduktion in den traditionellen Industrien verzichten. Dort aber herrscht bekanntlich ein intensiver Preiswettbewerb. Um auf den internationalen Märkten wettbewerbsfähig zu bleiben, müssen die deutschen Unternehmen zu geringen Lohnstückkosten produzieren. Das aber zwingt zu kontinuierlicher Rationalisierung und damit zur Einsparung von Arbeitskräften. Exporterfolge im Ausland müssen dann mit dem hohen Preis von Beschäftigungsverlusten im Inland bezahlt werden. Nur exorbitante Handelsbilanzüberschüsse versprechen kleinste Beschäftigungsgewinne. Das zeigt das deutsche Beispiel in den achtziger Jahren. Während der Überschuß in der deutschen Handelsbilanz sich von 1980 bis 1989 verfünfzehnfachte, nahm das Arbeitsvolumen um 2,8 Prozent ab. Die Zahl der Vollzeitbeschäftigten stieg lediglich um 0,8 Prozent. Das entspricht 169.000 Arbeitsplätzen (Übersicht 29). Auch die jüngste Entwicklung bestätigt diese Erfahrungen. Trotz steigender Handelsbilanzüberschüsse nahm in den vergangenen Jahren das Arbeitsvolumen weiterhin ab und die Zahl der Arbeitslosen zu.

Wenn die deutsche Wirtschaft und die deutsche Wirtschaftspolitik sich weiter darauf konzentrieren, Erfolge im Export zu erzielen, werden weder ein höheres Wirtschaftswachstum noch ein hoher Beschäftigungsstand erreicht. Auch der Wohlstand der Bürger erreicht nicht sein Optimum. Das zeigen internationale Vergleiche. So erwirtschaften die USA trotz niedriger Exportquote und eines seit Jahren währenden Handelsbilanzdefizits ein höheres Pro-Kopf-Einkommen als Deutschland. Die Wirtschaft Japans verzeichnet ein höheres Wachstum als die deutsche, auch der Außenhandel entwik-

Übersicht 29

Handelsbilanz und Beschäftigung in Deutschland			
Jahr	Handelsbilanz-überschüsse in Mio. DM	Arbeitsvolumen in Mio. Arbeits-stunden	Vollzeitbeschäf-tigte Personen in 1000
1980	8.947	47.102	20.984
1981	27.720	46.598	20.855
1982	51.277	46.187	20.603
1983	42.089	45.343	19.964
1984	53.966	45.221	20.151
1985	73.353	44.928	20.357
1986	112.619	45.258	20.625
1987	117.735	45.265	20.837
1988	128.045	45.700	20.924
1989	134.576	45.802	21.153

Quellen: Monatsbericht der Deutschen Bundesbank, IAB-Zahlen-Fibel, Ausgabe 1995.

kelt sich dynamisch; Export- und Importquoten sind aber noch nicht einmal halb so hoch wie in Deutschland.

Schlußfolgerung: Durch die zu starke Exportorientierung der deutschen Wirtschaft werden Wachstums- und Beschäftigungschancen im Inland verspielt. Zudem übt die leistungsstarke deutsche Wirtschaft einen erheblichen Wettbewerbsdruck auf ihre Handelspartner aus. Er wird nach dem Inkrafttreten der Europäischen Währungsunion zunehmen, weil eine Aufwertung der deutschen Währung dann nicht mehr möglich ist. Eine europaweite Rezession oder der Ruf nach Transferzahlungen Deutschlands an die Europäische Union wären aller Voraussicht nach die Folge. Dieser ökonomisch und sozial gefährlichen Entwicklung muß die deutsche Wirtschaftspolitik begegnen, indem sie ein von der Binnennachfrage getragenes Wachstum stimuliert. Die Beschäftigungsfrage muß im Inland gelöst werden. Der Export von Arbeitslosigkeit verspricht keinen dauerhaften Erfolg. Als außenwirtschaftliche Ziele sind moderate Handelsbilanzüberschüsse und eine ausgeglichene Leistungsbilanz anzustreben.

Irrtum Nr. 5: Kostensenkungen verbessern die Standortbedingungen

Eng im Zusammenhang mit der Exportorientierung der deutschen Wirtschaft steht die von den Wirtschaftsverbänden propagierte Strategie der Kostensenkung. Vor allem die Arbeitskosten sollen gesenkt werden, damit Deutschland auch weiterhin konkurrenzfähig bleibt.

Niedrigere Löhne – der Chefökonom der Deutschen Bank, Norbert Walter, schlug allen Ernstes zwanzigprozentige Lohnsenkungen vor – oder die Senkung der Lohnnebenkosten verschaffen im internationalen Wettbewerb allerdings höchstens kurzfristig Wettbewerbsvorteile. Dauerhafte preisliche Konkurrenzfähigkeit ist nur durch technischen Fortschritt in Verbindung mit einer hohen Qualifikation der Arbeitskräfte zu erreichen. Zudem besteht die Gefahr, daß andere Staaten auf eine Senkung der Arbeitskosten ebenfalls mit niedrigeren Löhnen und Sozialabbau reagieren. Aus solch einem Kostensenkungswettlauf könnte keine der beteiligten Nationen Wettbewerbsvorteile gegenüber ihren Konkurrenten ziehen. Für alle Volkswirtschaften entstünden aber erhebliche soziale und ökologische Nachteile.

Aber noch mehr zu Buche schlagen die wirtschaftlichen Kosten in Form eines Ausfalls der privaten und staatlichen Nachfrage im Inland. Denn Löhne und Gehälter sind für ein Unternehmen Kosten, die aus betriebswirtschaftlichen Gründen möglichst gering gehalten werden sollten. Aus volkswirtschaftlicher Sicht aber muß man für möglichst hohe Masseneinkommen plädieren, denn nur sie sichern die Binnennachfrage. Die wirtschaftliche Lage Deutschlands in den Jahren 1996 und 1997 bestätigte diese Zusammenhänge. Erheblichen Zuwächsen im Außenhandel standen ein schlechtes Konsumklima und eine schwache Investitionstätigkeit im Inland gegenüber. Das Deutsche Institut für Wirtschaftsforschung schrieb in seinen »Tendenzen der Wirtschaftsentwicklung« zu Recht, daß die

»Deflationspolitik, die sich im Hinblick auf die Verbesserung der Wettbewerbsposition jetzt als so überaus erfolgreich erweist, enorme Kosten im Inland und letztlich für die Gesamtwirtschaft große Nachteile mit sich bringt. Der Exportboom vermag den Ausfall der privaten und staatlichen Nachfrage nicht auszugleichen«.

Einige wenige Zahlen verdeutlichen, warum es gar nicht anders sein kann, als vom DIW beschrieben. Denn der Anteil des Außenhandels an der Gesamtwirtschaft ist sogar im exportorientierten Deutschland ziemlich gering. In den Jahren 1993 bis 1996 lag die Exportquote zwischen 22 und 24 Prozent, allerdings mit steigender Tendenz, da die Exporte boomen und die Inlandsnachfrage lahmt. Es dürfte auch jedem Nichtökonomen einleuchten, daß die höchsten Steigerungsraten im Export eine schleppende Binnenkonjunktur nicht ausgleichen und auch nicht in Gang bringen können. Selbst wenn die Investitionstätigkeit im Zuge außenwirtschaftlicher Erfolge stiege: Die mangelnde private Nachfrage ist nicht zu kompensieren. Ihr Gewicht ist einfach zu groß. Der Anteil des privaten Verbrauchs am Bruttoinlandsprodukt liegt zwischen 57 und 58 Prozent. Der Staatsverbrauch macht nach Zahlen der Deutschen Bundesbank knapp 20 Prozent aus. Es liegt auf der Hand, daß es zu keinem wirtschaftlichen Aufschwung kommen kann, wenn die privaten Haushalte aufgrund sinkender Einkommen zur Kaufzurückhaltung gezwungen werden und der Staat gleichzeitig spart.

Deshalb ist es ein Irrtum zu glauben, Kostensenkungen verbesserten die Bedingungen eines Wirtschaftsstandortes. Das trifft höchstens zu, wenn Unternehmen hauptsächlich für den Export produzieren und es ihnen tatsächlich gelingt, durch eine verbesserte preisliche Wettbewerbsfähigkeit neue Absatzmärkte zu erschließen. Die Mehrzahl der deutschen Unternehmen und auch der ausländischen Investoren produziert jedoch hauptsächlich für den deutschen Markt. Für sie ist eine der entscheidenden Standortbedingungen eine hohe Inlandsnachfrage nach ihren Produkten. Ist das Konsumklima schlecht und die Investitionstätigkeit schwach, gibt es weder für inländische noch für ausländische Anleger Grund, in Deutschland zu investieren.

Festzuhalten bleibt: Kostensenkungen durch Lohnverzicht, Sozialabbau oder geringere Umweltauflagen können die preisliche Wettbewerbsfähigkeit bestenfalls kurzfristig verbessern, nicht jedoch dauerhaft. Die wirtschaftlichen, sozialen und ökologischen Kosten im Inland aber sind erheblich. Sie verschlechtern die Standortbedingungen für die Mehrheit der Unternehmen, die hauptsächlich oder ausschließlich für den inländischen Markt produzieren. Es muß also ein Ausgleich gefunden werden zwischen den Teilen der Wirtschaft, die der internationalen Konkurrenz ausgesetzt sind, und denjenigen, die auf die Binnennachfrage angewiesen sind. Lohnpolitik, Finanzpolitik und Sozialpolitik haben einer vernünftigen Balance zwischen den unterschiedlichen Interessen der Wirtschaft Rechnung zu tragen. Nur dann kann die Gesamtwirtschaft auf Dauer gedeihen und die Wachstumsraten erreichen, die für einen höheren Beschäftigungsstand notwendig sind.

Irrtum Nr. 6: Geringere Unternehmenssteuern = höhere Gewinne = mehr Investitionen = mehr Arbeitsplätze

Von Beginn ihrer Regierungszeit an bestand ein wesentliches Merkmal der Wirtschaftspolitik der konservativ-liberalen Koalition in einer kontinuierlichen Steuerentlastung der Unternehmen mit dem Ziel, die Gewinne zu steigern und damit die Investitionsdynamik zu stärken, was wiederum der Schaffung neuer Arbeitsplätze dienen sollte. Bis heute hat die Regierung Kohl diese Zusammenhänge nicht in Frage gestellt.

Dabei geht die einfache Gleichung »Geringere Unternehmenssteuern = höhere Gewinne = höhere Investitionen = mehr Arbeitsplätzen« schon in der Theorie nicht auf, jedenfalls nicht, wenn die Bedingungen sonst gleich bleiben. Nur Erweiterungsinvestitionen, die die Produktionskapazitäten erhöhen, führen zu neuen Arbeitsplätzen. Erweiterungsinvestitionen aber setzen voraus, daß eine entsprechende Güternachfrage vorhanden ist. Bei stagnierender oder gar sinkender Nachfrage – zum Beispiel, weil die Masseneinkommen beschnitten werden, um Steuererleichterungen für Unternehmen und die Bezieher höherer Einkommen zu finanzieren – sind die Voraussetzungen für Erweiterungsinvestitionen nicht gegeben. Wenn dann die Unternehmen aufgrund geringerer Unternehmenssteuern über zusätzliche liquide Mittel verfügen, bietet sich für sie die Möglichkeit an, im Ausland zu investieren – was in den letzten Jahren zunehmend geschehen ist und hinreichend beklagt wurde – oder rentabilitätssteigernde Erneuerungs- oder Rationalisierungsinvestitionen durchzuführen. Das aber kostet Arbeitsplätze. Der Zusammenhang zwischen geringeren Unternehmenssteuern und Arbeitsplätzen ist in diesem Fall negativ.

Diese theoretischen Überlegungen wurden in der Vergangenheit von manchen Ökonomen, Politikern und Gewerkschaftern geäußert, fanden in der öffentlichen Meinung aber wenig Widerhall. Nun, nach eineinhalb Jahrzehnten neoliberaler Angebotspolitik, dürfte endgültig klar sein, daß die wirtschaftspolitischen Überzeugungen der Kohl-Regierung in der Praxis fehlgeschlagen sind. Denn obwohl sich die Steuerbelastung der Unternehmen und Vermögensbesitzer stetig verringerte, obwohl die Gewinn- und Vermögenseinkommen weit stärker stiegen als die Arbeitseinkommen, nahmen die Anlageinvestitionen nur in geringem Maße zu und die Arbeitslosigkeit erreichte Rekordniveau (Übersicht 30).

Was haben die Unternehmen mit ihrem vielen Geld gemacht? Während zwischen 1950 und 1973, als die deutsche Wirtschaft stetig wuchs und Arbeitsplätze geschaffen wurden, noch 76 Prozent der Vermögensbildung der Unternehmen im produktiven Bereich er-

Übersicht 30

	1959	1969	1979 – in Milliarden DM	1989	1996	1969	1979 – Zuwachs in v.H. –	1989	1996
Entwicklung der Nettoeinkommen aus Unternehmertätigkeit, der Nettolohn- und Gehaltssumme und der Anlageinvestitionen									
Nettoein-kommen aus Unter-nehmer-Tätigkeit und Vermö-gen	64,2	123,4	224,6	426,3	691,9	92,2	82,0	89,8	62,1
Anlage-investitio-nen	61,4	138,9	301,3	448,5	744,3	126,2	116,9	48,9	65,9
Nettolohn- und Ge-haltssumme	88,7	206,5	472,4	671,6	996,1	132,8	128,8	42,2	48,3
Brutto-sozial-produkt	254,9	597,8	1.393,8	2.249,1	3.504,4	134,5	133,2	61,4	55,8
Nachricht-lich: Zahl der regi-strierten Arbeitslo-sen (in Tsd.)	540*	179*	876*	2.038*	2.796*				

* nur Westdeutschland

Quelle: Statistisches Bundesamt; aus. Ehrenberg, 1997, mit einigen Ergänzungen für 1996

folgte, lag dieser Wert zwischen 1982 und 1994 bei 35 Prozent. Statt die eigenen Kapazitäten auszuweiten, investieren zahlreiche Unternehmen ihr Geld in Beteiligungen oder kaufen andere Unternehmen komplett auf. Der Anteil der Sachanlagen ist seit Beginn der siebziger Jahre von damals 35 auf 25 Prozent 1995 gesunken, wäh-

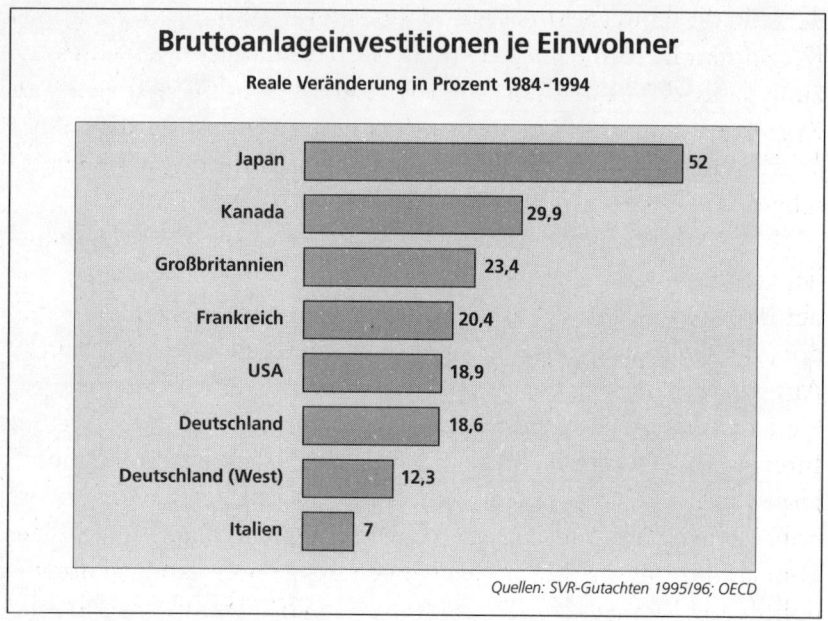

Bruttoanlageinvestitionen je Einwohner

Reale Veränderung in Prozent 1984-1994

Japan	52
Kanada	29,9
Großbritannien	23,4
Frankreich	20,4
USA	18,9
Deutschland	18,6
Deutschland (West)	12,3
Italien	7

Quellen: SVR-Gutachten 1995/96; OECD

rend das Gewicht der Beteiligungen an der Bilanzsumme von 5 auf 11,4 Prozent zugenommen hat. Ein großer Teil der Vermögensbildung mancher Unternehmen fand im Bereich der Geldvermögensbildung statt und diente hauptsächlich dem Erwerb von Wertpapieren. So zahlt der Staat den mit Abstand größten Teil seiner Schuldzinsen an die Privatwirtschaft. 1995 empfingen die Unternehmen, unter Einschluß der Banken, vom Staat Vermögenseinkommen in Höhe von 93,5 Mrd. DM.

Den Unternehmen kann nicht vorgeworfen werden, daß sie ihr Vermögen in relativ risikolose hochverzinsliche Geldanlagen oder lukrative Beteiligungen, auch außerhalb Deutschlands, investieren. Bei stagnierender Nachfrage im Inland macht es schließlich wenig Sinn, die Kapazitäten zu erweitern und Arbeitsplätze zu schaffen. Entsprechend sind die Bruttoanlageinvestitionen in Deutschland in weit geringerem Maße gestiegen als in den wichtigsten vergleichbaren Industriestaaten (Übersicht 31). Kapazitätssteigerungen werden für die Unternehmen erst dann wieder profitabel, wenn das Konsumklima sich dauerhaft verbessert. Dies wäre die Voraussetzung dafür, daß in der deutschen Wirtschaft nicht mehr einseitig an Kostensenkung und Rationalisierung gedacht wird, sondern Aufbruch und Expansion die Stimmung in den Unternehmen beherrschen.

Schlußfolgerung: Unternehmen haben das Interesse, eine möglichst hohe Rentabilität ihrer Investitionen zu erwirtschaften. In einer Marktwirtschaft gehört es sogar zu ihrer vorrangigen Aufgabe, dort ihr Geld zu investieren, wo es den höchsten Profit erbringt. Aufgabe des Staates, der Tarifparteien und der Bundesbank ist es, die Investitionsbedingungen so zu gestalten, daß die berechtigten Interessen der Unternehmen mit den gesellschaftlichen Erfordernissen in Einklang gebracht werden. Dazu gehören ein möglichst hohes Wachstum und ein hoher Beschäftigungsstand. Beide Ziele können nur unter Einsatz ausgewogener angebots- und nachfragepolitischer Maßnahmen erreicht werden. In diesem Sinne ist die einseitige Wirtschaftspolitik der letzten eineinhalb Jahrzehnte zu revidieren. Die Masseneinkommen müssen über eine produktivitätsorientierte Lohnpolitik und Steuer- und Abgabenerleichterungen für Arbeitnehmer gestärkt werden, damit sich Expansion für die Unternehmen wieder lohnt und nicht diejenigen am meisten profitieren, die zum Schaden der deutschen Wirtschaft und ihrer Arbeitnehmer im Ausland oder auf den Kapitalmärkten ihr Geld verdienen.

Irrtum Nr. 7: Umverteilung von unten nach oben stärkt
die wirtschaftliche Dynamik

Seit dem Beginn der Regierungsübernahme durch die konservativ-liberale Koalition haben sich die Verteilungsrelationen in Deutschland erheblich verschoben, und zwar zu Gunsten der Bezieher hö-

Übersicht 32

Bruttolohnquote und Arbeitnehmerquote
1960 bis 1996

Jahr	Tatsächliche Bruttolohn-quote[1]	Arbeitnehmerquote[2]		Strukturbe-reinigte Brutto-lohnquote[3]
	v.H.	v.H.	Index[4]	v.H.
		– alte Bundesländer –		
1960	60,1	77,2	92,5	65,0
1965	65,3	80,9	97,0	67,3
1970	68,0	83,4	100,0	68,0
1975	74,1	86,0	103,2	71,9
1980	75,8	88,3	105,9	71,6
1981	76,8	88,4	106,0	72,4
1982	76,9	88,5	106,0	72,5
1983	74,6	88,4	106,0	70,4
1984	73,4	88,5	106,1	69,2
1985	73,0	88,6	106,2	68,7
1986	72,1	88,7	106,3	68,8
1987	72,6	88,9	106,6	68,1
1988	71,5	89,0	106,7	67,0
1989	70,3	89,2	106,9	65,8
1990	69,6	89,4	107,2	64,9
1991	69,6	89,5	107,3	64,9
1992	70,8	89,6	107,4	65,9
1993	71,8[5]	89,4	107,2	67,0
1994	70,1[5]	89,2	107,0	65,5
1995[6]	–	89,1	106,8	–
1996[6]	–	89,0	106,7	–
1997 1. Hj.[6]	–	88,8	106,4	–
		– alte und neue Bundesländer –		
1991	72,4	90,6	100,0	72,4
1992	73,4	90,3	99,7	73,6
1993[6]	74,1	90,0	99,3	74,6
1994[6]	72,6	89,7	99,0	73,3
1995[6]	72,0	89,6	98,9	72,8
1996[6]	71,2	89,4	98,7	72,1
1997 1. Hj.[6]	68,1	89,2	98,4	69,2

1 Anteil des Bruttoeinkommens aus unselbständiger Arbeit am Volkseinkommen. – 2 Anteil der beschäftigten Arbeitnehmer an den Erwerbstätigen (Inland). – 3 Bereinigt vom Einfluß, der sich aus der Änderung der Beschäftigungsstruktur ergibt. Die Arbeitnehmerquote des Jahres 1970 bzw. 1991 wird über alle Jahre hinweg konstant gehalten. – 4 Für die alten Bundesländer: 1970 = 100, für die alten und neuen Bundesländer: 1991 = 100. – 5 Vorläufiges Ergebnis. Stand Mai 1995, ab 1995 nicht mehr nachgewiesen. – 6 Vorläufiges Ergebnis. Stand September 1997.

Quelle: WSI.

herer Einkommen und zu Lasten der Normal- und Niedrigverdiener. Während die Einkommen aus Unternehmertätigkeit und Vermögen überdurchschnittlich stiegen, nahmen Löhne und Gehälter nur geringfügig zu. Das findet seinen Ausdruck im Rückgang der Lohnquote, die strukturbereinigt auf das Niveau der sechziger Jahre gefallen ist (Übersicht 32). Auch innerhalb der Arbeitnehmerschaft haben sich die Einkommensverhältnisse verschoben. Es findet eine zunehmende Spreizung der Arbeitseinkommen statt. Immer mehr Arbeitnehmer erhalten ein relativ niedriges Einkommen und immer mehr ein relativ hohes. Die Gruppe der mittleren Verdiener dagegen verliert erheblich an Bedeutung (Übersicht 33).

Die Polarisierung zwischen den Beziehern von Einkommen aus Unternehmertätigkeit und Vermögen sowie Besserverdienenden auf der einen Seite und normalverdienenden Arbeitnehmern und Beziehern von Transfereinkommen auf der anderen Seite wurde von der Regierung Kohl nicht nur ideell unterstützt. Unter dem Motto »Leistung muß sich wieder lohnen« fand eine erhebliche steuerliche Umverteilung statt. Auch die Finanzierung der deutschen Einheit belastete die deutschen Haushalte in sehr unterschiedlichem Maße. Überdurchschnittlich zur Kasse gebeten wurden Arbeiter und Angestellte, weniger Beamte und Nichterwerbstätige, und am besten kamen Selbständige und Landwirte dabei weg.

Während die durchschnittliche Steuerbelastung von Einkommen aus Unternehmertätigkeit und Vermögen zwischen 1982 und 1997 von 19,9 Prozent auf 7,1 Prozent fiel, stiegen die Abzüge auf die Arbeitseinkommen von 29,4 Prozent auf über 36 Prozent.

Die steuerliche Ungleichbehandlung wirkte sich entsprechend auf die Einkommenssituation der privaten Haushalte aus. Während der bereits 1980 gutsituierte Selbständigen-Haushalt bis 1994 sein Einkommen um 126 Prozent steigern konnte, mußte sich der Angestellten-Haushalt mit einem Zuwachs von 53 Prozent und der Arbeiter-Haushalt mit einer Steigerung von 48 Prozent zufrieden geben (Übersicht 34).

Übersicht 33

Verteilung von Vollzeitbeschäftigten auf relative Einkommenspositionen[1]

Effektive Bruttoarbeitseinkommen in v. H. des durchschnittlichen Arbeitseinkommens aller Vollzeitbeschäftigten 1975 und 1990

Einkommensposition von ... bis unter ... v. H.[1]	1975 Anteile[2] in v. H.	1975 Anteile[2] kumuliert in v. H.	1975 Anteile zusammengefaßt[3] in v. H.	1990 Anteile[2] in v. H.	1990 Anteile[2] kumuliert in v. H.	1990 Anteile zusammengefaßt[3] in v. H.
0– 20	0,3	0,3	⎫	0,9	0,9	⎫
20– 25	0,8	1,1	⎪	0,9	1,8	⎪
25– 50	9,4	10,5	⎬ 29,7	9,9	11,7	⎬ 36,7
50– 68	11,8	22,3	⎪	16,8	28,5	⎪
68– 75	7,4	29,7	⎭	8,2	36,7	⎭
75–100	34,0	63,7	⎱ 56,1	31,6	68,3	⎱ 47,5
100–125	22,1	85,8	⎰	15,9	84,2	⎰
125–130	3,3	89,1	⎱	1,9	86,1	⎱
130 und mehr	10,9	100,0	⎰ 14,2	13,9	100,0	⎰ 15,8

1 Die Einkommenspositionen sind definiert als v. H.-Anteile vom sozialversicherungspflichtigen Vollzeit-Durchschnittseinkommen; letzteres ist berechnet von allen in sozialversicherungspflichtiger Vollzeit beschäftigten Deutschen (Männer und Frauen zusammen). – 2 Anzahl der Beschäftigten in der jeweiligen Einkommensposition bzw. in den angegebenen Einkommensgrößenklassen in v. H. aller Vollzeitbeschäftigten. – 3 Einkommen zwischen der Position 0 und 75 v.H. des Einkommensdurchschnitts: »prekäre« Einkommen; zwischen 75 und 125 v. H.: »Mittelstands«-Einkommen; über 125 v.H.: »höhere« Einkommen einschließlich solcher über der Beitragsbemessungsgrenze der gesetzlichen Rentenversicherung.

Quelle: WSI.

Auch die Vermögensverteilung klafft zunehmend auseinander. Haushalten mit sehr hohem Vermögen stehen solche ohne oder mit sehr geringem Besitz gegenüber. Diese Vermögenserträge werden in nur geringem Maße versteuert und fließen zu einem immer größeren Teil wieder direkt in die Ersparnis.

Daß Deutschland sich zunehmend in Reiche, die immer reicher werden, und Arme, die immer weniger haben, spaltet und die Mit-

Übersicht 34

Durchschnittlich verfügbares Einkommen in Westdeutschland nach Haushaltsgruppen pro Monat			
Soziale Gruppen/Haushalte	1980	1990	1994
Landwirte DM	4.192	5.333	5.372
Index	100	127	128
Selbständige DM	7.292	12.847	16.477
Index	100	176	226
Angestellte DM	3.567	4.921	5.455
Index	100	138	153
Beamte DM	4.150	5.562	6.471
Index	100	. 134	156
Arbeiter DM	3.000	4.047	4.447
Index	100	135	148
Arbeitslose DM	1.883	2.408	2.636
Index	100	128	140
Rentner DM	2.167	3.106	3.548
Index	100	143	164
Pensionäre DM	3.083	4.221	4.920
Index	100	137	160
Sozialhilfeempfänger DM	1.317	1.933	2.279
Index	100	147	173
Insgesamt DM	3.133	4.444	5.061
Index	100	142	162
Quelle: DIW-Wochenbericht 18/95.			

telschicht um Arbeit, Einkommen und Status bangt, ist somit nicht das böse Werk einer anonymen Globalisierung, sondern Folge der Verteilungspolitik der Regierung Kohl. Sie wurden unter dem Deckmantel der ökonomischen Notwendigkeit, finanzielle Anreize für die »Leistungsträger« zu schaffen, durchgesetzt.

Was aber hat die Umverteilung wirtschaftlich gebracht? Die Masseneinkommen wurden unaufhaltsam beschnitten. Obwohl die Privathaushalte in den letzten Jahren massiv entspart haben, lahmt die gesamtwirtschaftliche Nachfrage, vor allem der private Konsum. Das ist kein Wunder. Schließlich geben die Bezieher höherer Einkommen einen viel geringeren Teil ihres Einkommens aus als der Mittelstand. Bei den Höchstverdienern, deren Spitzensteuersatz nach den Wünschen der Regierung Kohl weiter gesenkt werden soll, fließt ein Viertel des Einkommens in die Ersparnis. Ganz anders verhält es sich bei den Haushalten mit mittlerem Einkommen, die mehr als 90 Prozent ihres Verdienstes für den Konsum aufwenden. Bei den Niedrigverdienern sind es fast hundert Prozent (Übersicht 35).

Nicht nur aus Gründen der sozialen Gerechtigkeit, sondern auch aus wirtschaftlichen Gründen ist eine Umkehr in der Verteilungspolitik dringend geboten. Die Bezieher geringer und mittlerer Einkommen müssen von Abgaben und Steuern entlastet werden. Die Masseneinkommen sind zu stärken. Denn nur eine höhere private Nachfrage kann Investitionen stimulieren, die der Kapazitätsausweitung dienen. Und nur diese dienen der Schaffung von Arbeitsplätzen.

Festzuhalten bleibt: In der Regierungszeit der konservativ-liberalen Koalition wurden die Einkommen und Vermögen zu Gunsten der Selbständigen, der Vermögenden und der Bezieher höherer Einkommen umverteilt. Im gleichen Zuge stiegen die Belastungen für Arbeitnehmer mit mittleren und niedrigen Einkommen. Auch die Bezieher von Renten, Pensionen, Arbeitslosengeld und Arbeitslosenhilfe nahmen in geringerem Maße am steigenden Wohlstand teil. Die Umverteilung hat nicht die wirtschaftliche Dynamik gestärkt, wie von der Regierung Kohl versprochen. Sie war vielmehr Ursache für ein im internationalen Vergleich schwaches Wachstum, die geringe Erweiterung der Produktionskapazitäten und die dürftige Zunahme der Beschäftigung.

Schon allein aus wirtschaftlichen Gründen muß diese Umverteilung rückgängig gemacht werden. Nur Massenkaufkraft schafft Massennachfrage. Nur Massennachfrage gibt den Unternehmen Mut, zu investieren und zu expandieren.

Übersicht 35

Konsumquote nach Haushaltsnettoeinkommen 1994		
Haushaltsnettoeinkommen	Konsumquote	Anteil aller Haushalte in v. H.
Westdeutschland	90.5	100,0
unter 650 DM	99.5	1,0
650– 800 DM	98.3	1,0
800– 1.200 DM	96.5	6,0
1.200– 1.600 DM	93.2	5,7
1.600– 2.000 DM	93.0	11,0
2.000– 2.500 DM	92.4	12,3
2.500– 3.000 DM	90.6	11,4
3.000– 3.500 DM	90.4	9,4
3.500– 4.000 DM	89.2	10,7
4.000– 5.000 DM	89.3	14,7
5.000– 6.000 DM	86.9	7,6
6.000– 8.000 DM	85.6	6,4
8.000–10.000 DM	83.0	2,1
über 10.000 DM	75.9	0,6

Quelle: Das Sozio-oekonomische Panel (SOEP) 1994.

Fazit

Obwohl die deutsche Wirtschaft international wettbewerbsfähig ist, bleibt das Wirtschaftswachstum schwach, bricht die Massenarbeitslosigkeit Rekorde und erreicht die öffentliche Verschuldung schwindelerregende Höhen. Es ist ein Irrtum (Nr. 1) zu glauben, Verursacher dieser Misere sei die zunehmende Globalisierung der Wirtschaft. Vielmehr hat die Regierung Kohl die Globalisierungs- und Standortdebatte dazu benutzt, über das eigene wirtschaftspolitische Versagen hinwegzutäuschen. Die Krise ist hausgemacht. Verursacher ist eine Regierung, die seit 15 Jahren eine falsche

Wirtschaftspolitik betreibt, der zahlreiche Irrtümer zugrunde liegen.

Irrtum Nr. 2 liegt in der Feststellung, daß »Wirtschaft in der Wirtschaft« stattfindet. Die wirtschaftspolitische Abstinenz der Regierung Kohl hat Wachstumsverluste gebracht und Arbeitsplätze gekostet. Nachweislich sind die ökonomischen und beschäftigungspolitischen Erfolge anderer Länder zu einem Großteil darauf zurückzuführen, daß dort eine abgestimmte Finanz-, Geld- und Tarifpolitik für mehr Wachstum und Beschäftigung sorgte.

Irrtum Nr. 3 besteht in der Gleichsetzung von einzelwirtschaftlichem und gesamtwirtschaftlichem Interesse. Maßnahmen, wie zum Beispiel Lohnzurückhaltung der Beschäftigten, die unter Umständen für ein einzelnes Unternehmen über Sein oder Nichtsein entscheiden, können – auf die gesamte Volkswirtschaft bezogen – enormen Schaden anrichten. Die Politik aber ist verantwortlich für das Gemeinwohl und muß Interessen einzelner Gruppen der gesamtwirtschaftlichen Entwicklung unterordnen.

Irrtum Nr. 4 besteht in der ausschließlichen Fixierung der deutschen Wirtschaft auf den Export. Eine Wachstumsschwäche im Innern kann durch Exporterfolge auf Dauer nicht ausgeglichen werden. Oft ist sie sogar durch die Exportorientierung verursacht. So werden Wachstums- und Beschäftigungschancen auf leichtsinnige Weise verspielt.

Das ist insbesondere dann der Fall, wenn durch Kostensenkungen die internationale Wettbewerbsfähigkeit der Unternehmen verbessert werden soll. Dabei wird übersehen, daß Löhne und Gehälter für die Unternehmen Kosten darstellen, die möglichst niedrig zu halten sind. Im Wirtschaftskreislauf jedoch sind sie als Einkommen Grundlage für eine kaufkräftige Nachfrage. Irrtum Nr. 5 liegt demnach in der Vorstellung, Kostensenkungen verbesserten die Standortbedingungen. Aber welches Unternehmen investiert an einem Standort, an dem die Nachfrage fehlt?

Das gilt selbst dann, wenn die Unternehmen geringe Steuern bezahlen. Im Mittelpunkt der wirtschaftspolitischen Ideologie der

Regierung Kohl stand der Irrtum Nr. 6, der Ausdruck findet in der Gleichung »geringere Unternehmenssteuern = höhere Gewinne = höhere Investitionen = mehr Arbeitsplätze«. Denn wenn geringere Unternehmenssteuern durch höhere Lohnsteuern bezahlt und die Gewinne der Unternehmen durch Lohnzurückhaltung erkauft werden, sinken die Masseneinkommen und es fehlt die kaufkräftige Nachfrage. Damit gibt es keinen Grund für die Unternehmen, an arbeitsplatzschaffende Erweiterungsinvestitionen zu denken. Dann fließt das viele Geld besser ins Ausland. Oder die Produktion wird rationalisiert. Beides aber kostet Arbeitsplätze.

Auch die Hoffnung, daß Umverteilung von unten nach oben die wirtschaftliche Dynamik stärke, erwies sich als Irrtum (Nr. 7). Daß Deutschland sich zunehmend in sehr Reiche und immer mehr Arme spaltet und die Mittelschicht um Arbeit, Einkommen und Status kämpft, ist nicht das böse Werk einer anonymen Globalisierung, sondern ist Ergebnis der Politik der Regierung Kohl. Sie entlastete die Bezieher von Einkommen aus Unternehmertätigkeit und Vermögen sowie die Besserverdienenden. Zur Kasse gebeten wurden normalverdienende Arbeitnehmer und Bezieher von Transfereinkommen. Ökonomisch gesehen war diese Umverteilungspolitik fahrlässig, weil sie die Binnennachfrage schwächte. Denn die Bezieher höherer Einkommen konsumieren weniger als Normalverdiener oder Einkommensschwache. Deshalb muß schon allein aus wirtschaftlichen Gründen die Umverteilungspolitik der letzten Jahre rückgängig gemacht werden. Die Binnennachfrage braucht Massenkaufkraft. Dazu brauchen wir eine produktivitätsorientierte Lohnpolitik und Steuer- und Abgabenerleichterungen für die Arbeitnehmer.

VIII. Kapitel

Wohlstand, Vollbeschäftigung und Stabilität sind die Ziele
Der Weg dorthin heißt: Wachstum

§ 1 des Gesetzes zur Förderung der Stabilität und des Wachstums der Wirtschaft lautet:

»Bund und Länder haben bei ihren wirtschafts- und finanzpolitischen Maßnahmen die Erfordernisse des gesamtwirtschaftlichen Gleichgewichts zu beachten. Die Maßnahmen sind so zu treffen, daß sie im Rahmen der marktwirtschaftlichen Ordnung gleichzeitig zur Stabilität des Preisniveaus, zu einem hohen Beschäftigungsstand und außenwirtschaftlichen Gleichgewicht bei stetigem und angemessenem Wirtschaftswachstum beitragen.«

Dieses Gesetz ist in Kraft und besitzt nach wie vor seine Gültigkeit. Seine Ziele werden von der Regierung Kohl aber nicht angestrebt, das Gesetz scheint sie nicht zu interessieren. Seit der Regierungsübernahme durch die konservativ-liberale Koalition wird das Ziel eines außenwirtschaftlichen Gleichgewichts regelmäßig verfehlt. In den achtziger Jahren kam es zu enormen Leistungsbilanzüberschüssen, im Zuge der wirtschaftlichen Vereinigung Ost- und Westdeutschlands zu erheblichen Defiziten.

Das Wirtschaftwachstum blieb in den vergangenen eineinhalb Jahrzehnten hinter dem vergleichbarer Industrienationen zurück. Auch die Stetigkeit fehlte, gerade in den neunziger Jahren, in denen es bis heute zu keinem dauerhaften Aufschwung kam.

Vor allem ist es der Regierung nicht gelungen, einen hohen Beschäftigungsstand herzustellen. Im Gegenteil. Die Arbeitslosigkeit hat unter ihrer Führung ein Rekordniveau erreicht.

Diese schlechte wirtschafts- und arbeitsmarktpolitische Bilanz ist nicht nur mit Unvermögen zu begründen. Vielmehr scheint die Regierung Kohl von den Zielen des Stabilitäts- und Wachstumsgesetzes weitgehend Abstand genommen zu haben. Sie fühlt sich offenbar nur noch der Geldwertstabilität verpflichtet, die allerdings eher im Verantwortungsbereich der Deutschen Bundesbank liegt. Dagegen ist nicht erkennbar, daß die Regierung Kohl sich für einen hohen Beschäftigungsstand einsetzt. Auf europäischer Ebene lehnte sie ab, über das Thema Beschäftigung zu sprechen. Mit der Begründung, Beschäftigungspolitik sei eine nationale Aufgabe. Diese Haltung ist falsch, wäre aber noch akzeptabel, wenn auf nationaler Ebene tatsächlich Anstrengungen unternommen würden, die Arbeitslosigkeit zu bekämpfen. Das ist aber nicht der Fall. Vielmehr werden seit Jahren die Tarifpartner dazu aufgerufen – vor allem durch eine zurückhaltende Lohnpolitik, die die Produktivitätsfortschritte außer acht läßt –, die Voraussetzungen für mehr Beschäftigung zu schaffen. Die Regierung Kohl fühlt sich offenbar nicht zuständig, das Beschäftigungsproblem zu lösen. Zudem wird von manchem Konservativen das Ziel der Vollbeschäftigung in Frage gestellt und das Ende der Arbeitsgesellschaft proklamiert.

Auch das Erfordernis eines angemessenen und stetigen Wirtschaftswachstums spielt in der Regierungspolitik erstaunlicherweise eine untergeordnete Rolle. Das wird insbesondere von den Wirtschaftsforschungsinstituten kritisiert, die den engen Zusammenhang von Wachstum und Beschäftigung mehrfach nachgewiesen haben.

Anders nämlich als uns die öffentliche Meinung suggeriert, ist weder in Deutschland noch in Europa das Wirtschaftswachstum beschäftigungslos. Mehrere Wirtschaftsforschungsinstitute weisen darauf hin, daß der Zusammenhang zwischen Wachstum und Beschäftigung in den vergangenen Jahren sogar erheblich zugenommen hat. Die Beschäftigungsschwelle – das ist die Wachstumsrate, ab der neue Arbeitsplätze entstehen – ist im Zeitablauf gesunken. Und pro Prozentpunkt zusätzlichem Wachstum werden mehr Beschäftigte eingestellt als früher. Das Wirtschaftswachstum ist also beschäftigungsintensiver geworden.

Konsequenterweise kommen die Forschungsinstitute zu dem Schluß, daß vor allem ein stärkeres internes Wachstum erforderlich sei, um die Arbeitslosigkeit wirksam abzubauen. Zu einem ähnlichen Ergebnis kam die Internationale Arbeitsorganisation für Europa. Das seit 1973 verlangsamte Wirtschaftswachstum sei eine wesentliche Ursache der Beschäftigungskrise in den Mitgliedsländern der Europäischen Gemeinschaft. Weder könne vom »Ende der Arbeit« noch vom »Wachstum ohne Beschäftigung« die Rede sein. Vielmehr gelte die Regel, daß Wirtschaftswachstum einen Zuwachs an Beschäftigung bedeute, mehr denn je. Allein es fehle am notwendigen Wachstum.

Gleichzeitig warnt die Studie vor einer völligen Deregulierung der Arbeitsmärkte. Ein Zusammenhang zwischen Regulierung und steigenden Arbeitslosenzahlen sei empirisch nicht nachweisbar. Diese Tatsache wird auch vom IFO-Institut bestätigt. Es stellte fest, daß der Arbeitsmarkt in der Bundesrepublik heute genauso flexibel auf Wachstumsveränderungen reagiert wie der von Großbritannien oder den USA. Wenn die deutsche Arbeitsmarktbilanz trotzdem schlechter aussieht als die der beiden Vergleichsländer, liegt das vor allem am fehlenden Wirtschaftswachstum und an der mangelhaften Erschließung des Dienstleistungssektors.

Damit Arbeitslosigkeit abgebaut werden kann, muß das Wirtschaftswachstum über seiner Durchschnittsrate – zwischen 1981 und 1995 in Westdeutschland 2,3 Prozent – liegen. Es sollte jedoch nicht abrupt ansteigen, da die vorhandenen Kapazitäten sonst überfordert würden und Preissteigerungen drohten. Dann wäre mit Gegenreaktionen in Form überhöhter Lohnforderungen der Gewerkschaften zu rechnen. Oder noch wahrscheinlicher mit Gegenreaktionen der Bundesbank, die eine Konjunkturüberhitzung durch höhere Zinsen bekämpfen würde. Das aber wirkt sich negativ auf die weitere wirtschaftliche Entwicklung aus.

Im Einheitsboom Anfang der neunziger Jahre war genau das der Fall. Das Wachstum lag mit 5,7 Prozent im Jahr 1990 mehr als 3 Prozent über dem Durchschnitt der achtziger Jahre. Tatsächlich entstanden neue Arbeitsplätze, die Arbeitslosenquote sank beträchtlich. Die Bundesbank aber erhöhte die Zinsen auf ein Rekordniveau. 1992 brach die Konjunktur ein und konnte sich seither nicht mehr dauerhaft erholen.

Für die Schaffung neuer Arbeitsplätze ist das Wachstum seit langem zu schwach und vor allem auch zu unstet. Nachweislich muß das Wirtschaftswachstum dauerhaft sein, damit sich der Arbeitsmarkt entspannt. In Deutschland schlägt sich das Wachstum erst nach zwei Jahren auf dem Arbeitsmarkt nieder. Bricht der Aufschwung schon vorher ab, wie es 1994/95 der Fall war, nimmt die Beschäftigung erst gar nicht zu. Ähnlich verhielt es sich in den USA. Anfang der neunziger Jahre mußte ein langanhaltender Aufschwung den Beweis für die Stetigkeit des Wachstums erbringen, bevor die amerikanischen Unternehmen zusätzliche Kräfte einstellten. Ist das Eis aber erst einmal gebrochen, entstehen Arbeitsplätze in großer Zahl. Die Unternehmensberatung Roland Berger hat berechnet, daß die Arbeitslosenquote in Westdeutschland heute bei 5 Prozent liegen könnte, wenn das Wirtschaftswachstum seit 1980 jährlich nur um 0,28 Prozentpunkte höher gelegen hätte.

Wirtschaftswachstum ist nicht nur Voraussetzung zum Abbau der konjunkturellen und strukturellen Arbeitslosigkeit. Auch die technologische Leistungsfähigkeit, die Dynamik des Strukturwandels und die Innovationstätigkeit der Wirtschaft werden in hohem Maße von der konjunkturellen Entwicklung bestimmt. Die von vielen festgestellte Innovationsmüdigkeit der deutschen Wirtschaft in den neunziger Jahren, der schleppende Strukturwandel und die schwache Investitionstätigkeit sind zu einem großen Teil Folgen eines schwachen Wachstums und unsteter Konjunktur. Bei genauerer Betrachtung stellt sich heraus, daß die Innovationsanstrengungen der Wirtschaft sich nicht verringert haben. Es gelang den Unternehmen aber nicht, mit ihren neuen Produkten zu expandieren, weil die Wachstumsdynamik der Absatzmärkte zu schwach war. Daß zu wenig neue Produkte und Dienste in die Wachstumsphase gelangen, ist um so schlimmer, als Innovationen zunehmend dort stattfinden, wo die Märkte sind. Will man den Strukturwandel beschleunigen, müssen deshalb zuerst die Weichen auf Wachstum gestellt werden.

Ohne ein kräftiges Wachstum wird der Staat auch seine Finanzprobleme nicht lösen. Relativ erfolgreich bei der Rückführung ihrer Defizitquote waren in den letzten Jahren die USA, die bis zum Jahr 2000 einen ausgeglichenen Haushalt anstreben. Zu 60 Prozent wird die Konsolidierung dem kräftigen und anhaltenden Wachstum zugeschrieben. Aber auch die expansive Geldpolitik, die 1993 zu einem kurzfristigen Realzins von 0 Prozent führte, spielte in den USA eine positive Rolle. Sie trug maßgeblich zur Überwindung der Konjunkturflaute bei. Außerdem entlastete sie den Staat von zu hohen Kreditkosten. Obwohl die Defizitquote der USA höher liegt als die Deutschlands, zahlt der amerikanische Staat relativ weniger Zinsen. Damit leistet die Geldpolitik einen wichtigen Beitrag zum Abbau der öffentlichen Verschuldung.

Der Internationale Währungsfonds hat in einer Untersuchung herausgefunden, daß eine Politik der Konsolidierung nur unter den Bedingungen eines kräftigen Wirtschaftswachstums und niedriger Zinsen erfolgreich verläuft. Weitere Voraussetzungen sind die Schaffung neuer Arbeitsplätze und der Abbau der Arbeitslosigkeit. In Deutschland werden alle diese Bedingungen seit längerem nicht erfüllt – das gilt selbst für das Zinsniveau, das real immer noch hoch ist. Bei Weiterführung der aktuellen Wirtschaftspolitik wird das öffentliche Defizit vorerst nicht sinken. Denn der Staat hat in den letzten Jahren gespart, aber nicht konsolidiert. Der Konsolidierungsbedarf ist sogar gestiegen. Eine Senkung der Abgabenlast und die von vielen gewünschte Rückführung der Staatsquote ist unter diesen Bedingungen unwahrscheinlich. Sparen und Konsolidieren ist eben nicht dasselbe.

Deshalb spricht alles für eine Umkehr in der Wirtschaftspolitik. An den Zielen des Stabilitäts- und Wachstumsgesetzes muß festgehalten werden: Die deutsche Wirtschaft braucht ein kräftiges, anhaltendes Wirtschaftswachstum. Vollbeschäftigung ist anzustreben, ein hoher Beschäftigungsstand in jedem Fall zu realisieren. Die Begründung für das Ziel eines außenwirtschaftlichen Gleichgewichts wurde bereits gegeben. Über das Stabilitätsziel besteht ohnehin weitgehende Einigkeit. Die wirtschaftliche Entwicklung sollte darüber hinaus mit umweltpolitischen Erfordernissen vereinbar sein. In den eng miteinander verwobenen Volkswirtschaften Europas ist die Verwirklichung dieser Ziele in einem Lande schwierig, wenn sie nicht auch von den anderen Ländern angestrebt werden.

Wie muß nun eine Wirtschaftspolitik für mehr Wachstum und Beschäftigung aussehen?

Mehr Markt und ein starker Staat

In den vergangenen Jahren hätte man sich des öfteren eine Wirtschaftspolitik gewünscht, die sich stärker an marktwirtschaftlichen Prinzipien orientiert. Die wirtschaftliche Vereinigung Ost- und Westdeutschlands zum Beispiel wäre durchaus marktwirtschaftlich zu organisieren gewesen. Die abrupte Einführung der DM zu einem Kurs von 1 zu 1 ohne einen geordneten marktwirtschaftlichen Übergang mußte zu einem schlagartigen Zusammenbruch der ostdeutschen Wirtschaft und zu Massenarbeitslosigkeit führen. Bemerkenswert ist, daß die führenden Unionspolitiker Schäuble, Tietmeyer und de Maizière diese Zusammenhänge erkannt hatten, öffentlich aber zusammen mit Helmut Kohl blühende Landschaften in Ostdeutschland versprachen, die die Westdeutschen nichts kosten sollten. Wolfgang Schäuble ist dafür der Kronzeuge. In seinem Buch »Der Vertrag« schrieb er:

»Es war Lothar de Maizière genauso klar wie Tietmeyer und mir, daß mit Einführung der Westwährung die DDR-Betriebe schlagartig nicht mehr konkurrenzfähig sein würden. Wir konnten uns auch ausmalen, in welch dramatischer Weise dieser Eingriff sichtbar würde.«

Da nicht unterstellt werden kann, daß Wolfgang Schäuble nicht weiß, was er schreibt, ist hier eine in der deutschen Nachkriegsgeschichte einmalige Täuschung der deutschen Wählerschaft durch eine Regierung dokumentiert. Mit der Einführung der DM wurde somit eine politisch motivierte Entscheidung getroffen, die weder mit ökonomischer Vernunft noch mit Marktwirtschaft irgend etwas zu tun hatte. Viele Subventionen und die Unfähigkeit sie abzubauen sowie eine unüberschaubare Regulierungsdichte sind ebenfalls Beispiele für ein Eingreifen des Staates, das mehr schadet als hilft.

Wenn ein Problem marktwirtschaftlich besser geregelt werden kann als politisch, sind Eingriffe des Staates fehl am Platz. Wenn der Wirkungsbereich des Staates zu groß ist und seine Einflußnahme die Bürger in ihren Handlungsmöglichkeiten zu sehr einengt, büßt er seine Autorität ein und verliert an Glaubwürdigkeit.

Ein starker Staat, der genug Macht besitzt, bestimmte, genau umschriebene Ordnungsaufgaben zu erfüllen, ist aber notwendig. Die Wirtschaft braucht einen durchsetzungsfähigen Staat, der ihr Vertrauen und das der Bürger besitzt. Er muß den ordnungspolitischen Rahmen für das wirtschaftliche System setzen, das die überragende Mehrheit der Deutschen favorisiert: Die soziale Marktwirtschaft. Der Staat hat die Aufgabe, durch eine koordinierte gesamtwirtschaftliche Politik für eine gesunde und stetige wirtschaftliche Entwicklung zu sorgen. Sie ist nicht nur notwendig als Grundlage für unternehmerisches Handeln. Gerade in Zeiten gesellschaftlicher Veränderungen bedarf es wirtschaftlicher Sicherheit. Dringend notwendige Reformen können bei den Bürgern nicht durchgesetzt werden, wenn diese eine Verschlechterung ihrer Lebenssituation befürchten oder sich gar existentiell bedroht fühlen. Ein Klima für Reformen kann der Staat nur herstellen, wenn er die Aufgabe eines Garanten für wirtschaftliche Stabilität und soziale Sicherheit übernimmt und glaubhaft durchsetzt. Zieht er sich dagegen aus der wirtschaftspolitischen Verantwortung zurück und wird in dem Bemühen, die Folgen dieses Rückzugs zu beherrschen, zum Verursacher von Instabilität und Unordnung, erweist der Staat der Wirtschaft und Gesellschaft einen Bärendienst.

Der Sachverständigenrat weist zu Recht darauf hin, daß die neunziger Jahre von einer chaotischen Wirtschafts-, Finanz- und Sozialpolitik geprägt waren, die in den Unternehmen und bei den Bürgern ein hohes Maß an Unsicherheit hervorgerufen hat. Fast täglich treten neue Finanzlücken in den Staatshaushalten und bei den Sozialversicherungen auf. Heute sind die Renten sicher, morgen nicht. Eine Gesundheitsreform wechselt die andere ab, ohne daß die Finanzierungsfragen grundsätzlich gelöst werden. Die Leistungen in der Arbeitslosenversicherung werden eingeschränkt, gleichzeitig zahlen die Arbeitnehmer und Unternehmen immer höhere Beiträge. Das Loch in der einen Kasse wird gestopft, dabei reißt man eines an anderer Stelle auf. Eine Systematik ist bei den Einnahmen und Ausgaben des Staates und in den Sozialversicherungen kaum noch erkennbar. Statt dessen herrscht ein wildes Durcheinander. Die Bürger haben kein Vertrauen mehr zum Staat und seinen Institutionen. Regeln und Gesetze werden zunehmend unterlaufen, die Moral verfällt. Der Wirtschaft fehlt die Berechenbarkeit und Verläßlichkeit der Wirtschafts- und Finanzpolitik, die sie als Grundlage eines dauerhaften Engagements braucht.

Die vorrangige wirtschaftspolitische Aufgabe des Staates besteht heute in der Wiederherstellung eines funktionsfähigen und verläßlichen Ordnungsrahmens für die Wirtschaft. Die Systeme der sozialen Sicherung müssen auf ihre ursprüngliche Funktion der Absicherung bestimmter Lebensrisiken wie Alter, Unfall, Krankheit und Arbeitslosigkeit zurückgeführt werden. Ihre Finanzierung ist dauerhaft sicherzustellen. Die Verläßlichkeit der Systeme muß mittel- und langfristig gewährleistet sein. Reformen der sozialen Sicherungssysteme sollten deshalb möglichst umfassende Lösungen für alle voraussehbaren Probleme bieten. Sie müssen langfristig geplant, aber schrittweise umgesetzt werden, damit sie für die Wirtschaft berechenbar sind und den Bürgern Sicherheit vermitteln.

Zur Ordnungspolitik gehört auch die Einkommens- und Vermögensverteilung, wie der renommierte Wirtschaftswissenschaftler Walter Eucken bereits feststellte:

»Die Verteilungspolitik ist ein eminent wichtiger Teil der Wirtschaftspolitik. Aber sie läßt sich nicht aussondern, und sie sollte von vornherein als das angesehen werden, was sie ist: als ein Glied des ordnungspolitischen Gesamtproblems. – Diese Erkenntnis ist der erste Schritt zur Lösung der sozialen Frage.«

Heute besteht auf dem Felde der Verteilungspolitik nicht in erster Linie aus sozialen Gründen Handlungsbedarf, sondern aus ökonomischen. Denn wie Eucken zu Recht feststellt, sind Löhne

»Einkommen und zugleich Kosten: Einkommen für die Haushalte der Arbeiter und Kosten für die Betriebe, welche die Löhne zahlen. Als Kostenelement bestimmt der Lohn Planung und Lenkung des Wirtschaftsprozesses der einzelnen Betriebe. Als Einkommen wirkt er mitbestimmend auf die Verteilung des Sozialproduktes. Die Lenkung der Wirtschaft und Verteilung des Sozialproduktes sind miteinander verbunden.«

Es geht also um die Frage, wie die Einkommensverteilung aussehen muß, damit der Wirtschaftsprozeß möglichst reibungslos verläuft und vor allem ein möglichst hohes stetiges Wirtschaftswachstum erreicht wird.

Darüber hinaus ist es Aufgabe der Wirtschaftspolitik, für ein hohes Wirtschaftswachstum und einen hohen Beschäftigungsstand zu sorgen. Dabei muß der Staat vorausschauend planen, seine Maßnahmen sollten möglichst dauerhaft sein. Er sollte seine Entscheidungen treffen, ohne sich von Ideologien leiten zu lassen, und in dem Bemühen, aus Fehlern der Vergangenheit zu lernen. Leitgedanke seines Handelns muß es sein, ein Problem möglichst wirksam und schnell zu lösen.

Wenn der Staat seine Aufgaben wieder gewissenhaft und effizient erfüllt, wird sich das Klima in der Gesellschaft verändern. Die Unternehmen werden Sicherheit über die wirtschaftliche und gesellschaftliche Entwicklung gewinnen und können auf dieser Grundlage forschen, investieren und produzieren. Die Bürger werden sich stärker in die Gemeinschaft einfügen, notwendige Veränderungen akzeptieren und zu persönlichem Einsatz bereit sein, weil sie sicher sind, daß der Staat Verantwortung für ihre Existenz und soziale Sicherheit übernimmt. Der Staat wird an Glaubwürdigkeit und Vertrauen gewinnen. Dies wird ihm die Autorität und Stärke verleihen, die er zur Erfüllung seiner Aufgaben braucht.

Die Wiederherstellung eines verläßlichen, sozialen Ordnungsrahmens

Im System der sozialen Sicherung gibt es Finanzierungsprobleme, die vom Staat nicht beherrscht werden. Noch schlimmer: Die finanziellen Engpässe sind sogar zum großen Teil von ihm verursacht. Es trifft keineswegs zu, daß in Zeiten zunehmenden globalen Wettbewerbs das deutsche Sozialstaatsmodell nicht zu finanzieren sei. Schließlich ist der Anteil der Sozialausgaben am Bruttoinlandsprodukt seit Mitte der siebziger Jahre nicht gestiegen. 1975 belief sich die Quote auf 33,9 Prozent. Heute liegt sie trotz erheblicher Belastungen durch die deutsche Einheit bei ebenfalls gut 33 Prozent – mit fallender Tendenz.

Nicht die Sozialausgaben sind zu hoch, sondern die Einnahmen der Sozialversicherungen zu niedrig. Das liegt zum einen daran, daß die Zahl der Beitragszahler abgenommen hat. Sie verringerte sich durch die zunehmende Arbeitslosigkeit und die veränderten Erwerbsstrukturen. Zum anderen sind die Einkommen der Arbeitnehmer, die Grundlage für die Beiträge zur Sozialversicherung sind, seit 1980 nur geringfügig gestiegen. Wäre die Lohnquote im Verlauf der achtziger und neunziger Jahre nicht so massiv gefallen, gäbe es heute in keinem Zweig der sozialen Sicherung Finanzierungsprobleme. Die vielgepriesene zurückhaltende Lohnpolitik hat eben auch Folgen für die Finanzierung der sozialen Sicherungssysteme.

Vor allem aber hat sich der Staat in den letzten Jahren zunehmend an den Sozialkassen vergriffen, um ansonsten notwendige Steuererhöhungen zu vermeiden. Ein großer Teil der deutschen Wiedervereinigung wurde über die Sozialversicherungen bezahlt. Ob in der Renten-, in der Arbeitslosen- oder in der Krankenversicherung: Überall werden westdeutsche Überschüsse nach Ostdeutschland geleitet. Transfers, die eigentlich von der Gesamtheit der Steuerzahler finanziert werden müßten. Es ist mehr als dreist, die Sozialversicherungen erst auszubeuten und sich dann über Beitragssteigerungen aufzuregen, als seien sie vom Himmel gefallen. Noch unseriöser ist es, auf der Grundlage des eigenen Unvermögens ein seit vielen Jahrzehnten funktionierendes Sozialsystem in Frage zu stellen und damit Wirtschaft und Gesellschaft zu verunsichern.

Das deutsche System der sozialen Sicherung hat sich in der Vergangenheit bewährt. In Zeiten von Krieg und Frieden, von wirtschaftlichem Wohlstand und Armut hat es seine Funktions- und seine Anpassungsfähigkeit bewiesen. Das System war in seiner Geschichte immer wieder vor neue Herausforderungen gestellt und hat sie bewältigt. In der Bevölkerung erwarb es sich auf diese Weise eine breite Akzeptanz und ein großes Vertrauen, das nun Gefahr läuft, erschüttert zu werden.

Die Ängste der Bundesbürger werden durch Vorschläge geschürt, einen grundsätzlichen Wechsel im System der sozialen Sicherung vorzunehmen. Die Ablösung des geltenden Systems wäre aber nur sinnvoll, wenn die Alternative billiger oder sicherer wäre. Aber weder ist die Privatisierung des Gesundheitswesens kostengünstiger noch ist die Kombination einer steuerfinanzierten Grundrente und beitragsbezogener Zusatzrenten oder zusätzlicher Eigenvorsorge sicherer oder billiger. Das zeigen historische Erfahrungen und ein Vergleich mit den in der Schweiz und den Niederlanden praktizierten Modellen. Schlüssige Alternativen zum Umlageverfahren in der Rentenversicherung konnten bisher noch nicht vorgelegt werden. Abgesehen von grundsätzlichen Bedenken gegen das Kapitaldeckungsverfahren existiert immer noch keine Antwort auf die Frage, wie der Übergang vom Umlageverfahren zur Kapitaldeckung zu bewerkstelligen ist, ohne die heutige Erwerbsgeneration über Gebühr zu belasten.

Zu den Vorschlägen, eine staatlich finanzierte Grundrente mit privater Vorsorge zu kombinieren, ist zu bemerken, daß die Rentnerhaushalte schon heute ihr Einkommen aus unterschiedlichen Quellen beziehen. Die Durchschnittsrenten in Höhe von 1.609 DM für westdeutsche Männer und 929 DM für westdeutsche Frauen (1996) liegen auf einem Niveau, das fast als Grundrente bezeichnet werden kann. Bei einer allgemeinen Kürzung der Renten würden viele Niedrigrenten auf Sozialhilfeniveau reduziert. Menschen, die ihr Leben lang gearbeitet haben, hätten im Alter kein menschenwürdiges Auskommen. Das ist unakzeptabel. Die meisten Rentner verfügen aber über erhebliche Einkünfte aus anderen Quellen. Schließlich können die Rentnerhaushalte (alte Bundesländer, Personen über 65 Jahre) im Durchschnitt auf ein monatliches Haushaltseinkommen von fast 3.800 DM zurückgreifen. Es ist anzunehmen, daß die meisten der heute Erwerbstätigen, ähnlich wie ihre Elterngeneration, private Vorsorge leisten, um ihr Einkommen im Alter aufzustocken.

Die Diskussion nicht praktikabler, teurer Alternativen sollte beendet werden. Das vorhandene System sozialer Sicherung hat sich in der Vergangenheit bewährt, wird im Kern von der breiten Bevölkerung akzeptiert und ist anpassungsfähig. Es muß das geltende System bleiben.

Damit das Vertrauen von Wirtschaft und Gesellschaft in das System wiederhergestellt wird, muß seine Finanzierung langfristig gesichert werden. Anders als in der Vergangenheit sollten die Beitragssätze zu den Sozialversicherungen in Zukunft stetig sein, damit die Unternehmen und Beschäftigten sich darauf einstellen können. Dazu bedarf es größerer und flexiblerer Schwankungsreserven.

Auch hinsichtlich der von dem System erbrachten Leistungen muß eine größere Kontinuität hergestellt werden. Unverzichtbare Leistungskürzungen sollten über einen längeren Zeitraum geplant und möglichst stufenweise eingeführt werden, damit sich die Bürger in ihrer Lebensplanung auf die veränderten Bedingungen einstellen können.

Die Wiederherstellung einer funktionierenden sozialen Sicherung und die Zurückgewinnung des Vertrauens der Bevölkerung sind zwei wichtige Ziele sozialer Reformen. Noch wichtiger aber ist die Beschäftigung. Die Sozialabgaben müssen massiv gesenkt werden, damit die dringend benötigten Arbeitsplätze vor allem im arbeitsintensiven Dienstleistungssektor geschaffen werden können. Nicht nur stetige Beitragssätze, sondern sinkende Beitragssätze sind das Ziel.

Bei der teilweisen Umfinanzierung der sozialen Sicherung muß stärker als bisher dem Prinzip der sozialen Gerechtigkeit Rechnung getragen werden. Der Solidarausgleich im Sozialsystem findet bisher nur unter den Versicherten statt und nicht unter Einbeziehung derjenigen – meist Besserverdienenden –, die sich der Pflichtversicherungen entziehen können. Das ist besonders ärgerlich, wenn die Sozialversicherung mit versicherungsfremden Leistungen belastet wird, die eigentlich die Allgemeinheit zu tragen hat.

Genau an dieser Stelle sollte die umfassende Senkung der Sozialabgaben greifen. Zunächst muß eine unter systematischen Gesichtspunkten saubere Zuordnung der versicherungsfremden Leistungen zu den verschiedenen Trägern der Sozialversicherung erfolgen. Die Finanzierung der versicherungsfremden Leistungen ist in vollem Umfang vom Staat zu übernehmen. Wenn der Staat die Sozialversicherungen der Einfachheit halber weiterhin als »Umverteilungsinstitution« einsetzt, müssen die staatlichen Zuschüsse zu den Sozialversicherungsträgern entsprechend der tatsächlichen Höhe der versicherungsfremden Leistungen aufgestockt werden. Die Beitragssätze können dann um mehrere Prozentpunkte gesenkt werden. Nach Berechnungen des Verbands der Rentenversicherungsträger könnte allein der Satz in der Rentenversicherung, in der mehr als 42 Mrd. DM versicherungsfremder Leistungen bisher nicht vom Staat erstattet werden, um 2 bis 3 Prozentpunkte gesenkt werden.

Beitragssenkungen haben nachweislich positive Effekte auf dem Arbeitsmarkt. Mehr Beschäftigte bedeuten auch mehr Beitragszahler bei den Sozialversicherungen. Ihre Einnahmen würden entsprechend steigen. Gleichzeitig käme es zu geringeren Ausgaben, weil die Arbeitslosigkeit spürbar sinken würde. Dadurch würden sich für die Sozialkassen neue Finanzierungsspielräume eröffnen, die teilweise für Beitragssenkungen und teilweise zum Aufbau größerer Schwankungsreserven und zur Verstetigung der Beitragssätze genutzt werden könnten.

Die Finanzierung der versicherungsfremden Leistungen muß durch Steuermehreinnahmen gedeckt werden. Dafür kommen hauptsächlich zwei Quellen infrage, von denen eine bereits ausführlich dargestellt und kommentiert wurde: die Öko-Steuer. Schließlich könnten auch die Mehreinnahmen aus dem Abbau der Steuersubventionen zur Deckung der Ausgaben eingesetzt werden. Dadurch würden die Bezieher gehobener und höherer Einkommen, die von der falschen Finanzierung der versicherungsfremden Leistungen in der Vergangenheit am meisten profitiert haben, stärker in Anspruch genommen werden, was man als Beitrag zur ausgleichenden Gerechtigkeit werten könnte.

Auch eine Ausweitung der Versicherungspflicht, die in den veränderten Erwerbsstrukturen ihre Begründung findet, und die Anhebung der Beitragsbemessungsgrenzen werden zur deutlichen Senkung der Beitragssätze führen.

Die Finanzkraft der Sozialversicherungen kann auch über vernünftige, sozialverträgliche Einschnitte auf der Ausgabenseite gestärkt werden. Zum Beispiel wäre es besser gewesen, die Finanzierung von Pflegeleistungen an eine Bedürftigkeitsprüfung zu knüpfen. Es ist nicht einzusehen, daß Normalverdiener über ihre Beiträge zur Pflegeversicherung Leistungen für Bürger finanzieren, die aufgrund ihrer Einkommens- und Vermögenssituation selbst in der Lage wären, ihre Pflege zu bezahlen. Das liefe darauf hinaus, daß Wohlhabende ihre Vermögen schonen und weitervererben könnten und der gering- oder mittelmäßig verdienende Arbeitnehmer oder derjenige, der aufgrund höherer Lohnnebenkosten seine Arbeit verliert, dafür bezahlen müßten. Die beitragsfinanzierte Pflegeversicherung kann als ein weiterer Beleg für marktwirtschaftliche Fehlentscheidungen der Regierung Kohl herangezogen werden.

Neben der Lösung des Finanzproblems besteht in den Sozialversicherungen ein Handlungsbedarf, der sich aus Veränderungen im Bevölkerungsaufbau, veränderten Erwerbsstrukturen und neuen Familienmustern ergibt. Die wichtigsten und umfassendsten Reformen stehen in der Rentenversicherung an: Die Zahl der Normalarbeitsverhältnisse nimmt ab, die Teilzeitarbeit nimmt zu, ebenso die nichtsozialversicherungspflichtige Beschäftigung oder die Scheinselbständigkeit. Deshalb sollte die einkommensabhängige Versicherungspflicht auf alle Personen, die in Deutschland arbeiten oder wohnen, ausgedehnt werden. Das entspräche einer Volksversicherung. Um die Akzeptanz des Systems zu erhöhen, sind Höchstbeiträge und Höchstrenten vorzusehen. Für alle erwachsenen Nichterwerbsfähigen muß eine Mindestversicherungspflicht auf der Grundlage von Mindestbeiträgen gelten, damit sichergestellt ist, daß möglichst wenig Menschen im Alter auf Sozialhilfe angewiesen sind. Die Höhe der Mindestrenten für Menschen, die zumindest zeitweise in ihrem Leben erwerbstätig waren oder Nichterwerbsarbeit wie Kindererziehung und Pflege geleistet haben, sollte über dem Niveau der Sozialhilfe liegen. Diese Maßnahmen wirken erst mittel- bis langfristig und eignen sich deshalb nicht zur Bekämpfung der heute existierenden Altersarmut. Deshalb wäre es sinnvoll, eine soziale Grundsicherung für das Alter einzuführen, welche eine zu geringe Rente auf ein zum Lebensunterhalt notwendiges Niveau aufstockt.

Aufgrund der veränderten Familienmuster und der veränderten Arbeitsteilung zwischen Männern und Frauen sollte die individuelle, eigenständige Sicherung von Frau und Mann in das Rentensystem eingeführt werden. Ein eigenständiges System der Altersvorsorge würde bedeuten, daß alle erwachsenen Männer und Frauen durchgängig Beiträge in die Rentenversicherung zahlen. Für Ausfallzeiten wegen Kindererziehung, Pflege, Krankheit und Arbeitslosigkeit müßte der Staat die Zahlung der Beiträge übernehmen. Die Rentenberechnung sollte nach denselben Prinzipien wie im geltenden Recht erfolgen, wobei die gemeinsam in der Ehe erworbenen Rentenanwartschaften nach einem noch festzulegenden Schlüssel gesplittet werden sollten. Der Praktikabilität wegen sollte das Splitting erst durchgeführt werden, wenn beide Partner die Altersgrenze erreicht haben.

Die Festlegung dieser Altersgrenze müßte von der Lage auf dem Arbeitsmarkt abhängig gemacht werden. Solange die Arbeitslosigkeit hoch ist, sollte es älteren Arbeitnehmern weiterhin möglich sein, über vorgezogene Altersrenten ihren Arbeitsplatz für Jüngere freizumachen. Ein gleitender Übergang aus der Erwerbstätigkeit in die Rente ist aus gesundheitlichen, sozialen und psychologischen Erwägungen empfehlenswert.

Die Bevölkerung fühlt sich in der Rentenfrage auch verunsichert, weil sie an der langfristigen Funktionsfähigkeit des Rentensystems zweifelt. Laut Prognosen könnten die Rentenbeitragssätze bis 2030 auf fast 29 Prozent ansteigen. Derartige Vorausschätzungen sind mit großer Unsicherheit behaftet. Außerdem wird ein Teil der oben genannten Struktur- und Finanzreformen dazu führen, daß es nicht zu dem befürchteten Anstieg der Beitragssätze kommt. Sollten trotzdem Finanzierungsprobleme auftreten, können die Erwerbstätigkeit gefördert, das Renteneintrittsalter erhöht oder ein Zuschuß aus dem Bundeshaushalt in die Rentenkasse geleistet werden. Eine Teilfinanzierung der Renten über Steuern wird möglich sein, weil der Staat bei abnehmender Bevölkerung weniger Geld für Schulen, Universitäten, Wohnungen etc. aufwenden muß. Denn im Jahr 2030 muß die erwerbstätige Bevölkerung nicht für viel mehr Nichterwerbstätige sorgen als heute: In Gesamtdeutschland verschiebt sich die Relation von heute 1:1,27 nur leicht auf 1:1,39. Darüber hinaus wird wie schon heute die zusätzliche Eigenvorsorge über Wohnungseigentum, Betriebsrenten und Vermögenseinkommen auch in Zukunft eine Rolle spielen. Ein Ersatz für die gesetzliche Rente, die ein existenzsicherndes Grundeinkommen bietet, wird sie auch in Zukunft nicht sein.

Umverteilung für Wachstum und Beschäftigung

Zwischen Wirtschaftswachstum und Einkommensverteilung besteht ein enger Zusammenhang.

Löhne sind Einkommen und stellen einen wesentlichen Bestimmungsfaktor der gesamtwirtschaftlichen Nachfrage dar. Die Entwicklung der Nachfrage wiederum hat einen Einfluß auf die Investitionen. Insbesondere die arbeitsplatzschaffenden Erweiterungsinvestitionen sind von der gesamtwirtschaftlichen Nachfrage abhängig. Denn nur wenn mehr Güter und Dienstleistungen nachgefragt werden, haben die Unternehmen einen Anreiz, ihre Produktionskapazitäten auszuweiten und Arbeitskräfte einzustellen. Die kaufkräftige Nachfrage ist davon abhängig, daß die Einkommen der Haushalte gestärkt werden, die einen großen Teil ihres Geldes verkonsumieren. Dazu gehören die Haushalte mit mittlerem Einkommen und mehr noch die mit geringem Verdienst.

Höheren Löhnen und Gehältern sind Grenzen gesetzt. Denn die Einkommen der Arbeitnehmer stellen für die Unternehmen

Kosten dar. Liegen diese Kosten über der Produktivität, werden bestehende Produktionen rationalisiert und neue Investitionen finden nicht statt. Folge davon sind Wachstums- und Beschäftigungseinbußen. Deshalb muß bei der Festlegung des Lohnniveaus berücksichtigt werden, daß die Unternehmen wettbewerbsfähig bleiben, ohne einem zu großen Rationalisierungsdruck ausgeliefert zu sein.

Muß in der Tarifpolitik dem Kostenaspekt der Löhne genauso Rechnung getragen werden wie dem Einkommensaspekt, so gilt dies nicht für die Verteilungspolitik des Staates. Sie muß zum einen der Rolle der Einkommensverteilung im Wirtschaftsprozeß Rechnung tragen, zum anderen ist sie für eine sozial gerechte Einkommensverteilung zuständig. Zwischen 1982 und 1997 hat der Staat die Einkommen systematisch von unten nach oben umverteilt. Unternehmen und die Bezieher höherer Einkommen wurden steuerlich begünstigt, Arbeitnehmer und Normalverdiener stärker mit Steuern und Abgaben belastet.

Um die Wirtschaft dauerhaft auf einen höheren Wachstumspfad zu führen, muß diese Umverteilung so bald wie möglich rückgängig gemacht werden. Haushalte mit geringem und mittlerem Einkommen und hoher Konsumquote sollten von Steuern und Abgaben entlastet werden. Wenn dann die Binnennachfrage anzieht, besteht für die Unternehmen Grund, ihre Kapazitäten zu erweitern und Arbeitskräfte einzustellen.

Finanzpolitik: Stetigkeit, Gerechtigkeit und Beschäftigungsfreundlichkeit sind die obersten Prinzipien

Die Lage in der Finanzpolitik ist durch eine relativ hohe Staatsverschuldung und ein jährliches öffentliches Finanzierungsdefizit von plus/minus 3 Prozent gekennzeichnet. Die Finanzpolitik sieht sich vor der ständigen Herausforderung, die Defizitkriterien von Maastricht – Schuldenstand von 60 Prozent, jährliche Neuverschuldung von maximal 3 Prozent des Sozialprodukts – einzuhalten.

Im langfristigen Vergleich bewegte sich die Staatsschuld in Deutschland, verglichen mit anderen großen Industrieländern, auf einem sehr geringen Niveau (Übersicht 36). Das änderte sich erst nach 1990, als die deutsch-deutsche Währungsunion in Kraft trat. Die Kosten der Währungsunion wurden von der Regierung Kohl weit unterschätzt. Da die Regierungsparteien Steuererhöhungen zur Finanzierung der deutschen Einheit im Wahlkampf 1990 ausgeschlossen hatten, wurden die Kosten der Währungsunion zu einem großen Teil kreditfinanziert. Die ökonomischen Folgen dieser Maßnahme waren für die westdeutsche Wirtschaft zunächst positiv: Die Vereinigung wirkte wie ein kreditfinanziertes Konjunkturprogramm keynesianischer Art. Wachstum und Beschäftigung stiegen. Die Transfers nach Ostdeutschland allerdings nahmen kein Ende. So erhöhte sich auch das öffentliche Defizit, die jährliche Neuverschuldung konnte nur schwer begrenzt werden.

Der Irrtum über die Kosten der deutsch-deutschen Währungsunion begründete einen weiteren ökonomischen Fehler: die Vereinbarung der Defizitkriterien für den Beitritt zur Europäischen Währungsunion. Obwohl Generationen in Deutschland das Jahrhundertereignis der deutschen Einheit finanzieren müssen, bestand die deutsche Regierung zusammen mit der Bundesbank in Maastricht auf Vereinbarungen zur Begrenzung der öffentlichen Verschuldung der Teilnehmerstaaten an der Europäischen Währungsunion. Auf diese Weise hat die deutsche Regierung die finanzpoliti-

Übersicht 36

Finanzierungssaldo und Schulden des Staates							
in % des Bruttoinlandsprodukts							
Jahr	Verei-nigte Staaten	Japan	Deutsch-land[1]	Frank-reich	Italien	Groß-britan-nien	Kanada
Finanzierungssaldo[2]							
1970/79	–1,2	–1,7	–1,7	–0,4		–2,6	–8,3
1980/89	–3,3	–1,5	–2,1	–2,1	–10,9	–2,3	–6,2
1990/95	–4,0	0,2	–2,9	–4,1	– 9,4	–4,3	–6,0
1990	–3,6	2,9	–2,1	–1,6	–11,0	–0,1	–4,1
1991	–4,5	3,0	–3,3	–2,2	–10,2	–1,8	–6,7
1992	–5,5	1,5	–2,8	–4,1	– 9,5	–5,5	–7,7
1993	–4,4	–1,4	–3,5	–6,0	– 9,6	–6,9	–7,5
1994	–3,1	–1,9	–2,5	–5,7	– 9,0	–6,1	–5,5
1995	–2,8	–3,0	–3,3	–5,1	–7,1	–5,1	–4,4
Staatsschulden[3]							
1975	44	39	25	39	55	96	54
1980	42	71	32	37	60	80	58
1985	55	89	42	45	89	78	78
1990	66	76	43	47	108	54	86
1995	72	95	58	71	135	71	108

1 Ab 1990 (Schulden) bzw. 1991 (Finanzierungssaldo) Gesamtdeutschland. Der Finanzierungssaldo des Staates ist 1995 um die Übernahme der Verbindlichkeiten der Treuhandanstalt sowie eines Teils der Altschulden der ostdeutschen Wohnungswirtschaft durch den Erblastentilgungsfonds bereinigt. – 2 Defizit (–). – 3 Stand am Jahresende; für Deutschland Angaben aus der Schuldenstandstatistik des Staates, die zur Berechnung der Maastrichtkriterien herangezogen werden.

Quelle: Deutsche Bundesbank

schen Handlungszwänge, unter denen die Bevölkerung heute leidet, selbst geschaffen.

Dabei entbehren die Defizitkriterien jeglicher ökonomischer Begründung. Wie Übersicht 36 zeigt, liegt die Staatsschuld in den meisten Vergleichsländern über dem von Maastricht geforderten

Wert von 60 Prozent. Auch die jährliche Neuverschuldung wird oft überschritten. Fast alle großen Industriestaaten weisen einen höheren Schuldenstand aus als Deutschland. Auch die Zinslast des deutschen Staates bewegt sich im internationalen Vergleich noch auf einem geringen Niveau (Übersicht 37). Bedenklich ist allerdings, daß der Anteil der Zinsausgaben an den Gesamtausgaben der öffentlichen Hand bei mehr als 20 Prozent liegt. Der Staat verfügt nur noch über äußerst geringe finanzpolitische Handlungsspielräume. Aus diesem Grunde ist eine mittelfristige Konsolidierung der Staatsfinanzen anzustreben.

Keinen Grund dagegen gibt es für eine aktionistische Sparpolitik der öffentlichen Hand, die in dem Bestreben, die Maastrichter Kriterien einzuhalten, willkürlich Ausgaben kürzt, sich der Sozialkassen bedient, sich an den Goldreserven der Bundesbank zu vergreifen versucht oder die Tilgung von Krediten auf die lange Bank schiebt. Die Politik des täglichen Löcherstopfens, weil man sich schon wieder in den Wachstumsannahmen oder bei den Steuerschätzungen geirrt hat, verspielt das Vertrauen der Wirtschaft und der Bürger.

Vor allem aber kostet sie Wachstum und Beschäftigung. Wenn der Staat in Zeiten von Rezession und Arbeitslosigkeit durch eine »Parallelpolitik« eine schon vorhandene Konjunkturschwäche verstärkt, statt sie durch erhöhte Leistungen an Vorruheständler, Arbeitslose oder Sozialhilfeempfänger automatisch zu stabilisieren, verursacht er zusätzlich Wachstumsverluste und Beschäftigungseinbußen. Da nahezu alle Einnahmen des Staates vom Wirtschaftswachstum abhängen, erweist sich der Staat damit selbst keinen Dienst. Denn jedes Prozent Wachstumsverlust kostet ihn rund 20 Mrd. DM an Steuern und Beiträgen. Das bekam die Finanzpolitik in Bund und Ländern in den letzten Jahren zu spüren.

Sparpolitik bedeutet nicht immer Konsolidierungspolitik. Eine chaotische Sparpolitik führt sogar zu einem höheren Konsolidierungsbedarf. Wenn der Staat die öffentlichen Investitionen in Bildung, Forschung und Technologie sowie Infrastruktur kürzt, was

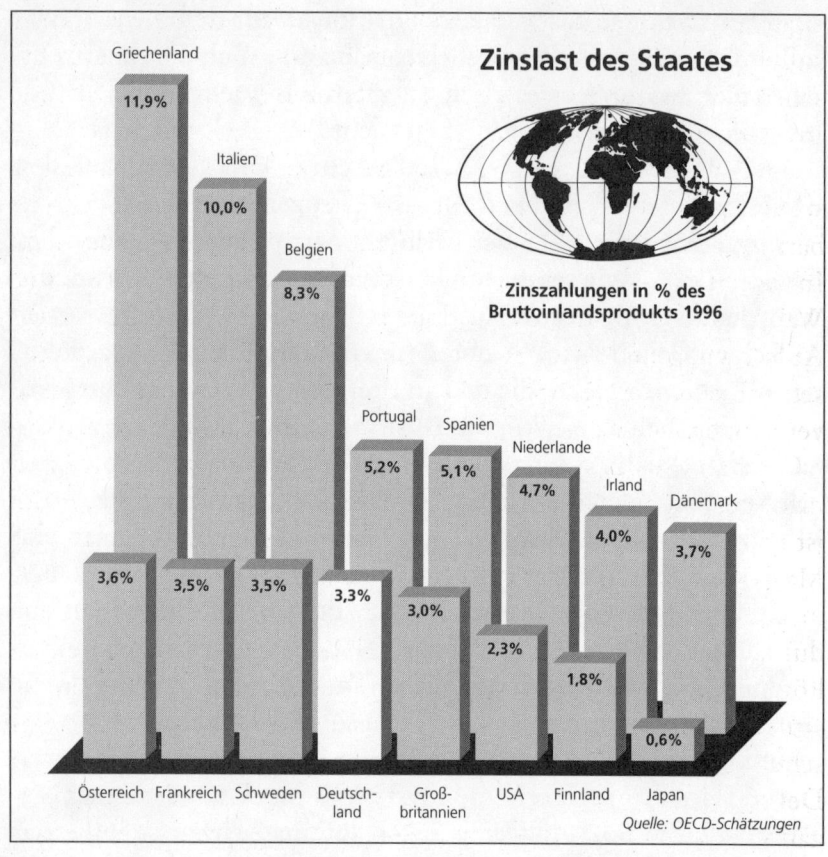

Zinslast des Staates

Zinszahlungen in % des
Bruttoinlandsprodukts 1996

Griechenland 11,9%
Italien 10,0%
Belgien 8,3%
Portugal 5,2%
Spanien 5,1%
Niederlande 4,7%
Irland 4,0%
Dänemark 3,7%
Österreich 3,6%
Frankreich 3,5%
Schweden 3,5%
Deutschland 3,3%
Großbritannien 3,0%
USA 2,3%
Finnland 1,8%
Japan 0,6%

Quelle: OECD-Schätzungen

in den vergangenen Jahren reichlich geschah, verschlechtert er die Bedingungen für zukünftiges Wachstum und für mehr Beschäftigung. Er zerstört damit selbst die Voraussetzungen für gesunde Staatsfinanzen.

Eine Politik der Konsolidierung und der Abbau der Staatsausgabenquote müssen mittel- bis langfristig angelegt sein. Die Konsolidierung der öffentlichen Haushalte wird nur dann erfolgreich verlaufen, wenn das Wachstum und der Beschäftigungsstand hoch und die Arbeitslosenquote sowie die Zinsen relativ niedrig sind.

Wirtschaftliche Stagnation und Rezession sind deshalb nicht die geeigneten Zeitpunkte für Konsolidierungsmaßnahmen. Vielmehr sollte die Finanzpolitik bei schwacher Konjunktur die automatischen Stabilisatoren wirken lassen oder über wachstumsfördernde Investitionen gegensteuern.

Im Aufschwung dagegen muß ohne Wenn und Aber konsolidiert werden. Ohne gesetzliche Regelungen oder internationale Vereinbarungen wird eine Sparpolitik politisch kaum durchsetzbar sein. In einer Demokratie, in der die Regierung sich immer wieder zur Wahl stellen muß, dürfte es gerade in einer Phase wirtschaftlichen Aufschwungs, wenn die Steuereinnahmen sprudeln, schwer durchsetzbar sein, die zusätzlichen Einnahmen zur Schuldentilgung zu verwenden. Die Konsolidierung des Staatshaushalts bedarf also unkündbarer Vereinbarungen. Diese hat es bisher in Deutschland nicht gegeben. Auch innerhalb der Europäischen Währungsunion ist nichts dergleichen vorgesehen. Daran kranken die Verträge von Maastricht und Dublin. Unabhängig von der konjunkturellen Lage in einem Land begrenzen sie die öffentliche Verschuldung, wodurch Wachstums- und Beschäftigungsverluste verursacht werden können. Andererseits zwingt keine Vereinbarung die Staaten, in Aufschwungphasen zu entschulden. Die Verträge zur Europäischen Währungsunion sollten deshalb überarbeitet werden. Die Defizitkriterien sind um eine konjunkturelle Komponente zu ergänzen, die im Abschwung eine höhere Verschuldung zuläßt und bei zunehmendem Wachstum die Schuldentilgung vorschreibt.

Eine entsprechende Vereinbarung würde es den Mitgliedsländern erleichtern, ihre Finanzpolitik zu verstetigen. In Deutschland wäre auf dieser Grundlage ein mittelfristig ausgerichtetes verläßliches Konzept zum Schuldenabbau zu erarbeiten. Eine schrittweise Umsetzung gemäß einem festen Zeitplan würde den Finanzmärkten und den für die Geldpolitik Verantwortlichen signalisieren, daß der Staat es mit seinen Anstrengungen zur Konsolidierung ernst meint. Nur dann könnte er mit der notwendigen Unterstützung seiner Bemühungen durch die Geldpolitik rechnen.

Eine seriöse mittelfristige Finanzplanung setzt voraus, daß die Regierung sich auf der Grundlage eines Kassensturzes ein zutreffendes und umfassendes Bild über die Finanzlage der öffentlichen Hand verschafft. Ein darauf aufbauendes erfolgversprechendes Konsolidierungskonzept muß die Wachstumskräfte der Wirtschaft stärken und zum Abbau der Arbeitslosigkeit beitragen. Die öffentlichen Investitionen sind eine wichtige Voraussetzung für mehr Wachstum. In den vergangenen Jahren wurden sie stark gekürzt, womit die Regierung die zukünftigen Entwicklungschancen der Wirtschaft beschnitten hat. Diese falsche Politik muß korrigiert werden. Das Verhältnis von investiven zu konsumtiven Ausgaben des Staates sollte spürbar zu Gunsten der Zukunftsinvestitionen geändert werden, insbesondere in Ostdeutschland. Die Investitionen in Bildung und Ausbildung, Forschung, Technologie und öffentliche Infrastruktur, vom Verkehr bis zur Telekommunikation, müssen massiv erhöht werden. Die Ausgabenpolitik des Staates ist zu verstetigen. Das gilt für die Erhöhung der öffentlichen Investitionen genauso wie für die Kürzung konsumtiver Ausgaben.

Ein Konsolidierungskonzept, das allen Steuerentlastungen verspricht, wäre unglaubwürdig. Auch in den kommenden Jahren belasten erhebliche Transferleistungen nach Ostdeutschland die öffentlichen Haushalte von Bund und Ländern. Die Förderung Ostdeutschlands wird weiterhin jährlich mehr als 100 Mrd. DM in Anspruch nehmen. Darüber hinaus schlägt die Umfinanzierung der versicherungsfremden Leistungen der Sozialversicherungen zu Buche. Sie werden ebenfalls auf weit über 100 Mrd. DM veranschlagt.

Ein im Jahre 1998 vorgelegtes Konsolidierungsprogramm kann deshalb keine Maßnahmen zu einer generellen Senkung der Steuerlast beinhalten. So wünschenswert geringe Steuern grundsätzlich sein mögen, besteht aktuell keine zwingende Notwendigkeit zu Steuersenkungen. Die Steuerquote ist in Deutschland verglichen mit allen wichtigen Industrienationen bereits sehr niedrig. Nur die Schweiz, Japan, Spanien und die USA schneiden geringfügig besser ab (Übersicht 27). Zukünftige Steuermehreinnahmen, die im Falle eines höheren Wirtschaftswachstums und geringerer Arbeitslosigkeit zu erwarten sind, müssen zudem zur Tilgung der hohen Staatsschulden verwendet werden. Allgemeine Steuerentlastungen sind daher allenfalls in weiter Zukunft realistisch.

Ein Teil der Steuerzahler, vor allem die Bezieher niedriger und mittlerer Einkommen, muß dennoch in den nächsten Jahren entlastet werden. Das deutsche Steuersystem weist eine Reihe von Mängeln auf, die durch Strukturreformen behoben werden müssen. Die wichtigsten Prinzipien eines guten Steuersystems wurden in den vergangenen Jahren stark verletzt. Sie müssen wieder zum Leitmotiv der Steuerpolitik werden.

1. Prinzip: Die Verteilung der Steuerlast soll gerecht sein.
Dieser Grundsatz gilt auch, wenn die Steuerpolitik eingesetzt wird, um wirtschaftspolitische Ziele zu erreichen, zum Beispiel Investitionen zu fördern.

Wenn die Steuermoral in den letzten Jahren rapide nachgelassen hat, liegt die Ursache darin, daß das Steuersystem als ungerecht empfunden wird. Gewinnverlagerungen ermöglichen es gut verdienenden Unternehmen, sich der inländischen Steuer zu entziehen. Spitzenverdiener legen ihren Wohnsitz ins nahe Ausland, um weniger Steuern zu bezahlen. Eine Vielzahl von Steuerschlupflöchern sorgt dafür, daß sich Hunderttausende von Einkommensteuerzahlern legal von der Steuer befreien. Die Rechnung zahlen die Arbeitnehmer, deren Lohnsteuer und Sozialabgaben monatlich automatisch abgeführt werden. Das führt dazu, daß immer häufiger auch Arbeitnehmer der Steuer zu entrinnen versuchen, indem sie schwarz arbeiten.

Derjenige, der seine Steuern ordentlich bezahlt, fühlt sich in Deutschland zunehmend als »der Dumme«. Wenn Bürgern, die ihr Geld am Fiskus vorbei ins Ausland geschafft haben, dann noch angeboten wird, daß sie bei ihrer Rückkehr straffrei bleiben und nur einen Teil der Steuerschuld nachzahlen müssen, weiß man: Die

Schuld an der Entwicklung tragen nicht die Bürger. Daß sie die legalen Möglichkeiten der Steuerumgehung nutzen, versteht man. Verantwortlich ist vielmehr eine Regierung, die die Gerechtigkeit des deutschen Steuerrechts systematisch zerstört. So habe das geltende Steuerrecht wahrscheinlich mehr Menschen zu Lügnern gemacht als der Teufel, wie ein kluger Spötter formulierte. Bei einer Regierung, die selbst von Steuerlüge zu Steuerlüge stolpert, ist das kein Wunder.

Steuern werden aber nur akzeptiert, wenn die Bürger das Steuersystem für gerecht halten: Jeder Steuerzahler soll einen »gerechten Anteil« zu den Kosten der Staatstätigkeit leisten.

Die Steuerlast des einzelnen sollte nach dem Prinzip der Leistungsfähigkeit bemessen werden. Gleiche Steuern bei gleichem Einkommen entsprechen der »horizontalen« Gerechtigkeit. Gegen dieses Prinzip wird im deutschen Einkommensteuerrecht vielfach verstoßen. Zahlreiche Einkommensarten – von Kapitaleinkommen über Renten bis zu Veräußerungsgewinnen – unterliegen nur teilweise oder gar nicht der Besteuerung. Einkommen aus Arbeit dagegen werden mit hohen Steuern und Abgaben belastet. Wer arbeitet und etwas leistet, ist zunehmend der Dumme. Dieser Mißstand muß beseitigt werden.

Die »vertikale« Gerechtigkeit verlangt, daß Personen mit unterschiedlich hohem Einkommen unterschiedlich hohe Steuern bezahlen müssen. Die Steuern sollten jeweils das gleiche Opfer auferlegen. Entsprechend sind höhere Einkommen, Vermögen und ein höherer Konsum relativ stärker zur Finanzierung der Staatstätigkeit heranzuziehen als niedrige.

Dem Prinzip der Besteuerung nach der Leistungsfähigkeit entspricht in der Einkommensteuer ein progressiver Tarif. Keine Veranlassung gibt es für eine wesentliche Senkung der Spitzensteuersätze. Wenn heute die Bezieher höherer Einkommen weniger bereit sind, ihren Anteil an den auch von ihnen in Anspruch genommenen öffentlichen Leistungen zu zahlen, ist das noch lange kein Grund, die in Jahrzehnten gewachsenen Gerechtigkeitsvorstellungen der

Gesellschaft umzuwerfen. In Zeiten zunehmender Globalisierung driftet außerdem die Verteilung der primären Einkommen ohnehin auseinander. Diese Entwicklung sollte nicht noch von der Steuerpolitik verstärkt werden. Vielmehr sollte die staatliche Umverteilungspolitik der wachsenden Ungleichverteilung entgegenwirken.

Erheblich niedrigere Steuersätze in anderen Industriestaaten werden oft als Begründung dafür herangezogen, die Unternehmen und die Bezieher von Höchsteinkommen steuerlich zu entlasten. Ein internationaler Vergleich aber zeigt, daß Deutschland bei den Spitzensteuersätzen im Mittelfeld rangiert (Übersicht 38). Eine massive Senkung des Spitzensteuersatzes in Deutschland würde wahrscheinlich zumindest in Europa einen Steuersenkungswettlauf in Gang setzen, der den weiteren Verfall der Staatseinnahmen zur Folge hätte.

Zudem zahlt in Deutschland kaum ein Bezieher von Höchsteinkommen den Spitzensteuersatz. Zu viele Steuervergünstigungen ermöglichen es den Besserverdienenden, sich der Steuer zu entziehen. Folge sind beträchtliche Einnahmeausfälle des Staates. 1997 gipfelte die Entwicklung eines stetig fallenden Aufkommens bei der veranlagten Einkommensteuer (Übersicht 39) darin, daß die Einnahmen nahezu auf den Nullpunkt – 1997 waren es 4,5 Milliarden nach immerhin noch 41,5 Milliarden im Jahr 1992 – sanken. Während noch 1970 der Anteil der veranlagten Einkommensteuer am Gesamtsteueraufkommen bei 10,5 Prozent lag, sank er bis 1996 auf 1,5 Prozent und bewegte sich damit auf dem Niveau einer Bagatellsteuer. In Baden-Württemberg zeigte sich bei einer Untersuchung, daß Bezieher von Einkünften zwischen 250.000 DM und einer Million DM 1994 eine durchschnittliche Steuerbelastung zwischen 25 und 39 Prozent zu tragen hatten. Bezogen auf ihre tatsächlichen, nicht steuertechnisch reduzierten Einkünfte lagen die Sätze sogar nur zwischen 14 und 28 Prozent. Ihre prozentuale Steuerbelastung war niedriger als bei einem ledigen Durchschnittsverdiener, der bei einem Jahresbruttolohn von knapp 52.000 DM rund 20,2 Prozent Steuern zahlt und darüber hinaus Sozialbeiträge entrichten muß.

Übersicht 38

Einkommensteuer-Spitzensatz
des Zentralstaats und der Gebietskörperschaften 1996
in ausgewählten Ländern[1]

Staaten	Spitzensteuersatz Staat + Gebietskörperschaften + sonstige Zuschläge in v. H.		Spitzensteuersatz beginnt ab zu versteuerndem Einkommen in DM[2]
EU-Staaten			
Belgien	insgesamt	60,77	117.854
Dänemark	Plafond (höchstens)	62,00	63.133
Deutschland	gewerbliches Einkommen insgesamt	50,52	100.224
	nicht gewerbl. Einkommen insgesamt	56,97	120.042
Finnland	insgesamt	56,50[4]	93.699
Frankreich		56,80	83.717
Griechenland		45,00	95.175
Irland		48,00	21.360
Italien	Staat	51,00	297.000
	Gemeinden[3]	16,20	
Luxemburg	insgesamt	51,25	67.615
Niederlande		60,00	83.078
Österreich		50,00	99.610
Portugal		40,00	56.742
Schweden	insgesamt	56,00[5]	47.277
Spanien		56,00	122.664
Großbritannien		40,00	56.619
Andere Staaten			
Japan	insgesamt	65,00[6]	unterschiedlich
Kanada		44,4–54,2	unterschiedlich
Schweiz (nur Zürich)	insgesamt	42,44	unterschiedlich
USA (nur Staat New York)[7]		43,90	unterschiedlich

1 Grundtarif für Alleinstehende, sofern es verschiedene Tarife nach dem Familienstand gibt; auf Einkommen des Jahres 1995 bzw. 1996. Ohne Sondersteuern auf bestimmte Einkünfte (z. B. Kapitaleinkünfte). – 2 Umrechnung der Landeswährung über Umsatzsteuer-Umrechnungskurse Mai 1996. – 3 Nur auf bestimmte Einkünfte, insbesondere Gewerbeertrag. – 4 Steuersatz für Erwerbseinkünfte; Kapitaleinkünfte unterliegen nur der Staatssteuer mit einem Steuersatz von 28 v. H., nicht der Gemeindesteuer. – 5 Steuersatz für Erwerbseinkünfte; Kapitaleinkünfte unterliegen nur der Staatssteuer mit einem Steuersatz von 30 v. H., nicht der Gemeindesteuer. – 6 Für 1995 und 1996 zeitlich befristet; Erstattung der Einkommensteuer i. H. v. 15 v. H. höchstens 50.000 Yen (720 DM) bei staatlicher Steuer, 20.000 Yen (288 DM) bei nachgeordneten Gebietskörperschaften. – 7 Steuer des Bundes und des Staates New York; ohne Steuer der Stadt New York.

Quelle: Informationsdienst zur Finanzpolitik des Auslands, BMF vom 30. 7. 96; aus: Ehrenberg, 1997.

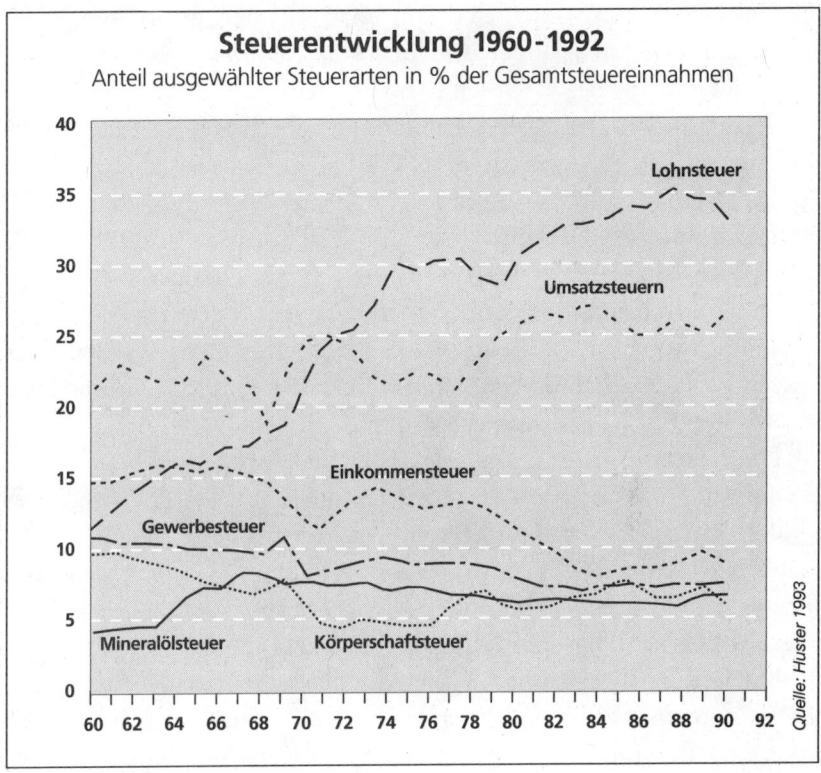

Steuerentwicklung 1960-1992
Anteil ausgewählter Steuerarten in % der Gesamtsteuereinnahmen

Lohnsteuer
Umsatzsteuern
Einkommensteuer
Gewerbesteuer
Mineralölsteuer
Körperschaftsteuer

Quelle: Huster 1993

Das oberste Prinzip eines guten Steuersystems, die Gerechtigkeit, wird durch das Vorhandensein ausufernder Steuersubventionen massiv verletzt. Da die Verteilungswirkungen einzelner Steuervergünstigungen schwer abschätzbar sind und auch die Folgen für die Staatseinnahmen oft nicht prognostiziert werden können, sollten Steuervergünstigungen auf ein Mindestmaß beschränkt werden. Das Steuerrecht sollte von sachfremden Erwägungen weitgehend befreit und dadurch auch vereinfacht werden. Verbleibende Vergünstigungen oder Subventionsbestimmungen sollten in Transfer- und Subventionsgesetzen geregelt werden, damit der jeweilige Subventionswert klarer ersichtlich ist. Außerdem müßte für die Zukunft gelten, daß die sachlich gerechtfertigte finanzielle Förderung bestimmter Ziele zeitlich befristet wird, da sich die Abschaffung von Steuervergünstigungen und Subventionen in der Vergangenheit als äußerst schwierig erwiesen hat.

Durch die Wiederherstellung eines gerechten Steuersystems werden die legalen Möglichkeiten, sich der Steuer zu entziehen, weitgehend beseitigt. Die illegale Steuerhinterziehung oder Steuerflucht muß durch staatliche Verfolgung und harte Strafen bekämpft werden. Das Steueraufkommen würde aufgrund dieser Maßnahmen steigen. Entsprechende Einnahmen könnten teilweise für allgemeine Senkungen von Steuern und Abgaben genutzt werden. Aus ökonomischen Gründen sollten die Bezieher unterer und mittlerer Einkommen stärker entlastet werden.

Die falsche Finanzierung der deutschen Einheit über die Erhöhung von Sozialabgaben und Steuern, die vor allem Arbeitnehmer und Normalverdiener belastete, muß schon aus beschäftigungspolitischen Gründen rückgängig gemacht werden. Die Befrachtung des Produktionsfaktors Arbeit mit Kosten, die ihm nicht zuzurechnen sind, hat enorme Beschäftigungsverluste gebracht.

Die Beschäftigungsfeindlichkeit des deutschen Steuer- und Abgabensystems wird durch den internationalen Vergleich von Steuern und Abgaben bestätigt. So liegt der Anteil der Einnahmen aus Verbrauchsteuern und Sozialbeiträgen in Deutschland mit 66,5 Prozent (1993) wesentlich höher als in den USA mit 46,4 Prozent, Japan mit 48,3 Prozent oder Großbritannien mit 54,1 Prozent. Dagegen beträgt der Anteil an Einnahmen aus Einkommens-, Gewinn- und Vermögenssteuern in Deutschland nur 33,4 Prozent, während er in den USA bei 53,7 Prozent liegt, in Japan bei 51,7 Prozent und in Großbritannien immerhin noch bei 45,8 Prozent (Übersicht 40). Alle genannten Länder weisen gerade in den letzten Jahren größere Beschäftigungserfolge auf als Deutschland. Diese Zahlen sprechen auch gegen das Steuerkonzept der Regierung Kohl, das die Umschichtung von direkten zu indirekten Steuern vorsieht.

Öffentliche Finanzen
Einnahmen nach Steuerarten und aus Sozialversicherungsbeiträgen

Land	Von den Einnahmen entfielen 1993 in % auf				
	Steuern auf Einkommens- bzw. Einkunftsarten[1]	Steuern auf Lohnsumme, Berufssteuer u. ä.	Steuern auf Vermögen und Vermögensverkehr[2]	Umsatz-, Verbrauchs- und Aufwandssteuern, Zölle[3]	Sozialversicherungsbeiträge
Belgien	35,6	–	2,6	26,3	35,6
Dänemark	59,5	1,1	4,2	31,9	3,2
Deutschland	30,7	–	2,7	27,8	38,7
Finnland	38,4	–	2,8	32,4	26,4
Frankreich	17,4	2,3	5,2	30,6	44,6
Griechenland	18,2	0,6	3,5	43,9	33,8
Irland	40,2	2,0	4,2	38,3	15,4
Italien	34,0	0,3	5,0	23,7	37,1
Japan	40,6	–	11,1	14,7	33,6
Kanada	44,1	–	11,1	28,1	16,6
Luxemburg	36,8	–	7,8	26,9	28,6
Niederlande	32,4	–	3,7	25,7	38,2
Norwegen	33,3	–	2,6	38,9	25,1
Österreich	27,0	5,8	2,6	30,6	34,0
Portugal	27,5	–	2,4	43,2	26,8
Schweden	41,3	0,4	3,2	27,5	27,6
Schweiz	38,6	–	7,3	16,7	37,4
Spanien	29,9	–	4,9	27,1	38,1
Großbritannien	35,0	–	10,8	36,3	17,8
USA	42,4	–	11,3	17,2	29,2

1 Einschließlich etwaiger Veräußerungsgewinn-, Gewerbeinkommen- und Quellensteuern sowie Sondersteuern auf Einkünfte. – 2 Einschließlich Grund-, Gewerbekapital-, Erbschafts-, Kapitalverkehrs- und Grunderwerbssteuern u. ä. – 3 Für EU-Staaten einschließlich EU-Anteilen.

Quelle: Bundesministerium der Finanzen, 1996.

Für eine grundlegende Reform des Steuer- und Abgabensystems sprechen somit systematische Gründe, die Notwendigkeit der Wiederherstellung von mehr Verteilungsgerechtigkeit und die Förderung von mehr Beschäftigung. Für die steuerfinanzierte Senkung der Sozialabgaben ist nicht nur die Ökosteuer, sondern auch ein Teil der Steuermehreinnahmen, die durch den Abbau der Steuersubventionen entstehen, heranzuziehen. Darüber hinaus verbleibende Mehreinnahmen können für die Senkung der Steuersätze verwendet werden.

2. Prinzip: Steuern sollen so beschaffen sein, daß sie wirtschaftliche Entscheidungen auf sonst effizienten Märkten möglichst wenig beeinträchtigen.

Steuervergünstigungen und Subventionen führen auch zu Wettbewerbsverzerrungen auf den Märkten. Die Funktionsfähigkeit des marktwirtschaftlichen Systems kann dadurch wesentlich beeinträchtigt werden. Die zahlreichen Steuervergünstigungen, die im Zuge der Förderung der ostdeutschen Bautätigkeit den meist finanzkräftigen westdeutschen Bauherren zugute kamen, sind dafür ein gutes Beispiel.

Erstens begünstigen die von den ost- und westdeutschen Steuerzahlern finanzierten hervorragenden Abschreibungsbedingungen hauptsächlich die Vermögensbildung einkommensstarker westdeutscher Haushalte. Diese Verteilungswirkungen sind unerwünscht. Darüber hinaus profitieren vor allem – wiederum westdeutsche – Makler und Baugesellschaften, die bei der Kalkulation der von ihnen angebotenen Immobilien die beim Käufer entstehende Steuerersparnis oft auf den Preis aufschlagen. Schon bei den Bauherrenmodellen in den siebziger Jahre hat sich so mancher Einkommensmillionär, der sich der Steuer entziehen wollte, verkalkuliert. Oft wurden zu teure Objekte gekauft, die sich nur während der Jahre erhöhter Abschreibungen rechneten, danach aber nichts als Verluste eintrugen. Mancher Arzt oder Unternehmer war gezwungen, in den Folgejahren weiterhin viel Geld zu verdienen, um seine Schulden aus diesen Fehlinvestitionen begleichen zu können. Die Schadenfreude, die mancher darüber empfinden mag, ist unangebracht. Der volkswirtschaftliche Schaden solcher Fehlallokation ist beträchtlich. So bewirkten die Steuervergünstigungen im Rahmen des Aufbaus der ostdeutschen Wirtschaft, daß massiv in den Bau von Wohnungen, Gewerbeflächen und Bürogebäude investiert wurde, die heute leerstehen. Gleichzeitig fehlt zahlreichen gewerblichen Unternehmen, vor allem Existenzgründern, in Ost- und Westdeutschland das notwendige Kapital.

Steuervergünstigungen und Subventionen – sie beliefen sich 1997 auf rund 115 Mrd. DM – sollten deshalb auch auf ein äußerst geringes Maß zurückgeführt werden, um wettbewerbsverzerrende Wirkungen des Steuersystems zu begrenzen. Die Funktionsfähigkeit der Märkte würde dadurch verbessert, Wohlstandsgewinne wären die Folge.

Das Einkommensteuerrecht stört die Markteffizienz noch an anderer Stelle. Der Eingangssteuersatz liegt mit 25,9 Prozent bei einem zu versteuernden Einkommen von rund 12.000 DM sehr hoch. Für Bezieher niedriger Einkommen ist die Aufnahme oder Ausübung einer Erwerbstätigkeit sehr unattraktiv, weil ihr Einkommen nach Steuer kaum höher oder sogar niedriger liegt als die Sozialhilfe. Wenig produktive und deshalb gering bezahlte Arbeitsplätze sind aus diesem Grunde nicht zu besetzen. So werden bestimmte Güter und vor allem Dienstleistungen, die bei niedrigeren Preisen nachgefragt würden, nicht angeboten. Und potentiell vorhandene Arbeitsplätze können nicht entstehen. Um Wettbewerbsverzerrungen auf dem Arbeitsmarkt für Geringverdiener zu beseitigen und dadurch die Voraussetzungen zur Schaffung von Arbeitsplätzen zu verbessern, ist eine kräftige Senkung des Eingangsatzes bei der Einkommensteuer notwendig.

3. Prinzip: Das Steuersystem sollte eine effiziente und nicht willkürliche Verwaltung ermöglichen und für die Steuerzahler verständlich sein

Das deutsche Steuerrecht ist sehr umfassend, schwer verständlich und wenig durchschaubar. Die Verteilungswirkungen sind kaum zu ermitteln. Vielfach wird dem Steuerzahler aus der einen Hosentasche herausgezogen, was ihm in die andere hineingesteckt wurde. Für die Steuererklärung benötigen viele Steuerzahler professionelle Unterstützung. Wer den besten Steuerberater hat, zahlt oft die geringsten Steuern. Die Unverständlichkeit des Steuersystems wird damit zur Quelle weiterer Ungerechtigkeit. Deshalb sollte vor allem das Einkommensteuerrecht im oben genannten Sinne wesentlich vereinfacht werden. Auch eine Abschaffung der Bagatellsteuern böte sich an.

Finanzwissenschaftler plädieren für eine »echte« Vereinfachung des Steuerrechts, die ökonomischen und finanzpolitischen Anforderungen gleichermaßen gerecht wird. Der Staat könnte sich auf einige wenige Steuern konzentrieren: eine Öko-Steuer auf Energie und Rohstoffe, eine Konsumsteuer, eine vereinfachte Einkommensteuer und eine Vermögensabgabe zur Staatsentschuldung beziehungsweise eine Lastenausgleichsabgabe zur Finanzierung der deutschen Einheit.

Der Geldpolitik obliegt auch Verantwortung für Wachstum und Beschäftigung

Jacques Delors äußerte einmal die Vermutung, daß nicht alle Deutschen an den lieben Gott glaubten, aber alle an die Bundesbank. Der Grund dafür liegt auf der Hand: Die deutsche Zentralbank gilt als Gewährleister für die Stabilität der deutschen Währung, und die DM ist wohl der Deutschen liebstes Kind.

Aber erfüllt die Bundesbank damit bereits alle ihre Aufgaben? Mitnichten. Denn den Wert einer Währung in einer gut funktionierenden Wirtschaft zu garantieren, ist keine große Kunst. Die Herausforderung für eine Notenbank besteht vielmehr darin, die Preissteigerung in Grenzen zu halten und gleichzeitig die Stabilität des Wachstums und der Beschäftigung zu sichern. Bei der Bewältigung dieser Aufgabe hat die Bundesbank in den vergangenen 15 Jahren eindeutig versagt.

So können sich vielleicht ein paar finanzkräftige »fromme Christen freuen, die öffentlich zu Gott beten und insgeheim auf Tietmeyer hoffen«. Weniger zu lachen haben die Millionen von Arbeitslosen. Ihnen, die gar nicht erst die Gelegenheit haben, Geld zu verdienen und Sparkonten anzulegen, kann der Erhalt der DM kaum am Herzen liegen. Und auch nicht dem Normalverdiener, dessen Ersparnisse laufend abnehmen, weil er bei sinkenden Realeinkommen nur so sein Konsumniveau halten kann.

Um keine Mißverständnisse aufkommen zu lassen: Es geht nicht darum, am Stabilitätsziel zu rütteln. Es geht vielmehr darum, durch eine konjunkturgerechte Geldpolitik Wachstums- und Beschäftigungsmöglichkeiten zu erschließen, ohne die Stabilität der Währung zu gefährden.

Niedrige Realzinsen sind für das Wachstum der Wirtschaft und für die Konsolidierung der Staatsfinanzen von herausragender Bedeutung. Ohne die Unterstützung der Geldpolitik werden sich die Wachstums-, Beschäftigungs- und Finanzprobleme Deutschlands nicht lösen lassen.

Vor diesem Hintergrund ist zu fragen, ob die Bundesbank in der Vergangenheit alle Möglichkeiten ausgeschöpft hat, Wachstum und Beschäftigung zu fördern. Viele Hinweise sprechen dagegen. So haben nicht nur die OECD und die Internationale Arbeitsorganisation zu hohe Realzinsen in Deutschland und Europa kritisiert und einen aktiveren Beitrag der Geldpolitik zur Belebung des Wirtschaftswachstums befürwortet. Auch mehrere amerikanische Ökonomen wie Lester Thurow, James Tobin, Paul Krugman oder Franco Modigliani – einige von ihnen Nobelpreisträger – machen die nunmehr seit Jahrzehnten zu restriktive Geldpolitik der Bundesbank für die hohe Arbeitslosigkeit in Deutschland und Europa verantwortlich. Der letzte, der sich in die Reihe der Bundesbankkritiker stellte, war der Chef der amerikanischen Notenbank, Alan Greenspan. Er, der selbst als Hardliner in der Stabilitätspolitik bekannt ist, gab den Deutschen Ende 1997 zu bedenken, daß die fehlerhafte Messung der Preise bei sehr niedriger Inflation wichtig werde, weil die Gefahr der Deflation auftreten könne. Fallende Preise aber führen zur Stagnation oder Rezession mit schlimmen Folgen für den Arbeitsmarkt. Diesem Aspekt sollte die Geldpolitik Rechnung tragen.

Der Internationale Währungsfond hält aus mehreren Gründen eine Inflationsrate von null für unratsam: Erstens erschwert sie die Anpassung von Reallöhnen, zweitens kann sie zu höherer Arbeitslosigkeit beitragen und drittens behindert sie den effizienten Einsatz der Geldpolitik. Darüber hinaus würden die offiziellen Preisstatistiken die tatsächliche Preissteigerung massiv überzeichnen, in den USA zum Beispiel zwischen 1 und 2,5 Prozent. Allein aus diesem Grund hält es der Internationale Währungsfonds für »vorsichtig«, wenn eine Zentralbank ein Inflationsziel zwischen 1 und 2 Prozent anstrebt.

Die Frage, ob die Deutsche Bundesbank in den letzten Jahren die Spielräume für inflationsneutrale Zinssenkungen ausgeschöpft hat, stellt sich nicht nur vor dem Hintergrund langjähriger sehr niedriger Preissteigerungsraten in Deutschland. Auch in Europa und sogar weltweit sind die Inflationsraten in den letzten Jahrzehnten erheblich gesunken. Es wird bereits vom »Tod der Inflation« gesprochen. Das ist möglicherweise übertrieben. Gleichwohl muß eine vernünftige Geldpolitik berücksichtigen, daß in Zeiten globaler Märkte der Wettbewerbsdruck zunimmt und die Möglichkeiten von Preiserhöhungen im Inland leicht durch die ausländische Konkurrenz zunichte gemacht werden können.

Ein gutes Beispiel dafür lieferte Anfang der neunziger Jahre der Einheitsboom, in dessen Gefolge die Deutsche Bundesbank sehr hohe Inflationsraten erwartete. Daß sie nicht eintrafen, obwohl die deutschen Unternehmen am äußersten Rande ihrer Kapazitäten produzierten, kann nur teilweise mit der zinspolitischen Gegensteuerung der Bundesbank erklärt werden. Hauptverantwortlich für die moderate Preisentwicklung dürften die in die Höhe geschnellten Importe aus dem europäischen Ausland gewesen sein.

Vor dem Hintergrund eines sich neigenden Zeitalters der Inflation und angesichts der Gefahren eines Abrutschens in die Deflation mit ihren schlimmen wirtschaftlichen Folgen muß die Geldpolitik für die gesamtwirtschaftliche Entwicklung eines Landes stärker in die Verantwortung genommen werden. Ihr Ziel sollte sein, ein möglichst hohes Wachstum und einen hohen Beschäftigungsstand bei gleichzeitiger Sicherung der Währung zu erreichen. Dazu bedarf es der intensiven Zusammenarbeit zwischen der Zentralbank und den Verantwortungsträgern in der Finanz- und der Tarifpolitik. Einer Europäischen Zentralbank muß daher eine zentrale europäische Wirtschaftsregierung sowie ein europäischer Tarifausschuß gegenüberstehen. Die Europäische Zentralbank wäre darüber hinaus gefordert, ihre Geldpolitik öffentlich zu begründen, wie dies bereits teilweise in den Folgevereinbarungen zu Maastricht festgelegt wurde. Denn zu einer Demokratie sollte es gehören, daß jede unabhängige Institution, deren Entscheidungen das Wohl des ganzes Volkes betreffen, ihr Handeln zumindest erklären und sich vor der Öffentlichkeit rechtfertigen muß.

Wachstums- und beschäftigungsorientierte Tarifpolitik

Über Jahrzehnte hinweg bestand weitgehende Übereinstimmung darin, daß die Arbeitnehmer über produktivitätsorientierte Lohnzuwächse am steigenden Wohlstand beteiligt werden sollten. Die Bemühungen der Gewerkschaften in den siebziger Jahren, die Einkommensverteilung zugunsten der Beschäftigten zu verändern, scheiterten. Zwar stieg die Lohnquote vorübergehend. Dieser Vorgang wurde aber im Laufe des letzten Jahrzehnts wieder rückgängig gemacht.

Einer Lohnpolitik, die über die Zunahme der Produktivität hinausgeht, stehen nicht nur die gesellschaftlichen Machtverhältnisse entgegen. Zu hohe Löhne schwächen auch die Wettbewerbsfähigkeit der Unternehmen. Können sie die Lohnerhöhungen zudem über die Preise weitergeben, steigt das Preisniveau: Die Beschäftigten haben keinen realen Einkommensvorteil. Außerdem muß mit Gegenreaktionen der Zentralbank, das heißt einer restriktiven Geldpolitik, gerechnet werden. Es kommt zu Wachstums- und Beschäftigungsverlusten.

In Zeiten zunehmender Globalisierung stellt sich die Frage, ob Lohnzuwächse in Höhe des Produktivitätsfortschritts von den Unternehmen getragen werden können. Oder ob der Druck auf die Preise so stark ist, daß die Löhne erheblich hinter der Produktivität zurückbleiben müssen, wie von Industrie- und Arbeitgeberverbänden fast täglich gefordert wird. Ein internationaler Vergleich der Lohnstückkostenentwicklung widerspricht dieser Sichtweise. Ebenso die Entwicklung von Gewinnen und Löhnen. Die zurückhaltende Lohnpolitik der vergangenen Jahre hat nicht nur zum Erhalt der Wettbewerbsfähigkeit der deutschen Wirtschaft beigetragen. Sie wurde von den Unternehmen auch dazu benutzt, die Verteilung massiv zu ihren Gunsten zu verändern. Die Gewinnquote erreicht heute wieder Höchstwerte, während sich die Beschäftigten mit einem mageren Anteil am Volkseinkommen begnügen müssen.

Eine weitere Senkung der Lohnquote ist aus verteilungspolitischen Gründen nicht wünschenswert. Noch stärker aber wiegen die ökonomischen Argumente. Denn Löhne, die der Produktiviät zu stark hinterherhinken, schwächen die gesamtwirtschaftliche Nachfrage. Sie vermindern die Absatzchancen der Unternehmen und verschlechtern ihre Gewinnaussichten. Zu geringe Löhne sind dann Ursache von schwachen Wachstum und Unterbeschäftigung.

Es gibt Hinweise darauf, daß die Lohnquote in Deutschland bereits ein so niedriges Niveau erreicht hat, daß es gesamtwirtschaftlich schädlich ist. Andere Industrienationen, die größere wachstums- und beschäftigungspolitische Erfolge erzielt haben, weisen eine teilweise erheblich höhere Lohnquote auf als Deutschland mit 53,7 Prozent im Jahr 1996: die USA mit 58,0 Prozent und Japan mit 56,1 Prozent. Selbst Großbritannien liegt – trotz des langjährigen Wirkens von Maggy Thatcher – mit 53,9 Prozent leicht über dem deutschen Wert.

Entgegen den Versprechungen der Unternehmen und ihrer Verbände hat die Lohnzurückhaltung der vergangenen Jahre auch keineswegs dazu geführt, daß Beschäftigung gesichert oder geschaffen wurde. Über das notwendige Maß hinaus bauen die Unternehmen weiterhin Arbeitsplätze ab. Auch das beweist ein internationaler Vergleich. In den USA, Frankreich und Großbritannien sind die Bruttoeinkommen aus unselbständiger Arbeit 1997 stärker gestiegen als in Deutschland. Trotzdem kommt es in allen drei Vergleichsländern zu einer Beschäftigungszunahme. Die deutschen Unternehmen dagegen bauen weiterhin Beschäftigung ab. Und das, obwohl nachweislich ein geringerer Kostendruck besteht als in den Vergleichsländern. Folge dieser Unternehmensstrategie ist, daß die Lohnstückkosten in Deutschland seit 1996 sinken. Es ist also die deutsche Wirtschaft, die Druck auf die anderen Volkswirtschaften ausübt, und nicht umgekehrt.

Eine wachstums- und beschäftigungsfördernde Lohnpolitik muß Lohnzuwächse anstreben, die sich an der gesamtwirtschaftlichen Produktivitätszunahme orientieren. Allerdings sollte die Lohnpolitik stärker als in der Vergangenheit differenzieren. Einerseits geht es darum, weniger produktive Tätigkeiten im Dienstleistungsbereich bezahlbar zu machen. Andererseits soll die Möglichkeit ausgeweitet werden, in sehr produktivitätsstarken Unternehmen oder Branchen überdurchschnittliche Lohnzuwächse zu realisieren. Schließlich sollen nicht nur Vorstände am Erfolg ihres Unternehmens beteiligt werden, sondern auch die Arbeitnehmer.

Und die Ertragsbeteiligung der Beschäftigten vollzieht sich nun einmal üblicherweise über die Erhöhung von Löhnen und Gehältern. Um Differenzierung zu ermöglichen, könnte eine Reform des Flächentarifvertrags entsprechende tarifliche Wahlmöglichkeiten eröffnen oder die Ergänzung des Flächentarifvertrags durch Firmentarifverträge zulassen.

Da in naher Zukunft allenfalls eine Stabilisierung der Lohnquote – aus wachstumspolitischen Gründen wäre eine Erhöhung allerdings wünschenswert – zu erreichen sein wird, müssen die Arbeitnehmer über die Bildung von Produktiv- und Geldvermögen am steigenden Wohlstand beteiligt werden. Eine entsprechende Tarifpolitik muß alle hierfür zur Verfügung stehenden Möglichkeiten – von der erfolgsorientierten Mitarbeiterbeteiligung über Belegschaftsaktien bis zu überbetrieblichen Tariffonds – ausschöpfen. Die Bemühungen, die Arbeitnehmer in den Besitz von Produktivkapital zu bringen, sind durch den Gesetzgeber zu unterstützen.

Zu einer beschäftigungsorientierten Tarifpolitik gehört auch die Umverteilung von Arbeit über die Verkürzung der Arbeitszeit. Unterschiedliche Formen der Arbeitszeitverkürzung sollten es ermöglichen, daß den Bedürfnissen und Wünschen der Arbeitnehmer genauso entsprochen werden kann wie der Leistungsfähigkeit der Unternehmen.

Fazit

Deutschland braucht ein kräftiges und dauerhaftes Wirtschaftswachstum. Es ist unabdingbare Voraussetzung, um im notwendigen Maße Beschäftigung zu schaffen, den Strukturwandel zu beschleunigen und die Staatsfinanzen zu konsolidieren. Die Wirtschaftspolitik ist in erster Linie darauf auszurichten, die Wachstumsrate merkbar zu erhöhen und mehr Beschäftigung zu schaffen.

In den vergangenen Jahren hat die Politik mehrfach, zum Beispiel bei der wirtschaftlichen Vereinigung Ost- und Westdeutschlands, gegen marktwirtschaftliche Prinzipien verstoßen. Es darf nicht wieder passieren, daß der Staat in unglaublicher Anmaßung ökonomische Zusammenhänge ignoriert, und Wirtschaft und Gesellschaft dafür zahlen müssen. Soweit nicht nachgewiesen ist, daß staatliche Lösungen geeigneter sind, sollten Probleme marktwirtschaftlich geregelt werden.

In der Regierungszeit Helmut Kohls hat der Staat seine ordnungspolitischen Aufgaben massiv vernachlässigt. Die Wirtschaft aber braucht als Grundlage ihres unternehmerischen Handelns einen funktionsfähigen und verläßlichen Ordnungsrahmen. Dazu gehört auch das System der sozialen Sicherheit. Außerdem obliegt es staatlicher Verantwortung, durch eine koordinierte gesamtwirtschaftliche Politik für eine gesunde und stetige wirtschaftliche Entwicklung und einen hohen Beschäftigungsstand zu sorgen. Wenn der Staat diese Aufgaben gewissenhaft und effizient erfüllt, kann er auch an die Verantwortung eines jeden Bürgers appellieren, für seine Existenz zu sorgen und sich für das Gemeinwohl einzusetzen.

Die Funktionsfähigkeit des Systems der sozialen Sicherheit muß dringend wiederhergestellt werden. Das vorhandene Sozialsystem hat sich in der Vergangenheit bewährt, wird im Kern von der breiten Bevölkerung akzeptiert und hat seine Anpassungsfähigkeit wiederholt bewiesen. An diesem System ist festzuhalten. Um das Vertrauen der Bürger wiederzugewinnen und das System für die Wirtschaft berechenbarer zu machen, muß die Finanzierbarkeit langfristig gesichert werden. Ziel sind stetige und – aus beschäftigungspolitischen Gründen – niedrigere Beiträge. Sie können realisiert werden, wenn die gesamten versicherungsfremden Leistungen steuerfinanziert werden und die Versicherungspflicht ausgeweitet wird.

Besonderen Reformbedarf gibt es in der Rentenversicherung. Neben der allgemeinen Versicherungspflicht mit Höchst- und Mindestbeiträgen, ist dort vor allem die eigenständige Sicherung von Mann und Frau einzuführen. Die Möglichkeit des Vorruhestands sollte von der Lage auf dem Arbeitsmarkt abhängig gemacht werden. Eventuell auftretende langfristige Finanzierungsprobleme können über mehr Beschäftigung, die Erhöhung des Renteneintrittsalters und eine Teilfinanzierung der Renten über Steuern gelöst werden.

Die Verteilungspolitik hat im Prozeß der wirtschaftlichen Entwicklung eine bedeutende Rolle. In den vergangenen eineinhalb Jahrzehnten hat eine steuerliche Umverteilung von unten nach oben stattgefunden, die wieder rückgängig gemacht werden muß. Haushalte mit mittlerem und geringem Einkommen und hoher Konsumquote sind steuerlich kräftig zu entlasten, damit sie Nachfrage auf dem Binnenmarkt entfalten können.

Im Mittelpunkt der Finanzpolitik muß die Konsolidierung der öffentlichen Haushalte stehen. Eine solide Politik der Konsolidierung setzt eine hohes Wirtschaftswachstum, den Abbau der Arbeitslosigkeit und die Zunahme der Beschäftigung sowie niedrige Zinsen voraus. Deshalb sollte man in der Rezession die automatischen Stabilisatoren wirken lassen und die Krise nicht durch eine aktionistische Sparpolitik verschärfen. Im Aufschwung dagegen muß ohne Wenn und Aber konsolidiert werden. Es bedarf entsprechender Selbstverpflichtungen, auch auf europäischer Ebene, um die konjunkturabhängige Ver- und Entschuldung zu gewährleisten. Ein glaubwürdiges Konsolidierungskonzept kann vorerst keine allgemeinen Steuerentlastungen enthalten.

Das deutsche Einkommensteuerrecht lädt zur legalen Steuerhinterziehung geradezu ein. Dadurch kommt es nicht nur zu einem Ausfall von Steuereinnahmen, sondern auch zu einem Verfall der Steuermoral. Das deutsche Steuersystem muß wieder dem Leitmotiv der Gerechtigkeit folgen. Demnach sollten die Bürger entsprechend ihrer Leistungsfähigkeit an der Finanzierung der öffentlichen Aufgaben beteiligt werden. Das »Opfer« sollte dabei für möglichst jeden Steuerzahler gleich hoch sein. Dazu gehört es, daß alle Einkunftsarten der Steuer unterliegen. Steuersubventionen müssen auf ein Minimum verringert werden. Um »Opfergleichheit« zu gewährleisten, muß der Steuersatz sich mit steigendem Einkommen erhöhen. Eine wesentliche Verringerung des Spitzensteuersatzes würde dem Prinzip der Gerechtigkeit widersprechen. Subventionsabbau und ein niedriger Eingangssteuersatz in der Einkommensteuer sind sinnvoll, um durch das Steuerrecht entstandene Wettbewerbsverzerrungen zu vermeiden. Eine Vereinfachung des deutschen Steuerrechts ist anzustreben.

Die Deutsche Bundesbank hat in den vergangenen Jahren die relativ einfache Aufgabe, die Preissteigerung in Deutschland auf einem niedrigen Niveau zu halten, gut erfüllt. Die weitaus anspruchsvollere Herausforderung, dies mit einer stetigen Entwicklung des Wirtschaftswachstums und der Beschäftigung zu verbinden, hat sie nicht bewältigt. Dabei kann sie sich nicht mit dem wirtschaftspolitischen Versagen der Regierung Kohl entschuldigen. Die Bundesbank trägt auch selbst Verantwortung. Gleichwohl scheint sie sich der gesamtwirtschaftlichen Entwicklung in diesem Lande nicht verpflichtet zu fühlen. Zahlreiche Hinweise sprechen dafür, daß sie in der Vergangenheit die Spielräume für inflationsneutrale Zinssenkungen nicht ausreichend ausgeschöpft hat. Vor dem Hintergrund sich abzeichnender Deflationsgefahren muß die Geldpolitik mehr als bisher in die Veranwortung für Wachstum und Beschäftigung genommen werden. Dazu bedarf es einer größeren Abstimmung zwischen Finanz-, Tarif- und Geldpolitik, auch auf europäischer Ebene.

Die Lohnpolitik muß sich wieder stärker an der gesamtwirtschaftlichen Produktivitätszunahme orientieren. Ein weiterer Rückgang der Lohnquote dürfte kaum zu mehr Beschäftigung führen, da es zu Nachfrageausfällen und zu Wachstumsverlusten käme. Lohnzurückhaltung wäre nur akzeptabel, wenn im Gegenzug tatsächlich Arbeitsplätze geschaffen würden. Erfahrungen aus der jüngsten Vergangenheit aber zeigen, daß die deutschen Unternehmen – anders als die im Ausland – auch bei äußerst moderater Lohnpolitik weiterhin Beschäftigung abbauen. Eine differenziertere Lohnpolitik kann die Chancen, produktivitätsorientierte

Lohnsteigerungen durchzusetzen, verbessern. Um an den im Zuge der zunehmenden Globalisierung gestiegenen Zinsen und Renditen teilzuhaben, sollten die Arbeitnehmer in stärkerem Maße Produktivvermögen bilden können.

»*Das Ziel der Arbeit ist die Muße, die*
Muße ist die Schwester der Freiheit.«
Aristoteles,
griechischer Philosoph

IX. Kapitel

Vollbeschäftigung: Keine Illusion!

In der Vergangenheit wurde der Zweck des Wirtschaftens hauptsächlich darin gesehen, die Bevölkerung möglichst gut mit materiellen Gütern und Dienstleistungen zu versorgen. Die deutsche Wirtschaft erfüllt diese Zielsetzung immer besser: Der Wohlstand war in Deutschland noch nie so groß wie heute. Trotz Ungleichheiten erreicht er auch die Ärmeren, deren Lebenstandard im historischen Vergleich hoch ist. Selbst diejenigen, die von der Gesellschaft über Arbeitslosenhilfe oder Sozialhilfe alimentiert werden, leben heute besser als frühere Generationen.

Diese Tatsache hat einige Wissenschaftler und Politiker zu der Überlegung verführt, daß angesichts fehlender Erwerbsarbeitsplätze in Zukunft ein zunehmender Teil der Bevölkerung dauerhaft von einem erwerbslosen Grundeinkommen leben könnte. Die Zukunftskommission der Länder Bayern und Sachsen hat dazu 1997 sogar einen konkreten Vorschlag unterbreitet. Ausgehend von der Annahme dauerhaft hoher Arbeitslosigkeit empfiehlt die sogenannte Biedenkopf/Stoiber-Kommission,

»*daß nicht marktgängige, gemeinwohlorientierte Tätigkeitsfelder erschlossen und zu einem attraktiven Zentrum gesellschaftlicher Aktivität gebündelt werden. In diesem Sinne schlägt die Kommission vor, die Voraussetzungen für die Einrichtung von Bürgerar-*

beit zu schaffen und zu erproben, d.h. für Formen freiwilligen sozialen Engagements jenseits der Erwerbsarbeit und jenseits der Arbeitspflicht für Sozialhilfeempfänger...Materiell erhalten diejenigen ein Bürgergeld, die darauf existentiell angewiesen sind. Die Maßstäbe sind die gleichen wie bei der Gewährung von Sozialhilfe...«

Vorschlägen dieser Art ist nicht nur mangelnde Durchführbarkeit vorzuwerfen, sondern auch fehlender Respekt vor vielen Arbeitslosen und ihren Bedürfnissen. Bürgerarbeit würde es Regierenden ermöglichen, offene Arbeitslosigkeit zu kaschieren. Damit entfiele der gesellschaftliche Druck, sie wirksam zu bekämpfen. Durch die Zahlung des Bürgergeldes und die immaterielle Belohnung der »Bürgerarbeit« könnte man die Arbeitslosen möglicherweise ruhigstellen. Sie würden jedoch einen hohen Preis bezahlen, weil sie dauerhaft von einem Einkommen auf Sozialhilfeniveau leben müßten.

Aber das eigentlich Zynische an dem Vorschlag ist die Tatsache, daß die von Arbeitslosigkeit und insbesondere die von Langzeitarbeitslosigkeit Betroffenen oft nicht in der Lage oder willens sind, Bürgerarbeit zu leisten. Auch ehrenamtliche Arbeit erfordert Fähigkeiten, Leistungskraft und Engagement. Deshalb verwundert es nicht, wenn ehrenamtliche Tätigkeiten bislang eher von Menschen ausgeübt werden, die über einen gehobenen oder höheren Bildungsabschluß verfügen. Oft ist die ehrenamtliche Arbeit auch an den Erwerbsstatus geknüpft. Personen mit geringerer Qualifikation und Arbeitslose sind deshalb weniger häufig in Ehrenämtern anzutreffen als Durchschnittsbürger. Besonders wenig engagiert sind Problemgruppen des Arbeitsmarktes. Ein Arbeitsloser ist selten im Vorstand eines Vereins. Entsprechend kommt das Deutsche Institut für Wirtschaftsforschung zu der Bewertung:

»Die Vorschläge der bayerisch-sächsischen Zukunftskommission, Ehrenamt als »Bürgerarbeit« zu entlohnen, mögen für gutgebildete Ehrenamtliche attraktiv sein, die zusätzlich zu den Ehren, die sie aus einem Ehrenamt bereits heute beziehen, noch geldwerte Be-

lohnungen erhalten würden. . .Für viele schlecht qualifizierte Ar-
beitslose entstünde freilich ein doppeltes Stigma: Sie hätten weder
eine Erwerbsarbeit noch eine Bürgerarbeit.«
Der Stellenwert der Arbeit und besonders der Erwerbsarbeit ist
aber in unserer Gesellschaft sehr hoch. Die persönlichen Lebenschancen und die Stellung in der Gesellschaft hängen maßgeblich
von der Erwerbstätigkeit ab. Das gilt für Männer und zunehmend
auch für Frauen. Dabei spielt nicht nur die die materielle Existenz
sichernde Funktion der Erwerbsarbeit eine Rolle, sondern auch die
Sinnstiftung, die mit einer nützlichen, werteschaffenden Tätigkeit
verbunden ist. Nicht zuletzt die Möglichkeiten zu Kommunikation
und gemeinsamem Handeln mit anderen sind ein Motiv, erwerbstätig zu sein. Diese Attraktivität der Erwerbsarbeit hat dazu geführt,
daß immer mehr Männer und Frauen in Deutschland erwerbstätig
sein wollen. Eine demokratische Gesellschaft wie die deutsche hat
kein Recht, einem Teil der Bevölkerung den Anspruch auf das zu
nehmen, was Menschen in den Augen ihrer Mitbürger erst zu einem
vollwertigen Mitglied der Gesellschaft macht: einen Arbeitsplatz.
Daraus leitet sich das Recht auf einen Erwerbsarbeitsplatz für jede
Frau und jeden Mann ab, wenn diese/r erwerbstätig sein will.

Dem Recht auf Arbeit wird in unserer Arbeitsgesellschaft aber
auch der moralische Anspruch gegenübergestellt, daß sich jeder
Bürger, insbesondere wenn er vom Staat alimentiert wird, an der gesellschaftlich notwendigen oder nützlichen Arbeit beteiligt. Damit
sollte jeder sich verpflichtet fühlen, seine Fähigkeiten und sein Lei-
stungsvermögen zumindest teilweise in den Dienst der Gesellschaft
zu stellen. Übernimmt der Staat die Verantwortung dafür, daß jeder
Bürger sein Recht auf Arbeit einlösen kann, indem er für Vollbeschäftigung sorgt, muß dem Staat zugestanden werden, diejenigen
Bürger zur Arbeit zu verpflichten, die zwar von der Gesellschaft leben, ihr aber ihre Leistung verweigern wollen.

Der zweite Schritt kann aber nicht vor dem ersten getan werden.
Die Pflicht zur Arbeit kann nur einfordern, wer vorher Arbeit angeboten hat. Im Mittelpunkt staatlichen Handelns steht deshalb zu-

nächst die Schaffung von mehr Arbeitsplätzen und mittelfristig von Vollbeschäftigung. Voraussetzung dafür, daß die Wirtschaft eine ausreichende Anzahl von Arbeitsplätzen zur Verfügung stellen kann, ist eine gedeihliche wirtschaftliche Entwicklung. Wenn die Binnenkonjunktur einen guten und stetigen Verlauf nimmt und die internationale Wettbewerbsfähigkeit der deutschen Wirtschaft erhalten bleibt, gibt es auch in Zukunft genug Arbeitsplätze für die zunehmende Zahl der Erwerbswilligen.

Aus diesem Grunde räumen wir der Wirtschaftspolitik den Vorrang vor der Arbeitsmarktpolitik ein. Denn es geht darum, durch Innovation, durch die rechtzeitige Umorientierung der Wirtschaft zu einer umweltverträglichen Wirtschaftsweise und durch die Förderung der Qualifikation der Arbeitskräfte die Produktivität der Wirtschaft zu steigern, um an der Spitze des internationalen Fortschritts zu stehen. Und es geht darum, durch eine vernünftige, ideologiefreie Wachstums- und Konjunkturpolitik für ein reibungsloses Funktionieren des Binnenmarktes zu sorgen. Auf diese Weise kann die Wirtschaft eine große Zahl von Arbeitsplätzen auf dem ersten Arbeitsmarkt zur Verfügung stellen. Das ist besser als die »künstliche« Beschaffung von Arbeit. Es können genug reguläre Arbeitsplätze entstehen, und darauf ist das Hauptaugenmerk zu richten. Arbeit schaffen, nicht Arbeitslose versorgen, muß die Devise sein. Deshalb muß im Vordergrund der Politik der nächsten Jahre die radikale Bekämpfung der Massenarbeitslosigkeit stehen.

Eine Halbierung der Arbeitslosigkeit ist möglich. Das haben verschiedene arbeitsmarktpolitische Institutionen mit ihren Rechnungen nachgewiesen: Mit einem Strategiebündel bestehend aus einer wachstumsorientierten Finanzpolitik, der Senkung der Lohnnebenkosten, der Arbeitszeitverringerung bei produktivitätsorientierter Lohnpolitik lassen sich fast zwei Millionen Arbeitsplätze schaffen. Mittelfristig können wir in Deutschland eines unserer wichtigsten wirtschaftspolitischen Ziele erreichen: die Vollbeschäftigung.

Dazu ist ein Bündel verschiedener Maßnahmen notwendig. In erster Linie brauchen wir ein höheres Wirtschaftswachstum. Daß der Zusammenhang zwischen Wachstum und Beschäftigung auch in Deutschland nach wie vor hoch ist, wurde bereits erwähnt. Dieselbe Untersuchung des IFO-Instituts, die dafür den Nachweis erbrachte, kam zu dem weiteren Ergebnis, daß in Deutschland rund 40 Prozent der gegenwärtigen Arbeitslosigkeit konjunkturell bedingt seien und mit einer Nachfragepolitik bekämpft werden könnten. Bei einer Arbeitslosigkeit von rund 4,8 Millionen Personen Anfang 1998 käme die konjunkturell bedingte Arbeitslosigkeit einer Zahl von fast 2 Mio. Arbeitslosen gleich. In dieser Höhe ließe sich durch eine wachstumsorientierte Konjunkturpolitik die Arbeitslosigkeit verringern.

Die ökologische Steuer- und Abgabenreform, das heißt die Senkung der Lohnnebenkosten und die Erhöhung der Energiesteuern, wird einen Beitrag zur Umstrukturierung und Erneuerung der Wirtschaft leisten. Alle angeführten wissenschaftlichen Untersuchungen kommen zu dem Ergebnis, daß bei einer moderaten, zeitlich gestreckten Erhöhung der Energiesteuern bei gleichzeitiger Rückgabe der Steuermehreinnahmen an die privaten Haushalte und die Unternehmen einige hunderttausend zusätzliche Arbeitsplätze entstehen können.

Eine Halbierung der Arbeitslosigkeit ist demzufolge allein mit den Mitteln einer auf Wachstum ausgerichteten Wirtschaftspolitik und einer ökologischen Steuer- und Abgabenreform möglich. Allerdings nicht kurzfristig, denn Arbeitsplätze in größerem Umfang entstehen nur, wenn das Wachstum dauerhaft steigt und die ökologische Steuer- und Abgabenreform schrittweise umgesetzt wird.

Zwischenzeitlich bedarf es weiterer arbeitsmarktpolitischer Maßnahmen zur Schaffung neuer Arbeitsplätze. Ein Blick in andere Industrieländer kann helfen, die dafür geeigneten Instrumente herauszufinden. Dabei zeigt sich zunächst, daß Deutschland zumindest gegenüber einigen der beschäftigungspolitisch erfolgreicheren Länder wie USA und Japan keinen Beschäftigungsrückstand im höher produktiven Bereich der Volkswirtschaft hat. Das mag ein Hinweis darauf sein, daß es nicht nur für die Bundesrepublik, sondern auch für andere Länder schwierig ist, attraktive Arbeitsplätze in der Industrie und im Dienstleistungsbereich zu schaffen.

Das wird bestätigt durch Erfahrungen aus Ländern, deren Beschäftigungspolitik oft als beispielhaft dargestellt wird. Dazu gehört auch die Niederlande. Dort ist nämlich das Arbeitsvolumen in den letzten Jahren nicht gestiegen. Wenn trotzdem viele neue Arbeitsplätze entstanden sind und die Arbeitslosigkeit tatsächlich spürbar abgebaut werden konnte, so ist dies allein darauf zurückzuführen, daß die vorhandene Arbeit umverteilt wurde. Auch Deutschland kann für die positiven Beschäftigungseffekte von Arbeitszeitverkürzungen als Beispiel herangezogen werden: In den achtziger Jahren sind durch die kontinuierliche Arbeitszeitverkürzung fast eine Million zusätzlicher Arbeitsplätze entstanden.

Die Umverteilung von Arbeit ist nach wie vor ein geeignetes Mittel, die Arbeitslosigkeit zu bekämpfen. Dies wird durch Simulationsrechnungen zur Halbierung der Arbeitslosigkeit bestätigt. Darin wird klar: Ohne Arbeitszeitverkürzung läßt sich die Arbeitslosigkeit kurzfristig nicht zurückdrängen. Zu diesem Schluß ist man im übrigen auch bei der Europäischen Union gekommen, die zum Abbau der Arbeitslosigkeit weitere Arbeitszeitverkürzungen vorschlägt. Aber noch mehr wird dieses Thema in unseren Nachbarländern Frankreich und Italien forciert. Beide Länder wollen die wöchentliche Arbeitszeit gesetzlich auf 35 Stunden begrenzen. In Deutschland hatte die IG Metall in den achtziger Jahren die Vorreiterrolle bei der Durchsetzung der 35-Stunden-Woche übernommen. Warum sollte man die Gewerkschaften nun nicht von seiten des Staates dabei unterstützen, die 35-Stunden-Woche in allen Wirtschaftbereichen zu verwirklichen, um zu einer gerechten Verteilung der Arbeit zu kommen?

Gleiche Lebenschancen durch eine gerechte Verteilung der Arbeit

In der Vergangenheit war es üblich, einen beachtlichen Teil des jährlichen Produktivitätsfortschritts für die Verkürzung der Arbeitszeit zu verwenden. Der technische Fortschritt kam den Bürgern nicht nur in Form höherer Löhne und Gehälter und damit einer besseren materiellen Versorgung zugute. Ihre Lebensqualität profitierte auch davon, daß sie weniger hart und vor allem weniger lang arbeiten mußten. In den fünfziger Jahren wurde die Samstagsarbeit abgeschafft. Die Wochenarbeitszeit wurde verringert, der Urlaub verlängert. Dieser Trend hält an bis in die heutigen Tage. Allerdings verlangsamte sich das Tempo der Arbeitszeitverkürzung spürbar. Wurde die Arbeitszeit in den sechziger Jahren im Durchschnitt noch um 1 Prozent jährlich verkürzt, waren es zwischen 1970 und 1980 nur noch 0,7 Prozent, zwischen 1980 und 1990 0,5 Prozent und Anfang der neunziger Jahre sogar nur 0,2 Prozent. 1997 war das erste Jahr, in dem die Arbeitszeiten sich nicht mehr verringerten.

Damit erweist sich der abnehmende Trend zur Arbeitszeitverkürzung als eine wichtige Ursache für die hohe Arbeitslosigkeit. Wäre das Tempo der Arbeitszeitverringerung während der sechziger Jahre bis heute beibehalten worden, würden wir über mehr als eine Million zusätzlicher Arbeitsplätze verfügen, und zwar unter Berücksichtigung von Produktivitätsgewinnen. Die Berechnungen zur Halbierung der Arbeitslosigkeit des Berliner Senats bestätigen diese Zahl: Durch die Beschleunigung der tariflichen Arbeitszeitverkürzungen bis zum Jahre 2005 auf einen durchschnittlichen Wert von 1,3 Prozent pro Jahr könnten 2,6 Mio. zusätzliche Arbeitsplätze geschaffen werden.

Für die Art und Weise der Arbeitszeitverkürzung gibt es über die bisher hauptsächlich praktizierten Formen der wöchentlichen Arbeitszeitverkürzung und der Verlängerung der Urlaubszeiten hinaus viele Möglichkeiten. Seit Jahren diskutiert wird der Abbau von

Überstunden. Rechnerisch entsprechen die in Deutschland jährlich geleisteten Überstunden mehr als 1 Million Vollzeitarbeitsplätzen. Die vollständige Umwandlung von Überstunden in feste Arbeitsverhältnisse ist nicht praktikabel. Aber über Arbeitszeitkonten sollte es möglich sein, einen großen Teil der Überstunden durch Freizeit auszugleichen. Nach wissenschaftlichen Berechnungen ließen sich auf diese Weise rund 600.000 Vollzeitarbeitsplätze schaffen.

Ähnliches gilt für die Nacht- und Wochenendarbeit. Würde man die besonderen gesundheitlichen und sozialen Belastungen dieser Arbeitsformen nicht über Erschwerniszulagen ausgleichen, sondern den betroffenen Arbeitnehmern einen Freizeitausgleich gewähren und dafür zusätzliche Arbeitskräfte einstellen, könnten 700.000 neue Arbeitsplätze entstehen.

In Ostdeutschland wäre darüber hinaus die Möglichkeit gegeben, die höheren Arbeitszeiten an das westdeutsche Niveau anzupassen. Knapp 300.000 Arbeitsplätze könnten über diesen Solidarbeitrag der ostdeutschen Beschäftigten geschaffen werden. In der Praxis ist dieses Mittel bereits erprobt: In Brandenbrug haben die Lehrer auf 20 Prozent ihrer Arbeitszeit verzichtet und damit viele Stellen für neue Kollegen geschaffen.

Am meisten propagiert wurde in den letzten Jahren die Einführung von mehr Teilzeitarbeit. Sie hat seit Anfang der achtziger Jahre beträchtlich zugenommen. Während die Zahl der Vollzeitbeschäftigten zwischen 1982 und 1997 leicht gesunken ist, nahm die Zahl der Teilzeitbeschäftigten um mehr als 2 Mio. zu. Die Quote der Teilzeitbeschäftigten liegt in Westdeutschland inzwischen bei knapp 19 Prozent und damit nicht wesentlich geringer als in den meisten westlichen Industrieländern. In den Niederlanden, deren beschäftigungspolitisches Modell von vielen deutschen Arbeitsmarktflexibilisierern als nachahmenswertes Beispiel empfohlen wird, arbeiten rund 38 Prozent der Beschäftigten in Teilzeit. 30 Prozent der Teilzeitarbeiter sind unter 10 Stunden pro Woche beschäftigt. In Deutschland sind diese Arbeitskräfte in der Regel als nicht sozialversicherungspflichtige Beschäftigte tätig. Sie tauchen in der Erwerbstätigenstatistik gar nicht auf. Würde man sie berücksichtigen – die Zahl der nicht sozialversicherungspflichtigen Beschäftigungsverhältnisse wird auf 5 bis 6 Millionen geschätzt – käme man auch in Westdeutschland auf eine Teilzeitquote von weit über 30 Prozent.

Insofern scheint auf dem Feld der Teilzeitarbeit und auch der durch ihre Ausweitung beabsichtigten Zunahme der Flexibilität des Arbeitsmarkts wenig Nachholbedarf zu bestehen. Darüber hinaus muß berücksichtigt werden, daß Teilzeitarbeit nicht immer den Wünschen der Arbeitnehmerinnen und Arbeitnehmer entspricht. In Deutschland wird Teilzeitarbeit hauptsächlich von Frauen ausgeübt. Viele von ihnen arbeiten unfreiwillig Teilzeit und würden gern mehr arbeiten. Die Bedenken mancher Frauen und noch mehr »die Angst« des Mannes vor der Teilzeitarbeit – lediglich 5 Prozent der Männer arbeiten in dieser Form – werden verständlich, wenn man sich die Nachteile vor Augen hält, die mit der Teilzeitarbeit verbunden sind. Teilzeitarbeit ist Arbeitszeitverkürzung ohne Lohnausgleich. Mit dem entsprechenden Einkommen kann ein Durchschnittsverdiener seinen Lebensunterhalt meist nicht bestreiten. Nach Meinung der deutschen Manager ließen sich Teilzeitarbeitsplätze am ehesten auf den unteren Hierarchieebenen einrichten. Dort besteht aber kaum der Wunsch nach Teilzeit, sondern verständlicherweise der nach mehr Lohn und Gehalt. Auch die Einschränkungen in der sozialen Sicherung können sich die wenigsten leisten. Wer vermag schon im Bedarfsfall von einem nach einem Teilzeiteinkommen berechneten Arbeitslosengeld oder einer entsprechenden Rente eigenständig zu leben? Hinzu kommt, daß die Aufstiegschancen von Teilzeitkräften äußerst gering sind. In Deutschland herrscht immer noch der »Mythos der langen Arbeitszeiten«. Die Karrieren werden nach siebzehn Uhr entschieden.

Da ist es naheliegend, daß der Wunsch der Männer nach Teilzeitarbeit gering bleibt. Über 90 Prozent der Teilzeitbeschäftigten sind

Frauen. Sie sind größtenteils im Dienstleistungssektor tätig. Die Hälfte arbeitet als Sekretärin, Verkäuferin oder Reinigungskraft. Andere sind mit ähnlich einfachen Tätigkeiten als Kassiererin oder Sortiererin tätig. 40 Prozent der teilzeitarbeitenden Frauen sind unter ihrer Qualifikation eingesetzt. Nach wie vor entsprechen viele Teilzeitarbeitsverhältnisse nicht den Anforderungen eines Normalarbeitsverhältnisses: Die Stundenlöhne sind im Durchschnitt geringer, die soziale Absicherung weniger umfassend und die Arbeitsbedingungen schlechter. Die Chancen auf einen Wechsel in regelmäßige Teilzeit- oder gar Vollzeitarbeit sind rar. Teilzeitarbeit ist auch dafür verantwortlich, daß die Einkommensschere zwischen Männern und Frauen zunehmend auseinanderklafft. Wie das Deutsche Institut für Wirtschaftsforschung feststellte, ist der Einkommensunterschied zwischen Männern und Frauen zwischen 1980 und 1993 von 900 DM auf 1.400 DM gestiegen.

Trotz dieser »Negativbilanz« gibt es viele Frauen, die eine Teilzeitbeschäftigung suchen. Die zunehmende Erwerbsorientierung von Frauen hat nicht dazu geführt, daß sie von der ihnen üblicherweise zugewiesenen Verantwortung für Familie und die damit verbundene Haus-, Erziehungs- und Pflegearbeit entlastet wurden. Beruf und Familie müssen also miteinander vereinbart werden. Dazu bietet Teilzeitarbeit die von den Frauen bevorzugte Lösung. Insoweit sie dazu dient, daß Frauen, die sich ansonsten vollständig aus dem Berufsleben zurückziehen würden, den Anschluß an das Erwerbsleben halten, muß Teilzeit als Fortschritt betrachtet werden. Aber die Nachteile sind unter den heutigen Bedingungen beträchtlich.

Mit der Entscheidung zur Teilzeitarbeit müssen Frauen auf berufliche Gleichstellung verzichten. Sie gehen das Risiko ein, auch mittel- und langfristig einfache Tätigkeiten in weniger gut abgesicherten Beschäftigungsverhältnissen auszuüben, die sie finanziell von Dritten – meist dem Ehemann oder Lebenspartner – abhängig machen. Dieser Teilverzicht auf Beruf und Karriere ist nicht nur im Falle der Ehescheidung problematisch, sondern auch wenn der

Ehemann aufgrund von Arbeitslosigkeit oder einer schlecht bezahlten Tätigkeit die Rolle des Familienernährers nicht wahrnehmen kann. Mit der Entscheidung auf Teilzeitarbeit verzichten Frauen aber auch auf etwas anderes: nämlich die Veränderung der herkömmlichen Rollenverteilung zwischen Mann und Frau. Wenn Frauen »nur« teilzeiterwerbstätig sind, ist dies für viele Männer offenbar Grund genug, sich bei der Haus- und Erziehungsarbeit weitgehend zurückzuhalten. Sie obliegt weiterhin zu einem großen Teil den Frauen, deren Gesamtbelastung durch Arbeit aufgrund ihrer zunehmenden außerhäuslichen Erwerbsarbeit damit erheblich gestiegen ist.

Welche Rollenverteilung Männer und Frauen bevorzugen, bleibt ihrer Entscheidung überlassen. Diese Entscheidung kann aber nur dann als wirklich frei angesehen werden, wenn die Wahl zwischen mehreren Möglichkeiten besteht, von denen keine gesellschaftlich diskriminiert wird. Deshalb muß die bestehende Benachteiligung von Teilzeitarbeit so weit wie möglich beseitigt werden. Dazu bedarf es gesetzlicher wie tarifvertraglicher Regelungen. Solche Regelungen sollten zunächst sicherstellen, daß das Prinzip der Freiwilligkeit gewahrt bleibt. Die Arbeitnehmerin oder der Arbeitnehmer muß entscheiden können, wie sie oder er seine Arbeitszeiten an die sich im Laufe des Lebens ändernden Arbeitszeitwünsche und familiären Wechselfälle anpaßt. Hilfreich wäre ein rechtsverbindlicher Anspruch auf Teilzeitarbeit, der zumindest für diejenigen gelten sollte, die gleichzeitig Erziehungs- oder Pflegeleistungen erbringen. Wünschenswert wäre ein garantiertes Rückkehrrecht auf einen Vollzeitarbeitsplatz, wobei dem Teilzeitbeschäftigten bei Bedarf freiwerdende Vollzeitstellen vorrangig angeboten werden könnten. Die Rückkehrgarantie sollte insbesondere für Arbeitnehmerinnen und Arbeitnehmer gelten, die Erziehungs- oder Pflegearbeit leisten oder die aus arbeitsmarktpolitischen Gründen auf Teilzeit gegangen sind. Darüber hinaus könnte tarifvertraglich vereinbart werden, daß jeder Arbeitnehmer eine Änderung seiner Arbeitszeit beantragen kann, der nach Möglichkeit stattgegeben wird.

Arbeitsmarktpolitisch läßt sich auch eine Bevorzugung der Teilzeitbeschäftigten begründen. Wer auf Teilzeit geht oder sich befristet freistellen läßt, verzichtet auf Arbeitszeit und Einkommen und leistet dadurch einen Beitrag zur Verringerung der Arbeitslosigkeit. Das sollte honoriert werden, indem zum Beispiel für Teilzeitbeschäftigte die Leistungen der Rentenversicherung aufgestockt werden. Arbeitgeber, die überdurchschnittlich viel Teilzeitarbeitsplätze bereitstellen, könnten von Beiträgen zur Arbeitslosenversicherung entlastet werden. Durch die rechtliche Absicherung der Teilzeitarbeit und ihre finanzielle Förderung sowie die gesellschaftliche Anerkennung derjenigen, die Teilzeit arbeiten oder Teilzeitstellen in ihren Unternehmen anbieten, könnten in den nächsten Jahren Arbeitsplätze in erheblicher Zahl geschaffen werden. Schätzungen reichen bis zu 500.000 Stellen.

Bessere Bedingungen für Teilzeitarbeit kämen in erster Linie den Frauen zugute. Das Interesse der Männer aber liegt nach wie vor in der Ausübung einer Vollzeitarbeit. Allerdings haben auch die Männer den Wunsch nach kürzeren Arbeitszeiten. Dafür bietet sich auch in Zukunft die allgemeine Verringerung der Wochenarbeitszeit an.

Bei der generellen Verkürzung der Arbeitszeit und ihren Beschäftigungswirkungen spielt die Frage des Lohnausgleichs eine wichtige Rolle. Selbstverständlich ist es Aufgabe der Tarifpartner darüber zu entscheiden, ob und inwieweit auf Einkommenszuwächse zugunsten von Arbeitszeitverkürzungen verzichtet werden kann oder muß. Dabei ist allerdings folgendes zu bedenken. Erstens: Die positiven Beschäftigungswirkungen von Arbeitszeitverkürzungen verringern sich, wenn der Lohnausgleich zu gering ist und die Arbeitnehmer aufgrund zu niedriger Löhne weniger Nachfrage entfalten können. Bei einem zu hohen Lohnausgleich dagegen kann die internationale Wettbewerbsfähigkeit leiden. Der Lohnausgleich muß also so beschaffen sein, daß das Wirtschaftswachstum von der Arbeitszeitverkürzung auf die eine oder andere Weise nicht beeinträchtigt wird. Zweitens: Es muß bedacht werden, daß die

Lohnquote in den vergangenen 15 Jahren erheblich zurückgegangen ist und die Arbeitnehmer seit Anfang der neunziger Jahre Reallohnverluste hinnehmen mußten. Drittens: Es ist mit einzubeziehen, daß laut Umfragen mehr als 70 Prozent der deutschen Arbeitnehmer bereit sind, auf Arbeitszeit und Einkommen zu verzichten, wenn der Arbeitsplatz von gefährdeten Kollegen dafür erhalten bleibt. Und viertens sollte allen Beschäftigten und auch den Arbeitgebern klar sein: Wenn die Arbeitslosigkeit aufgrund von Arbeitszeitverkürzungen sinkt, verringern sich auch die Kosten der Arbeitslosigkeit. Arbeitgeber und Arbeitnehmer können in dem Maße von Beitragszahlungen an die Sozialversicherungen entlastet werden, in dem sie dazu beitragen, daß Arbeitsplätze entstehen.

Wenn eine gerechte Verteilung der Erwerbsarbeit über die Verringerung der Arbeitszeiten bisher nicht erreicht wurde, lag das sicher darin begründet, daß der positive Zusammenhang zwischen kürzeren Arbeitszeiten, geringerer Arbeitslosigkeit und niedrigeren Sozialbeiträgen entweder für den einzelnen Arbeitnehmer oder Arbeitgeber nicht bestand oder ihnen nicht deutlich gemacht werden konnte. Denn Tatsache ist doch: Die Arbeitslosigkeit ist mit 180 Mrd. DM im Jahr enorm teuer, und sie wird gleichermaßen von Arbeitgebern und Arbeitnehmern finanziert. Es ist wenig verständlich, lange zu arbeiten, um einen akzeptablen Lohn zu erhalten, dann aber – aufgrund der Arbeitslosigkeit – sehr hohe Beiträge leisten zu müssen, die das verfügbare Einkommen erheblich schmälern. Da wäre es doch sinnvoller, kürzer zu arbeiten, auf etwas Lohn zu verzichten und aufgrund verringerter Arbeitslosigkeit geringere Sozialbeiträge zu zahlen, so daß netto nicht viel weniger oder sogar das Gleiche herauskäme wie vorher. Der positive Nebeneffekt wäre eine Zunahme der Freizeit. Für die Arbeitgeber wäre die Rechnung ähnlich günstig: Denn in dem Maße, in dem Beschäftigung geschaffen würde, könnten die Arbeitgeberbeiträge an die Sozialversicherungen sinken.

Unter den heutigen Bedingungen gilt der Zusammenhang zwischen Arbeitszeiten, Arbeitslosigkeit und Höhe der Sozialbeiträge für die Gesamtwirtschaft, nicht aber für den einzelnen Arbeitgeber oder Arbeitnehmer. Für ein Unternehmen ist es heute oft rentabler, Beschäftigte zu entlassen als die Arbeitszeit zu verkürzen, weil die Kosten der Arbeitslosigkeit auf die Allgemeinheit abgewälzt werden können. Auch für den einzelnen Arbeitnehmer lohnt sich der individuelle Verzicht auf einen Teil der Arbeitszeit mit entsprechenden Einkommenskürzungen in der Regel nicht. Denn er muß weiterhin hohe Sozialbeiträge zahlen, obwohl er einen Beitrag zur Schaffung neuer Arbeitsplätze und zum Abbau der Arbeitslosigkeit zu leisten versucht. Hier besteht Handlungsbedarf des Staates. Er muß dafür sorgen, daß der Unternehmer, der die Arbeitszeiten seiner Beschäftigten überdurchschnittlich verringert und dafür zusätzliche Arbeitskräfte einstellt, von Sozialbeiträgen entlastet wird. Und auch der Arbeitnehmer, der seine Arbeitszeit verkürzt und dafür Einkommenseinbußen in Kauf nimmt, muß entsprechend von Abgaben entlastet werden. Anders als heute muß es sich in Zukunft für die Unternehmen lohnen, Arbeitplätze zu schaffen und Beschäftigte einzustellen. Und auch den Arbeitnehmern sollte es erleichtert werden, mit den Arbeitslosen solidarisch zu sein.

Arbeitsplätze für geringer Qualifizierte

Ein höheres Wirtschaftswachstum, die Senkung der Lohnnebenkosten, Arbeitszeitverkürzungen in unterschiedlichen Formen: Diese Maßnahmen gelten der allgemeinen Erhöhung des Beschäftigungsniveaus. Davon können alle Erwerbstätigen, alle Arbeitslosen und alle sonstigen Arbeitsuchenden profitieren. Die Erfahrungen mit dem Wirtschaftsboom bei der deutsch-deutschen Vereinigung haben gezeigt, daß selbst die Problemgruppen des Arbeitsmarktes, zum Beispiel die weniger qualifizierten oder leistungsmäßig eingeschränkten Arbeitskräfte, von einem Wirtschaftsaufschwung profitieren. Trotzdem darf man nicht verkennen, daß die Langzeitarbeitslosigkeit unter denjenigen sehr hoch ist, die nur über geringe Qualifikationen verfügen, die älter sind oder durch Gesundheitsschäden gehandicapt sind. Voraussagen entsprechend werden die Beschäftigungsmöglichkeiten im Bereich einfacher Tätigkeiten in Zukunft weiter abnehmen. Dies ist eine Folge des technischen Fortschritts und – wie bereits erwähnt – auch eine Folge der Globalisierung. Denn den weniger qualifizierten Arbeitskräften fällt es schwerer, im internationalen Wettbewerb standzuhalten.

Für sie müssen Beschäftigungsmöglichkeiten erschlossen werden, die nicht der internationalen Konkurrenz ausgesetzt sind. Das vielgerühmte amerikanische Beschäftigungswunder zeigt bei genauer Analyse, daß Arbeitsplätze hauptsächlich in den Dienstleistungen entstanden sind, wo manchmal gut, aber meist wenig verdient wird und die soziale Absicherung der Beschäftigten niedrig ist. Die »bad jobs« findet man hauptsächlich im Bereich der haushaltsbezogenen Dienstleistungen.

In Deutschland und auch in Europa scheint es inzwischen Übereinstimmung darin zu geben, daß der amerikanische Weg nicht nachgeahmt werden soll. Die Existenz einer wachsenden Gruppe arbeitender Armer in einer zunehmend ungleichen Gesellschaft: Das entspricht nicht den Vorstellungen einer sozialen Marktwirtschaft. Ebensowenig kann aber akzeptiert werden, daß mehr als eine Million Langzeitarbeitslose dauerhaft vom Arbeitsmarkt ausgeschlossen bleiben. Gerade für diese Menschen ist die Erwerbsarbeit oft die einzige Möglichkeit, in die Gesellschaft einbezogen zu werden und soziale Anerkennung zu gewinnen. Für sie hat ein Arbeitsplatz oft weit größere Bedeutung als für jemanden mit guter Bildung und Ausbildung, dessen Selbstbewußtsein nicht nur von der Erwerbstätigkeit getragen wird und der mit seiner Freizeit genug anzufangen weiß.

Eine wichtige Aufgabe der Wirtschafts- und Arbeitsmarktpolitik der nächsten Jahre besteht deshalb darin, eine ausreichende Zahl von existenzsichernden regulären Arbeitsplätzen im Bereich einfacher Tätigkeiten zu schaffen. Dafür kommen das ortsgebundene Handwerk und die privaten Dienstleistungen in Frage.

Teilweise werden die entsprechenden Tätigkeiten im Einzelhandel und in den Gaststätten, in den Haushalts- und Reparaturdiensten, im Bildungs- und Gesundheitswesen und in den sozialen Diensten schon heute geleistet, in der Regel von nicht sozialversicherungspflichtigen Beschäftigten. Ihre Zahl hat in den vergangenen Jahren enorm zugenommen. Nach Arbeitnehmerbefragungen liegt sie bei rund 6 Millionen, nach Arbeitgeberbefragungen bei über 7 Millionen (3,4 Millionen in Betrieben und 3,9 Millionen in Privathaushalten).

Die nicht sozialversicherungspflichtigen Arbeitsverhältnisse entsprechen mehr als 2 Millionen Vollzeitarbeitsverhältnissen. Es wurde bereits erwähnt, daß diese Erwerbstätigen in der deutschen Arbeitsmarktstatistik – anders als in den USA oder in den Niederlanden – nicht berücksichtigt werden. Aus diesem Grunde wird die Beschäftigung in Deutschland stark unterschätzt: 1996 waren in Deutschland rund 2,5 Millionen Menschen mehr beschäftigt, als es die amtliche Statistik ausweist. Allerdings sind diese Arbeitskräfte nicht sozialversichert, haben aus ihrem Arbeitsverhältnis also keinen Anspruch auf Sozialleistungen und gehen den Sozialversicherungen als Beitragszahler verloren.

Die enorme Zunahme der geringfügigen Beschäftigung zeigt, daß im Bereich der einfachen Tätigkeiten viel Arbeit vorhanden ist und auch geleistet wird. Allerdings unter Nutzung eines legalen Abgaben-Schlupflochs, das in den meisten anderen Industriestaaten nicht besteht. Gesamtwirtschaftlich entstehen dadurch erhebliche Nachteile: Vollzeitarbeitsplätze gehen verloren, die Sozialkassen erleiden Einnahmeverluste, die geringfügig Beschäftigten sind teilweise sozial nicht abgesichert, es kommt zu Wettbewerbsverzerrungen. Aus diesen Gründen sollte die Subventionierung der geringfügigen Beschäftigung aufgehoben werden.

Geringfügige Beschäftigung soll auch in Zukunft möglich sein, aber unter den gleichen Bedingungen wie für andere Arbeitsverhältnisse. Auf diese Weise nimmt man den Anreiz, reguläre Arbeit künstlich in geringfügige Beschäftigung zu zerstückeln, so daß wieder sozialversicherungspflichtige Vollzeit- oder Teilzeitbeschäftigungsverhältnisse entstehen können. Neben dieser Eingrenzung der Arbeit im »Graubereich« sollte in Zukunft die Schwarzarbeit kontrolliert und Mißbrauch härter geahndet werden, als dies bislang der Fall war.

Ein umfangreiches Tätigkeitsfeld für weniger qualifizierte Arbeitskräfte besteht in den privaten Haushalten. Die zunehmende Erwerbstätigkeit der Frauen zwingt dazu, einen Teil der Haus-, Erziehungs- und Pflegearbeit nach außen zu verlagern. Unter den heutigen Bedingungen können es sich aber nur Haushalte mit gehobenem oder höherem Einkommen leisten, Haushaltshilfen, Gärtner, Babysitter oder Kindermädchen zu beschäftigen. Familien mit durchschnittlichem Einkommen haben in der Regel zwar auch Bedarf nach regelmäßigen oder kurzfristig verfügbaren Dienstleistungen, können sie aber bei den heutigen Preisen nicht bezahlen. Insbesondere die erwerbstätigen Frauen leiden deshalb oft unter der Doppelbelastung durch Familie und Beruf. Ihre Lebensqualität und die ihrer Angehörigen würde davon profitieren, wenn die Familien es sich leisten könnten, zumindest ab und zu externe Dienstleistungen in Anspruch nehmen zu können.

Deshalb sollte die Inanspruchnahme von haushaltsbezogenen Dienstleistungen finanziell gefördert werden. Den meisten Haushalten wird es nicht möglich sein, selbst eine Teilzeit- oder Vollzeitkraft zu beschäftigen. Dienstleistungen könnten deshalb in Agenturen gebündelt werden, die den privaten Haushalten ihre Dienste anbieten und – ähnlich einem Handwerksbetrieb – dafür bezahlt werden. Die Agenturen würden ihre Arbeitskräfte zu den üblichen Bedingungen – sozialversicherungspflichtig – beschäftigen. Die finanzielle Förderung könnte vom Privathaushalt geltend gemacht werden, wenn eine zugelassene Agentur in Anspruch genommen würde. Die Förderung der haushaltsbezogenen Dienste würde das tägliche Leben für viele Menschen einfacher und angenehmer machen. Wenn sie alle die finanziellen Fördermöglichkeiten in Anspruch nähmen, die in dem Konzept der SPD vorgesehen sind, könnten mehr als 700.000 Arbeitsplätze entstehen.

Die Förderung von Dienstleistungsagenturen, die Umwidmung von 620-Mark-Jobs in sozialversicherungspflichtige Teilzeit- oder Vollzeitarbeit und die Bekämpfung der Schwarzarbeit sind wichtige Beiträge zur Schaffung von Arbeitsplätzen im Bereich einfacher Tätigkeiten. Möglicherweise müßte geringqualifizierte Arbeit darüber hinaus gefördert werden. Tätigkeiten im Dienstleistungsbereich sind häufig wenig produktiv. Dementsprechend kann ihre Entlohnung nicht hoch sein. Zu niedrige Tarife aber gewährleisten nicht das Existenzminimum für den Arbeitnehmer und seine Familie. Um dieses Problem rankt sich auch die Diskussion um das Lohnabstandsgebot. Aufgrund der geringen Lohnzuwächse in den achtziger und neunziger Jahren ist der Abstand zwischen der Sozialhilfe, insbesondere für Familien mit mehreren Kindern, und den Beziehern niedriger Einkommen immer geringer geworden. Für manchen Arbeitnehmer lohnt es sich nicht mehr zu arbeiten. Und mancher Sozialhilfeempfänger kann sein Einkommen kaum erhöhen, wenn er eine weniger gut bezahlte Arbeit annimmt.

Diesen Mißstand kann man ändern, wenn die Schere zwischen Produktivität und Einkommen geschlossen wird. Deshalb wird zum Beispiel vorgeschlagen die Marktgängigkeit einfacher Arbeiten zu unterstützen, indem die Sozialbeiträge für die unteren Einkommen teilweise oder vollständig vom Staat übernommen werden. Auch eine direkte Subventionierung niedriger Einkommen wäre möglich. Das Modell der lohnergänzenden Einkommenszuschüsse von Fritz W. Scharpf sieht die Eröffnung eines Niedriglohn-Arbeitsmarktes vor. Demnach würde ein gesetzlich festzulegender Mindestlohn oder ein niedriger Lohn unterhalb der derzeitigen Leichtlohntarife durch lohnergänzende staatliche Zuschüsse soweit aufgestockt, daß das Nettoeinkommen bei Vollzeitarbeit über dem Existenzminimum läge. Ähnliche Vorschläge wurden von Joachim Mitschke mit dem Bürgergeld unterbreitet: Einer alleinstehenden Person würde das Bürgergeld das Existenzminimum garantieren. Anders als heute bei der Sozialhilfe würde eigenes Erwerbseinkommen aber nicht vollkommen auf das Bürgergeld angerechnet werden, sondern nur zu 40, 50 oder 60 Prozent. Der genaue Satz wäre politisch zu entscheiden. Wie im Scharpf-Modell wäre für den Bezieher von Bürgergeld – heute Sozialhilfe – ein großer Anreiz gegeben, erwerbstätig zu sein. Denn bis zu einem Einkommen von über 2.000 DM käme es zu einer degressiven Subventionierung des Einkommens. Es bleibt zu prüfen, ob mit den vorgeschlagenen Maßnahmen zur dauerhaften Subventionierung eines Niedriglohnsektors tatsächlich Beschäftigung für weniger Qualifizierte geschaffen werden kann und ob die Modelle finanzierbar sind. Ein Einstieg scheint aber zumindest in der Weise sinnvoll, daß die Anrechnungssätze von eigenem Einkommen auf die Sozialhilfe so erhöht werden, daß ein starker Anreiz zur Arbeitsaufnahme besteht. Auch die Verringerung von Sozialbeiträgen für Niedriglöhne ist zu erwägen.

Fazit

Der Stellenwert der Arbeit und besonders der Erwerbsarbeit ist hoch. Persönliche Lebenschancen und die Position in der Gesellschaft hängen maßgeblich von der Erwerbstätigkeit ab. Das gilt für Männer und zunehmend auch für Frauen. Eine demokratische Gesellschaft muß deshalb allen ihren Mitgliedern zu ihrem Recht auf Erwerbsarbeit verhelfen. Das gilt in besonderem Maße für weniger qualifizierte Arbeitskräfte, für welche die Erwerbsarbeit oft die einzige Möglichkeit darstellt, Selbstwertgefühl zu entwickeln und in die Gemeinschaft integriert zu werden.

Die Massenarbeitslosigkeit kann nur durch ein Maßnahmenbündel wirksam bekämpft werden. Den umfassendsten Beitrag zur Schaffung von Arbeitsplätzen kann ein kräftiges und dauerhaftes Wirtschaftswachstum leisten. Daneben verspricht eine ökologische

Steuer- und Abgabenreform, mit der die Lohnnebenkosten verringert werden, positive Beschäftigungseffekte.

Ohne die Umverteilung von Arbeit durch Arbeitszeitverkürzungen läßt sich die Massenarbeitslosigkeit kurzfristig nicht wirksam verringern. Für die Verkürzung der Arbeitszeiten kommen die unterschiedlichsten Formen infrage: der Abbau von Überstunden, Freizeitausgleich statt Erschwerniszulagen für Arbeitszeiten mit besonderen gesundheitlichen oder sozialen Belastungen, die Ausweitung der Teilzeitarbeit oder die allgemeine Verkürzung der Wochenarbeitszeit. Bei der Frage des Lohnausgleichs muß bedacht werden, daß die Arbeitszeitverkürzung das Wirtschaftswachstum möglichst nicht beeinträchtigen sollte.

Besonderer Maßnahmen bedarf es zur Schaffung von Arbeitsplätzen für weniger qualifizierte Arbeitskräfte. Dafür kommt zunächst die Umwandlung der 620-Mark-Jobs, die rund 2,5 Millionen Arbeitsplätzen entsprechen, in versicherungspflichtige Teilzeit- oder Vollzeitarbeit in Frage. Einfache Tätigkeiten lassen sich auch im Bereich der haushaltsbezogenen Dienstleistungen erschließen. Durch die finanzielle Förderung privater Haushalte, welche die Angebote von Dienstleistungsagenturen in Anspruch nehmen, ließen sich wohl einige hunderttausend Arbeitsplätze erschließen. Es müßte geprüft werden, ob darüber hinaus eine dauerhafte Subventionierung von Beziehern niedriger Einkommen zur Schaffung von Arbeitsplätzen beiträgt und finanzierbar ist.

X. Ausblick

Die Globalisierung ist kein Unglück. Die Globalisierung bietet für alle Länder mehr Chancen als Risiken. Daher sagen wir: Keine Angst vor der Globalisierung. Standortpolitiker aller Couleur hatten die negativen Folgen der Globalisierung an die Wand gemalt und die Bevölkerung in Angst und Schrecken versetzt: Wir werden den Gürtel enger schnallen müssen. Wir können uns diesen Sozialstaat nicht mehr leisten. Wir werden viele Arbeitsplätze verlieren. So lauteten die Drohungen in einer Kampagne, die nur eines zum Ziel hatte: soziale Kürzungen und Lohnzurückhaltung durchzusetzen. Die Scham der Arbeitslosen und die Furcht, arbeitslos zu werden, wurden zur Quelle des Profits, schrieb Viviane Forrester, die folgerichtig von einigen Zeitungen die Jeanne d'Arc der Globalisierung genannt wurde. Aber die Globalisierung ist nicht die Ursache für diese Entwicklung.

Unsere Probleme, allen voran die Arbeitslosigkeit, sind hausgemacht. Die einseitige, allein auf Standortwettbewerb ausgerichtete Kostensenkungspolitik hat Deutschland geschadet und Europa in Bedrängnis gebracht. Eine Volkswirtschaft ist kein Unternehmen. Gesamtwirtschaftlich sind die Kosten des einen immer die Erlöse des anderen. Eine Wirtschafts- und Finanzpolitik, die nur auf Kostensenkung aus ist, schneidet sich letztlich ins eigene Fleisch. Sie verliert mehr an der Binnennachfrage, als sie im Export gewinnt. Sie zwingt andere Nationen, in den unproduktiven Kostensenkungswettbewerb einzutreten. Da man Nationen nicht vom Markt verdrängen kann, ist am Ende durch den Wettkampf der Nationen nichts zu gewinnen.

Der renommierte amerikanische Ökonom Paul R. Krugman sagt zu Recht: »Es ist schlicht falsch, von einer wilden Konkurrenz zwischen den Volkswirtschaften zu reden. Das lenkt nur von den hausgemachten Problemen ab.«

Um die Chancen der Globalisierung nutzen zu können und nicht in die Falle des Kostensenkungswettlaufs zu geraten, braucht die globalisierte Marktwirtschaft – wie jede Marktwirtschaft – einen Ordnungsrahmen. Das wird nun – im Zeichen der Asienkrise – auch von einsichtigen Neoliberalen anerkannt. Ein solcher Ordnungsrahmen muß kontraproduktive Abwertungswettläufe über Löhne und Steuern vermeiden helfen und den Finanzmärkten Orientierung für den Umgang mit den Währungen geben.

Insbesondere Europa kann der allmählich fortschreitenden Globalisierung gelassen entgegensehen. Europa ist so souverän wie die USA gegenüber Störungen von außen, weil der Anteil des Außenhandels mit anderen Nationen ähnlich gering wie dort ist. Europa kann bei einer grundlegenden Änderung seiner Wirtschaftspolitik am Arbeitsmarkt auch ebenso erfolgreich sein wie die USA. Das Kürzen sozialer Leistungen, das Zurückfahren öffentlicher Investitionen und das Abweichen von einer produktivitätsorientierten Lohnpolitik sind dazu ebensowenig notwendig wie die Existenz der »working poor«, die auch das Ergebnis eines unzureichenden Bildungssystems sind.

Die Vereinigten Staaten haben zentrale Fehler der deutschen Wirtschaftspolitik nicht gemacht. Dort wurden von der Wirtschaftspolitik nach jeder Rezession kräftige Impulse gesetzt, um einen Aufschwung in Gang zu setzen. Nach der Rezession Anfang der achtziger Jahre kamen die Impulse in den USA von der Finanzpolitik. Ab Mitte der achtziger Jahre übernahm die Geldpolitik die Rolle, Wachstum und Beschäftigung durch niedrige Zinsen zu steigern. Das Ergebnis kann sich sehen lassen. Die Arbeitslosigkeit ist auf historisch niedrigem Niveau, die Staatsfinanzen sind saniert, und die Inflationsrate liegt bei 2 Prozent. Einen massiven Druck auf die Löhne gab es nicht. Im vergangenen Jahr etwa sind die Reallöhne um über 3,5 Prozent gestiegen, wie diejenigen verschämt registrieren, die in Deutschland Nullrunden fordern.

Umweltgerechtes Wachstum ohne Inflation, das muß die Formel sein, nach der in Europa Politik gemacht wird. Die einseitige Angebotspolitik in Deutschland hat alle Ziele verfehlt, die sie sich gesetzt hatte. Mit der Angebotspolitik sollte die Arbeitslosigkeit spürbar zurückgeführt werden. Ihr Ergebnis ist, daß sie immer weiter ansteigt. Die Angebotspolitik versprach, die Staatsschulden zu senken. Ihr Ergebnis ist die höchste Staatsschuld seit Bestehen der Bundesrepublik. Die Angebotspolitik versprach, die Steuern und Abgaben zu senken. Ihr Ergebnis ist, daß die von den Unternehmern gezahlten Steuern die niedrigsten seit Bestehen der Bundesrepublik sind, während die Steuern und Abgaben für die Arbeitnehmer den Höchststand erreicht haben.

Die deutsche Wirtschaftspolitik macht das Gegenteil von dem, was in den Vereinigten Staaten angesagt war. Die Geldpolitik bremste den Vereinigungsboom 1992 mit einem Diskontsatz von 8,5 Prozent brutal ab. Theo Waigel sagt mittlerweile, daß die Währungsprobleme 93/94 uns etwa 500.000 Arbeitsplätze gekostet hätten. Wodurch diese Währungsprobleme verursacht worden sind, darüber hat er sich offensichtlich noch keine Gedanken gemacht. Die Finanzpolitik stand nach dem Motto »3,0 ist 3,0« auf der Bremse. Die europäischen Staaten mußten folgen, wollten sie nicht die in den achtziger Jahren schmerzhaft errungenen Erfolge in Sachen Inflationsbekämpfung und Wechselkursstabilisierung gefährden.

Angebotspolitiker, die den Rezepten der zwanziger Jahre, die zu Depression und Deflation führten, anhängen, werfen uns vor, zu den Rezepten der siebziger Jahre zurückzukehren. Dieser Vorwurf geht ins Leere. Die Wirtschaftspolitik hatte in den siebziger Jahren bei der Bekämpfung der Arbeitslosigkeit trotz zweier Ölpreiskrisen beträchtliche Erfolge. Ihre Aufgaben sind im Stabilitäts- und Wachstumsgesetz, das weiter gilt, festgeschrieben. Sie heißen: Wirtschaftswachstum, Preisstabilität, hoher Beschäftigtenstand und außenwirtschaftliches Gleichgewicht. Die Politik setzte in den siebziger Jahren auf Stärkung der Angebotskräfte und der Nachfrage. Nach dem Zusammenbruch des Bretton-Woods-Systems und der Ölpreiskrise mahnte insbesondere Helmut Schmidt die internationale Zusammenarbeit immer wieder an. Erst als sich Ende der siebziger Jahre die Angebotspolitik in Deutschland und in Europa durchsetzte, kam es zu einem deutlichen Anstieg der Arbeitslosigkeit und ihrer Verhärtung auf erschreckend hohem Niveau.

Eine auf ökologisch abgesichertes Wachstum ausgerichtete Politik kann Europa aus der Misere der Massenarbeitslosigkeit herausführen. Die Einführung des Euro gibt Europa die Chance, wie in den USA die Arbeitslosigkeit mit einer wachstumsorientierten Wirtschaftspolitik abzubauen. Dazu müssen alle Politikbereiche ihren Beitrag leisten: Die Finanzpolitik, indem sie bei Wachstumsschwäche Anstöße für die Investitionstätigkeit gibt und im Aufschwung glaubwürdig konsolidiert, die Geldpolitik, indem sie die Wirtschaftspolitik unterstützt, ohne das Ziel der Preisniveaustabilität aus dem Auge zu verlieren, und die Lohnpolitik, indem sie sich strikt an der Produktivität orientiert und dadurch der Geldpolitik ihre Aufgabe erleichtert.

Die neue Wirtschafts- und Finanzpolitik muß von einer aktiven Arbeitsmarktpolitik und Arbeitszeitpolitik begleitet werden. Auch in Europa wird das mehr und mehr erkannt. Die Regierungen von Lionel Jospin und Romano Prodi haben beschlossen, die 35-Stunden-Woche einzuführen. Arbeitszeitverkürzungen sind ein Mittel, um mehr Menschen den Zugang zum Erwerbsleben zu verschaffen. Daß wir in Deutschland bei der gerechten Verteilung der Arbeit nicht weiter sind, ist ebenfalls Ergebnis der Politik der Regierung Kohl. Der Bundeskanzler selbst bezeichnete lange Zeit Arbeitszeitverkürzungen als »dumm, töricht und absurd«. Noch vor zwei Jahren wurden unsere Standortpolitiker nicht müde, Arbeitszeitverlängerungen zu fordern. Auch diese Stimmen sind verstummt. Helmut Kohl entdeckte die Erfolge der holländischen Regierung bei der Einführung der Teilzeitarbeit. In den Niederlanden sind Teilzeitarbeitsplätze sozialversicherungspflichtig. Auch in Deutschland müssen die sozialversicherungsfreien Beschäftigungsverhältnisse begrenzt und zum größten Teil in Arbeitsverhältnisse mit sozialer Versicherungspflicht umgewandelt werden.

Die Parole der Regierung Kohl: »Beschäftigungspolitik machen wir zu Hause« ist widersprüchlich und falsch. Widersprüchlich, weil mit »zu Hause« gemeint ist, Beschäftigung zu Lasten der Handelspartner zu schaffen. Falsch, weil sie ignoriert, daß der Welthandel nur funktioniert, wenn alle dabei gewinnen.

Die angebotspolitische Empfehlung, in einen Wettlauf um möglichst niedrige Kapitalbesteuerung und Unternehmensbesteuerung einzutreten, wurde damit begründet, daß das Kapital ein scheues Reh sei. Daß das scheue Reh sich manchmal verlaufen kann, hat die Ostasienkrise wieder einmal gezeigt. Die restriktive Finanzpolitik und die ständigen Kürzungen sozialer Leistungen wurden mit dem Satz begründet, wer anders handelt, den bestrafen die Märkte. Natürlich waren mit den Märkten die Geld- und Finanzmärkte gemeint. Die Arbeitsmärkte gerieten dabei allzu leicht aus dem Blickfeld. Es ist daher notwendig, das Ruder herumzuwerfen.

In Europa hat die französische Regierung dafür gesorgt, daß nicht nur über Geld und Deregulierung gesprochen wird, sondern daß die Beschäftigung zum zentralen Thema der europäischen Politik wurde. Wichtig ist, wie der französische Minister für Wirtschaft, Finanzen und Industrie, Dominique Strauss-Kahn sagt, daß die Währungsunion auf zwei Füße gestellt wurde. Ein Europa, das nichts gegen die Arbeitslosigkeit und nichts für die Erhaltung des Sozialstaates tut, wäre den Bürgern nicht zumutbar.

Anhang

Literaturverzeichnis

Afheldt H. (1994): Wohlstand für niemand, München.

Albach (1991): Unternehmen im Wettbewerb: Investitions-, Wettbewerbs- und Wachstumstheorie als Einheit.

Altvater, E. (1987): Sachzwang Weltmarkt. Verschuldungskrise, blockierte Industrialisierung, ökologische Gefährdung – der Fall Brasilien, Hamburg.

Baethge, M. (1996): Berufsprinzip und duale Ausbildung: Vom Erfolgsgaranten zum Bremsklotz der Entwicklung? in: Wittwer, W.: Von der Meisterschaft zur Bildungswanderschaft, Bielefeld.

Bartsch, K. (1996): Auswirkungen einer Erhöhung der Mehrwertsteuer bei kompensatorischer Senkung des Beitragssatzes zur Sozialversicherung auf Wachstum und Beschäftigung, in: WSI-Mitteilungen 11/1996, Düsseldorf.

Berliner Senat (1997): Innovation, Beschäftigung, Wachstum und Wettbewerb, Berliner Memorandum, Berlin.

Bildungskommission NRW (1995): Zukunft der Bildung – Schule der Zukunft, Berlin.

Braßel, F./Windfuhr, M. (1995): Welthandel und Menschenrechte, Bonn.

Bretton-Woods-Kommission (1994): Bretton Woods: Looking to the Future, Commission Report/Staff Reviews/Background Papers, New York.

Büchel, F./Wagner, G. (1995): Soziale Differenzen der Bildungschancen in Westdeutschland – Unter besonderer Berücksichtigung von Zuwandererkindern, in: Zapf, W./Schupp, J./Habich, R. (Hg.): Lebenslagen im Wandel: Sozialberichterstattung im Längsschnitt, Frankfurt/New York.

Bundesminister für Arbeit und Sozialordnung (1993): Euro Atlas Soziale Sicherheit im Vergleich, Bonn.

Bundesminister für Verteidigung (1992): Verteidigungspolitische Richtlinien des Bundesministers für Verteidigung, Bonn, 26.11.1992.

Bundesministerium für Bildung, Wissenschaft, Forschung und Technologie (1997): Reformprojekt Berufliche Bildung, Bonn.

Bundesministerium für Bildung, Wissenschaft, Forschung und Technologie (1997): Zur technologischen Leistungsfähigkeit Deutschlands, Bonn.

Bundesumweltministerium (1996): Umweltpolitik, Aktualisierte Berechnung der umweltschutzinduzierten Beschäftigung in Deutschland, Bonn.

Burger, A. (1995): Konzeptionelle Überlegungen zu einer ökologischen Steuerreform, in: Arbeitsmarkt- und beschäftigungspolitische Bedeutung einer ökologischen Steuerreform, Friedrich-Ebert-Stiftung, Bonn.

Buttler, F. (1994): Finanzierung der Arbeitsmarktpolitik, in: Arbeitsrecht, Arbeitsmarkt, Arbeitsmarktpolitik – Reformen bei der Gestaltung und Finanzierung, Friedrich-Ebert-Stiftung, Bonn.

Buttler, F. (1995): Beschäftigungswirkungen einer Umfinanzierung der Arbeitsmarktpolitik, in: Arbeitsmarkt- und beschäftigungspolitische Bedeutung einer ökologischen Steuerreform, Friedrich-Ebert-Stiftung, Bonn.

Buttler, F./Franz, W./Schettkat, R./Soskice, D. (Hg.), (1995): Institutional Frameworks and Labor Market Performance-Comparative Views on the US and German Economies, London/New York.

Competitiveness Policy Council (1995): Saving More and Investing Better, A Strategy for Securing Prosperity, Fourth Report to the President and Congress, Washington D.C.

Cramer, G./Müller, K. (1994): Nutzen der betrieblichen Berufsausbildung, Beiträge zur Gesellschafts- und Bildungspolitik, Institut der deutschen Wirtschaft, Köln.

Deutsch, C. (1994): Abschied vom Wegwerfprinzip, Stuttgart.

Deutsche Bundesbank, (1995): Monatsbericht der Deutschen Bundesbank, August 1995, 47. Jg. Nr. 8, Frankfurt am Main.

Deutsche Bundesbank (1996): Monatsbericht der Deutschen Bundesbank, Juni 1996, 48. Jg. Nr. 6, Frankfurt am Main.

Deutsche Bundesbank (1996), Monatsbericht der Deutschen Bundesbank, August 1996, 48. Jg. Nr. 8, Frankfurt am Main.

Deutsche Bundesbank (1996): Monatsbericht Oktober 1996, 48. Jg. Nr. 10, Frankfurt am Main.

Deutsche Bundesbank, (1996): Monatsbericht der Deutschen Bundesbank, November 1996, 48. Jg. Nr. 11, Frankfurt am Main.

Deutsche Bundesbank, (1997): Monatsbericht der Deutschen Bundesbank, Mai 1997, 49. Jg. Nr. 5, Frankfurt am Main.

Deutscher Gewerkschaftsbund (1994): Menschenrechte in der Arbeitswelt und internationaler Handel – Vorschläge für elementare Sozialklauseln, Informationen zur Sozial- und Arbeitsmarktpolitik, Düsseldorf.

Die Mitbestimmung (1994): Südostasien – Ein Round-table, in: Die Mitbestimmung, 10/1994.

DIW (1995): Wirtschaftliche Auswirkungen einer ökologischen Steuerreform, Deutsches Institut für Wirtschaftsforschung, Sonderheft 153, Berlin.

DIW (1997): Auswertung von Statistiken über die Vermögensverteilung in Deutschland, Gutachten im Auftrag der Friedrich-Ebert-Stiftung, Berlin.

DIW (1997): Tendenzen der Wirtschaftsentwicklung, Deutsches Institut für Wirtschaftsforschung, Berlin.

DIW-Wochenbericht 33/95: Technologische Leistungsfähigkeit der westdeutschen Wirtschaft trotz einzelner Schwachstellen unterschätzt, Deutsches Institut für Wirtschaftsforschung, Berlin.

DIW-Wochenbericht 38/95: Hat Westdeutschland ein Standortproblem?, Deutsches Institut für Wirtschaftsforschung, Berlin.

DIW-Wochenbericht 5/96: Kräftiges Wachstum und hohe Beschäftigung in den USA, Deutsches Institut für Wirtschaftsforschung, Berlin.

DIW-Wochenbericht 14/96: Weiterhin Wachstum von Fahrleistungen und Kraftstoffverbrauch im Straßenverkehr, Deutsches Institut für Wirtschaftsforschung, Berlin.

DIW-Wochenbericht 25–26/1996: Bundesrepublik Deutschland: Wachstum auf Sparflamme, Deutsches Institut für Wirtschaftsforschung, Berlin.

DIW-Wochenbericht 29/96: Die Vermögenseinkommen der privaten Haushalte, Deutsches Institut für Wirtschaftsforschung, Berlin.

DIW-Wochenbericht 41/96: Weiterhin steigender Lehrstellenbedarf in der Bundesrepublik Deutschland, Deutsches Institut für Wirtschaftsforschung, Berlin.

DIW-Wochenbericht 15/97: Steuerreform 98/99: Kein Durchbruch bei der Bekämpfung der Arbeitslosigkeit, Deutsches Institut für Wirtschaftsforschung, Berlin.

DIW-Wochenbericht 36/97: Öffentliche Haushalte 1997/98: Trotz restriktiver Ausgabenpolitik weiterhin hohe Defizite, Deutsches Institut für Wirtschaftsforschung, Berlin.

DIW-Wochenbericht 38/97: Erwerbsstatistik unterschätzt Beschäftigung um 2 Millionen Personen, Deutsches Institut für Wirtschaftsforschung, Berlin.

DIW-Wochenbericht 4/98: Bürgerarbeit: Kein sinnvoller Weg zur Reduzierung der Arbeitslosigkeit, Deutsches Institut für Wirtschaftsforschung, Berlin.

Dolata, U. (1996): Politische Ökonomie der Gentechnik.

Döring, D. (1997): Soziale Sicherheit im Alter?, Berlin.

Ehrenberg, H. (1997): Die große Standortlüge. Plädoyer für einen radikalen Kurswechsel in der Wirtschafts-, Finanz- und Sozialpolitik, Bonn.

Erhard L. (1972): Bundestagsreden von Ludwig Erhard, hrsg. von Rainer Barzel, Bonn 1972.

Esty, D. (1995): Ökologisierung des GATT – oder ein GATT für die Umwelt, in: Jahrbuch Ökologie 1996, München.

Eucken, W. (1990): Grundsätze der Wirtschaftspolitik, 6. Auflage, Tübingen.

Europäische Kommission (1992): Bericht des unabhängigen Sachverständigenausschusses zur Unternehmensbesteuerung (»Ruding-Bericht«), Luxemburg.

Europäische Kommission (1993): Taxation, Employment and Environment: Fiscal Reform for Reducing Unemployment, Brüssel.

Europäische Kommission (1994): Wachstum, Wettbewerbsfähigkeit, Beschäftigung, Weißbuch, Luxemburg.

Eurostat (1995): Beschäftigung in Europa 1995, Europäische Kommission, Luxemburg.

Falk, R. (1995): Ökonomien, in: Hauchler, I. (Hg.): a.a.O.

Falk, R. (1996): Absolventen des dualen Systems: Berufliche Perspektiven in neuen Organisationsstrukturen, in: Schlaffke, W./Weiss, R. (Hg.), a.a.O.

Falk, R./Manstetten, R.: Differenzierung innerhalb der Berufsausbildung: Förderung von besonders Begabten, in: Schlaffke, W./Weiss, R. (Hg.), a.a.O.

Flassbeck, H. (1997): Wirtschaftspolitik im Zeichen von Globalisierung und Arbeitslosigkeit, Diskussionspapier, Berlin.

Forrester, V. (1997): Der Terror der Ökonomie, Wien.

Friedrich-Ebert-Stiftung (1989): Industriestandort Bundesrepublik Deutschland, Bonn.

Friedrich-Ebert-Stiftung (1996): Arbeitsplätze, Produktivität und Einkommen. Wege zu mehr Beschäftigung im deutsch-amerikanischen Vergleich, Reihe Wirtschaftspolitische Diskurse Nr. 93, Bonn.

Friedrich-Ebert-Stiftung (1996): Von der Abfallwirtschaft zum Stoffstrom-Management, Gutachten im Auftrag der Friedrich-Ebert-Stiftung von Spangenberg, J. und Verheyen, R., Bonn.

Gemeinschaftsgutachten (1997): Die Lage der Weltwirtschaft und der deutschen Wirtschaft im Herbst 1997, Beurteilung der Wirtschaftslage durch die Arbeitsgemeinschaft deutscher wirtschaftswissenschaftlicher Forschungsinstitute e.V. Berlin, Hamburg.

Gertz, D./Baptista, J. (1996): Grow to be great, Landsberg.

Greinert, W.-D. (1995): Das duale System der Berufsausbildung in der Bundesrepublik Deutschland, Stuttgart.

Hartmann, M. (1996): Topmanager. Die Rekrutierung einer Elite, Frankfurt.

Hauchler, I. (1995): Globale Trends, Bonn.

Helm, C. (1995): Sind Freihandel und Umweltschutz vereinbar? Ökologischer Reformbedarf des GATT/WTO-Regimes, Berlin.

Hinterberger, F./Luks, F./Stewen, M. (1996): Ökologische Wirtschaftspolitik, Berlin.

Horn, G. A. (1996): Wunderland? in: Mitbestimmung 7+8/96, Baden-Baden.

Huster, E.-U. (1993): Reichtum in Deutschland, Frankfurt.

HWWA-Institut für Wirtschaftsforschung (1995): Grenzüberschreitende Produktion und Strukturwandel – Globalisierung der deutschen Wirtschaft – Kurzfassung, Hamburg.

HWWA-Institut für Wirtschaftsforschung (1996): Grenzüberschreitende Produktion und Strukturwandel – Globalisierung der deutschen Wirtschaft, Baden-Baden.

IFO-Institut (1994): Ansatzpunkte für eine ökologische Steuerreform, IFO-Institut für Wirtschaftsforschung, München.

IFO-Institut 18/94: Deutsche Biotechnologieforschung mit großem Nachholbedarf, IFO-Schnelldienst 18/94, München.

IFO-Institut (1996): Aktualisierte Berechnung der umweltschutzinduzierten Beschäftigung in Deutschland, München.

IFO-Institut (1996): Strukturbericht 1995, München.

IFO-Institut 3/96: Stärken und Schwächen im internationalen Wettbewerb um Einkommen und Arbeitsplätze, in: IFO-Schnelldienst 3/96, München.

IFO-Institut (13/1996): Der Um- und Neubau der ostdeutschen Wirtschaft im Spiegel der Investitionstätigkeit, in: IFO-Schnelldienst 13/96, München.

IFO-Institut (1997/1): Wachstum und Arbeitslosigkeit – Gibt es noch einen Zusammenhang?, in: IFO-Schnelldienst 17–18/97, München.

IFO-Institut (1997/2): Sind Innovationen beschäftigungswirksam?, in: IFO-Schnelldienst 17–18/97, München.

Institut der deutschen Wirtschaft (1994): Wachstum, Produktivität und Beschäftigung in Westdeutschland in den Jahren von 1960 bis 1992, Köln.

Institut für Arbeitsmarkt- und Berufsforschung (1994): Langfristige Tendenzen des Arbeitskräftebedarfs nach Tätigkeiten und Qualifikationen in den alten Bundesländern bis zum Jahre 2010, Sonderdruck aus: Mitteilungen aus der Arbeitsmarkt- und Berufsforschung, 27. Jg./1994, Stuttgart.

Institut für Arbeitsmarkt- und Berufsforschung (1995): Zahlen-Fibel, Nürnberg.

Institut für Arbeitsmarkt- und Berufsforschung (9/96): Wege zu mehr Beschäftigung, IAB Werkstattbericht, Nürnberg.

Institut für Arbeitsmarkt- und Berufsforschung (1996): Wirkungen technologischer und sozioökonomischer Einflüsse auf die Tätigkeitsanforderungen bis zum Jahre 2010, Beiträge zur Arbeitsmarkt und Berufsforschung, BeitrAB 199, Nürnberg.

Institut für Arbeitsmarkt- und Berufsforschung (1997): Zahlen-Fibel, Nürnberg.

Institut für Entwicklung und Frieden (1996): Weltkonferenzen und Weltberichte, herausgegeben von Dirk Messner und Franz Nuscheler, Bonn

International Institute for Management Development (1996): The World Competitiveness Report 1996, Lausanne.

International Labor Organization (1996): World Employment Report 1995, Genf.

International Monetary Fund (1994): World Economic Outlook, Washington.

International Monetary Fund (1996): World Economic Outlook, Washington.

ITBL (1994): Mitgliederbrief der Internationalen Textil-, Bekleidungs- und Lederarbeiter-Vereinigung vom 5. Juli.

Kamppeter, W. (1996): Politik der Globalisierung, Vortrag auf dem Symposium der Koreanisch-Deutschen Gesellschaft für Wirtschaftswissenschaft, Friedrich-Ebert-Stiftung, Seoul.

Kantzenbach, E./Mayer, O. E. (1994/95): Deutschland im internationalen Standortwettbewerb, Baden-Baden.

Kearney, N. (1992): Benutze den Handel, um die Verletzungen der Menschen- und Arbeitnehmerrechte zu beseitigen, Rede von Neil Kearney, Generalsekretär der ITBL, am 7. September 1992 in Düsseldorf.

Kearney, N. (1994): Rede von Neil Kearney, Generalsekretär der Internationalen Textil-, Bekleidungs- und Lederarbeiter-Vereinigung auf der Internationalen Arbeitskonferenz am 8. Juni 1994.

Koch, C. (1995): Die Gier des Marktes, München/Wien.

Kommission für Zukunftsfragen der Freistaaten Bayern und Sachsen (1996): Erwerbstätigkeit und Arbeitslosigkeit in Deutschland, Teil I, Bonn.

Kommission für Zukunftsfragen der Freistaaten Bayern und Sachsen (1997): Erwerbstätigkeit und Arbeitslosigkeit in Deutschland, Teil III, Bonn.

Kronberger Kreis (1994): Einwanderungspolitik – Möglichkeiten und Grenzen, Frankfurter Institut, Bad Homburg.

Küng, H. (1997): Weltethos für Weltpolitik und Weltwirtschaft, München.

Lutwark, E. N. (1994): Weltwirtschaftskrieg, Export als Waffe – aus Partnern werden Gegner, Hamburg.

Lutwark, E. N. (1996): Buchanan has it right, in: London Review of Books, 9. Mai 1996.

Martin, H.-P./Schumann, H. (1996): Die Globalisierungsfalle, Reinbek.

Meadows, D. u. a. (1972): Die Grenzen des Wachstums, Stuttgart.

Mitschke, F. (1995): Steuer- und Sozialpolitik für mehr reguläre Beschäftigung, in: Wirtschaftsdienst, 75. Jg., Heft 2.

Mitschke, J. (1985): Steuer- und Transferordnung aus einem Guß, Baden-Baden.

Monti (1996): Steuern in der Europäischen Union, Kommission der Europäischen Gemeinschaften, Brüssel 20.3.1996 (Sek(96) 487 endg.).

Morokvasic, M./Rudolph, H. (Hg.) 1994: Wanderungsraum Europa – Menschen und Grenzen in Bewegung, Berlin.

Musgrave, R. A./Musgrave P. B./Kullmer. L. (1993): Die öffentlichen Finanzen in Theorie und Praxis, Tübingen.

Narr, W. D./Schubert, A. (1994): Weltökonomie, Die Misere der Politik, Frankfurt am Main.

Nefiodow, L. A. (1996): Der sechste Kondratieff, Bonn.

OECD (1995): Bildung kompakt, Studie der OECD, Bonn.

OECD (1995): Economic Outlook, Paris.

Pigou, A. C. (1920): The Economics of Welfare, London.

Porter, M. E. (1993): Nationale Wettbewerbsvorteile, Wien.

Priewe, J. (1997): Die technologische Wettbewerbsfähigkeit der deutschen Wirtschaft, Wissenschaftszentrum Berlin.

Prognos-AG (1993): Prognos-Deutschland Report Nr. 1, Basel.

Puchta, D. (1997): Gerechtere Steuergesetzgebung, Referat auf einer Expertentagung der Friedrich-Ebert-Stiftung zum Thema Steuerhinterziehung und Wirtschaftskriminalität, am 14.10.1997 in Freiburg.

Quinn, R. (1996): WWU, sozialer Zusammenhalt und Beschäftigung, ein Diskussionsdokument, von Rhairi Quinn, Minister of Finance of Ireland.

Ropke, I. (1994): Sustainability and Structural Change, in: Université Panthéon-Sorbonne C3E/afcet, Models of Sustainable Development – Exclusive or Complementary Approaches of Sustainability? International Symposium, Paris 16.-18.3.94, Vol. II, Paris 1994a, zitiert nach Hinterberger, 1996, a.a.O.

Rahmann, B./Hanswillemenke, M. (1997): Zwischen Reformen und Verantwortung für Vollbeschäftigung, Paderborn.

Reich, R. B. (1993): Die neue Weltwirtschaft, Frankfurt am Main/Berlin.

Roland Berger & Partner (1997): Das 3-S-Konzept, Ein unternehmerischer Ansatz für Innovation und Wachstum, München.

Sachverständigenrat zur Begutachtung der gesamtwirtschaftlichen Entwicklung (1997): Jahresgutachten 1997/98, Wiesbaden.

Sander, H. (1995): Arbeit, in: Hauchler, I. (Hrsg), a.a.O.

Sander, H. (1995): Der Arbeitsmarkt als gesellschaftliche Institution, in: Hauchler, I. (1995), a.a.O.

Schäfer, C. (1997): Verteilungspolitik, Chronik eines angekündigten politischen Selbstmords, in: WSI-Mitteilungen 10/1997, Düsseldorf.

Schäuble, W. (1991): Der Vertrag, Stuttgart.

Scharpf, F. W. (1993): Von der Finanzierung der Arbeitslosigkeit zur Subventionierung niedriger Einkommen, in: Gewerkschaftliche Monatshefte 44.

Scharpf, F. W. (1995): Subventionierte Niedriglohn-Beschäftigung statt bezahlter Arbeitslosigkeit?, in: Zeitschrift für Sozialreform 41.

Schlaffke, W./Weiss, R. (1996): Das duale System der Berufsbildung, Kölner Texte & Thesen, Institut der deutschen Wirtschaft, Köln.

Schmidt-Bleek, F. (1994): Wieviel Umwelt braucht der Mensch? MIPS – Das Maß für ökologisches Wirtschaften, Berlin.

Schubert, A. (1995): Finanzen, in: Hauchler, Ingomar (Hg.): a.a.O.

Schumpeter, J. (1934): Theorie der wirtschaftlichen Entwicklung, Berlin.

Séguin, P. (1996): En attendant l'emploi, Paris.

Siebert, H. (1994): Geht den Deutschen die Arbeit aus?, München.

Simons, R. (1996): Modell Amerika? Zum Mythos der Jobmaschine USA in: Simons, R./Westermann, K. (Hg.). Standortdebatte und Globalisierung der Wirtschaft, Marburg.

Stahel, W. R./Reday-Mulvey, G. (1976/1981): Jobs for Tomorrow. The potential for substituting manpower for energy, EG-Kommission Brüssel/Vantage Press, New York 1976/1981, zitiert nach Deutsch, C. (1994), a.a.O.

Statistisches Bundesamt (1993): Jahrbuch für das Ausland, Wiesbaden.

Statistisches Bundesamt (1995): Statistisches Jahrbuch für die Bundesrepublik Deutschland, Wiesbaden.

Tofaute, H. (1996): Die Belastung der privaten Haushaltseinkommen mit indirekten Steuern auf spezielle Güter und Dienstleistungen, WSI-Diskussionspapier Nr. 28, Düsseldorf.

Thurow, L. (1996): Die Zukunft des Kapitalismus, Düsseldorf.

Verband der Automobilindustrie e. V. (1995): Produzieren am Standort Deutschland, Frankfurt am Main.

Verband der Rentenversicherungsträger (1995): Prognos-Gutachten 1995, Frankfurt am Main.

Verband der Rentenversicherungsträger (1997): Versicherungsfremde Leistungen – sachgerecht finanzieren!, Fakten und Argumente, Heft Nr. 5, Frankfurt am Main.

Vester, F. (1995): Crashtest Mobilität, Die Zukunft des Verkehrs, München.

Weidenfeld, W./Turek, J. (1995): Standort Europa, Gütersloh.

von Weizsäcker, C. F. (1997): Wohin gehen wir?, München/Wien.

von Weizsäcker, E. U./Lovins, A. B./Lovins, L. H. (1996): Faktor vier, München.

World Bank (1995): Global Economic Prospects and the Developing Countries, Washington, D.C.

World Bank (1995): World Development Report 1995, Workers in an Integrating World, Washington D.C.

Wuppertal-Institut (1996): Zukunftsfähiges Deutschland, BUND/MISEREOR (Hg.), Studie des Wuppertal Instituts für Klima, Umwelt, Energie, Berlin.

Zedler, R. (1996): Stärkung der Berufsschule: Betriebe als Partner, in: Schlaffke, W./ Weiss, R. (Hg.) a.a.O.

Verzeichnis der Tabellen und Schaubilder